"十三五"国家重点出版物出版规划项目

智慧物流：现代物流与供应链管理丛书

国际物流学

张良卫　林勋亮　陈海权　等编著

机 械 工 业 出 版 社

本书结合"一带一路"倡议推进过程中我国对外贸易及国际物流的实践，全面系统地介绍了国际物流及其管理的基本理论、基本知识和基本方法。全书分为16章，每章都配有教学目标、关键词、引导案例、本章小结、案例讨论、思考题、练习题等内容。本书在结构和内容安排上注重于：坚持以把握理论、注重实践为主线；有利于教师教学，有利于学生学习；帮助学生了解学习目标，把握学习重点，掌握关键内容，实施开放训练；引导教学过程由浅入深、循序渐进，启发思维，激励创新。

本书可供物流类专业师生做教材使用，也可供各类企业培训中高层管理人员学习国际物流业务知识使用，还可供研究生和其他经济管理类专业师生参考。

图书在版编目（CIP）数据

国际物流学/张良卫等编著. —北京：机械工业出版社，2019.8
（2023.1重印）

（智慧物流：现代物流与供应链管理丛书）

"十三五"国家重点出版物出版规划项目

ISBN 978-7-111-63467-6

Ⅰ. ①国… Ⅱ. ①张… Ⅲ. ①国际物流 – 高等学校 – 教材 Ⅳ. ①F259.1

中国版本图书馆 CIP 数据核字（2019）第 169989 号

机械工业出版社（北京市百万庄大街22 号 邮政编码100037）

策划编辑：易 敏 责任编辑：易 敏 吴 洁 常爱艳

责任校对：聂美琴 封面设计：鞠 杨

责任印制：邵 敏

北京富资园科技发展有限公司印刷

2023 年 1 月第 1 版第 5 次印刷

185mm×260mm · 20 印张 · 470 千字

标准书号：ISBN 978-7-111-63467-6

定价：52.00 元

电话服务 网络服务

客服电话：010-88361066 机 工 官 网：www.cmpbook.com

010-88379833 机 工 官 博：weibo.com/cmp1952

010-68326294 金 书 网：www.golden-book.com

封底无防伪标均为盗版 机工教育服务网：www.cmpedu.com

前　　言

2019 年"两会"期间,"物流"成为高频词,未来,物流业势必成为新的热点。国家发改委最新颁发的《关于推动物流高质量发展　促进形成强大国内市场的意见》将物流业定义为是支撑国民经济发展的基础性、战略性、先导性产业。国际物流乃是国家"一带一路"倡议实施的集中体现和具体实践。对于普通高等院校经济管理类专业,一本好的《国际物流学》教材的关键在于要能把理论创新与实践创新紧密地结合起来,把"一带一路"的国际物流理论与实践及其教学科研紧密地结合起来,把国际物流的专业理论基础培养与应用型人才培养紧密结合起来。现在能够比较好地实现这一系列结合目标的精品教材并不多见。本书的方向和目标就是,注重高质量应用型人才培养过程中"一带一路"国际物流理念的养成和理论思维训练及实战场景实训,努力实现上述一系列结合。

本书从着手撰写到完成,时间之长,付出的努力之多远远超出了原来的计划安排。这是因为,一方面,我国的物流管理与工程类专业建设规范的目标和要求是建设应用型本科专业,注重应用型人才培养,因此"国际物流学"这门课程既要有一定的理论性又更强调"应用"要求,对教材编写是很大挑战。另一方面,现在国际物流方面的教材已经不少,要写一本有特色的、优秀的国际物流教材确实不容易。本书试图把国际贸易的实际流程与国际物流的实际流程比较好地结合起来,在讲国际物流运作时能够很好地反映国际贸易的客观实际,使国际贸易商流与物流紧密结合,形成具有现代视野和国际化特征的国际物流理论体系。要把这样一本教材写好,我们感到了它的难度和深切的责任。

我们知道,国际物流是实践国际贸易的具体过程。它涉及从进出口合同的磋商、签订开始,到卖方把货物交到买方手上为止的整个过程,非常复杂。这个过程可能涉及许许多多的当事人,他们具有的不同身份,情况错综复杂,而且,这个过程更涉及不同国家的法律及有关的国际规则。我们常常看到,在卖方所在国,相关人有卖方本人、货运代理人(属卖方或买方的代理则依贸易术语而定)、托运人、发货人、租船人、无船承运人、租船代理人、船务代理、实际承运人(如船方、铁路、航空公司等)、采购代理、保险人、商检、海关、港口(海港、空港、车站、货运站、堆场等)、银行、仲裁机构等;在买方所在国,相关人有买方本人、货运代理人(买方或卖方的)、租船人、租船代理人、船务代理、实际承运人(船方、铁路、航空公司等)、销售代理、收货人、保险人、商检、海关、港口(海港、空港、车站、货运站、堆场等)、银行、仲裁机构、独家经销商、独家代理等。整个过程既非常复杂,又非常有规则,特别讲求规范有序,遵守国际规则和法律。要完成整个过程,从业人员既要有理论素养,又要有实践能力。按照课程教学目标和要求,要使学生能够懂得,在这样一个复杂有序的环境中做好国际物流的业务和管理工作,必须既懂国际贸易规则和流程,又懂国际物流规则和流程。国际物流业务的中高层管理人员,不仅要能够处理好国际物流中的各种日常事务,还要熟悉国际贸易流程,进而能够解决比较复杂的国际物流问题;做到既懂国际贸易,

国际物流学

又懂国际物流，能够维护好公司在国际物流过程中的合法权益，能够把理论和实践很好地结合起来。国际物流的高质量发展要有高质量的国际物流人才。

本书是国家新闻出版广电总局立项的"十三五"国家重点出版物出版规划项目，是作者多年从事国际贸易专业、国际物流专业课程教学，在把握上述国际物流整个复杂有序过程的基础上写成的，体系结构、教学内容新颖实用，理论联系实际，是作者长期教学、科研和实践经验的结晶，是广东外语外贸大学等多所高校的教师与知名物流企业家合作的成果。

本书由广东外语外贸大学、广东财经大学、暨南大学、华南农业大学、上海海事大学、上海外国语大学、首都经济贸易大学等高校物流管理专业的教师，以及我国物流业界知名物流企业广州嘉诚国际物流集团、广东林安物流集团、广东华新商贸公司的企业家们共同协作完成。本书可以说是粤港澳大湾区、长三角一体化建设、京津冀协同发展过程中国际物流理论与实践相结合的产物。本书结合"一带一路"倡议推进过程中我国三个区域对外贸易及国际物流的实践，全面系统地介绍了国际物流及管理的基本理论、基本知识和基本方法。全书分为16章，每章都配有教学目标、关键词、引导案例、本章小结、案例讨论、思考题、练习题等内容。本书在结构和内容安排上注重于：坚持以把握理论、注重实践为主线；有利于教师教学，有利于学生学习；帮助学生了解学习目标，把握学习重点，掌握关键内容，实施开放训练；引导教学过程由浅入深、循序渐进，启发思维，激励创新。

本书可供物流类专业师生做教材使用，也可供各类企业培训中高层管理人员学习国际物流业务知识使用，还可供研究生和其他经济管理类专业师生参考。在教学具体安排上，无论是授课课时分布，还是教学内容和重点的安排，都可以因时因地适当取舍，做到突出重点，实现教学目的。

本书由广东外语外贸大学张良卫教授策划、提出编著大纲，由张良卫、林勋亮、陈海权、甘爱平、文晓巍等教授及其团队的张大卡、边展、许冬敏等老师共同编著，物流界黄平、余栋梁、蔡军等知名企业家提供了有关企业案例。各章撰写者分别为：张良卫（第1、2、3、6、9、12章），张良卫、许冬敏（第4、5章），张良卫、边展（第7章），张良卫、文晓巍、许冬敏（第8、14章），林勋亮、张大卡（第10、15章），张良卫、陈海权、张大卡（第11、16章），张良卫、甘爱平（第13章）。张良卫负责撰写各章的教学目标、关键词、引导案例、本章小结、案例讨论、思考题、练习题等。张瑛整理和编排了书稿的电子版。全书最后由张良卫统稿、修改和定稿。

本书的出版得到了机械工业出版社有关领导和编辑的大力支持，在此致以衷心的感谢！

本书在写作过程中参考了不少同行的著作、教材和论文，以及网上资料，也在此予以致谢！由于资料来源较广，时间跨度较大，参考文献未能一一列出，敬希见谅。虽然我们付出了多年努力，但书中不免有不如人意之所在，敬请读者批评指正，以便再版时修订，使之能够更契合教学和时代的要求。

张良卫 lwzyf@gdufs.edu.cn

2019 年 8 月 28 日于广州·白云山居

使用本书做教材授课的教师，可向出版社索取配套 PPT（cmp9721@163.com）。

目　　录

国际物流学

国际物流学

第1章 国际物流概述

[教学目标]

使学生掌握国际物流的基本概念，了解国际物流及其特点，了解国际物流活动及分类，熟悉国际物流的发展历程及趋势，了解国际物流的研究对象，了解国际物流学的学科交叉性。

[关键词]

国际物流　　　　第三方物流
国际物流管理
国际贸易
贸易性国际物流
非贸易性国际物流

◆ [引导案例]

马士基集团的国际物流活动

马士基集团与其他远洋运输物流业者在世界范围内正进行着激烈的竞争。从2006年4月马士基物流公司合并后，它就成了当今世界上最大的国际航运物流企业之一。

马士基集团在美国、欧洲和中国都有办事处。这些办事处分地区处理公司的物流业务。同时，马士基在美国有自己的物流货仓网络，负责货物的转运、存储。实际操作中，在统一的经营方针指导下，马士基物流又分成了9个分部：货场管理、供应链管理、空运、NVOC（即NVOCC，无船承运人）服务、信息技术、金融、公关和市场、商业过程以及仓储分运。这些部门是由马士基和他们的客户共同组成的，由于减少了中间环节，它们运作得非常好。彼此间默契的配合并不仅仅靠总部统一的命令，更主要是靠减少中间环节来实现的。

马士基集团发布了2017年全年财报。马士基集团营收达到310亿美元，与2016年的270亿美元相比增长13%。与2016年亏损4.96亿美元相比，2017年的实际利润增加了8.52亿美元，达到3.56亿美元。马士基海运及物流业务板块的利润为10亿美元，与此前预期一致。

马士基集团首席执行官施索仁表示："对于马士基而言，过去的一年非比寻常——我们经历了网络袭击、在一些港口的运营遇到挑战。尽管如此，我们成功使营收增长了13%，改善了现金流状况，并在2016年较低的基数之上增加了利润。然而，财报表明我们仍然需要努力提升业绩。过去一年我们在业务战略转型方面取得了令人满意的进展。公司向整合成为关注集装箱航运、港口和物流业务的企业迈出步伐，我们的数字化转型进程也正在进行。同时，我们也为部分能源相关业务寻找到了合理的解决方案。"

2017 年的业绩重点包括价值 140 亿美元的并购交易。其中包含收购汉堡南美公司，出售马士基石油、马士基油轮和巴西航运公司 Mercosul，出售马士基持有的丹麦超市集团剩余 19% 的股份。

马士基集团在核心业务上进行了数字化转型，将客户交易网络化、资产运营数字化。2017 年，集团推出了一系列数字化举措，从航运业传统的以纸质为基础的服务转变为以客户为中心的数字化服务，并推出了全新的数字化服务产品。数字化服务产品包括丹马士推出的 Twill 货运代理服务平台和为冷箱运输客户提供的远程集装箱管理服务（RCM）。此外，马士基与微软合作开展云计算和数字化产品开发，并与 IBM 公司成立了合资企业，旨在使与贸易有关的信息数字化及便于交换，使世界贸易的参与方能享受贸易便利化的益处。

（资料来源：http：//www.jctrans.com/）

思考：

从马士基集团的国际物流活动来看，我国国际物流的发展和研究面临着哪些方面的问题和挑战？给人们的启示是什么？

说到"物流"一词的源头，人们总免不了说它源于 20 世纪初的美国军事活动。1905 年，昌西·B. 贝克写道："与战术部门相关的军备流通和供应称之为物流。"

事实上，"物流"一词的源头最早可从我国的传统经典《周易》中探讨。这也是追踪物流发展历史文化所做的探索。如果把"物流"与"乾道"融通的话，会有更广阔的时空和经纬度量。《周易》中的《彖》曰："大哉乾元！万物资始，乃统天。云行雨施，品物流形。大明终始，六位时成，时乘六龙以御天。乾道变化，各正性命。"我国古人关于"物流"之说的理论和意义还有待研究和探索。

第二次世界大战期间，美军充分利用物流学模型和系统分析方法，确保了所需物资的及时供应。战争期间广泛运用的许多物流技巧，在战后的经济重建中暂时被人们忽视了，管理者将注意力转向了满足战后对物资的需求，关注的是企业是否有能力降低商品的单位生产成本。直到 20 世纪 50 年代的经济危机，管理者才开始关注实物配送——物流。1958 年，市场上出现利润收缩的现象，这为管理者开始寻找更加有效的成本控制系统创造了环境。几乎同时，许多企业开始意识到物流也是产业活动，加之许多其他因素如运输成本急剧上升、生产效率达到了峰值、库存理念的根本性转变、消费者需求的多样化、计算机和信息技术在商业中的广泛应用、产品回收利用日益引起公众的关注、新型的连锁巨头不断涌现等的影响，促使企业将产业活动的重心转向物流。

21 世纪，全球产品市场进入了买方市场。人们发现，只有解决好物流问题，才能顺利地扩大再生产，推动经济持续健康发展。尤其是在中国，长期推行"大生产、大市场、大流通"的策略，导致产品大量积压，2018 年我国物流费用占了国内生产总值（GDP）的 14.8%，而美国同期的物流费用占不到 GDP 的 10%。

中国加入世界贸易组织后，国内市场和国际市场之间的区别正在逐渐消失，所有的贸易从某种程度上来讲都是全球性的。因此，制造高质量的产品不再是确保顾客忠诚度的唯一因素，公司还必须始终以合理的价格在顾客需要时为其发送满意的商品。对那些想在日益多样化的市场上为顾客提供优质服务的公司来说，物流成为它们向外发展的最大障碍。

国际物流的运转环境相当复杂，涉及的节点众多，并且与对外经贸业务密切相关，如国际金融、运输保险、多式联运、货物清关、出入境检验检疫等。随着中国外贸依存度的逐年提高，国际货物贸易的最终交付手段——国际物流服务贸易显得日趋重要。因此，在"一带一路"大背景及"大经贸"观念下完成国际物流与国际贸易的"无缝对接"，就成了当务之急。

可见，国际物流已经成为全球经济发展的一个重要热点，它对提高企业的生产效率、降低商品的流通成本、改善对顾客的服务质量、调整国家的产业结构、实现我国经济增长模式的根本性转变、提升工商企业乃至国家经济的核心竞争力，都具有深远的意义。

1.1　国际物流的概念、分类及特点

1.1.1　国际物流的概念

1. 国际物流的含义

国际物流（International Logistics，IL）是相对国内物流而言的，它是不同国家（地区）之间的物流，是跨国界（地区）的、流通范围扩大了的物品的实体流动，是国内物流的延伸和进一步扩展。国际物流是国际贸易的一个重要组成部分，各国之间的相互贸易实际上最终都要通过国际物流来实现。

2. 国际物流的性质

国际分工是国际物流形成的基础。国际分工的不断深化，使国家之间的分工合作成为一种必然。一个国家不能包揽世界上的一切专业分工，与其他国家分工合作是一种必然的选择。国际贸易成为市场经济条件下国家选择分工合作最直接有效的方式。伴随国际贸易而来的国际商品、物资的流动便形成了国际物流。只有国际物流的有效运作和实现，才能将国外客户需要的商品适时、适地、按质、按量、低成本地送达，从而提高本国商品在国际市场上的竞争力，扩大对外贸易；才能将本国所需要的设备、物资等商品及时、高效、安全、便宜地从国外进口到国内，以满足国内人民生活、生产建设、科学技术与国民经济发展的需要。

1.1.2　国际物流的分类

1. 按广义和狭义区分

广义的国际物流包括贸易性国际物流和非贸易性国际物流。广义的国际物流的研究范围包括国际贸易物流、非贸易国际物流、国际物流投资、国际物流合作、国际物流交流等。贸易性国际物流是指国际贸易货物（进出口货物）在国际上的合理流动。非贸易性国际物流是指各种会展物品、行李物品、办公用品、捐助、援外物资等非贸易货物在国际上的流动。

狭义的国际物流是指贸易性国际物流，即当商品的生产和消费分别在两个或两个以上的国家（地区）独立进行时，为了克服生产与消费之间的时间间隔和空间距离，对

商品进行时间和空间转移的活动，即卖方交付货物和单证、收取货款，买方支付货款、接受单证和收取货物的过程。

2. 按社会再生产领域属性区分

按照货物的社会再生产领域属性，国际物流可分为国际贸易性物流、国际投资性物流、国际服务性物流。它们一般被简称为国际贸易物流、国际投资物流、国际服务物流。

1.1.3　国际物流的特点

1. 国际性

物流活动的货物跨越国境线所产生的一系列国际性活动是国际物流最显著的特点。国际物流活动是国际经济贸易交易双方国际贸易合同、国际直接投资合同、许可证贸易合同、国际工程承包合同、国际服务贸易合同等各种合同项下国际货物跨越国际边境或关境的空间运动和时效安排，也是这些货物的国际性空间物理运动的活动和过程。

2. 复杂性

国际物流活动的复杂性在于其跨越不同国家所导致的各国不同的政策、人文、法律、文化、习俗和基础条件等因素的相互交织和影响。国际贸易合同、国际直接投资合同、许可证贸易合同、国际工程承包合同、国际服务贸易合同等各种合同项下所涉及的各种国际物流活动，会不同程度地涉及各国的各种不同政策、人文、法律、文化、习俗和基础条件等现实条件并受其影响，情况比较复杂。

3. 风险性

国际物流活动所涉货物往往要远涉重洋或跨越数国，所处海洋条件或异国他乡的风险及软硬环境的差异性往往都比较大。国际物流需要通过国际远洋运输、国际铁路运输、国际航空运输、国际管道运输或国际多式联运等不同的国际运输方式，将货物从启运地（港）运往目的地（港），途中需要跨越各大洋水域或国际海域或空域，或者跨越不同国家的陆域疆界，其中的海洋条件、自然环境和气候条件异常多变，遭遇各种风险的可能性比较大。在世界范围内每年的海难事故不断。例如，2007 年 11 月，中远釜山号货轮停靠旧金山湾时撞上了海湾大桥的桥墩，其船体一侧约 27m 宽的缺口非常明显，造成超过 180m³ 燃油泄漏到旧金山湾；2003 年 7 月，希腊籍油轮塔斯曼精灵号在巴基斯坦卡拉奇附近搁浅，该船运载的 62 000 吨原油有 1/5 漏进了大海，被认为造成了巴基斯坦历史上最为严重的环境灾难；1989 年 3 月，埃克森瓦尔迪兹号超大型油轮在阿拉斯加州威廉王子海峡撞上暗礁致使超过 40 000m³ 原油泄漏至该水域，漏油在事故发生 20 年以后仍在释放着毒素；1978 年 3 月，美国石油公司卡迪兹号油轮在法国布列塔尼半岛的海岸处搁浅并断为两截；其泄漏的超过 160 万桶原油将当地海岸线几乎全部污染，这是海运史上最为严重的一次原油泄漏灾难。

4. 高度标准化

国际物流活动所涉货物、装卸设备及港口条件和作业要求的标准化程度高，形式规范，要求都很严格。国际货物，从原材料采购到入厂，从商品生产到销售，从货物包装到装卸，从仓储到运输，从入库到出库，从上架到下架，从分拣到配送，从加工到打包，国际物流的整个运作过程都要求实现标准化的操作和运营，对标准化的程度要求很高。

1.1.4　国际物流管理

国际物流管理，是指公司在网络化或者系统化的基础上，通过网络平台或系统化的运作，降低国际物流运作成本，提高国际物流服务质量，创造国际物流服务市场，实现公司国际物流管理目标的管理活动。

国际物流管理的本质在于，按分工协作原则，依照国际惯例，利用国际化的物流网络、设施和技术，通过国际化管理，实现货物在国际上的流动和交换，获得国际物流价值链上的合理份额，促进公司的健康成长和资源的优化配置，实现公司的管理目标。

1.2　国际物流的历史演进与发展

上启秦汉、中承唐宋、下至明清，中国古代历史进程一路伴有物流的发展。"仓廪实而知礼节"，早在先秦时代就开启了国家仓储制，用以调节物资供需平衡，确保国家长治久安。

我国古代历史进程也伴有国际物流的演进。"骞以郎应募，使月氏"，汉朝使臣张骞出使西域，开辟了全长超过 7000km 横贯亚欧的陆上贸易通道——丝绸之路。"涉沧溟十万余里"，明朝郑和率船队远航西太平洋和印度洋 30 多个国家，开辟了海上丝绸之路。近年来我国提出的"一带一路"倡议正源于此厚重的历史背景，我国构建人类命运共同体的历史积淀与国际物流的历史渊源源远流长。

1.2.1　国际物流的兴起

国际物流的兴起有着深刻的国际经济社会背景。

从宏观上看，"五化"成为推动国际物流发展的原动力：全球化发展是国际物流兴起的有力推动因素；信息全球化是推动国际物流兴起的纽带；市场全球化是国际物流兴起的物质基础；资本全球化是国际物流兴起的金融支柱；生产全球化是国际物流兴起的基本源泉。

从微观上看，跨国公司的发展带来专业化分工的深化，供应链模式的改变促进了国际物流的兴起。跨国公司的兴起是国际物流得以兴起的公司组织基础，世界范围内跨国公司的专业化分工和全球化经营，大大促进了国际物流的迅速兴起。供应链模式的改变使公司的经营模式发生了重大变化，大量的国际物流活动成为跨国公司成长的必然选择。特别是 20 世纪 90 年代以来，跨国公司有了更加迅速的发展。全球跨国公司贸易额占全球贸易总额的 60%，他们掌握的高新技术占全球的 70%，控制的国际技术贸易占全球的 70%，产值占世界总产值的 40%，投资额占各国对外投资的 23%，全球排名前100 的大银行几乎垄断了所有跨国商业性金融服务。同时，国际直接投资也产生了大量的国际物流需求，对国际运输的直接需求迅速增长，并提出了更高的国际物流服务要求。

1.2.2　国际物流的历史演进

20 世纪中后期以来，国际物流有了较大的发展。60 年代，开始形成国家间的大量物流，出现了大型物流工具，如国际集装箱船舶、国际大型油船等。70 年代，船舶大型化趋势进一步加强，国际物流服务水平得以提高。70 年代中后期，航空物流大幅度增加，出现了更高水平的国际联运。80 年代前期和中期，出现了"精细物流"的服务要求。80 年代、90 年代，国际物流的发展进入了物流信息化时代。进入 21 世纪以来，国际物流的网络化、全球化、专业化日益明显和增强。

1.2.3　国际物流的发展趋势

展望未来，国际物流的发展趋势主要包括以下几个方面。

1. 物流企业向信息化、网络化、集约化、协同化方向发展

物流企业的信息化已经成为物流业态进行企业信息化更新改造的根本方向；国际物流企业正逐渐形成在全球范围内提供国际物流服务的网络平台；现代国际物流服务，要求的不仅是传统的国际物流服务的粗放式延伸，更重要的是要有现代国际物流服务的集约式扩张；国际物流发展的过程也是国际物流中上游与下游不断协同共进的结果。

2. 物流服务的个性化、优质化、全球化、专业化趋势日益明显

构建合同导向的个性化国际物流服务体系成为企业获取竞争优势的关键。国际物流服务的需求方，对物流企业提供的国际物流服务的要求不断提高。提供优质化的物流服务成为物流企业满足国际物流需求和赢得市场的决定性要素。能够提供全球化的物流服务也已成为国际物流服务需求方对物流企业进行甄别的导向性要素。能够提供专业化的物流服务则已成为国际物流需求方和市场选择物流企业的技术性要素。

3. 第三方物流迅速发展，地位和作用日益突出

第三方物流是指独立于供需双方，为客户提供专项或全面的物流系统设计或系统运营的物流服务模式,,是运用外部公司去完成传统上由组织内部完成的物流功能，包括全部物流功能或所选择的部分物流功能。在委托方物流需求的推动下，物流服务企业可以提供从简单的存储、运输等单项活动到全面的物流服务，其中包括物流活动的组织、协调和管理，设计建议最优物流方案，物流全程的信息搜集和管理等。

跨国公司是第三方物流的主要推动者。在越来越全球化的社会中，几乎任何一种经济潮流都与跨国公司有着紧密的联系。跨国公司在规模和地域上的强大优势使其成为物流服务的重要需求方。

4. 绿色物流、低碳物流成为国际物流发展的时代要求

在现代绿色经济、低碳经济时代，任何产业的发展必须考虑环境问题。国际物流的发展也不例外，需要从环境角度对国际物流体系进行改造，即需要形成一个环境共生型的国际物流管理系统。这种物流管理系统是建立在维护全球环境和可持续发展基础之上的，能够改变以往发展与物流、消费生活与物流的单向作用关系，在抑制物流对环境造成危害的同时，形成一种适应时代进步、促进经济与消费健康持续发展的国际物流系统，即向所谓的绿色物流、低碳物流转变，以顺应时代对国际物流发展的要求。

5. 跨国公司成为国际物流发展的主要力量

跨国公司是当今推动国际物流发展的主要力量。在经济全球化的今天，任何一种经济潮流都离不开跨国公司的推动。跨国公司在规模和地域上的强大优势使其成为国际物流服务最重要的需求者和供应者。例如，美国沃尔玛、日本丰田、美国通用、德国大众等诸多大型跨国集团都是国际物流服务的需求大户；同时，一大批物流跨国巨头又是国际物流服务最重要的供应者，如 UPS、马士基、TNT 等。

1.2.4 我国国际物流的发展

1. 我国国际物流的发展概貌

我国国民经济在"八五""九五""十五""十一五""十二五"时期的高速发展，要求我国的物流体系与之相适应。为此，国家为高速发展物流业采取了一系列重要措施。"八五"时期，明确把发展第三产业特别是物流业作为重点。"九五"时期，开展物流研究、提高物流水平的迫切性和重要性成为共识，物流系统建设向标准化和国际化方向发展。"十五"时期，确定的物流发展总目标是逐步提高社会化、专业化物流配送在生产、流通领域中的比重。"十一五"时期，提出现代物流发展的目标是，到 2010 年基本建立快捷、高效、安全、方便并具有国际竞争力的现代物流服务体系，大幅度提高物流的社会化、专业化和现代化水平；"十大产业振兴规划"将"物流振兴规划"纳入其中，凸显了现代物流业在我国国民经济发展中的特殊地位。"十二五"时期，2014 年我国有近 40% 的外贸依存度，高达 4.3 万亿美元的进出口总额，连续两年成为世界第一大进出口国。在"十三五"开局第二年，我国 GDP 达到 82.7 万亿元，占世界经济的比重达到了 15% 左右，位列世界第二位；对世界经济增长贡献率超过 30%，位列世界第一位。2018 年 3 月，国务院总理李克强作政府工作报告，在回顾过去五年工作时总结指出："在上海等省市设立 11 个自贸试验区，一批改革试点成果向全国推广。改革出口退税负担机制、退税增量全部由中央财政负担，设立 13 个跨境电商综合试验区，国际贸易'单一窗口'覆盖全国，货物通关时间平均缩短一半以上，进出口实现回稳向好。"2018 年，我国 GDP 总量超过了 90 万亿元，迈上了一个新台阶。2018 年进出口总额约 4.62 万亿美元，增长 12.6%，再创历史新高；其中，出口 2.48 万亿美元，增长 9.9%；进口 2.14 万亿美元，增长 15.8%，首次突破 2 万亿美元。所有这些，使我国的国际物流有了巨大的发展空间和良好的发展环境。国际物流高质量发展是我国经济高质量发展的重要组成部分，也是推动我国经济高质量发展不可或缺的重要力量。

2. 我国国际物流的基本特点

从需求方的角度来看，我国国际物流发展总的特点是：我国国际物流需求量较大，但国际物流需求的地区发展不均衡。我国多达 4.62 万亿美元的进出口货物对我国的贸易性国际物流形成了巨大的需求，但我国的国际物流需求大都集中在沿海地区及其周边城市，中西部内陆地区及其众多城市的潜在需求还没有实现，大批内陆地区的贸易性国际物流需求还有待挖掘，现有的分布状况很不均衡。

从供给方的角度来看，我国国际物流发展总的特点是：①国外物流巨头大批进入，成为我国物流企业的有力竞争者，也带来了优秀的现代物流管理模式和方法，如 UPS、DHL、TNT 等；②国内的物流巨头迅速扩展，如中远集团、中外运集团、中海集等，我国已经有了一大批比较优秀的国际物流服务性大型国际物流集团，但他们的国际物流服务和管理的水平及规模，与世界物流巨头相比，总体上都还有较大的提升空间；③国内大型制造企业自营物流业态齐头并进，取得迅速发展。

3. 我国国际物流高质量发展的重要意义

我国国际物流高质量发展的基础是我国经济的高质量发展。国家发展改革委等多部门联合最新印发的《关于推动物流高质量发展促进形成强大国内市场的意见》指出，"物流是实体经济的有机组成部分，加快解决物流发展不平衡不充分问题，推动物流高质量发展是推进物流业发展方式转变、结构优化和动力转换，实现物流业自身转型升级的必由之路；是降低实体经济特别是制造企业物流成本水平，增强实体经济活力的必然选择；是深化供给侧结构性改革，增强经济发展内生动力，提升社会经济运行效率的迫切需要；是促进形成强大国内市场，构建现代化经济体系，实现国民经济高质量发展的内在要求。物流业发展的贡献不仅在于行业企业本身创造的税收、就业等，更在于支撑和促进区域内各相关产业产生更多的税收和就业，有力推动区域经济较快增长。要把推动物流高质量发展作为当前和今后一段时期改善产业发展和投资环境的重要抓手，培育经济发展新动能的关键一招，以物流高质量发展为突破口，加快推动提升区域经济和国民经济综合竞争力。"并就加快国际物流发展进行了明确部署："深入推进通关一体化改革，建立现场查验联动机制，推进跨部门协同共管，鼓励应用智能化查验设施设备，推动口岸物流信息电子化，压缩整体通关时间，提高口岸物流服务效率，提升通道国际物流便利化水平。加强陆上边境口岸型物流枢纽建设，完善境外沿线物流节点、渠道网络布局。积极推动中欧班列枢纽节点建设，打造一批具有多式联运功能的大型综合物流基地，促进大型集结中心建设。加大中欧班列组织协调和品牌宣传力度，利用进口博览会等平台引导班列运营公司加强与中亚、欧洲沿线各国的大型生产制造企业的对接，针对大型企业打造'量身定做'的班列物流服务产品，促进中欧班列双向均衡运行，提升中欧班列国际物流服务能力与质量。"

4. 我国国际物流的发展要求和目标

国家的《物流业调整和振兴规划》，进一步明确了我国国际物流发展的要求和目标，特别强调了加快国际物流和保税物流的发展。要求加强主要港口、国际海运陆运集装箱中转站、多功能国际货运站、国际机场等物流节点的多式联运物流设施建设，加快发展铁海联运，提高国际货物的中转能力，加快发展适应国际中转、国际采购、国际配送、国际转口贸易业务要求的国际物流，逐步建成一批适应国际贸易发展需要的大型国际物流港，并不断增强其配套功能。在有效监管的前提下，各有关部门要简化审批手续，优化口岸通关作业流程，实行申办手续电子化和"一站式"服务，提高通关效率。充分发挥口岸联络协调机制的作用，加快"电子口岸"建设，积极推进大通关信息资源整合。统筹规划、合理布局，积极推进海关特殊监管区域整合发展和保税监管场所建设，建立既适应跨国公司全球化运作又适应加工制造业多元化发展需求的新型保税物流监管体系。积极促进口岸物流向内地物流节点城市顺畅延伸，促进内地现代物流业的发展。

按照国家《物流业调整和振兴规划》的要求和目标，我国国际物流的发展进入了新一轮大发展的阶段。①从国际物流的区域发展来看，我国正在形成以长三角、珠三角、京津冀为核心的国际物流东部枢纽，以武汉、长沙、郑州、包头为核心的国际物流中部枢纽，以昆明、成都、西安、兰州、乌鲁木齐为核心的国际物流西部枢纽，以大连、沈阳、长春、哈尔滨为核心的国际物流东北（亚）枢纽；以新欧亚大陆桥贯通形成的江苏、河南、陕西、甘肃、青海、新疆东西部区域国际物流大走廊，以及由此派生的东（西）亚、广西（云南）、湖南（贵州）、湖北（重庆）、河南（四川）、陕西、甘肃、青海、新疆南北区域国际物流大走廊。②从国际物流中心的发展来看，我国的国际物流中心正在有计划地快速形成的过程之中，如大连保税国际物流港、上海国际航运中心、天津港保税国际物流中心、广州南方国际现代物流中心、深圳国际物流中心等。其中，大连保税国际物流港位于以大连新经济区为依托的大孤山半岛与大窑湾，港区总规划面积 81.5km²，建成后将形成年综合通过能力超过 2.5 亿 t 的港口群，并最终成为集国际采购、国际配送、国际转口等功能于一体的东北亚国际物流中心。大连保税国际物流港包括北良港、矿石码头、油品码头、集装箱码头、汽车码头、保税区、出口加工区及保税物流园等紧邻港口的物流运作区。上海国际航运中心将形成以上海 100 多 km 的黄金岸线为标志的洋山港、外高桥港、浦东机场空港以及洋山保税港区、外高桥保税区、浦东机场综合保税区等"三港三区"的基本构架，使上海成为世界第一大国际货运中心和集装箱中心。广州南方国际现代物流中心的总体目标为，建成整合珠江三角洲、服务华南、辐射大西南和东南亚、面向全国和全球、国际国内双向物流整合和海陆空物流相结合的中国南方国际现代物流中心，包括建成功能健全的物流信息平台和物流运输平台两大平台；建成三大国际性枢纽型物流园区，包括南沙物流园区、黄埔物流园区、国际空港物流园区；建成五大区域性综合型物流园区，包括芳村（综合）物流园区、白云（综合）物流园区、增城（综合）物流园区、番禺（综合）物流园区、花都（综合）物流园区等。

1.3　国际物流的研究对象

1.3.1　国际物流的研究对象

国际物流是现代物流的重要组成部分，是国际货物跨越国与国、地区与地区之间的一种物流运作方式。国际物流的研究对象，就是探索国际经济贸易社会活动中"物"的流动规律，特别是国际贸易物流活动的规律，通过经济科学、管理科学、计算机科学、信息科学、工程技术科学等多门学科的交叉运用，综合现代科学技术手段和管理组织方法，精简国际物流的流程，降低国际物流成本，提高国际物流的效率和效益，有效管理、控制国际物流的全过程。

1.3.2　国际物流的时代背景

当今国际物流的发展，离不开世界经济发展的大背景，离不开席卷世界的经济全球化。经济全球化是当今世界发展的最重要趋势，其他趋势都会受到这一趋势的深刻影响和制约。

在经济全球化的推动下，资源配置已从一个工厂、一个地区、一个国家扩展到了整个世界。国际物流通过现代运输手段和信息技术、网络技术，降低了物流成本，提高了物流效率，在国际贸易和全球资源配置中发挥着越来越大的作用。作为新兴的产业业态，国际物流正越来越受到人们的关注和重视。

在经济全球化的条件下，当前国际物流的发展，正面临着前所未有的机遇，国际贸易的急剧扩大为国际物流的发展和研究提供了广阔的空间。

2018 年 7 月世界贸易组织发布的统计报告显示，2017 年，全球商品贸易量增长4.7%，为 6 年来最高；商品贸易额增长 11%；除中东以外，所有地区商品贸易量都出现增长，其中亚洲贸易量增幅最大（8.1%）；工业制成品出口占所有商品出口的比重达 70%，化工产品、办公用品和通信产品及汽车产品占制成品出口的 44%；排名前三的商品贸易国分别是中国、美国和德国，三国商品出口总额约为 5.3 万亿美元，占全球总出口额的 30%；欧盟仍是最具活力的自由贸易区，占全球总出口额的比重达 1/3；欧盟和北美合计占全球制成品出口额的 48%。

1.3.3 国际分工对国际物流的作用

国际产业的重新分工布局，为国际物流的发展提供了更广泛的基础。从国际分工看，相互依存、优势互补的国际分工进一步深化，制造业重心继续东移。而中国进口份额几乎每 10 年翻一番，目前已经超过日本。这种新的国际分工和布局，不仅决定了国际物流的走向和布局，而且决定了国际物流更广泛的服务对象和服务内容。2018 年中国对外货物贸易进出口总额 30.51 万亿元人民币，折合 4.62 万亿美元，增长 12.6%。其中，中国对外出口的商品总额约为 2.48 万亿美元，增长 9.9%；进口 2.14 万亿美元，增长 15.8%。中国货物贸易顺差 3517.6 亿美元。根据美国商务部预测，2018 年美国的货物贸易总额只有约 4 万亿美元。这意味着 2018 年中国的货物贸易总额再次位居全球第一。2018 年是中国改革开放 40 周年，在 40 年的征程中，中国进出口总额从 1978 年的 355 亿元提升至 2017 年的 27.8 万亿元，贸易规模扩大 782 倍，且年均增速达 18.6%（高于同期中国 GDP 的增速）。中国的对外进出口贸易现在稳居全球第一名，实现了跨越式发展。机电产品在出口中占据着绝对主导地位，出口结构更加优化。现在，中国的出口商品中机电产品占比超过了一半——2018 年占比是 58.8%。工业制成品占比达到了 94.8%，初级产品占比下降到 5.2%。此外，高新技术产品占我国出口比重也从 2%左右提高到了 28.8%。而在进口商品中，虽然仍有大量的高科技产品，但更多的是铁矿石、石油、天然气、煤炭、粮食等大宗商品。中国的进出口贸易伙伴更加多元化。中国目前与全球 231 个国家和地区有贸易往来，中国是超过 60 个国家或地区的最大贸易伙伴。除此以外，近几年中国与"一带一路"沿线国家的贸易合作已经成为拉动中国外贸发展的新动力。2018 年中国对俄罗斯、沙特阿拉伯和希腊进出口分别增长 24%、23.2% 和 33%，远高于同期中国对外贸易的总体增速。

1.4 国际物流学的兴起

1.4.1 国际物流学的学科基础

国际物流活动本身的特殊性和规律性以及它跨越国家界限，涉及多种运输方式运作的复杂性，都要求人们对国际物流进行专门的系统研究。国际物流的兴起和迅猛发展直接促成了理论和实践对国际物流学的关注。国际物流学就是在这样的大背景下兴起的。

国际物流学客观上是一种理论与实际相结合的交叉科学。它既涉及软科学的范畴，包括经济学、管理学、数学、系统学、运筹学等理论工具的应用以及国际贸易、运输经济学、企业管理、宏观经济学、区域经济学、产业经济学等应用经济管理诸多科学，又涉及硬科学的范畴，包括运输、仓储、装载技术、商品检验和计算机、互联网信息技术等诸多技术手段。

1.4.2　国际物流学的研究内容

国际物流学的研究内容主要包括以下三方面内容。

（1）国际物流的经济学研究。例如：国际物流与宏观经济、区域经济的关系；国际物流中心建设；国际物流宏观绩效评价；国际物流对区域经济的影响；国际物流企业运作的经济性分析；第三方物流的经济性分析；国际物流项目的宏观绩效评价；企业物流系统的绩效评价等。

（2）国际物流的管理学研究。例如：国际采购、运输仓储、搬运、包装、配送、信息系统等的管理学研究；国际物流的采购物流体系、生产物流体系和分销物流系统分析和设计等；跨国公司的国际物流系统的组织管理；多式联运，多种运输方式的选择和组合；供应链管理研究；国际物流的标准化，包括运输装卸工具、单据、信息化标准的设立、完善与普及等。

（3）国际物流的技术与工程研究。例如：运输技术、仓储技术、包装技术、搬运技术、流通加工技术、环境科学技术等；国际物流商品特性，商品保管、养护、组合装卸与识别技术；国际物流设施的数量、布局、优化、规划、设计与运作技术；国际物流信息化平台研究；国际物流的软件开发研究等。

本章小结

本章介绍了国际物流的基本概念、国际物流的特点和国际物流活动及分类，阐述了国际物流的发展历程及趋势，介绍了国际物流的研究对象和国际物流学的学科交叉性。

［案例讨论］

国际物流企业——美国联合包裹运送服务公司 UPS

UPS 公司是一家大型的国际快递公司，它除了自身拥有几百架货物运输飞机外，还租用了几百架货物运输飞机，每天运输量达 1500 多万件。UPS 公司在全世界建立了 10 多个航空运输的中转中心，在 200 多个国家和地区建立了数万个快递中心，年营业额可达到几百亿美元，在世界快递行业中享有较高的声誉，是国际物流巨头之一。

UPS 公司在世界各地发展迅速，效益显著上升。UPS 公司之所以能够取得如此显著的成绩，与它的特点有关。那就是，它能够真正做到将遍布在世界各地的快递物品迅速、安全地送达目的地。

国内快件 1 小时取件和 24 小时下个航班到达的承诺，满足了较高的服务质量要求。

"安全"也是快递公司的主要特点。UPS 公司能够实现每天 1 万多人次在网上对快递进行跟踪查询，以及每天 2 万人次通过电话对快递进行跟踪查询。

UPS公司之所以能够达到以上服务标准，关键在于：一是公司对内有严格的管理制度和规范的业务处理流程；二是公司充分地运用了高科技手段，在网上建立了快递文件跟踪系统，同时又建立了进行快递文件数据汇总的数据中心，实现了快递档案的高效管理；三是建立了电子数据交换（EDI）等国际物流系统。

UPS公司为客户开展了国际物流综合服务。它除了开展信函、文件和包裹的物流快递业务之外，还为客户提供代理报关服务，减轻了客户的报关负担并缩短了报关时间，也为客户提供特殊物品的包装服务，解决了客户在物品包装上的困难并节省了包装材料费用。

UPS公司在我国的发展也在转型升级，正从过去注重市场扩张向注重质量效益扩张转变，这使UPS正迈入一个新的发展阶段。

问题：

1. 为什么说UPS公司是一家国际物流企业？

2. 从UPS公司的发展历程中如何认识国际物流的发展和趋势？

思考题

1. 什么是国际物流？

2. 国际物流的特点有哪些？

3. 简述国际物流的作用。

4. 国际物流活动主要有哪些？

5. 简述国际物流的发展趋势。

练习题

一、多项选择题

1. 下列关于国际物流的概念描述正确的有(　　)。

A. 国际物流是指货物经停的地点不在同一个独立关税区内的物流

B. 国际物流是指发生在三个或三个以上国家网络间的货物流通活动

C. 国际物流是指组织货物在国际的合理流动

D. 国际物流是发生在不同国家和地区之间的物流

2. 下列关于国际物流的表述正确的有(　　)。

A. 国际物流的总目标是为国际贸易和跨国经营服务

B. 国际物流发生在不同的国家之间

C. 国际物流必须遵从国际贸易的惯例

D. 国际物流可以促进区域经济的发展和世界范围内资源的优化配置

3. 下列属于国际物流作用的有(　　)。

A. 使国际物资或商品的流动路线最佳　　B. 使国际物资或商品的流通成本最低

C. 使国际物资或商品的服务最优　　D. 使国际物资或商品的效益最高

4. 国际物流的特点包括(　　)。

A. 物流环境的差异性　　B. 物流系统范围的广泛性

C. 要求物流标准化具有统一性　　D. 要求物流信息化具有先进性

5. 下列属于国际物流内容的有( )。

A. 各国之间的邮政物流　　　　　　　B. 各国之间的展品物流

C. 各国之间的军火物流　　　　　　　D. 国际咨询及结算业务

6. 国际物流与国际贸易的关系可以概括为( )。

A. 国际物流是国际贸易的产物

B. 国际物流的发展可以促进国际贸易的发展

C. 国际物流受国际贸易发展的制约

D. 国际物流与国际贸易是完全一体化的

二、判断题

1. 国际物流是国内物流的跨国延伸和扩展。　　　　　　　　　　　　( )

2. 我国加入世界贸易组织和我国的物流业发展没有必然的联系，两者是独立的事件。

( )

3. 国际物流需要合理选择运输路线和运输方式，尽量缩短运输距离和货物在途时间，加速货物的周转并降低物流成本。　　　　　　　　　　　　( )

4. 广义而言，国际物流包括国际人道捐赠物资、援助物资等的物流。　　( )

第2章 国际物流与国际贸易

[教学目标]

使学生了解国际贸易是国际物流的基础，掌握国际物流的供求关系及其同国际贸易的关系，掌握国际贸易的交易术语、基本交易规则及过程，掌握国际贸易结算过程中的不同支付工具和支付手段，了解国际贸易合同的订立过程及环节，掌握国际贸易合同的履行过程。

[关键词]

国际贸易　对外贸易　出口贸易　进口贸易　转口贸易　海运物流　铁路物流　航空物流　公路物流　管道物流　贸易术语　FOB　CIF　询盘　发盘　还盘　接受　汇票　本票　支票　汇付　托收　信用证　包销　代理　拍卖　招标　期货交易　对销交易

◆ [引导案例]

从中国进出口状况看中国的世界贸易地位及国际物流市场

根据世界贸易组织 2006 年 4 月 11 日公布的 2005 年贸易数据显示，2005 年，全球货物贸易总量首次超过 10 万亿美元，较 2004 年增长 13%。当时全球货物出口前三大国排名依次是德国、美国、中国。世界贸易组织曾经预测，根据统计数据，如果中国在此后几年能保持 30% 左右的出口增幅，那么到 2010 年，中国将取代德国成为世界第一大货物出口国。这些预测现在已经成为现实。前世界贸易组织总干事拉米（Pascal Lamy）2010 年 2 月 24 日表示，2009 年全球贸易量比 2008 年下降了 12%，是第二次世界大战以来贸易下滑最严重的一年。在此严峻形势下，中国的出口贸易却是逆流而上，全球货物出口前三大国排名依次成为中国、德国、美国。中国的年出口额跃居全球首位。2014 年，中国的进出口总额达到了 43 030.4 亿美元，超过美国的货物进出口总额 39 686.3 亿美元，连续第二年居世界第一位。2017 年中国的进出口总额再次跃上 4 万亿美元大关达到了 41 487.2 亿美元，到 2018 年达到了 4.62 万亿美元。这使中国的国际物流市场和空间进一步扩大。2001 年至 2018 年中国的进出口贸易状况，见表 2-1 所示。

表 2-1　2001 年至 2018 年中国进出口贸易状况　　（单位：亿美元）

年　份	进出口总额	出口总额	进口总额	差　额
2018	46 200.0	24 800.0	21 400.0	3517.6
2017	41 487.2	22 887.1	18 600.1	4287.0
2016	36 855.7	20 981.5	15 874.2	5107.3
2015	39 569.0	22 749.5	16 819.5	5930.0
2014	43 030.4	23 427.5	19 602.9	3824.6

（续）

年　份	进出口总额	出口总额	进口总额	差　额
2013	41 589.9	22 090.0	19 499.9	2590.1
2012	38 671.2	20 487.1	18 184.1	2303.0
2011	36 418.6	18 983.8	17 434.8	1549.0
2010	29 727.60	15 779.30	13 948.30	1831.00
2009	22 072.20	12 016.60	10 055.60	1961.00
2008	25 616.30	14 285.50	11 330.90	2954.60
2007	21 738.30	12 180.10	9558.20	2621.70
2006	17 606.90	9690.70	7916.10	1774.60
2005	14 221.20	7620.00	6601.20	1018.80
2004	11 545.50	5933.30	5612.30	321.00
2003	8509.90	4382.30	4127.60	255.30
2002	6207.70	3256.00	2951.70	304.30
2001	5096.50	2661.00	2435.50	225.50

思考：

1. 什么是国际贸易？结合我国进出口贸易的发展来看，它与国际物流之间的关系如何？

2. 从我国进出口贸易状况和发展怎么看我国在世界贸易中的地位和国际物流的市场空间？为什么？这对国际物流的发展及我国有什么影响？

国际贸易是国际物流的基础，国际物流是随着国际贸易的发展而产生和发展起来的。国际物流与国际贸易之间有着紧密的联系：一方面国际贸易是国际物流存在和发展的前提；另一方面国际物流的合理化又是促进国际贸易发展的有力保障。在国际再生产过程中，国际企业之间形成的国际贸易合同成为国际物流的起点，国际物流的实践过程则成为国际贸易合同履行的结果，国际贸易必须通过国际物流才能最终实现。因此，保证国际物流与国际贸易的协同，对于促进国际物流和国际贸易的发展都是至关重要的。

2.1　国际贸易概述

2.1.1　国际贸易的概念

国际贸易（International Trade）是指世界各国（地区）之间商品、服务和技术的交换活动，包括出口和进口两个方面。从一个国家的角度看这种交换活动，称为该国的对外贸易（Foreign Trade）。从全球范围看，世界各国对外贸易的总和就构成了国际贸易，亦称世界贸易（World Trade）。

传统的国际贸易强调的是获得货物的使用价值，即取得货物的使用效用；而现代国际贸易强调的是获得商品或服务的价值增值，即通过国际贸易来取得价值或经济利益。

随着生产力的发展、科学技术的进步和国际经济联系的增强，在当代，国际贸易这一概念所包含的内容进一步扩大了。过去，国际贸易实际上只包括实物商品的交换；而现在，还包括服务和技术等非实物商品的交换。所谓实物商品交换，是指原材料、半制成品及工业制成品的买卖。服务交换是指在运输、邮电、保险、金融、旅游等方面为外国人提供服务，或本国工人、技术人员在国外劳动、服务，从而获得外国货币报酬的活动。技术交换包括专利、商标使用权、专有技术使用权的转让以及技术咨询和信息等的提供和接受。

2.1.2 国际贸易的种类

国际贸易的分类方法很多，在国际物流中最常用的是按国际贸易商品的流向区分，一般可分为进口贸易、出口贸易、过境贸易、转口贸易。

1. 进口贸易

进口贸易（Import Trade）是指把外国生产或加工的产品因购入而输入国内，又称输入贸易。如果不是因购买而输入国内的商品，则不能称为进口贸易，也不列入进口贸易的统计，如外国使领馆运进供自用的货物、旅客携带进入国内的个人使用物品等。

2. 出口贸易

出口贸易（Export Trade）是指把本国生产或加工的产品因外销而输往国外，又称输出贸易。同样的，如果不是因外销而输往国外的商品，则不计入出口贸易的统计之中。

3. 过境贸易

过境贸易（Transit Trade）是指甲国向乙国运送商品，由于地理位置的原因，必须通过第三国，对第三国来说，虽然没有直接参与此项交易，但商品要进出该国的国境或关境，并要经过海关统计，从而构成了该国进出口贸易的一部分。它包括直接过境贸易和间接过境贸易。例如，内陆国与不相邻的国家之间的商品交易，就必须通过第三国国境，而第三国海关会把这类贸易归入过境贸易。但如果这类贸易是通过航空运输飞越第三国领空的，则第三国海关不会把它列入过境贸易。间接过境贸易，是指外国货物到达本国口岸后先存入海关保税仓库，未经加工改制，又从海关保税仓库被提出并运出国境的活动。

4. 转口贸易

转口贸易（Enterport Trade）是指货物消费国和货物生产国通过第三国（或地区）进行的贸易活动，是对第三国（或地区）而言的。货物的生产国把货物卖给第三国（或地区）的商人，然后第三国（或地区）的商人再把货物卖给真正的货物消费国。这种贸易对货物生产国和消费国来说是间接贸易（Indirect Trade），对第三国（或地区）来说则是转口贸易。

2.1.3 国际贸易方式

贸易方式是指为形成特定的贸易关系在国际贸易中所采用的各种方法。因贸易方式的不同所形成的双方不同的贸易关系，使贸易双方在国际物流服务面前所面临的过程及风险都是不同的。随着国际贸易的发展，贸易方式逐渐多样化。除采用逐笔售定的方式外，还有包销、代理、寄售、招标与投标、拍卖、期货交易等。

1. 包销

包销（Exclusive Sales）是国际贸易中习惯采用的方式之一，是指出口人（委托人）通过协议把某一种商品或某一类商品在某一个地区和一定期限内的经营权给予国外某个客户或公司的贸易做法。包销与通常的单边逐笔出口不同。它除了要求当事人双方签有买卖合同外，还要求事先签有包销协议。

采用包销方式时，买卖双方的权利与义务是由包销协议确定的。两者签订的买卖合同也必须符合包销协议的规定。

2. 代理

代理（Agency）是指代理人按照委托人的授权，代委托人同第三者订立合同或行使其他法律行为的贸易做法。由此而产生的权利与义务直接对委托人发生效力。

委托人与代理人之间不是买卖关系，而是委托和被委托的关系。代理人在代理业务中，只是代表委托人行为，如招揽客户、招揽订单、代表委托人签订买卖合同、处理委托人的货物、收受货款等，他本身并不作为合同的一方参与交易。在代理人和出口企业之间，没有货物所有权的转移。代理人不承担经营风险，也不负担盈亏，只收取协议规定的佣金。代理通常包括以下三种：总代理（General Agency）、独家代理（The Exclusive Agency or Sole Agency）、一般代理（Commission Agency）。

3. 寄售

寄售（Consignment）是一种委托代售的贸易方式，也是国际贸易中习惯采用的做法之一。在我国进出口业务中，寄售方式运用并不普遍。但在某些商品的交易中，为促进成交、扩大出口，也可灵活适当地运用寄售方式。

寄售是一种有别于代理销售的贸易方式。它是指在寄售人（出口商）和代销人（国外中间商）签订寄售协议后，寄售人先将货物运至寄售地，委托代销人在当地市场上代为销售，商品售出后，代销人把所得货款扣除其应得佣金和其他费用后，交付给寄售人。在寄售方式下，出口商和国外中间商之间不是买卖关系，而是委托代销关系。在寄售货物售出前，货物运输途中和到达寄售地后的一切风险和费用，均由出口企业负担。

4. 招标与投标

招标（Invitation to Tender）是指招标人（买方或发包方）通过招标机构发出招标公告，提出准备购买商品的品种、数量和有关买卖条件，或提出发包工程的具体要求，邀请投标人（卖方或承包商）报出愿意成交的交易条件的行为。

投标（Submission of Tender）是指投标人应招标人的邀请，根据招标公告的规定条件，在规定的时间内向招标人递盘的行为。

招标、投标是一种贸易方式的两个方面。

5. 拍卖

拍卖（Auction）是拍卖行接受货主的委托，在一定的地点和时间，按照一定的章程和规则，以公开叫价竞购的方法，把货物卖给出价最高的买主的一种交易方式。

拍卖一般由从事拍卖业务的专门组织，在一定的拍卖中心市场、在一定的时间内按照当地法律和规章程序进行。

拍卖程序不同于一般的出口交易，其交易过程大致要经过准备、看货、出价竞买成交和付款交货等四个阶段。

6. 期货交易

期货交易（Futures Transaction）是指在商品交易所内按照一定的交易规则，买卖双方经过讨价还价购买标准期货合同的一种贸易方式。

期货交易不同于商品现货交易。众所周知，在现货交易的情况下，卖方必须交付实

国际物流学

际货物，买方必须支付货款。而期货交易则是在一定时间，在特定期货市场即在商品交易所内，按照交易所制订的"标准期货合同"进行的期货买卖。期货交易有两种做法。一种是投机，即成交后买卖双方一般并不移交商品的所有权进行实物交割，而是自己进行对冲平仓，以期获得低买高卖的风险收益，或者不得不对高买低出进行斩仓承担风险损失，这些期货交易者一般被称为投机者。期货交易中的另外一种人是为避免现货市场交易中的价格风险，在期货市场进行所谓的套期保值的人。他们在现货交易中进行买（或卖）的同时，即在期货市场进行数量相同、交割时间相同、方向相反的卖（或买）操作，并在交割到期日前，再在期货市场进行方向相反、数量相同的买（或卖）操作以对充平仓，以期望期货交易的获利可以基本抵消现货市场的可能亏损，转移现货市场的价格风险。这种利用期货交易来规避现货交易价格风险的做法，人们习惯上称之为套期保值（Hedging），俗称"海琴"，即套期货之利保现货之值，分为卖期保值和买期保值。

2.1.4 "一带一路"沿线国家状况

"一带一路"沿线有 65 个国家，包括东亚的蒙古、东盟 10 国、西亚 18 国、南亚 8 国、中亚 5 国、独联体 7 国、中东欧 16 国，人口 44.8 亿，占世界 71%，经济规模 23.1 万亿美元，占世界 30%。未来 10 年，GDP 增速将达 4.7%，规模达 40 万亿美元；货物进出口总额增速达 5%，增至 20 万亿美元。

2.2 国际物流的需求与供给

国际贸易的产生与发展是形成国际物流的基础。国际贸易的产生形成了国际物流的需求和供给。国际物流业态是在国际贸易产生和发展的基础上逐渐形成和发展起来的。国际商品的流动体现了国际贸易商流和国际物流的统一。国际贸易商流反映了买卖双方的商品交易关系，国际物流反映了实现双方交易的物流供求关系。

2.2.1 国际物流的需求

国际物流的需求，主要来源于六个方面：国际货物贸易的物流需求，国际直接投资的物流需求，国际技术贸易的物流需求，国际人道救援捐助的物流需求，国际旅行、商务活动与移民的物流需求，国际军火贸易的物流需求。

1. 国际货物贸易的物流需求

这部分的物流需求是国际货物买卖双方即进出口双方签订货物买卖合同导致的国际货物流动与转移的需求。例如，一国进口商从他国出口商那里购买的进入国内市场的矿石、石油、钢材、大米、轿车、电视机等生产或生活物资的流动和转移。

2. 国际直接投资的物流需求

这部分的物流需求是国际直接投资双方签订国际投资合同导致的与国际直接投资活动相联系的货物流动与转移的需求。例如，一国的国际直接投资者在他国投资项目所需要的进口钢材、木材、机器设备等货物的流动和转移。

3. 国际技术贸易的物流需求

这部分的物流需求是国际技术贸易双方即国际技术转移输出输入双方签订技术买卖

合同导致的与技术买卖相联系的货物流动与转移的需求。例如，与国际技术买卖相伴随的软件光盘、技术装备、仪器仪表等货物的流动和转移。国际技术贸易是指不同国家的企业、经济组织或个人之间，按照一般商业条件，向对方出售或从对方购买软件技术使用权的一种国际贸易行为。它由技术出口和技术引进两方面组成。总之，技术贸易既包括技术知识的买卖，也包括与技术转让密切相关的机器设备等货物的买卖。

4. 国际人道救援捐助的物流需求

这部分的物流需求是国际人道救援捐助活动导致的与国际救援或捐助相联系的货物流动与转移的需求。例如，国际救灾或国际捐助的粮食、食品、帐篷、棉被、矿泉水、木材等生活或救灾物资从援助国、捐助国向受灾国、受捐国的流动和转移。2018 年我国 5 · 12 汶川大地震后，国际社会对地震灾区进行救援捐助；2004 年印度洋海啸后，国际社会向海啸受灾国提供捐助。这些都会产生国际物流活动。

[阅读资料]　海啸是一种具有强大破坏力的海浪。这种波浪运动引发的狂涛骇浪，汹涌澎湃，它卷起的海涛，波高可达数十米。这种"水墙"内含极大的能量，冲上陆地后所向披靡，往往造成对生命和财产的严重摧残。世界第一大海啸——智利大海啸形成的波涛，移动了上万公里仍不减雄风，由此足见它的巨大威力。

5. 国际旅行、商务活动与移民的物流需求

这部分的物流需求是国际旅行或商务活动、移民活动导致的与国际旅行、商务活动、移民活动相联系的货物流动与转移的需求。例如，国际旅行者的行李、包裹，商务活动物品、展会物品，国际移民的迁居、搬家等生活物品产生的货物流动和转移。

6. 国际军火贸易的物流需求

这部分的物流需求是国际军火贸易活动导致的与国际军火买卖相联系的货物流动与转移的需求。例如，一国国际军火进口商从他国购买的坦克、飞机、大炮、军用卡车、枪支弹药等军用物资的流动和转移。世界范围内每年的军火贸易数量非常巨大。

2.2.2　国际物流的供给

国际物流的供给，主要包括五个方面：国际海运物流供给，国际铁路物流供给，国际航空物流供给，国际公路物流供给，国际管道物流供给。

1. 国际海运物流供给

国际海运物流（International Ocean Shipping Logistics）供给，从狭义的角度来看，是指以船舶为海运物流工具，以海洋为海运物流通道，从事有关跨越海洋的物流经营活动；或者说它是以船舶为工具，从事本国港口与外国港口之间或者外国港口与外国港口之间的物流活动，即国与国之间的海运物流供给。它包括国际班轮物流方式和租船物流方式两种。

从广义的角度来看，国际海运物流供给所包括的范围要广泛得多。它还包括那些为完成国际海运物流供给所从事的各种供给辅助业务或服务工作，如为海运物流供给中的货物进行的装卸、理货、代理等业务。

2. 国际铁路物流供给

国际铁路物流（International Rail Logistics）供给是指运用铁路物流通道和节点，启运地点、目的地点或约定的经停地点位于不同的国家或地区的铁路物流供给。"上海、

国际物流学

吴淞等处商民，均谓此路至便，甚为有用之路"——清朝时修建吴淞铁路，开启了中国铁路运输之先河。在我国，只要铁路物流供给的起运地点、目的地点或约定的经停地点有一个不在我国境内便构成了国际铁路物流供给。我国的国际铁路物流供给主要有如下三类。

（1）通过国际铁路联运方式承运各国的进出口货物。目前，我国与朝鲜、蒙古国、俄罗斯等国的进出口货物，绝大多数仍然是通过国际铁路物流供给来完成的。近年来，随着俄罗斯和东欧市场的进一步开拓以及新欧亚大陆桥运输线路的建成，通过国际铁路物流供给完成的进出口货物数量逐年有所增加。

（2）完成我国内地与港澳地区之间和通过香港转运的进出口货物。对港澳地区的铁路物流运输，既不同于国际联运，也不同于国内运输，而是比照国际货物运输采取特殊的方式进行的。

（3）内陆地区与口岸间的铁路物流的集疏运。铁路承担着我国出口货物由内地向港口集中、进口货物从港口向内地疏运，以及省与省之间、省内各地区之间的进出口货物的分拨调运。

国际铁路物流供给是仅次于国际海运物流供给的国际物流供给的主要方式。它的优点是物流货运量大、速度快、耗能低、输送能力及作业连续性强，物流风险明显小于国际海运物流。其物流成本比公路物流和航空物流低。

全世界铁路运输总里程达 130 多万公里。目前，世界各国在铁路的建设或改造方面，对电气化、内燃化、机械化和自动化都非常重视，高速铁路、重载列车、海陆联营和多式联运等新运输方式方法不断涌现，使国际铁路物流供给能力达到了一个新的高度。

3. 国际航空物流供给

国际航空物流（International Airline Logistics）供给是指通过航空通道和节点，采用商业飞机完成航空货物物流活动的商业活动。它是国际物流供给的主要方式之一，也是目前国际上最安全迅速的国际物流供给方式。国际航空物流供给的主要营运方式包括班机、包机、集中托运和航空快递四种，其中，集中托运是国际航空物流供给最主要的营运方式。

国际航空物流供给的特点主要有以下四点：

1）具有较高的速度效率性，从而提高商品在世界市场上的竞争力。

2）具有较强的快捷适时性，航空物流最适合用于鲜活易腐商品和季节性强的商品输送，这是其他国际物流方式无法比拟的。

3）具有较高的安全准确性，货物破损率低，被偷窃概率小。

4）具有较好的相对节约性，可节省物流包装、保险、利息等费用。

4. 国际公路物流供给

国际公路物流（International Road Logistics）供给是指启运地点、目的地点或约定的经停地点位于不同的国家或地区的公路物流供给。在我国，只要公路货物输送的启运地点、目的地点或约定的经停地点之一不在我国境内即构成国际公路物流供给。目前，世界各国的国际公路物流供给一般以汽车及其站点作为物流输送工具及物流节点。公路物流具有机动灵活、速度快、简捷方便和可延伸至内陆各角落的优点，是我国与周边国家的国际物流供给的主要方式。特别是在集装箱日益普及的今天，"门到门"物流服务的实现更使国际公路物流供给能体现其不可替代性，并可广泛参与国际多式联运。

5. 国际管道物流供给

国际管道物流（International Pipeline Logistics）供给，是随着石油的生产而产生、发展起来的。它是一种特殊的国际物流供给方式，它与普通货物物流形态完全不同，具有独特的特点。普通货物的物流供给是货物随着物流供给的输送工具的移动到达目的地的，而管道物流的输送工具就是管道，是固定不动的，货物是在管道内移动的。它是物流通道和物流输送工具合二为一的一种专门物流输送方式。

国际管道物流供给是借助管道高压气泵的压力将管道内货物输往目的地的一种输送方式，其原理类似于自来水管道将水输送到各家各户。

按供给的对象进行区分，国际管道物流供给可以分为原油管道物流供给、成品油管道物流供给和天然气管道物流供给等。

【企业链接】

物流企业的发展现在遇到最大的问题是供给侧能力不足

我国物流业界知名人士广州华新商贸物流总监蔡先生认为，物流企业的发展现在遇到最大的问题主要在于供给侧能力不足，需要加大力度推进物流业供给侧改革。举个最简单的例子，人们常用中性笔、签字笔，虽然笔是国产的，但笔尖走珠是日本造的。国内的工业制造和实体经济缺乏核心技术和竞争力，供给侧能力不足，致使一度出现日本马桶盖被国人哄抢的类似局面。因此，当务之急是政策对实体经济的大力扶持。

物流行业的发展需要国家政策的引导。当前在物流行业中，由于企业入市门槛低，恶性竞争情况严重。国外基本都有明确标准，企业必须有超过三项以上的物流增值服务，才能注册成为物流公司，而国内目前对此还没有限制。低门槛的入市条件造成物流行业鱼龙混杂，各种恶意竞争比比皆是，严重破坏了物流业市场经济秩序的健康发展。

在这个行业发展初期，很多企业盈利水平和自我积累发展能力不高，大部分没有自建的物流中心。究其原因，主要是在发展过程中整个行业环境对物流行业的关注、扶持、管理、规范不够。中国物流行业发展初期，政策对行业缺乏一体化规划，发展方式简单粗放。近年来，随着电子商务的快速发展，物流业发展迅速，但仍然停留在"总量不小，质量欠佳"的发展阶段。

2.3　国际贸易术语

在国际贸易中，买卖双方采用不同的贸易术语，对国际物流的运作和流程会产生较大影响。因此，必须要了解国际贸易术语。

2.3.1　国际贸易术语概述

在国际贸易中，买卖双方交接货物地点的确定，货物运输中风险范围的划分，货物运输手续、保险手续、进出口手续及申领有关批准文件的手续由谁办理，在办理各种手

国际物流学

续中所支出的费用由谁负担等问题，都需要买卖双方在签订合同时加以明确。为了简化手续和交易过程，在长期的贸易实践中，逐渐形成了一些简短的概念或外文缩写字母，以说明买卖双方有关风险、责任和费用的划分，确定双方应尽的义务。这种简短的概念或外文缩写字母被称作贸易术语（Trade Term）或价格术语（Price Term）。

早在十九世纪初，人们在国际贸易中已开始使用贸易术语。但是，最初对各种贸易术语并没有统一的解释。在各国的进出口贸易中，贸易商们对某种贸易术语的理解或解释往往发生争议和纠纷，这使贸易术语的推广、使用产生了困难。于是，某些商业团体、国际组织为了解决这一问题，试图对贸易术语进行统一的解释，一些有关贸易术语的解释规则陆续出现，这些规则被越来越多的国家和地区所接受和使用。其中，国际商会于 1936 年制定的《1936 年国际贸易术语解释通则》（《International Rules for the Interpretation of Trade Terms 1936》）在世界上应用最为广泛。该通则自 1980 年以来，每 10 年有一次修订，最新的修订本是《2010 年国际贸易术语解释通则》（缩写为《INCOTERMS 2010》），2011 年 1 月 1 日正式生效。

2.3.2　国际贸易术语分类

按照《2000 年国际贸易术语解释通则》，按不同类型将 13 种贸易术语划分为下列四个组别。

1. E 组

E 组为启运（Department）组术语。按这组贸易术语成交，卖方应在自己的处所将货物提供给买方指定的承运人。本组中只有 EXW（Ex Works）一个术语，意为工厂交货。

2. F 组

F 组为主运费未付（Main Carriage Unpaid）组术语，按这组贸易术语成交，卖方必须将货物交至买方所指定的承运人。这一组有三个术语。

1）FCA（Free Carrier），货交承运人。

2）FAS（Free Alongside Ship），船边交货。

3）FOB（Free On Board），装运港船上交货。

3. C 组

C 组为主运费已付（Main Carriage Paid）组术语。按这组贸易术语成交，卖方必须订立将货物运往指定目的港或目的地的运输契约，并把货物装上运输工具或交给承运人。但货物中途灭失或损坏的风险和发运后产生的额外费用，卖方不承担责任。这一组有三个贸易术语。

1）CFR（Cost and Freight），成本加运费。

2）CIF（Cost, Insurance and Freight），成本加保险费，加运费。

3）CPT（Carriage Paid To），运费付至（指定目的地）。

4）CIP（Carriage and Insurance Paid To），运费、保险费付至（指定目的地）。

4. D 组

D 组为到达组术语，按这组贸易术语成交，卖方必须承担货物交至目的地国家指定地点所需的一切费用和风险。这一组有五个贸易术语。

1）DAF（Delivered At Frontier），边境交货。

2）DES（Delivered Ex Ship），目的港船上交货。

3）DEQ（Delivered Ex Quay），目的港码头交货。

4）DDU（Delivered Duty Unpaid），未完税交货。

5）DDP（Delivered Duty Paid），完税后交货。

在《2010 年国际贸易术语解释通则》中，有 11 个贸易术语，分为只适于水运和适于各种运输方式的两类，将《2000 年国际贸易术语解释通则》中 D 组的五个贸易术语修订为三个贸易术语，即 DAP、DAT、DDP。

1）DAP（Delivered At Place），目的地交货。

2）DAT（Delivered At Terminal），终点站交货。

3）DDP（Delivered Duty Paid），完税后交货。

《2010 年国际贸易术语解释通则》中用 DAP 替代了《2000 年国际贸易术语解释通则》中的 DAF、DES、DDU 术语，用 DAT 替代了 DEQ，使贸易术语由 13 个减少为 11 个。

2.3.3　常用国际贸易术语解释

常用的国际贸易术语主要是指 FOB、CIF 和 CFR 三个适用于海上货物运输的贸易术语，同时包括与之相对应的可用于包括多式联运在内的各种运输方式的 FCA、CPT、CIP 三个贸易术语。这些贸易术语下的合同一般多采用信用证方式支付。

1. FOB（Free On Board），**装运港船上交货**

这一术语后要接装运港名称。该术语通常被译为装运港船上交货。采用 FOB 术语成交时，卖方承担的基本义务是在合同规定的装运港和规定的期限内，将货物装上买方指定的船只，并及时通知买方。货物在装运港装上买方所派的船上，风险即由卖方转至买方。卖方要自负风险和费用领取出口许可证或其他官方证件，并负责办理出口手续。卖方还要自费提供他已按规定完成交货义务的证件。在买方要求下，并由买方承担风险和费用的情况下，卖方给予一切协助，以取得提单或其他运输单据。买方要负责租船定舱，支付运费，并将船期船名及时通知卖方。货物在装运港装船时越过船舷后的其他责任、费用也都由买方负责，包括获取进口许可证或其他官方证件，以及办理货物入境的手续和费用。

以 FOB 条件进行买卖时，当使用班轮运输时，由于班轮一般负责装卸，一切费用都被包括在运费之内，因此，装卸费用由支付运费的一方负担。但当使用程租船方式运输时，则需明确双方有关费用的负担。因此，可通过 FOB 的变形来解决这一问题：

1）FOB 班轮条件（FOB Liner Terms），指装船费用按班轮条件来办理，即由支付运费的一方（即买方）负担。

2）FOB 并理舱（FOB Stowed），指卖方负责将货物装入船舱并负担包括理舱费在内的装船费用。

3）FOB 并平舱（FOB Trimmed），指卖方负责将货物装入船舱并负担包括平舱费在内的装船费用。

4）FOB 吊钩下交货（FOB Under Tackle），指卖方将货物运到船舶吊钩所及之处，

国际物流学

从货物起吊开始的装船费用由买方负担。吊钩下可能在码头，也可能是驳船。

2. CIF（Cost，Insurance and Freight），**成本加保险费加运费**

在该术语后要指明目的港的名称。采用这一术语时，卖方的基本义务是负责按通常的条件租船定舱，支付到目的港的运费，并在规定的装运港和装运期内将货物装上船，装船后及时通知买方。同时卖方应负责办理从装运港到目的港的海运货物保险，支付保险费。货物装上船之后的风险，概由买方承担。在货物装上船之后，自装运港到目的港的通常运费和保险费以外的费用，也要由买方负担。买方还要自负风险和费用取得进口许可证或其他官方证件，办理进口手续并按合同规定支付货款。在交单义务方面，卖方需要提交商业发票或与之相等的电子单证。卖方在必要时提供证明所交货物与合同规定相符的证件，提供通常的运输单据，使买方得以在目的地受领货物，或通过转让单据出售在途货物。

在程租船运输条件下，有关卸货费用的负担，可通过 CIF 的变形来解决：

1）CIF 班轮条件（CIF Liner Terms），指卸货费用按班轮条件办理，即由支付运费的一方负担。

2）CIF 吊钩交货（CIF Ex-tackle），指卖方负担货物从舱底吊到船边卸离吊钩为止的费用。

3）CIF 卸到岸上（CIF Landed），指货物到达目的港后，包括驳船费和码头费在内的卸货费由卖方承担。

4）CIF 舱底交货（CIF Ex-ship's Hold），指买方负担将货物从目的港船舱舱底起吊、卸到码头的费用。

3. CFR（Cost and Freight），**成本加运费**

在该术语后要指明目的港的名称。与 FOB 不同的是，在 CFR 条件下，与船方订立运输契约的责任由卖方承担。卖方要负责租船定舱，支付到指定目的港的运费，包括在订立运输合同时规定的由定期班轮可能收取的货物装到船上和在卸货港卸货的费用。但从装运港至目的地的货运保险仍由买方负责，保险费由买方负担。

以 CFR 术语成交时，必须特别注意的是，卖方在货物装船后一定要及时向买方发出装船通知，以便买方办理投保手续。

以 CFR 条件成交的交易，如果采用程租船方式运输，那么买卖双方在商订合同时，可以通过与 CIF 类似的变形来明确卸货费用由谁承担。

4. FCA（Free Carrier），**货交承运人**

在该术语后要指明交货地的名称。在该术语条件下，卖方必须在合同规定的交货期内在指定地点将经出口清关的货物交给买方指定的承运人监管，并负担货物被交由承运人监管为止的一切费用和货物灭失或损坏的风险。而买方要自费订立从指定地点起运的运输契约，并及时通知卖方。这里所说的承运人，既包括实际履行运输义务的承运人，也包括代为签订运输合同的运输代理人。FCA 术语适用于包括多式联运在内的各种运输方式。

交货地点的选择对于在该地点装货和卸货的义务会产生影响。若卖方在其所在地交货，则卖方应负责装货；若卖方在外地交货，则卖方不负责把货卸下，交给买方指定的承运人即算完成交货。

5. CPT（Carriage Paid To），**运费付至**

在该术语后要指明目的地的名称。采用该术语成交时，卖方要自付费用订立将货物运往目的地指定地点的运输契约，且负责按合同规定的时间将货物交给承运人，即完成交货义务。卖方在交货后要及时通知买方。买方自货物交付承运人处置时承担货物灭失或损坏的一切风险。CPT 适用于一切运输方式。

为保证买方及时办理保险，卖方将货物交给承运人后，应及时向买方发出货已交付的通知，以便买方能及时办理保险及在目的地受领货物。

6. CIP（Carriage and Insurance Paid To），**运费、保险费付至**

在该术语后要指明目的地的名称。采用该术语成交，卖方支付货物运至目的地的运费，并对货物在运输途中灭失或损坏的风险进行保险，支付保险费；在货物交由承运人保管时，货物灭失或损坏的风险，及由于在货物交给承运人后发生的事件引起的额外费用，从卖方转移至买方。

CIP 与 CPT 的不同之处在于，在 CIP 条件下交货，卖方增加了保险的责任和费用。

《2010 年国际贸易术语解释通则》中的 EXW、FAS、DAP、DAT、DDP 以及《2000 年国际贸易术语解释通则》中的 EXW、FAS、DAF、DES、DEQ、DDU、DDP 一般使用较少。EXW 的出口方如同是国内贸易的卖方，只不过买方是境外的进口商；DAP（或 DAF）一般可用于边境贸易；DAP 和 DAT 是目的地和终点站（DES、DEQ 是目的港）交货的贸易术语，一般用于先交货后付款的进出口贸易，多采用托收方式付款；DDP（包括 DDU）是目的地交货的贸易术语，一般多用于内陆目的地先交货后付款的进出口贸易，也多采用托收或汇付方式付款。

2.4　国际贸易结算

国际贸易货款的结算，关系到买卖双方基本的权利和义务。国际贸易货款的结算主要涉及支付的货币、支付工具、支付方式以及付款的时间和地点等问题。这些问题都直接关系到买卖双方的利益、双方资金的周转和融通，以及各种金融风险和费用的负担，在磋商交易时，买卖双方必须取得一致的意见，并在合同中明确规定下来。

2.4.1　国际贸易的支付工具

在国际贸易中，支付工具主要是货币和票据。货币用于计价、结算和支付。国际贸易货款的收付，采用现金结算的较少，大多使用非现金结算，即使用信贷工具代替现金作为流通手段和支付手段来结算国际债权债务。票据是国际通行的结算和信贷工具，是可以流通转让的债权凭证。国际贸易中使用的票据主要有汇票、本票和支票，其中以汇票为主。

1. 汇票

（1）汇票的含义和基本内容。汇票是一个人向另一个人签发的，要求在见票时、在将来的固定时间或在可以确定的时间，对某人、其指定的人或持票人支付一定金额的无条件的书面支付命令。

各国票据法对汇票内容的规定不同。汇票一般应包括下列基本内容：①"汇票"

国际物流学

字样；②无条件支付命令；③一定金额；④付款期限；⑤付款地点；⑥受票人，又称付款人；⑦受款人；⑧出票日期；⑨出票地点；⑩出票人签字。

上述基本内容，一般为汇票的要项，但并不是汇票的全部内容。按照各国票据法的规定，汇票的要项必须齐全，否则受票人有权拒付。

（2）汇票的种类。汇票从不同的角度可分为以下几种：

1）按照出票人的不同，汇票可分为银行汇票和商业汇票。银行汇票是指出票人是银行，受票人也是银行的汇票；商业汇票是指出票人是商号或个人，付款人可以是商号、个人，也可以是银行的汇票。

2）按照有无随附商业单据，汇票可分为光票和跟单汇票。光票是指不附带商业单据的汇票。银行汇票多是光票。跟单汇票是指附带有商业单据的汇票。商业汇票一般为跟单汇票。

3）按照付款时间的不同，汇票可分为即期汇票和远期汇票。即期汇票是指在提示或见票时立即付款的汇票。远期汇票是指在一定期限或特定日期付款的汇票。

（3）汇票的使用。汇票在使用时一般要经过出票、提示、承兑、付款等环节。如果是即期汇票，则无须承兑；而远期汇票如需转让，则通常要经过背书。当汇票遭到拒付时，还要涉及做成拒绝证书和行使追索权等法律问题。

1）出票。出票就是出票人开出汇票，即出票人在汇票上填写付款人、付款金额、付款日期和地点及收款人等项目，签字后交给收款人的行为。

出票时，对收款人通常有三种写法，即限制性抬头、指示性抬头、持票人抬头。出票人签发汇票后，即承担保证该汇票必然会被承兑、付款的责任。

2）提示和见票。提示是指收款人或持票人将汇票提交付款人并要求付款或承兑的行为。付款人看到汇票，即为见票。提示又可分为两种。

① 付款提示。付款提示是指汇票的持票人向付款人（或远期汇票的承兑人）出示汇票并要求付款人（或承兑人）付款的行为。

② 承兑提示。承兑提示是指持票人将远期汇票提交付款人并要求承兑的行为。

3）承兑。承兑是指付款人对远期汇票表示承担到期付款责任的行为。其手续是付款人在汇票正面写上"承兑"字样，注明承兑的日期，并由付款人签名。《中华人民共和国票据法》第四十四条明确规定："付款人承兑汇票后，应当承担到期付款的责任。"因此，汇票经承兑后，付款人就成为汇票的承兑人，并成为汇票的主债务人，而出票人便成为汇票的次债务人。

4）付款。对即期汇票，在持票人提示汇票时，付款人见票即付；对远期汇票，付款人承兑后，在汇票到期日付款。付款后，汇票上的一切债务关系即告结束。

5）背书。在国际金融市场上，一张远期汇票的持票人如想在汇票到期日前取得票款，可以经过背书在票据市场上转让。所谓背书，是指汇票持有人在汇票背面签上自己的名字，或再加上受让人（被背书人）的名字，并把汇票交给受让人的行为。这实际上是对汇票进行贴现，是受让人对汇票持有人的一种资金融通。即受让人在受让汇票时，要按照汇票的票面金额扣除从转让日起到汇票付款日止的利息后将票款付给出让人，这种行为叫"贴现"。在汇票到期前，受让人（被背书人）可再经过背书继续进行转让。

6）拒付与追索。拒付也称为退票，是指持票人提示汇票要求承兑时遭到拒绝承兑，或持票人提示汇票要求付款时遭到拒绝付款的情形。此外，付款人拒不见票、死亡或宣告破产，以致付款事实上已不可能时，也称拒付。汇票被拒付，持票人立即产生追索权。所谓追索权是指汇票遭到拒付时，持票人对其前手（背书人、出票人）有请求其偿还汇票金额及费用的权利。

2. 本票

（1）本票的含义。本票是一个人向另一个人签发的，保证于见票时、定期或在可以确定的将来的时间，对某人、其指定人或持票人支付一定金额的无条件的书面承诺。简而言之，本票是出票人对收款人承诺无条件支付一定金额的票据。

（2）本票的种类。本票可分为商业本票和银行本票。由工商企业或个人签发的称为商业本票或一般本票。由银行签发的称为银行本票。商业本票又可按付款时间分为即期本票和远期本票两种。即期本票就是见票即付的本票。而远期本票则是承诺于未来某一规定的或可以确定的日期支付票款的本票。

3. 支票

（1）支票的含义。支票是以银行为付款人的即期汇票，即存款人对银行签发的由银行对某人、其指定人或持票人即期支付一定金额的无条件书面支付命令。

（2）支票的种类。根据《中华人民共和国票据法》，支票可分为现金支票和转账支票两种。支取现金或是转账，均应分别在支票正面注明。

（3）支票的使用。支票的使用有一定的有效期，根据《中华人民共和国票据法》，支票的持票人应当自出票日起 10 日内提示付款。

2.4.2　国际贸易的支付方式

国际贸易的支付方式主要有汇付、银行托收和银行信用证三种方式，其中使用最多的是银行信用证方式。

1. 汇付

汇付，又称汇款，是付款人通过银行，使用各种结算工具将货款汇交收款人的一种结算方式。

（1）当事人。汇付业务涉及的当事人有四个：汇款人（汇款人）、收款人、汇出行和汇入行。其中，汇款人（通常为进口人）与汇出行（委托汇出汇款的银行）之间订有合约关系，汇出行与汇入行（汇出行的代理行）之间订有代理合约关系。汇付方式的简要流程图如图 2-1 所示。

图 2-1　汇付方式的简要流程

（2）汇付方式。汇付根据汇出行向汇入行发出汇款委托的方式可分为三种方式。

1）电汇（T/T）。电汇是汇出行应汇款人的申请，拍发加押电报或电传给在另一个国家的分行或代理行（即汇入行），指示解付一定金额的款项给指定的收款人的一种汇

国际物流学

付方式。电汇方式的优点在于速度快，收款人可以迅速收到货款，因此在三种汇付方式中使用最广。电汇的费用比信汇的费用高。

2）信汇（M/T）。信汇是汇出行应汇款人的申请，用航空信函的形式，指示出口国汇入行解付一定金额的款项给收款人的一种汇付方式。信汇的优点是费用较低廉，但汇款速度比电汇慢。

信汇与电汇类似，只是不使用电信手段。电汇/信汇业务程序如图 2-2 所示。

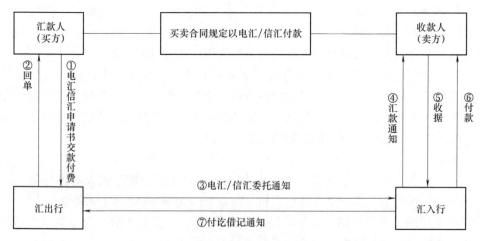

图 2-2　电汇/信汇业务程序

3）票汇（D/D）。票汇是以银行即期汇票为支付工具的一种汇付方式，一般是汇出行应汇款人的申请，开立以出口国汇入行为付款人的"银行即期汇票"，列明收款人名称、汇款金额等，交由汇款人自行寄给收款人，由收款人凭票向汇票上的付款行取款的一种汇付方式。

票汇与电汇、信汇的不同在于票汇的汇入行无须通知收款人收款，而由收款人持票登门取款；这种票汇除有限制转让和限制流通的规定情形外，经收款人背书，可以转让流通，而电汇、信汇的收款人则不能将收款权转让。

（3）汇付的特点。汇付的优点在于手续简便、费用低廉；其缺点是风险大，资金负担不平衡。采用汇付方式结算，可以货到付款，也可以预付货款。如果是货到付款，卖方须向买方提供信用并融通资金；而预付货款则是买方向卖方提供信用并融通资金。不论哪一种方式，风险和资金负担都集中在一方。汇付属于商业信用性质，提供信用的一方所承担风险较大，因此汇付方式主要用于支付定金、分期付款、待付款尾数及佣金等费用，不是一种主要的结算方式。

2. 托收

托收是由债权人（出口人）出具汇票委托银行向债务人（进口人）收取货款的一种结算方式。其基本做法是出口人根据买卖合同先行发运货物，然后开出汇票连同货运单据交出口地银行（托收行），委托托收行通过其在进口地的分行或代理行向进口人收取货款。托收又分为付款交单（D/P）和承兑交单（D/A）。

（1）当事人。托收的当事人有四个，他们的主要责任如下：

1）委托人，也称出票人、债权人，是委托银行向国外付款人收款的出票人，通常就是卖方。

2）寄单行，也称托收行，是委托人的代理人，是接受委托人的委托，转托国外银行向国外付款人代为收款的银行，通常是出口地银行。

3）代收行，是接受托收行的委托，代向付款人收款的银行，一般为进口地银行，是托收银行在国外的分行或代理行。

4）付款人，即债务人，是汇票的受票人，通常是买卖合同的买方。

（2）托收方式。

1）跟单托收（Documentary Collection）。跟单托收是用汇票和商业单据向进口行收取款项的一种托收方式，有时为了避免印花税，也有不开汇票，只拿商业单据委托银行代收的。跟单托收的种类有以下三种。

① 即期付款交单（Document Against Payment at Sight，简称 D/P at Sight），指开出的汇票是即期汇票，进口商见票后，只有付完货款，才能拿到商业单据。

② 远期付款交单（Document Against Payment of Usance Bill），是指由出口商开出远期汇票，进口商向银行承兑，并于汇票到期日付款，付款后交单的托收方式。

③ 承兑交单方式（Document Against Acceptance，简称 D/A），是代收行在进口商承兑远期汇票后向其交付单据，汇票到期日再付款的一种方式。

2）光票托收（Clean Collection）。光票托收是指汇票不附带货运票据的一种托收方式，主要用于货款的尾款、样品费用、佣金、代垫费用、贸易从属费用、索赔及非贸易的款项的收取。

（3）托收的特点。托收属于商业信用，银行办理托收业务时，既没有检查货运单据是否正确或是否完整的义务，也没有承担付款人必须付款的责任。托收虽然是通过银行办理的，但银行只是作为出口人的受托人行事，并没有承担付款的责任，进口人付不付款与银行无关。出口人向进口人收取货款靠的仍是进口人的商业信用。

如果进口人拒绝付款，除非另有规定，银行没有代管货物的义务，出口人仍然应该关心货物的安全，直到进口人付清货款为止。

托收对出口人的风险较大，D/A 比 D/P 的风险更大。跟单托收方式是出口人先发货，后收取货款，因此对出口人来说风险较大。进口人付款靠的是商业信誉。如果进口人破产倒闭，丧失付款能力，或者货物发运后进口地货物价格下跌，进口人借故拒不付款，或者进口人事先没有领到进口许可证或没有申请到外汇，被禁止进口或无力支付外汇等，则出口人不但无法按时收回货款，还可能面临货款两空的损失。如果货物已经到达进口地，进口人借故不付款，出口人还要承担货物在目的地的提货、存仓、保险费用以及可能变质、短量、短重的风险。在这种情况下，如果货物转售他地，则会产生数量与价格上的损失；如果货物转售不出去，则出口人就要承担货物运回本国的费用及货物可能因为存储时间过长被当地政府贱卖的损失等。

当然托收对进口人也不是没有一点风险。如果在付款交单后进口人才取得货运单据，当领取货物时，若发现货物与合同规定不符或者根本就是假货的，则也会因此而蒙受损失。但总的来看，托收对进口人比较有利。

（4）托收业务流程。在国际贸易结算中，托收业务大多是跟单托收。其基本做法是：出口方先行发货，然后备妥包括运输单据在内的有关商业单据，并开出汇票（或不

国际物流学

开出），将全套单据交出口地银行，委托其通过进口地的分行或代理行收取货款，凭进口方的付款或承兑向进口方交付全套单据。跟单托收业务流程如图 2-3 所示。

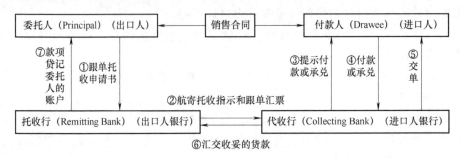

图 2-3　跟单托收业务流程

3. 信用证

（1）信用证的定义。在 2006 年 10 月召开的国际商会巴黎年会上，顺利通过了修订版的《跟单信用证统一惯例》（通称为 UCP600）。UCP600 于 2007 年 7 月 1 日起实施。事实上，《跟单信用证统一惯例》作为国际惯例，并不具有法律的强制力。国际商会广泛推荐使用 UCP600。

UCP600 对于信用证是这样定义的：信用证意指一项约定，无论其如何命名或描述，该约定不可撤销并因此构成开证行对于相符提示予以兑付的确定承诺。信用证是一种最常见的国际贸易支付方式，是一种有条件的银行付款承诺。在 UCP600 下，信用证都是不可撤销的。

（2）信用证的特点。

1）开证行负第一付款责任。开证银行的付款责任，不仅是首要的而且是独立的，即使进口人在开证后丧失偿付能力，只要出口人提交的单据符合信用证条款，开证银行也要负责付款。

2）信用证是独立于合同之外的一种自足的文件。

3）信用证是一种单据的买卖。出口商交货后提出的单据，只要做到与信用证条款相符，"单证一致，单单一致"，开证银行就保证向出口商支付货款。

进口商付款后取得代表货物的单据。银行只审查受益人所提的单据是否与信用证条款相符，以决定其是否履行付款责任。只要受益人提交符合信用证条款的单据，开证行就应承担付款责任，进口人也应接受单据并向开证行付款赎单。如果进口人付款后发现货物有缺陷，则可凭单据向有关责任方提出损害赔偿要求，而与银行无关。银行对单据的审核用于确定单据表面上是否符合信用证条款，要求单据与信用证对单据的叙述完全相符。

（3）信用证项下的主要单据。信用证项下的主要单据包括：汇票（Bill of Exchange/Draft）、发票（Invoice）、提单（Bill of Lading）、保险单（Insurance Policy）、装箱单和重量单（Packing List and Weight Memo）、产地证（Certificate of Origin）、检验证书（Inspection Certificate）。

（4）信用证的主要类型。

1）跟单信用证，是凭跟单汇票或仅凭单据付款的信用证。国际贸易结算中所使用的信用证绝大部分是跟单信用证。

2）光票信用证，是凭不附带单据的汇票付款的信用证。

3）不可撤销信用证，是开证行一经开出，不能修改或撤销的信用证。

4）保兑信用证，是经开证行以外的另一家银行加具保兑的信用证。保兑信用证使受益人（出口商）货款的回收得到了双重保障。

5）即期信用证，是开证行或付款行收到符合信用证条款的汇票和单据后，立即履行付款义务的信用证。

6）远期信用证，是开证行或付款行收到符合信用证的单据时，不立即付款，等到汇票到期才履行付款义务的信用证。

7）红条款信用证，是允许出口商在装货交单前可以支取全部货款或部分货款的信用证。开证行在信用证上加列上述条款，通常用红字打成，故此种信用证称为"红条款信用证"。

8）付款信用证、承兑信用证、议付信用证，信用证应表明其结算方法是采用即期或延期付款、承兑或议付来使用信用证金额。

9）循环信用证，即可多次循环使用的信用证，当信用证金额被全部或部分使用后，又恢复到原金额。买卖双方订立长期合同，分批交货，进口方为了节省开证手续和费用，即可开立循环信用证。循环信用证可分为按时间循环的信用证和按金额循环的信用证两种。

10）部分信用证部分托收，一笔交易合同有时可能包括两种不同的支付方式，如部分信用证方式、部分托收方式。信用证部分货款和托收部分货款，要分别开立汇票，全套装船单据附于信用证项下的汇票，托收项下的为光票。

（5）信用证的支付程序。

1）进口商按照合同规定向当地银行提出申请，并提供押金或担保，银行（开证银行）向出口商开出信用证。

2）开证银行将信用证寄给出口商所在地的分行或代理银行（通知银行）。

3）通知银行将信用证转给出口商。

4）出口商对照合同核对信用证无误后，按规定条件装运货物。

5）出口商发货后，备妥信用证规定的各项单据连同汇票在信用证有效期内送请当地银行（议付行）议付。

6）议付行核对单据和信用证无误后，按汇票金额扣除利息和手续费后将货款垫付给出口商，即为议付。议付是指议付行买入出口商的汇票和单据的情形。由于出口商以随附的各项单据作抵押，故议付也称"押汇"。议付行议付后即按信用证规定将各项单据和汇票等寄给开证行或付款行索偿。

7）开证行审核汇票、单据无误后，付款给议付行，同时通知进口商付款赎单（参考信用证收付的方式）。

（6）信用证的主要内容。信用证并无统一格式，其主要内容有以下十点。

1）信用证的关系人。如开证申请人、开证行、通知行、受益人，有时还有议付行。

2）信用证的种类。如不可撤销信用证、保兑信用证、可转让信用证等。

3）汇票条款（但有的信用证不需要汇票）。如汇票种类、汇票付款人。

4）对货物的要求。如货物的名称、规格、数量、包装、价格等。

5）使用货币和金额。

6）对运输的要求。如装运期、有效期、装运港、目的港、运输方式、可否分批装运、可否转船等。

7）支付凭证和单据。单据指发票、提单、保险单等。

8）特殊要求。特殊要求根据每笔具体业务需要而定。

9）开证行保证条款。该条款反映开证银行对受益人及汇票持有人保证付款的责任。

10）信用证到期地点。地点有时在受益人所在地，有时在开证行所在地。

2.5　国际贸易合同的履行

在国际贸易中，达成交易要通过交易磋商来实现，而达成交易的法律形式是合同。交易磋商的过程包括询盘、发盘、还盘、接受等环节，在有的交易中还包括签订书面合同。合同是否成立，要依据有关的法律规范来解释。合同订立后，买卖双方就要按照合同规定履行各自的义务。国际贸易合同实际履行的过程就是国际物流实现的过程。

2.5.1　出口合同的履行

出口方履行合同规定的义务很多，手续也较复杂。若采用的贸易术语、支付方式等不同，则其履行合同中所要做的工作及其程序也有所不同，国际物流的流程也就有所不同。下面以 CIF 贸易术语、信用证支付方式成交的合同为例，介绍出口方履行贸易合同的基本程序和基本内容，帮助人们了解 CIF 出口贸易合同下国际物流的基本流程。

1. 备货

备货是指出口方准备符合合同规定的、要提交给进口方的货物的过程。备货中应注意以下几点：

（1）以符合信用证规定的交货期限备货。

（2）按合同核实应交货物。

（3）对备货数量留有余地，对实装数量做好记录，避免多装、少装、错装、漏装。

（4）根据信用证规定对货物进行包装和刷唛。

2. 落实信用证

落实信用证通常有催证、审证、改证三项具体工作要做。

（1）催证。出口方应催促进口方按时办理开证手续。特别是大宗商品的交易或按进口方要求而特制的商品的交易，出口方更应结合备货情况及时催证。

（2）审证。审证是银行和出口方共同的责任。银行主要负责审核开证银行资信、付款责任及索汇路线等条款和规定，出口企业则着重负责审核信用证的条款是否与合同的规定一致。

（3）改证。在审证过程中，如果发现信用证内容与合同规定不符，或有我方不能接受的条款，则应及时提请开证人修改。在同一信用证上如有多处需要修改的，应一次提出。开证人在收到信用证修改通知后，若发现修改内容有误且不能接受时，应及时做出拒绝修改的通知，送交通知行。对于一份信用证修改通知书，只能选择全部接受或全部拒绝，不能选择接受其中的一部分而拒绝其他部分。

3. 报验

凡是按约定条件和国家规定必须进行法定检验的出口货物，出口方在备妥货物后，应向商品检验机构申请检验。商品检验合格后，检验机构签发《检验证书》或在《出口货物报关单》上加盖检验印章。只有凭检验机构签发的检验合格证明，海关才会放行。

4. 租船订舱、报关、投保

（1）租船订舱。按 CIF 或 CFR 条款成交时，出口方应及时办理租船订舱工作。如果出口货物数量较大，需要整船装运，则要对外办理租船手续；如果出口量不大，不需要整船装运，则可洽订班轮舱位。外贸企业洽订舱位需填写托运单，即根据合同和信用证条款填写的向船公司或其代理人办理货物托运的单证。船方在收到托运单后，结合航线、船期和舱位情况，认为可以承运的，即可接受托运人的托运申请，并签发装货单。

（2）报关。出口货物在装船前，须向海关申报办理报关手续。货物经过海关查验放行后，方可装运出口。

（3）投保。出口方在确定船期、船名后，在货物装船前，应及时向保险公司办理投保手续，以取得保险单。

5. 制单

在货物装运后，出口方应立即按照合同和信用证的规定，备制各种单据，并在信用证规定的交单日期前，把单据送交指定银行，办理收款手续。出口单据的备制工作做得好坏，对能否顺利、安全地收到货款有很重要的影响，因此，应严格做到"单证一致，单单一致"。

6. 结汇

结汇是指在货物装运后，出口方按照信用证的规定，把备妥的所有单据，在信用证规定的交单期内送交银行。银行对这些单据审核无误后，向出口方支付货款。

在履行凭信用证付款的 CIF 出口合同时，上述各环节是不可缺少的。

2.5.2　进口合同的履行

进口方对合同的履行义务主要是支付货款和收取货物。同样，由于合同规定的贸易术语、支付方式等贸易条件不同，所以进口方履行合同所要做的工作也是不同的。下面以 FOB 贸易术语、信用证支付方式成交的合同为例，介绍进口方履行贸易合同的基本程序和基本内容，帮助人们了解 FOB 贸易合同下国际物流的基本流程。

1. 开证

开立信用证是进口方履行合同的前提条件。在国际贸易合同签订后，进口方应在合同规定的期限内（如果没有规定的期限，则应在合理期限内），向银行申请开立信用证。进口方向银行申请办理开证手续时，必须按合同内容填写开证申请书，银行按开证申请书的内容开立信用证。因此，信用证内容是以合同为依据开立的，它与合同内容应当一致。

2. 租船订舱、投保

以 FOB 贸易术语订立的合同，由进口方安排运输和负责投保。

（1）租船订舱。进口方在接到出口方的备货通知后，即可办理托运手续。在办妥托运手续后，要将船名、航次和船期及时通知对方，以便对方备货装船。同时，为了防止船货脱节和出现船等货的情况，进口方还应随时了解和掌握出口方备货和装船前的准备工作情况，注意催促对方按时装运。

（2）投保。货物装船后，出口方应及时向进口方发出装船通知，以便进口方及时办理保险和接货等工作。

3. 审单付款

开证行在收到国外寄来的单据后，对照信用证的规定，审核单据的份数和内容。如果单据与信用证的规定不符，开证行会拒绝接受单据和支付货款，并与进口方联系，询问是否同意接受单据和信用证的不符点。如果开证行认为单据与信用证的规定相符，在向外付款前也要交进口方复审。开证行的付款是没有追索权的，因此，进口方对单据的审核必须认真对待，绝对不能有疏忽之处。

4. 报关提货

进口方付款赎单后，一旦货物运抵目的港，即应及时向海关办理申报手续。海关查验有关单据、证件和货物，并在提单上签章放行后，进口方即可凭以提货。

5. 验收和交付货物

凡是进口货物，进口方应认真验收，当发现品质、质量、包装有问题时应及时取得有效的检验证明，以便向有关责任方提出索赔或采取其他补救措施。

对于法定检验货物，进口方必须向卸货地或到达地的检验机构报检。未经检验的货物，不准销售和使用。

本章小结

本章介绍了国际贸易的基本概念和贸易方式，阐述了国际物流与国际贸易的关系及国际物流的需求与供给。国际贸易方式主要包括包销、代理、寄售、期货贸易、对销贸易等。国际贸易的产生形成了国际物流的需求和供给。国际物流是在国际贸易产生和发展的基础上发展起来的。国际上商品的流动体现了商流和物流的统一。要做好国际物流必须熟悉国际贸易的流程。不同的国际贸易合同，使用不同的贸易术语，就有不同的国际贸易流程，从而有不同的国际物流的流程。只有掌握好不同贸易术语的运用，熟悉国际贸易的流程，才能够使国际物流顺利地运作，有效地实现其服务功能。

本章还介绍了国际贸易结算等内容。国际贸易货款的结算主要涉及支付工具和支付方式等，包括汇票、本票、支票等的使用及汇付、托收、信用证等的运用。其中重点介绍了国际贸易的信用证支付方式。

此外，本章还介绍了国际贸易合同的履行，国际贸易合同的履行过程就是国际物流的实现过程。出口合同的履行过程包括备货、催证、审证、改证、租船订舱、报关、投保、制单、结汇等多种环节。其中又以货（备货）、证（催证、审证、改证）、船（租船订舱）、款（制单、结汇）四个环节最为重要。履行进口合同的主要环节是开立信用证、租船订舱、投保、审单付款、报关提货、验收和交付货物、进口索赔等。

[案例讨论]

信用证规定的包装与合同规定的包装不一致怎么办？

某年 3 月 15 日，华盛农产品进出口公司 H 与美国纽约贸易有限公司 N，以 "US $ 35/Per Case CIF New York" 的条件达成一项 30MT 蜂蜜的出口贸易合同。当年 5 月 5 日，美国一家银行开来一张信用证，开证申请人为纽约贸易有限公司 N，以华盛农产品进出口公司 H 为受益人。信用证对有关商品条款规定："30 M/Tons of Bee Honey. Moisture：18% ~ 22% . Variety：Acacia. Packing：in tins of 25kgs. Net Each；2tins to a Wooden Case."（30MT 蜂蜜。水分：18% ~ 22%。品类：槐花。包装：听装、每听净重 25 千克；2 听装一木箱）。农产品进出口公司根据信用证要求立即准备装运工作，但公司单证人员在班轮托运填单时与出口海运托运单对照，发现信用证规定的货物包装与合同规定的包装、实货包装不一致。信用证规定包装为 "Wooden Case"（木箱）装；合同规定包装为 "Wooden Crate"（木条箱）装，实货也是木条箱包装。农产品进出口公司考虑，该商品包装是有木箱装和木条箱装两种。信用证既然为木箱装，且后天即将开始装船，修改信用证已来不及了，如果先装船等修改后议付，则风险太大。公司又联系船方代理得知，如果退载，则需赔偿空舱损失。因此，华盛农产品进出口公司 H 最后采取了既可以按原计划装运、不影响装船，又可以安全收汇的办法：改为木箱包装后装船。如此既可满足信用证要求，安全收汇，又不影响按时装运。装船后，船方代理签发了已装船提单，并注明 "30 M/Tons of Bee Honey, Wooden Case"。

问题：

1. 农产品进出口公司的做法是否恰当？会导致什么结果？

2. 此案例涉及国际物流过程中的哪些重要环节？并由此案例讨论，在国际贸易中应注意哪些问题？为什么？

思考题

1. 国际物流对国际贸易的发展有何重要作用？

2. CIF 与 FOB 贸易术语有什么特点？使用它们应该注意什么问题？

3. 信用证有何特点？使用信用证进行货款收付与使用托收进行货款收付有什么不同？

4. 什么是发盘？什么是还盘？构成一个发盘有什么条件？构成一个还盘又需要什么条件？

5. 在出口贸易中，CIF 合同的履行程序及过程是怎样的？为什么在出口贸易中人们比较强调使用 CIF 贸易术语？

练习题

一、选择题

1. 我国出口结汇的方法有(　　)。

A. 收妥结汇　　　　B. 押汇　　　　　　C. 定期结汇

国际物流学

D. 发货结汇　　　E. 不定期结汇

2. 下列不属于国际贸易货款支付工具的是(　　)。

A. 汇票　　　　　B. 托收　　　　　C. 信用证　　　　D. 银行保函

3. 下列属于按照代理的行业性质划分的代理种类的是(　　)。

A. 独家代理　　　B. 货运代理　　　C. 购货代理　　　D. 保险代理

4. 竞争性招标的具体做法是(　　)。

A. 谈判招标　　　B. 两段招标　　　C. 公开招标　　　D. 选择性招标

5. 在下面的招标方式中，不公开发布招标通知的有(　　)。

A. 公开招标　　　B. 议标　　　　　C. 邀请招标　　　D. 两段招标

E. 无限竞争性招标

6. 习惯上采用拍卖方式交易的商品有(　　)。

A. 裘皮　　　　　B. 烟草　　　　　C. 飞机　　　　　D. 茶叶　　　　　E. 蔬菜

7. 出口商签发的要求银行在一定时间内付款的汇票不可能是(　　)。

A. 商业汇票　　　B. 银行汇票　　　C. 远期汇票　　　D. 跟单汇票

8. 汇票根据(　　)的不同，分为银行汇票和商业汇票。

A. 出票人　　　　B. 付款人　　　　C. 受款人　　　　D. 承兑人

9. 托收项下的托收行和代收行(　　)。

A. 负有审查单据的义务

B. 只按委托人的指示办事

C. 应保证收回相应的款项

D. 一旦买方拒绝付款赎单，应代卖方提货报关

10. 某银行签发一张汇票，以另一家银行为受票人，则该张汇票是(　　)。

A. 银行承兑汇票　B. 商业承兑汇票　C. 银行汇票　　　D. 商业汇票

11. 承兑交单方式下开立的汇票是(　　)。

A. 即期汇票　　　B. 远期汇票　　　C. 银行汇票　　　D. 银行承兑汇票

二、判断题

1. 信用证与汇票一样可以无限次地转让下去。　　　　　　　　　　　　(　　)

2. 包销的期限一般没有具体的规定，在我国出口业务中，通常规定包销期限越长越好。　　　　　　　　　　　　　　　　　　　　　　　　　　　　　　(　　)

3. 寄售的当事人双方之间与包销一样都是一种买卖关系。　　　　　　　(　　)

4. 套期保值又称"海琴"，分为卖期保值和买期保值两种。　　　　　　(　　)

5. 对销贸易主要包括易货贸易、互购、产品回购和买期保值四种形式。　(　　)

6. 谈判招标属于非竞争性招标，因此投标者在投标中不存在风险。　　　(　　)

7. 信用证支付方式属于银行信用，所用的汇票是银行汇票。　　　　　　(　　)

8. 投标者投标后，可任意修改投标文件。　　　　　　　　　　　　　　(　　)

9. 谈判招标须采用公开开标的形式。　　　　　　　　　　　　　　　　(　　)

10. 拍卖属于公开竞买的方式。　　　　　　　　　　　　　　　　　　(　　)

11. 拍卖的卖方不得隐瞒参加出价的行为；买方也不得私下串通，压低价格。

　　　　　　　　　　　　　　　　　　　　　　　　　　　　　　　　(　　)

12. 支票实际是以银行为付款人的即期汇票。　　　　　　　　　(　)

13. 采用托收方式结算货款属于逆汇方式。　　　　　　　　　　(　)

14. 在汇票情况下，买方购买银行汇票径寄卖方，因采用的是银行汇票，故这种付款方式属于银行信用。　　　　　　　　　　　　　　　　　　(　)

15. 在我国，商业本票可分为即期和远期，而银行本票则都是即期的。(　)

16. 汇付是商业信用，因而票汇使用的汇票都是商业汇票；信用证是银行信用，因而所使用的汇票都是银行汇票。　　　　　　　　　　　　　(　)

17. 汇票的抬头就是汇票的出票人。　　　　　　　　　　　　　(　)

三、问答题

1. 何谓包销？何谓代理？它们有何特点和区别？

2. 何谓招标与投标？何谓拍卖？它们有什么特点？

3. 进口贸易中 FOB 合同的履行过程是怎样的？为何在进口贸易中强调用 FOB 贸易术语？

第3章 国际物流系统与网络

[教学目标]

使学生了解国际物流系统的构成及其各个组成部分的功能与作用，了解国际物流的节点与连线，掌握国际物流网络的基本布局与结构。

[关键词]

国际物流系统　国际物流节点
国际货物运输　口岸　港口　自由港
自由贸易区　　国际物流连线
国际物流节点　国际物流网络

◆ [引导案例]

中远集团物流系统和物流网络案例

中远集团有海外机构400多个，形成了以北京为中心，以中国香港、欧洲、美洲、大洋洲、非洲、西亚、新加坡、日本和韩国等9个区域为支点的全球运营网络和服务体系，近500艘各类现代化商船，在全球160多个国家或地区、1200多个港口不间断地为全球客户提供及时、优质的服务。在国内，以货运、外代、航空货代等为核心的中远集团陆上成员企业构筑了中国最大、最完善的陆地货运网络，能够为全国的客户提供"上天入地"的全方位服务。

中远集团把信息技术作为强化物流竞争能力的一个重要手段。早在数年前，中远集团就已经通过国际互联网向全球客户推出了网上订舱、中转查询和信息公告等多项网上业务。中远集团联合英国海军航道局和中国国家气象中心研制开发了具有世界领先水平的全球航海智能系统，它被誉为远洋船舶的"天眼"。通过远洋船舶、集装箱卡车及其他陆运车辆上的全球卫星定位系统，总部终端可进行全程监测，实时跟踪物流运输状态。

应用上述完善的物流网络，中远集团为上海通用提供了从加拿大内陆启运地起始的铁路运输到日本港口中转、横跨太平洋的海上运输，再到上海交货地的"门到门"全程物流运输服务。在全程服务中，中远集团选择最佳的运输路线，使用中日间最快捷的"绿色快航"通道，配备最现代化的海陆运输工具，使用最先进的网络信息技术，为上海通用提供了近乎完美的具有个性化特征的全程物流服务。

（资料来源：中远集团网站。）

思考：

1. 什么是物流系统？国际物流系统需要具备哪些功能？

2. 什么是物流网络？其构成要素有哪些？

3. 网络信息技术在国际物流中起到了什么作用？

3.1　国际物流系统及其构成

国际物流是由许多要素构成的复杂而庞大的系统。这一系统的有效运作需要人们了解系统内要素与要素、要素与系统、系统与环境等方面的关系。

3.1.1　系统概述

1. 系统的概念

系统是由若干相互联系的基本要素构成的，具有确定的特性和功能的有机整体。

按照系统论原理，物流本身是一个系统，国际物流本身也是一个系统，它们都具有系统的一般特征和原则。

2. 系统的特征

（1）整体性。系统的整体性即非加和性。系统不是各部分的简单组合，有统一性，各组成部分或各层次的充分协调和连接是提高系统有序性和整体运行效果的前提，达到"1＋1＞2"的效果。

（2）相关性。系统中相互关联的部分或部件形成一个"集"，这个"集"中各部分的特性和行为相互制约、相互影响，共同决定了系统的性质和形态。

（3）层次结构性。所有系统都可以分解为一系列子系统，并存在一定的层次性。

（4）适应性。一个系统与该系统所处环境之间通常都有物质、能量和信息的交换，外界环境的变化会引起系统特性的改变，并相应地引起系统内各部分相互关系和功能的变化。为了保持和恢复系统原有特性，系统必须具有对环境的适应能力。

3. 系统的原则

（1）整体性原则。系统论的核心思想是系统的整体观念。

（2）结构功能原则。虽然结构、要素不同但功能可以相同，如人脑系统和计算机系统在部分功能上相似。利用这一原则，可以设计各种仿真系统。

（3）目的性原则。确定或把握系统目标并采取相应的手段去实现。

（4）最优化原则。为最好地实现目标而改变要素和结构，使系统功能最佳。例如，田忌赛马，战争布阵，人工材料等。

3.1.2　国际物流系统的构成

国际物流系统是由商品的运输、储存、装卸搬运、检验检疫、通关以及国际货物配送、国际物流信息等诸多子系统构成。其中，运输子系统和储存子系统是物流的两大重要支柱。国际物流通过商品的运输和储存实现自身的时间和空间效益，满足国际贸易的基本需要。

1. 国际货物运输子系统

运输的作用是对商品使用价值进行空间移动，物流系统依靠运输克服商品生产地和需要地之间的空间距离，创造商品的空间效益。国际货物运输是国际物流系统的核心，国际货物运输作业使商品在交易的前提下由卖方转移给买方。与国内物流相比，运输在整个国际物流过程中所占的时间更多，费用更高，同时具有路线长、环节多、涉及面

国际物流学

广、手续繁杂、风险性大、时间性强、外运的国内和国外两段性以及联合运输等特点。

（1）出口货物的国内运输段。出口货物的国内运输，是指出口货物由货源地运送到出运港（站、机场）的运输，是国际物流中不可缺少的重要一环。出口货物的国内运输工作涉及面广、环节多，要求各方协同组织好运输工作，对从摸清货源、产品包装、加工到短途集运、船期安排、运输配车等各个环节的情况做到心中有数，做好车、船、货、港的有机衔接，确保出口运输任务的顺利完成。

（2）国际货物运输段。国际货物运输段是国内运输的延伸和扩展，又是衔接出口国货物运输和进口国货物运输的纽带。国际货物运输段，主要是指被集运到港（站、机场）的出口货物直接装上船（车、飞机）发运，或暂进港（站、机场）仓库储存一段时间，等待有船（车、飞机）后再出仓外运的运输。国际段运输可以采用由出口国装运地直接到进口国目的地卸货的方式，也可以采用中转即经过国际转运点再运达目的地的方式。

（3）进口货物的国内运输段。进口货物的国内运输，是指进口货物由进口港（站、机场）到进口国目的地的运输。其主要工作有：接运前的准备、接运、验收和拨交货物等。

2. 国际商品储存子系统

国际商品的储存、保管使商品在其流通过程中处于一种或长或短的相对停滞状态。这种停滞是完全必要的。因为，外贸商品流通是一个由分散到集中，再由集中到分散的源源不断的流通过程。为了保持不间断的商品往来，满足销售需要，商人必须有一定量的周转储存。而且某些商品在产销时间上不一致，例如，季节性生产、常年消费的商品，常年生产、季节性消费的商品，对此还必须留有一定量的季节性储备。

3. 国际物流装卸搬运子系统

装卸搬运子系统主要起到对国际货物运输、保管、包装、流通加工等物流活动进行衔接的作用，包含着在保管等活动中为进行检验、维护、保养所进行的装卸活动。在国际物流中，装卸搬运频繁发生，要确定最恰当的装卸搬运方法，力求使装卸次数最少，做到成本最低、损失最少。

4. 国际商品检验检疫、通关子系统

通过商品检验，人们可以确定交货的质量、数量和包装条件等是否符合合同规定。如发现问题，可分清责任，向有关方面索赔。因此，在国际商品买卖合同中，一般都有商品检验条款，以规定检验时间与检验地点、检验机构与检验证明、检验标准与检验方法等内容。同时，商品出入境还需办理通关手续。

5. 国际货物配送子系统

国际货物配送就是在国际合理的经济区域范围内，根据用户的要求，对到达的国际货物进行拣选、加工、包装、分割、组配等作业，并在确定的范围内按时送达指定地点的物流活动。

6. 国际物流信息子系统

国际物流信息主要包括进出口单证信息、支付方式信息、客户资料信息、供求信息以及与国际物流有关的如运输、储存等各方面的信息等。

上述各系统并不是孤立存在的，在国际物流这个大系统中，彼此相互影响、相互制约。因此，应统筹考虑，全面规划，使商品能在各国顺畅、快速地流动。

3.2 国际物流系统运作模式

下面以出口物流为例，介绍国际物流系统模式，如图 3-1 所示。

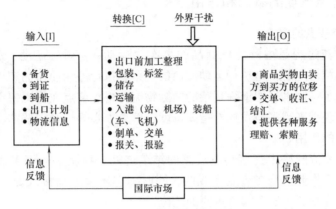

图 3-1　国际物流系统模式

在国际物流中，有许多外界不可控因素的干扰，他们能使系统运行偏离原计划内容。这些不可控因素可能是国际的、国内的、政治的、经济的、技术的，也可能是政策法令、风俗习惯等的制约，这是很难预测和控制的。遇到这种情况，要马上能提出改进意见，变换策略。这样的系统才具有强大的生命力。例如，1956—1967 年，苏伊士运河封闭，日本企业试行利用北美横贯大陆的铁路线运输，取得良好的效果，于是大陆桥运输应运而生。这说明当时日本的国际物流系统在面对外部环境的干扰时采取了积极措施，使系统具有了新的生命力。

国际物流是以实现国际贸易为目标的，国际贸易合同签订后的履行过程，就是国际物流系统的实施过程。其一般运作流程如图 3-2 所示。

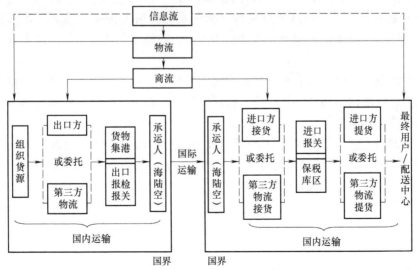

图 3-2　国际物流一般运作流程

3.3 国际物流节点及分类

3.3.1 国际物流节点的概念和作用

1. 国际物流节点的概念

整个国际物流过程是由跨国境商品的多次"运动—停顿—运动"过程所组成的，与这种运动过程相对应的就是执行运动使命的线路和执行停顿使命的节点。不同线路和节点的组合形成了不同水平的错综复杂的国际物流网络。节点在物流中不仅发挥着物流的一般功能，而且越来越多地发挥着指挥调度、信息中心等神经中枢的功能，因此对国际物流起着重要的作用。

物流节点是物流网络中连接物流线路的结节之处。物流中的许多活动如包装、装卸、保管、分拣等作业都是在节点完成的，同时，它还起着衔接线路上不同活动的作用。因此，节点在物流中居于非常重要的地位。

国际物流节点是指从事与国际物流相关的活动的点，如制造厂仓库、口岸仓库、保税区仓库、物流中心等。

2. 国际物流节点的功能

（1）衔接功能。国际物流节点将各个线路连接成一个系统，使整个国际物流过程变得更为连贯、顺畅。例如，水运的大量运输和汽车的小量运输在运输形态、运输工具和运输量上都有很大的不同，人们只有依托物流节点提供的技术、装备和管理等方面的帮助，才能使两者有效地衔接，将中断转为通畅。国际物流节点一般通过以下手段来衔接物流：

1）转运——实现不同运输方式的衔接。

2）加工——衔接干线物流和支线物流及配送。

3）储存——实现不同时间段的物流需求。

（2）信息功能。国际物流节点是整个物流系统中信息传递、收集、处理和发送的集结地，在国际物流系统中起着非常重要的作用，是使复杂的国际物流成为有机整体的重要保证。

在国际物流系统中，每个节点都是物流信息的一个点，若干个这样的点和国际物流系统中的信息中心结合起来，便形成了指挥、管理、调度整个系统的信息网络，这是国际物流系统建立的前提条件。

（3）管理功能。国际物流系统的管理设备和指挥机构大都被设置于物流节点。因此，大多数物流节点都是集管理、指挥、调度、信息、衔接及货物处理为一体的物流综合设施。整个物流系统能否有序、正常运转以及物流系统效率的高低都取决于物流节点管理水平的高低。

3.3.2 口岸

1. 口岸的定义

口岸是国家指定对外经贸、政治、外交、科技、文化、旅游、移民往来，并供往来人员、货物和交通工具出入国境的港口、机场、车站、通道等。简单地说，口岸就是国家指定对外往来的门户。

口岸原指由国家指定的对外通商的沿海港口。但随着陆、空运输的发展，对外贸易的货物、进出境人员及其行李物品、邮件包裹等，可以通过铁路、公路和航空直达一国腹地。因此，在开展国际联运、国际航空运输、国际邮包运输及其他有外贸、边贸活动的地方，国家也设置了口岸。除了对外开放的沿海港口外，口岸还包括：国际航线上的飞机场；山脉国境线上对外开放的山口；国际铁路、国际公路上对外开放的火车站、汽车站；国界河流和内河上对外开放的水运港口。

2. 口岸的分类

口岸分为港口口岸、陆地口岸和航空口岸三种。

港口口岸是指国家在江河湖海沿岸开设的供人员和货物出入国境及船舶往来停靠的通道。它包括港内水域及紧接水域的陆地。

陆地口岸包括国（边）境及国家批准内地可以直接办理对外进出口经济贸易业务往来和人员出入境的铁路口岸和公路口岸。

航空口岸是指国家在开辟有国际航线的机场上开设的供人员和货物出入国境及航空器起降的通道。

此外，在实际工作中，人们还经常使用边境口岸、沿海口岸、特区口岸等提法。

3.3.3 港口

港口是水陆空交通的集结点和枢纽，是工农业产品和外贸进出口商品的集散地，也是船舶停泊、货物装卸、旅客上下的场所，是联系内陆腹地和海运的一个天然界面。因此，人们把港口看作国际物流的一个特殊节点。

港口按其基本功能，可分为商港、渔港、军港和避风港四大类。这里所讲的港口，仅指与国际物流有关的商港。现代商港不仅是水陆空运输的枢纽，也是一个巨大的生产单位，其规模的大小常用吞吐量来表示。

1. 港口在国际物流中的地位和作用

（1）港口是大量货物的集结点。经济全球化使国际贸易快速发展。作为国际海洋运输的起点和终点，港口承担着世界贸易 90% 以上的运输量。因此，港口在整个国际物流中是最大量的货物集结点。

（2）港口是生产要素的最佳结合点。例如，世界上很多国家进口原油的炼油厂、进口原料的钢铁厂，大都建在港口地区；世界上一些主要港口所在的城市是其国家重要的工业基地。

（3）现代港口是重要的信息中心。在工业社会，港口作为交通运输的枢纽，是"配送中心"（运输＋转运＋储存＋装拆箱＋仓储管理＋加工）。在新经济时代，港口作为国际物流链中的技术节点，是海运、陆运及通信、经济、技术的汇集点，在港口地区有货主企业、货运代理、船主、船舶代理、批发零售企业、包装公司、陆上运输公司、海关、商检等各种机构，港口已成为"综合物流中心"（运输＋转运＋储存＋装拆箱＋仓储管理＋加工＋信息处理）。现代港口已成为不同运输方式汇集的最大最关键的节点，成为商品流、资金流、物流、信息流的汇集中心。

国际物流学

（4）现代港口是物流服务中心。随着综合物流时代的到来，现代港口从交通枢纽转变为内涵更广、层次更高的物流网络节点，已成为供应链的重要组成部分。世界港口正逐渐从第一代、第二代向第三代发展，从只具备简单的货物装卸和储存功能拓展为以技术、管理、信息为基础，以装卸转运为依托，具有仓储、包装、配送、加工、信息服务等多种功能的全程物流服务中心和国际商贸后勤基地，以及高度现代化、商业化、信息化的国际贸易大港。

2. 港口的发展

（1）建设深水化。当今世界港口面临的不仅有数量的挑战还有质量的挑战。现代港口不再以一般货物吞吐量为主要标志，集装箱吞吐量已成为现代港口的主要标志。目前，4000～6000TEU（1TEU 为 1 标准箱）的集装箱船已成主流，8000TEU 甚至20 000TEU 的船舶已经投入运营，这必然对集装箱主干线上的枢纽港航道、泊位水深提出了更高的要求。有人甚至提出了建造 40 000TEU 的巨无霸船舶的设想。因此，大力发展集装箱深水码头是现代港口发展的必然趋势。

（2）布局网络化。由于船舶正在朝着大型化方向发展，预计10～20 年内，港口布局将逐步脱离欧—美、欧—亚、亚—美三大干线，继而出现以赤道环球航线中心港为核心的全球性港口网络，主要包括赤道环球中心港、区域性枢纽港、区域性喂给港三部分。赤道环球中心港的主要功能是中转，其营运船舶一般需停留 5～8 个中心大港，占运输贸易量的50% 强；区域性枢纽港、区域性喂给港的主要功能是为赤道环球中心港提供支持，即集散本地区的贸易货物，并向本区域的国际枢纽港输运国际贸易货物。在港口网络化发展进程中，那些有能力吸引大型海、陆、空全球联营体和独立承运人的港口将有望成为枢纽港，而那些地理位置较差且竞争力不足的港口则只能起到喂给港的作用。

（3）业务物流化。大多数重要港口位于海、陆、空三位一体运输的交汇点上，是国际物流供应链的主要环节，能够提供快速、可靠、灵活的综合物流经营服务。现代物流逐步成为现代港口的重要发展方向。

（4）港城一体化。集装箱运输的迅猛发展，使得世界各地的港口运作越来越趋于同一个国际化的网络。港口功能的实现需要以强大的港口城市功能及港口腹地经济的发展为支持和依托，港口和城市正在向港城经济一体化方向发展。

（5）管理信息化。新一代港口已经不再属于劳动密集型和资本密集型产业，货物的快速流动，集装箱多式联运和"门到门"运输、物流体系的发展，对港口信息网络的建设提出了越来越高的要求，技术与信息已经成为现代化港口生存和发展的决定性因素。

3. 世界级主要海港

（1）中国上海港。上海港（图3-3）位于长江入海的咽喉处，黄浦江横贯其中，成为天然商港。该港航道包括长江口南航道和黄浦江航道及正在建设中的大小洋山深水港航道。

海港港区面积 3620.2km^2。其中，长江口水域 3580km^2；黄浦江水域 33km^2，港区陆域 7.2km^2。统计显示，上海港 2009 年货物吞吐量达到 5.9 亿 t，集装箱吞吐量为2500万 TEU，分别位居全球第一、第二位。2010 年，上海港集装箱吞吐量达到 2906.9 万 TEU，同比增长 16%，首次超越新加坡，跃居世界第一，该年货物吞吐量和集装箱吞吐量全球排名双第一，实现了历史性的跨越。在作为枢纽港主要标志的集装箱中转比例上，上海港 2010 年完成的比例为 37.7%；在货物吞吐量方面，上海港 2010 年完成 6.5 亿 t，同比增长 10.4%，连续四年蝉联世界第一。自此，上海港集装箱吞吐量开始连续问鼎世界第一。2011 年，首次突破 3000 万 TEU。2016 年，达到 3713.3 万 TEU，继续位居世界第一位。2017 年下半年以来，日均昼夜集装箱吞吐量达到 11.3 万 TEU，作业效率同比提高了 8.1%，并创下昼夜集装箱吞吐量 130 414TEU 的作业纪录。2017 年 12 月，经过 3 年时间建设的全球最大集装箱自动化码头——洋山四期正式开港试运营。自动化码头共建设 7 个集装箱泊位、集装箱码头岸线总长 2 350m，设计年通过能力初期为 400 万 TEU，远期为 630 万 TEU。截至 2017 年 12 月 29 日，上海港 2017 年集装箱吞吐量达到 4000 万 TEU，成为全球首个集装箱年吞吐量突破 4000 万 TEU 的港口。2018 年集装箱吞吐量超过了 4200 万个 TEU。

图 3-3　上海港

（2）新加坡港。新加坡港（图 3-4）地处新加坡岛南端。该岛东西长 42km，南北宽 22.5km，既是新加坡的首都所在地，也是天然良港。优越的地理位置是新加坡港迅速发展的重要条件。随着世界航运业的繁荣和马六甲海峡航运的繁忙，新加坡的作用和地位越来越重要。新加坡港内有 3.4km 的码头群，能同时容纳 30 多艘巨轮停靠。从新加坡港起航，有 250 多条航线通往世界各主要港口。新加坡港 2017 年集装箱吐量为 3370 万 TEU，保持全球第二大集装箱港的地位，2018 年达到了 3660 万 TEU。2018 年货物吞吐量达 6.3 亿 t，连续多年位列世界第三位。

图 3-4　新加坡港

新加坡港的管理非常现代化，采用的是最新的电子技术和机械设备，可以修理世界上最大的超级油轮，能够同时修理总吨位达 210 万 t 的船只，是亚洲最大的修船基地。

（3）中国香港港。香港港（图 3-5）是全球最繁忙和最高效率的国际货柜港，也是全球供应链上的主要枢纽港。港口是香港特区的经济命脉之一，处理的货运量 80% 经

国际物流学

由港口处理。2005年港口货柜吞吐量为2243万TEU，成为当时世界第二大集装箱港口。2017年港口货物吞吐量同比增长9.7%，达28 150万t。2017年抵港港口货物及离港港口货物较上年同期分别上升15.8%和1%，达17 460万t和10 700万t。2017年海运及河运货物同比分别上升7.8%及13%，达17 690万t及10 470万t。2017年比上年抵港远洋轮船船次下跌3.1%，为26 793船次，其总容量则上升2.7%。抵港内河船船次增加0.8%，达158 627船次，总容量上升6.7%。2017年香港港集装箱吞吐量为2076万TEU，比上年增长4.5%，位列世界第六位。预计到2020年，香港港口货柜吞吐量将平均每年增长4%，2020年达到4050TEU。

图3-5　香港港

（4）韩国釜山港。釜山（图3-6）位于韩国的东南沿海，东南濒临朝鲜海峡，西临洛东江，是韩国最大的港口。釜山不但是天然良港，而且是韩国第二大城市，在近现代因为与日本、俄罗斯以及太平洋国家的经济、文化关系日益增强，发展特别迅速。

釜山不仅是韩国海陆空交通的枢纽，还是韩国的金融和商业中心，在韩国的对外贸易中发挥着重要作用，其工业仅次于首尔，而造船、轮胎生产居韩国首位，水产品在出口贸易中占有重要位置。

釜山港是韩国最大的集装箱港口，2001年一跃成为当时世界第三大集装箱港。该港码头设施设备先进，集装箱吞吐量约占韩国港口集装箱吞吐总量的3/4。为了保持釜山港的国际大港口以及其在亚洲的优势地位，韩国及当地政府制订了釜山港的中长期发展计划，以打造东北亚国际物流中心基地。为了提高国际港口功能，釜山新港的开发定位为21世纪东北亚国际物流中心港湾，以确保国际集装箱主航路上的中心港（HUB港）的地位。釜山新港的开发规模将从原先的25个泊位扩大到30个泊位，30艘大型集装箱船能同时接岸，以使釜山地区发展成为国际物流产业的枢纽。

图3-6　釜山港

（5）荷兰鹿特丹港。该港位于莱茵河和马斯河入海的三角洲，濒临世界海运繁忙的多佛尔海峡，是西欧水陆交通的要冲，是荷兰和欧盟的货物集散中心，有"欧洲门户"之称。在荷兰，鹿特丹几乎就是港口的代名词，港口年吞吐量近5亿t。这个被誉为"欧洲桥头堡"的荷兰城市，在上海港、新加坡港超过它之前一直长期"霸占"着世界最大港口的头衔。鹿特丹港优良的地理条件也让世界上的其他港口羡慕不已。鹿特丹港港区面积超过 80km²，海轮码头岸线长 56km，江轮码头岸线长 33.6km，总泊位 656 个，航道最大水深 22m。

鹿特丹港 2017 年完成货物吞吐量 4.67 亿 t，较 2016 年同期增长 1.3%；2018 年货物总吞吐量为 4.69 亿 t，略高于 2017 年。

（6）德国汉堡港。汉堡港（图3-7）是德国第一大港，地处易北河以南地区，是一个兼有河港和海港的港口。汉堡是德国第二大城市，地处欧洲东西、南北交通要道，具有地理优势，多年来凭借港口、航运、外贸、金融、保险及造船等的发展，成为德国的一个重要的经济和贸易中心。汉堡港地处西欧发达地区的最东侧，在欧洲起着"国际转盘"的作用，对奥地利、瑞士、捷克、匈牙利、波兰以及西欧和东欧的其他国家来说是很好的转口港。

汉堡港是一个现代化港口。港口方圆100km²，其中，水上面积41km²，码头总长度为 65km，分为 60 个停泊区，共有泊位 340 个，具有各种能适应所有转运系统及各种规格的装卸、仓库储存等设备。汉堡港 2010 年货物吞吐量为 1.21 亿 t，同比上升 10%，集装箱吞吐量为 790 万 TEU，同比上升 12.7%。2017 年汉堡港集装箱吞吐量为 900 万 TEU，比上年增长 0.8%，位列世界第 18 位。

汉堡港内有 15km 被单独划为"自由港"。"自由港"有 320 个泊位，是世界最大的"自由港"之一，主要经营转口贸易。

图 3-7　汉堡港

［小资料］：The Port of Hamburg is a port in Hamburg, Germany, on the river Elbe. The harbour is located 110 kilometres from the mouth of the Elbe into the North Sea. It is named Germany's "Gateway to the World" and is the largest port in Germany. It is the second-busiest port in Europe（after the port of Rotterdam）, in terms of TEU throughput, and 11th-largest worldwide. 9.74 million containers were handled in Hamburg in 2008. The harbour covers an area of 73.99km²（64.80km² usable）, of which 43.31km²（34.12km²）are land areas. The location is naturally advantaged by a branching Elbe, creating an ideal place for a port complex with warehousing and transshipment facilities. The extensive free port also enables toll-free shipping。

（7）美国纽约港。美国的纽约港也称新泽西港，是世界上最大的天然深水港之一，位于纽约州东南的赫德森河口，濒临大西洋。港区面积为 3800km²，有水深 9～14.6m 的深水泊位 400 多个，集装箱码头 37 个，是世界上港区面积最大的港口。整个港区有 140 多条货、客运输线通往世界各地，外贸进出口年货运量达 6000 万 t。

美国的世界级大港还有位于美国密西西比河畔的新奥尔良港和位于墨西哥湾的休斯敦港。新奥尔良港是美国仅次于纽约港的美国第二大港，休斯敦港是美国进出口贸易第一大港，是美国对外贸易的重要门户，曾经是世界第七大港。

[小资料]：New York Harbor refers to the waterways of the estuary near the mouth of the Hudson River that empty into New York Bay. Although the U. S. Board of Geographic Names does not use the term, New York Harbor has important historical, governmental, commercial, and ecological usages. Originally used to refer to the Upper New York Bay, the term is also used to describe the Port of New York and New Jersey, the port district for New York-Newark metropolitan area, under the jurisdiction of the Port Authority.

（8）日本横滨港。横滨港位于东京湾西北部，港内风平浪静，航道水深 10m 以上，是一个天然良港。

横滨港是日本海港中距美国最近的一个，美日海上贸易多以此为装卸港。近年来，横滨港的吞吐量大大增加，每天可以有 70 多艘大型船只同时进入。集装箱码头的发展也很快。日本政府一向重视横滨港的建设和发展，努力使之成为一个现代化的海港。日本的世界级大港还有日本第一大港口神户港。

（9）比利时安特卫普港。安特卫普位于比利时北部，斯海尔德河下游，距北海 89 海里⊖。安特卫普是比利时第二大工业中心、欧洲重要的贸易中心，安特卫普港是欧洲第二大港。

由于斯海尔德河和海口航道的改善，安特卫普港可容纳 10 万 t 级的船舶泊靠装卸货物，吃水 47 英尺（1 英尺 = 0.3048m）的船可自由进出。码头起重机的起卸能力为 800t。整个港区面积为 178km²，其中，各类型的码头面积共 13.5km²，码头全长 99km，集装箱码头泊位 18 个，储油仓 1200 万 m³，冷藏仓库 339 英亩（约 1.37km²）。安特卫普港对中国来说，是一个进入欧洲的理想门户。

（10）法国马赛港。马赛位于法国南部的地中海岸边，是法国的第二大城市，也是法国最大的工业中心和港口城市。马赛港（图 3-8）是法国的最大港口，其吞吐能力居欧洲第二位，曾位列世界第五。

马赛港不仅为法国，也为欧洲经济发展服务，其航运路网不断扩展。由于马赛港作为石油和天然气转运基地的作用日趋重要，许多管线从港区向外呈扇形伸展。马赛港把法国与欧洲其他国家紧密地联系起来了。

图 3-8　马赛港

[小资料]：Today, the economy of Marseille is dominated by the New Port, which lies north of the Old Port, a commercial container port and a transport port for the Mediterranean sea. 100 million tons of freight pass annually through the port, 60% of which is petroleum, making it number one in France and the Mediterranean and number three in Europe.

（11）英国伦敦港。伦敦港（图 3-9）是英国最大的海港。伦敦始建于公元前 43 年，

⊖　1 海里 = 1852m。

在历史上就是一个海运昌盛的地方，19世纪以来成为世界上重要的国际贸易和金融中心。港区内有4个集装箱泊位，3个滚装泊位和其他杂货泊位。其中，集装箱泊位的码头是欧洲最现代化的集装箱码头之一。

[小资料]：The Port of London lies along the banks of the River Thames from London, England to the North Sea. Once the largest port in the world, it is currently the United Kingdom's second largest port, after Grimsby & Immingham. The port is governed by the Port of London Authority (PLA), a

图3-9 伦敦港

public trust established in 1908, whose responsibility extends over the Tideway of the River Thames. The port can handle cruise liners, ro-ro ferries and cargo of all types including containers, timber, paper, vehicles, aggregates, crude oil, petroleum products, liquified petroleum gas, coal, metals, grain and other dry and liquid bulk materials. In 2008 the Port of London handled 53.0 million tonnes of trade (up from 52.7 million tonnes in 2007), including 2,007,000 TEUs and 20.5 million tonnes of oil and related products. The port is not located in one area-it stretches along the tidal Thames, including central London, with many individual wharfs, docks, terminals and facilities built incrementally over the centuries. As with many similar historic European ports, such as Rotterdam, the bulk of activities has steadily moved downstream towards the open sea, as ships have grown larger and other city uses take up land closer to the city's centre.

欧洲的世界著名大港还有利物浦港等。

联合国贸发会议发布的《2018年海运报告》显示：2017年，全球前20大港口的吞吐量为93亿t，高于2016年的89亿t；2017年全球集装箱港口的运输量达到了7.522亿TEU。

4. 我国的主要港口

我国的主要港口有：上海港、香港港、深圳港、大连港、天津港、秦皇岛港、青岛港、广州港、宁波-舟山港、福州港、连云港港、湛江港、烟台港、南通港、温州港、厦门港、北海港、海口港等。2017年，在全球港口集装箱吞吐量前十位排行榜中，除了新加坡港、韩国釜山港和阿联酋迪拜港外，中国港口占据了7个，上海港继续保持世界第一，我国港口吞吐量继续保持世界第一。

2018年中国港口货物吞吐量前十大港口排行榜依次为：①宁波-舟山港；②上海港；③唐山港；④广州港；⑤青岛港；⑥苏州港；⑦天津港；⑧大连港；⑨烟台港；⑩日照港。

（1）深圳港。深圳港位于广东省珠江三角洲南部，珠江入海口伶仃洋东岸，毗邻香港。深圳市260km的海岸线被九龙半岛分割为东西两大部分。西部港区位于珠江入海口伶仃洋东岸，水深港阔，天然屏障良好。经珠江水系可与珠江三角洲水网地区各市、县相连，经香港暗士顿水道可达国内沿海及世界各地港口。东部港区位于大鹏湾

国际物流学

内，湾内水深 12~14m，海面开阔，风平浪静，是华南地区优良的天然港湾。2003 年，深圳港货物吞吐量为 11 220 万 t，集装箱吞吐量完成 1065 万 TEU，同比增长 39.8%。

2004 年，全港货物吞吐量 1.34 亿 t，增长 20.7%，其中外贸货物吞吐量 8865 万 t，增长 30.6%；集装箱吞吐量 1365.85 万 TEU，稳居全国港口第二名，世界集装箱港口第四名。2006 年，全年完成集装箱吞吐量 1846.89 万 TEU，增长 14.03%。2010 年，深圳港集装箱吞吐量 2251 万 TEU，仍居世界第四位；2017 年集装箱吞吐量达到 2525 万 TEU，比上年增长 5.3%，位列世界第三位，仅次于上海港和新加坡港。深圳港如图 3-10 所示。

图 3-10　深圳港

（2）大连港。大连港地处辽东半岛的南端、黄海之滨、大连湾内，港口外面有大小两个山岛对峙，扼住了湾口的咽喉，形成天然屏障。湾内风平浪静，平均气温 10℃，是四季通航的天然良港。

大连港港区辽阔，陆域面积 8km²，水域面积 346km²，平均水深 10m，最深处 33m。码头泊位 65 个，码头岸线总长 13km。大连港拥有集装箱专业化泊位 18 个，泊位最大水深 17.8m，可以满足目前世界所有在航集装箱船舶靠泊的需要。世界最大集装箱船舶——中远海运宇宙轮 2018 年 8 月停靠大连港。大连港航线网络覆盖全球 160 多个国家和地区的 300 多个港口，航班密度 400 班/月。

大连港地处东北亚，与朝鲜、韩国和日本的海上运输十分便捷，与北美、南美和东南亚及世界各地的联络也十分频繁。大连港不仅是辽宁省的外贸中心，也是我国东北地区和内蒙古对外贸易的重要港口。大连港是我国东北地区通往其他地区和海外的海上大门。大连港是我国五大港口之一，有"北方明珠"之称。大连港如图 3-11 所示。

图 3-11　大连港

（3）天津港。天津港位于渤海湾西岸，地处海河下游及其入海口处，是环渤海中与华北、西北等内陆地区距离最近的港口，是首都北京的海上门户，由天津、塘沽、新港三部分组成，也是新亚欧大陆桥最短的东端起点。天津港是我国华北、西北和京津地区的重要水路交通枢纽，对外交通十分发达，已形成了颇具规模的立体交通集疏运体系。

天津港现拥有各类泊位 140 余个，其中公共泊位 76 个。拥有万吨级以上泊位 55 个，其中，20 万 t 级泊位 1 个，10 万 t 级泊位 2 个，7 万 t 级和 5 万 t 级泊位共 11 个。公共泊位岸线总长 14.5km。2001 年天津港全年货物吞吐量突破了 1 亿 t。2004 年，货物吞吐量 2.06 亿 t；集装箱吞吐量 381.6 万 TEU。2010 年，天津港货物吞吐量突破 4 亿 t，并开发新航线 28 条，使集装箱航线总数达到 115 条，实现了对全球主要港口的全覆盖，集装箱吞吐量突破1000万 TEU，成为中国北方的第一大港。2017 年，天津港集装箱吞吐量达到了 1504 万 TEU，比上年增长 3.6%，位列世界的第十位。天津港如图 3-12 所示。

图 3-12　天津港

（4）秦皇岛港。秦皇岛港地处河北省，靠近渤海湾西岸，在大沽口与葫芦岛之间，气候比较温和，是我国北方著名的终年不冻港，我国最大的能源输出港和世界上最大的煤港，我国北方的一座天然良港，主要货物种类有煤炭、石油、粮食、化肥、矿石等。秦皇岛港以能源输出闻名于世，主要将来自我国内陆省份山西、陕西、内蒙古、宁夏、河北等地的煤炭输往华东、华南等地及欧洲、亚洲等地区，年输出煤炭占全国煤炭输出总量的 50% 以上，是我国"北煤南运"的主要通道。

图 3-13　秦皇岛港

2017 年秦皇岛港货物吞吐量达到 2.3773 亿 t，较上一年度增长 32.32%。秦皇岛港积极探索构建"运销一体化全程煤炭供应链服务模式"，2017 年，国内首条由港口主导的块煤集装箱海铁班列——朔州神头元子河站块煤集装箱海铁班列开通，秦皇岛至东南亚水果航线开通。秦皇岛港如图 3-13 所示。

（5）青岛港。青岛港在山东省东南海岸胶州湾内。该港是我国外贸主要港口之一，进出口的主要货物有煤炭、石油、钢铁、矿建材料、化肥等，占全港吞吐量的 45%，每年进出的外贸船舶达 1300 多艘次。

青岛港由青岛老港区、黄岛油港区、前湾新港区三大港区组成，主要从事集装箱、煤炭、原油、铁矿、粮食等进出口货物的装卸服务和国际国内客运服务。与世界上 130 多个国家和地区的 450 多个港口有贸易往来，是中国的世界级过亿吨的大港。2017 年，青岛港集装箱吞吐量为 1830 万 TEU，比上年增长 1.4%，继续位列世界第八位。青岛港如图 3-14 所示。

图 3-14　青岛港

（6）广州港。广州港地处我国外向型经济最活跃的珠江三角洲地区中心。港区分布在广州、东莞、中山、珠海等城市的珠江沿岸或水域，从珠江口进港，依次为虎门港

国际物流学

区、新沙港区、黄埔港区和广州内港港区。2017年，广州港集装箱吐量为2010万TEU，比上年增长7.7%，保持位列世界第七位。

广州港国际海运通达80多个国家和地区的300多个港口，并与国内100多个港口通航，主要从事石油、煤炭、粮食、化肥、钢材、矿石、集装箱等货物的装卸（包括码头、锚地过驳）和仓储、货物保税业务，以及国内外货物代理和船舶代理；代办中转、代理客运；从事国内外船舶进出港引航、水路货物和旅客运输、物流服务。广州港如图3-15所示。

图3-15　广州港

（7）宁波-舟山港。宁波-舟山港位于我国大陆海岸线中部，南北和长江"T"型结构的交汇点上，地理位置适中，是我国著名的深水良港。宁波-舟山港由北仑港区、镇海港区、宁波港区、大榭港区、穿山港区组成，是一个集内河港、河口港和海港于一体的多功能、综合性的现代化亿吨级深水大港。宁波-舟山港自然条件得天独厚，内外辐射便捷。向外直接面向东亚及整个环太平洋地区，由海上至香港、高雄、釜山、大阪、神户均在1000海里之内；向内不仅可连接沿海各港口，而且通过江海联运，可沟通长江、京杭大运河，直接覆盖整个华东地区及经济发达的长江流域；也是我国沿海向美洲、大洋洲和南美洲等港口远洋运输辐射的理想集散地。

2017年宁波-舟山港集装箱吐量2464万TEU，比上年增长14.3%，位列世界第四位。宁波-舟山港如图3-16所示。

图3-16　宁波-舟山港

（8）福州港。福州港位于中国东南部，台湾海峡西岸，分为河口港和海港。河口港在闽江下游河口段，全长67.2km；海港分布在闽江入海口南北翼的福清湾、罗源湾等深水港湾。

福州港交通便利。港内马尾港区、魁歧作业区铁路专用线与福马铁路衔接，通往全国各干线。公路经福州与104国道、324国道、316国道及全省公路网连接，并与上海、广州、深圳等地通直达客班车。航空方面福州至北京、上海、广州、南京、西安、长沙、沈阳、哈尔滨、大连、济南、成都、武汉、兰州、杭州、郑州、合肥、乌鲁木齐、海口、厦门等均有客运航班，至香港等地设有包机航班业务。水路可达我国沿海各港和世界各地及长江主要港口，北距上海433海里（约802km），东距台湾基隆149海里（约276km），南距香港420海里（约778km）。2017年，福州港全港货物吞吐量达14 559万t。

（9）连云港港。连云港港位于太平洋西海岸、黄海之滨，与韩国、日本等国家的主要港口相距在500海里的近洋扇面内。现为江苏最大的海港、苏北和中西部最经济便捷的出海口、新亚欧大陆桥的"东方桥头堡"，是我国沿海主枢纽港和能源外运的重要口岸之一，以腹地内集装箱运输为主并承担亚欧大陆间国际集装箱水陆联运的重要中转港口，是集商贸、仓储、保税、信息等服务于一体的综合性大型沿海商港，成为国家综合运输体系重要枢纽和沿海主要港口。

连云港港有泊位 30 个，其中万吨级以上泊位 25 个，包括煤炭、集装箱、木材、粮食、危险品等专业码头，泊位岸线 6273m，年设计吞吐能力 2265 万 t；目前已形成老港区、庙岭港区、墟沟港区三大港区，已经成为一个初具规模，大中小泊位配套，散杂货、集装箱并举，运输功能齐全，以外贸运输为主、内外贸兼顾的综合性国际贸易运输枢纽港。到目前为止，连云港港开通了至日本、韩国、美国、地中海、欧洲以及沿海支线、内贸航线等的多条集装箱航线，内贸航班直达黄埔、泉州等南方港口。连云港港集装箱航班密度每月已达 150 班，确立了华东地区内贸中转港和外贸基本港地位。

2017 年，连云港港货物吞吐量 2.28 亿 t。其中，60% 左右的货物来自中西部省区，外贸运输量比重始终在 60% 以上。它是全国进口氧化铝、出口小麦和胶合板第一大港，出口焦炭第二大港。

（10）湛江港。湛江港在广东省雷州半岛，东临南海，南望海南岛，西靠北部湾，北倚大西南，是我国大西南和华南西部地区货物进出口的主要通道，也是中国大陆通往东南亚、非洲、欧洲等国家和地区航程最短的港口，现已与世界 100 多个国家和地区通航。2018 年，湛江港货物吞吐量成功突破 3 亿 t。

我国其他的海运主要港口还有：烟台港、营口港、南通港、温州港、厦门港、海口港、珠海港、日照港、镇江港、汕头港、苏州港、南通港、南京港、北海港、防城港等。

3.3.4 自由经济区

1. 自由经济区的概念

早在 400 多年前，一些国家就开始在交通发达的地区和港口划出特定的区域作为海关监督下的非关税区，实施与本国其他地区不同的特殊政策，吸引外国船只和厂商自由进出，并提供商品免税输出优惠，借以达到发展贸易、增加财政收入、创造就业机会、引进技术与管理经验、促进经济繁荣发展的目的。这些特定区域被国际投资者称为"投资乐园"和"免税天堂"，经过长期的历史演变和发展，形成了今天的自由港、自由贸易区、出口加工区和科学工业园区等。虽然它们名称不同，但其性质和功能存在着相似处和内在联系。国内外理论界对这些特定区域大体有三种叫法：一是统称为经济特区，二是统称为自由港区，三是统称为自由经济区。在我国，"经济特区"叫法不甚妥当，因为它很容易让人把我国的珠海、深圳、厦门、海南等"经济特区"与之相提并论。从严格意义上讲，我国的"经济特区"和国际上通行的这种特定经济区域在性质、功能和运作上存在很大差异，二者不能混淆。"自由港区"叫法也有不妥之处，因为现在世界上有些国家的这类区域并不设在港口码头。因此，本书把这类特定区域统称为"自由经济区"。

《京都公约》中自由经济区的定义为："自由经济区是指一国的部分领土，在这部

国际物流学

分领土内运入的任何货物，就进口税及其他各种税而言，被认为在关境之外，并免于实施惯常的海关监管制度。"1975 年联合国贸易和发展大会对自由经济区的定义是："自由经济区是指在本国海关关境中，一般设在口岸或国际机场附近的一片地域，进入该地域的外国生产资料、原材料可以不办理任何海关手续，进口产品可以在该地区内进行加工后复出口，海关对此不加以任何干预。"

2. 自由经济区的类型

世界上自由经济区名目繁多，其经营内容、职能、性质和规模各异。按不同的标准，自由经济区有多种不同的分类方法，其中比较合理并对实际分析较为有用的方法主要有两种。

（1）地理位置分类法。

1）港口型自由经济区。港口型自由经济区是指在港口区内划出一个封闭式的隔离区以作为自由经济区。它或直接与专用码头连为一体，或通过专用通道与码头相连。这种类型的自由经济区数量最多，国际上许多成功的自由经济区都紧靠国际运输港。德国的汉堡自由港和不来梅港自由贸易区、美国的纽约布鲁克林对外贸易区、韩国的马山出口加工区等都属于这种类型的自由经济区。

2）机场型自由经济区。国际上有一些自由经济区是以邻近的国际机场为依托的，如爱尔兰香农自由贸易区、美国肯尼迪国际机场对外贸易区等。

3）内陆边境口岸型自由经济区。这类自由经济区利用其地处两国（或多国）边境的特殊地理位置发展边境贸易、转口贸易和出口加工。墨西哥在美墨边境上的下加利福尼亚、金塔纳罗尔自由边境区就是典型的例子。

（2）功能分类法。

1）自由港。这是世界上最早出现的自由经济区，是自由资本主义发展的结果。自由竞争是这一历史时期的普遍现象，资产阶级要求自由贸易，反对封建割据和闭关自守，要求开辟广阔的国内市场和世界市场，主张国家不干预经济生活、商品自由进入、减免关税，因此，自由港应运而生。

自由港是指划在本国关境以外的，不属于任何一国海关管辖的港口或海港地区。在这里，外国货物可免税进口，外国商品可以装卸、储存、加工、包装、再出口，也能供自由港内居民消费。这种自由港凭借良好的码头港口条件、有利的地理位置、先进的运输装卸设施，以及豁免进出口货物关税、免受海关监督等优惠条件，发挥着国际商品集散地和转运中心的作用，达到促进本国和本地区经济发展的目的。依开放地区的范围，自由港可分为两类：一是将港口及其所在城市完全划为自由港；二是将自由港限定在港口或毗邻港口的一小块区域。依海关管制范围和贸易管制程度，其又有完全自由港和有限自由港之分。完全自由港不属于海关管制范围，一切外国商品可免税进出口，在自由港内进行储存、整理、加工、分级、包装或其他作业均不受海关监督，外国商品只在从自由港进入所在国海关管制区时才要纳税。现在世界上的完全自由港很少。有限自由港仅对少数指定进出口商品征收关税或实施不同程度的贸易管制，其他商品则可享受免税待遇，中国的香港、马来西亚的槟榔屿等均属于有限自由港。

2）自由贸易区。它又称免税贸易区、自由关税区、保税区。这种类型的自由经济区已有近 300 年历史，数量多、分布广。它以国际贸易为主要职能。外国商品可以免税进入，在该区内自由储存、分类、包装和简单再加工，然后免税出口，但若自由贸易区商品被运入所在国海关管制区，则必须要缴纳关税。目前，自由贸易区也准许经营出口加工、开设工厂企业乃至经营房地产、金融、商务、信息咨询等各项业务。从发展过程看，有些自由贸易区是由自由港扩展形成的，但有的自由贸易区却与自由港无直接联系。自由贸易区可以不设在港口或港口地区，但必须距离国际航空线、航海线、铁路干线不远，并且与区外现代化的交通、通信设施相连。自由贸易区除实行特殊的关税政策，提供各种优惠条件外，还必须拥有先进的、完善的基础设施，提供优质、高效的服务，以吸引本国或国外投资者前来区内投资、开展贸易等。

与自由港一样，自由贸易区的设区目的也是发展贸易，以便通过发展贸易、增加商业收入来繁荣经济。

3）出口加工区。它又称工业型自由贸易区，是指一个国家或地区划出某一区域，准许外国厂商在区内投资办企业、享受关税优惠待遇，外资企业可以免税进口原材料、机械设备及其他零部件，制成品出口也享受免税待遇。它以开拓远洋市场为目标，利用外资和外国技术进行产品加工出口，以促进本国（或地区）工业和经济的发展。出口加工区是第二次世界大战以后出现的自由经济区形式。1958年，爱尔兰在香农创办了世界上第一个出口加工区。出口加工区实际上是自由贸易区与工业区的一种结合体，同时也是世界自由经济区升级换代的新形式。近年来，为了适应世界经济一体化和多元化发展的需要，自由贸易区和出口加工区开始相互渗透，呈现出向工贸结合的多功能综合型经济自由区发展的趋势。

4）中国的自由经济区——保税区和自由贸易区的发展现状。1990年经国务院批准，我国借鉴国际通行做法，按照自由贸易区模式建立了中国第一个自由经济区——上海外高桥保税区，随后，在短短的几年里又先后建立了深圳沙头角、深圳福田、烟台、青岛、天津港、大连大窑湾、张家港、宁波、厦门、福州、广州和海口等保税区。

我国保税区从性质、功能以及运作方式上看，基本上类同于国外的自由贸易区这一自由经济区形式，是借鉴国际通行惯例、利用特殊关税政策促进外贸发展的自由经济区形式之一。建设和发展保税区的根本目标是：改革我国的投资和建设环境，特别是利用海关保税的独特条件，最大限度地利用外资和技术，发展外向型经济，带动区域经济的发展。保税区有三项基本功能：出口加工、国际转口贸易和仓储、商品展示等。

自由贸易试验区（简称自贸区）是指在贸易和投资等方面比世贸组织有关规定更加优惠的贸易安排，在主权国家或地区的关境以外，划出特定的区域，准许外国商品豁免关税自由进出。实质上是采取自由港政策的关税隔离区。狭义上仅指提供区内加工出口所需原料等货物的进口豁免关税的地区，类似于出口加工区。广义上还包括自由港和转口贸易区。

我国第一个自贸区——中国（上海）自由贸易试验区于2013年9月29日正式挂牌，自贸区建设试点发展，功能定位因地制宜。有了上海自贸试验区的成功经验，自贸区发展进入1.0阶段。从第二批自贸区建设开始，自贸区发展进入2.0阶段，这个阶段强调功能差异化。天津、福建和广东三个东部沿海省（市）在借鉴上海自贸试验区成功经验的同时，也形成了有自己特色的功能和定位。

国际物流学

第三批自贸区则从沿海地区深入到国家内部大陆，包括辽宁、浙江、河南、湖北、重庆、四川、陕西七个省（市）。自贸区建设全面开花，功能定位在因地制宜的同时，更多地考虑各自地区的优势条件，以进行区位发展建设。第三批 7 个自贸区中，有 5 个省份均位于内陆，与前两批自贸区构成了 6 个沿海省（市）、两个中部省（市）、三个西部省（市）的格局。在发展模式上，有了前两批自贸区的成熟范本，自贸区发展进入 3.0 阶段，第三批的定位更加成熟化和差异化，并全面承接国家多个重大战略。

继 1.0、2.0、3.0 的自贸试验区后，2018 年 10 月海南省的加入使中国自贸区发展进入 4.0 阶段，国务院发布了《中国（海南）自由贸易试验区总体方案》（国发〔2018〕34 号），2019 年又发布了《中国（山东）、（江苏）、（广西）、（河北）、（云南）、（黑龙江）自由贸易试验区总体方案》（国函〔2019〕72 号），加上新增的上海自贸区临港新片区，自贸区发展进入 5.0 阶段。中国自贸试验区形成了"1＋3＋7＋1＋6"共 5 批 18 个由沿海到内陆、自东向西全覆盖的新格局。

2013 年 9 月—2019 年 8 月，国务院先后批复成立了位于上海、广东、天津、福建、辽宁、浙江、河南、湖北、重庆、四川、陕西、海南、山东、江苏、广西、河北、云南、黑龙江等地的 18 个自由贸易试验区。

3.4 国际物流连线及分类

国际物流连线是指连接国内外众多收发货节点间的运输线，包括海运航线、铁路线、飞机航线以及海陆空联合运输线等。每一对节点间都有许多连线，表示不同的运输路线。

3.4.1 世界主要远洋航线

1. 海运航线的概念及分类

世界各地水域，在港湾、潮流、风向、水深及地球球面距离等自然条件的限制下，可供船舶航行的一定路径，被称为航路。海上运输承运人在许多不同的航路中，根据主客观条件，为达到最大的经济效益所选定的营运航路被通称为航线。

航线从不同的角度有不同的划分方法。

（1）按船舶营运方式，可分为定期航线和不定期航线。

定期航线，又称班轮航线，是指使用固定的船舶，按固定的船期，航行固定的航线，靠泊固定的港口，并以相对固定的运价经营客货运输业务的航线。定期航线的经营，以航线上各港口能有持续和比较稳定的往返货源为先决条件。

不定期航线，是指根据货运的需要而临时选择的航线。其船舶、船期、航线、靠泊港口均不固定，是以经营大宗、低价货物运输业务为主的航线。

（2）按航程的远近，可分为远洋航线、近洋航线和沿海航线。

远洋航线是指航程距离较远、船舶航行跨越大洋的运输航线，如远东地区至欧洲和美洲的航线。我国习惯上以亚丁港为界，把去往亚丁港以西包括红海两岸和欧洲以及南北美洲广大地区的航线划为远洋航线。

近洋航线是指本国各港口至邻近国家或地区港口间的海上运输航线。我国习惯上把去往亚丁港以东地区的亚洲和大洋洲的航线称为近洋航线。

沿海航线是指本国沿海各港之间的海上运输航线，如上海—广州，青岛—大连等。

（3）按航行的范围，可分为大西洋航线、太平洋航线、印度洋航线、环球航线。

2. 世界主要远洋航线概述

除北冰洋季节性航线外，世界主要远洋航线均集中于太平洋、印度洋和大西洋三大海域。此外，还有从大西洋通过地中海、苏伊士运河、印度洋到太平洋，以及通过巴拿马运河的横贯几个大洋的航线。大洋航线是世界经济联系和国际贸易的主要通道。

（1）太平洋诸航线。它连接亚洲、美洲和大洋洲，西部通过马六甲海峡与印度洋各国相连，东部则经巴拿马运河或麦哲伦海峡与大西洋连通。该线货物吞吐量约占世界的 1/4，货物周转量约占世界的 3/10，居世界第二位。

该航线可细分为以下几类：

1）远东—北美西海岸航线。该航线包括从中国、朝鲜、日本、俄罗斯远东海港到加拿大、美国、墨西哥等北美西海岸各港的贸易运输线。从我国沿海各港出发，偏南的经大隅海峡出东海，偏北的经对马海峡穿日本海后，或经津轻海峡进入太平洋，或经宗谷海峡穿过鄂霍茨克海进入北太平洋。

2）远东—加勒比、北美东海岸航线。该航线常经夏威夷群岛南北至巴拿马运河后到达。从我国北方沿海港口出发的船只多半经大隅海峡或经琉球奄美大岛出东海。

3）远东—南美西海岸航线。从我国北方沿海各港出发的船只多经琉球奄美大岛、硫磺列岛、威克岛、夏威夷群岛之南的莱恩群岛穿越赤道进入南太平洋，到达南美西海岸各港。

4）远东—东南亚航线。该航线是中国、朝鲜、日本货船去东南亚各港，以及经马六甲海峡去印度大西洋沿岸各港的主要航线。东海、台湾海峡、巴士海峡、南海是该航线船只的必经之路，航线繁忙。

5）远东—澳大利亚、新西兰航线。远东至澳大利亚东南海岸分两条航线。中国北方沿海港口、朝鲜、日本到澳大利亚东海岸和新西兰港口的船只，需走琉球久米岛、加罗林群岛的雅浦岛进入所罗门海、珊瑚海；中澳之间的集装箱船需在香港加载或转船后经南海、苏拉威西海、班达海、阿拉弗拉海，后经托雷斯海峡进入珊瑚海。中国、日本去澳大利亚西海岸航线由菲律宾的民都洛海峡、望加锡海峡以及龙目海峡进入印度洋。

（2）印度洋诸航线。印度洋联系着亚洲、非洲、大洋洲，连通了大西洋和太平洋，在世界航运上起着"海上走廊"的作用。其航线主要如下：

1）由澳大利亚、东南亚、南亚、红海过苏伊士运河至欧洲和北美洲。

2）波斯湾的对外航线，可东去东南亚、日本，西经苏伊士运河、地中海或绕好望角到达欧美各国。

3）东南亚各国的对外航线，包括东南亚—东非，东南亚—好望角—西非、南美等。

（3）大西洋诸航线。大西洋东西两岸分布着世界上主要的发达国家，素有"海上航线枢纽"之称。它是最为繁忙的国际航线之一，贸易额占世界总贸易额的 60%，货物吞吐量占世界的 2/5，货物周转量占世界的 2/3。大西洋上的航线主要如下：

国际物流学

1）欧洲同北美洲各国间的北大西洋航线。

2）西北欧、地中海至南美洲东海岸的航线。

3）北美洲通往加勒比海和南美洲各国的航线。

3. 我国主要海运航线

近洋航线：

中国—朝鲜航线	中国—独联体远东航线
中国—日本航线	中国—波斯湾航线
中国—越南航线	中国—菲律宾航线
中国内地—中国香港航线	中国—澳大利亚、新西兰航线

远洋航线：

中国—红海航线	中国—东非航线
中国—西非航线	中国—地中海航线
中国—西欧航线	中国—北欧、波罗的海航线
中国—北美航线	中国—中南美航线

3.4.2　国际主要铁路干线与大陆桥

1. 国际主要铁路干线

（1）西伯利亚铁路。东起符拉迪沃斯托克（别名海参崴），途经伯力、赤塔、伊尔库茨克、新西伯利亚等，止于莫斯科，全长9300多千米。

（2）加拿大连接东西两大洋的铁路。包括：鲁珀特港—魁北克；温哥华—圣约翰—哈利法克斯。

（3）美国连接东西两大洋的铁路。包括：西雅图—底特律；洛杉矶—巴尔的摩/新奥尔良；旧金山—纽约。

2. 主要大陆桥

（1）西伯利亚大陆桥。从西欧到远东，经大陆桥全长为13 000km，比海上经好望角航线缩短约1/2路程，比经苏伊士运河航线缩短约1/3路程，运费低20%～25%，时间节省35天左右。

（2）新亚欧大陆桥。新亚欧大陆桥东起我国连云港，以我国陇海、兰新铁路为骨架，西经中亚、欧洲有关国家至荷兰鹿特丹港、比利时安特卫普港等港口，总长约10 900km，横贯亚欧两大洲中部地带。

从新疆阿拉山口站换装出境进入中亚，与哈萨克斯坦德鲁日巴站接轨，西行至阿克斗卡站后分北中南三线接上欧洲铁路网以通往欧洲。

北线：北上与西伯利亚大铁路接轨，经俄罗斯、白俄罗斯、波兰通往西欧及北欧诸国。

中线：由哈萨克斯坦经俄罗斯、乌克兰、斯洛伐克、匈牙利、奥地利、瑞士、德国、法国至英吉利海峡港口转海运。

南线：南入伊朗，经土耳其，过博斯普鲁斯海峡，经保加利亚、前南斯拉夫通往中欧、西欧及南欧诸国。

新亚欧大陆桥使亚欧之间的货运距离比西伯利亚大陆桥缩短得更为显著，从日本、韩国至欧洲，通过新亚欧大陆桥，水陆全程仅为 12 000km，比经苏伊士运河少 8000 多千米，比经巴拿马运河少 11 000 多千米，比绕道好望角少 15 000 多千米。

3. 我国通往邻国及地区的铁路线

1）滨洲线——自哈尔滨起，向西北至满洲里，全长 935km。

2）滨绥线——自哈尔滨起，向东经绥芬河与独联体远东地区铁路相连接，全长 548km。

3）集二线——从京包线的集宁站，向西北到二连，全长 364km。

4）沈丹线——从沈阳到丹东，越过鸭绿江与朝鲜铁路相连，全长 274km。

5）长图线——西起长春，东至图们，横过图们江与朝鲜铁路相连接，全长 527km。

6）梅集线——自梅河口至集安，越过鸭绿江直通朝鲜满浦车站，全长 245km。

7）湘桂线——从湖南衡阳起，经广西柳州、南宁到达终点站凭祥，全长 1013km。

8）昆河线——从云南昆明经碧色寨到河口，全长 177km。

9）北疆线——从新疆乌鲁木齐向西到达终点站阿拉山口。

3.5　国际物流网络及结构

3.5.1　国际物流网络的概念及其构成

国际物流网络是由多个收发货的节点和它们之间的连线所构成的物流抽象网络，以及与之相伴随的信息流动网络的集合。

节点和连线是构成国际物流网络不可或缺的因素。国际贸易商品和交流物资，需通过节点的收进和发出，并在中间存放保管，以实现国际物流系统的时间效益，克服生产时间和消费时间上的背离，促进国际贸易系统和国际交往的顺利进行。节点内商品的收与发是依靠运输连线和物流信息的沟通、输送来完成的。而国际物流连线代表货物的移动。节点间有许多连线，表示不同的路线、不同的运输服务。信息流动网络上的连线为数据流，节点则是各种物流信息汇集及处理之点，如国际订货单据、出口单证、库存记录等。物流网络与信息网并非互相独立的，它们是密切关联的。

物流网与信息网从结构上看，都是由节点和连线组成的。两者最主要的差别是流向不同。物流网上的商品朝国外最终消费者方向移动，而信息网上的信息流则相反，大多朝商品货源地方向移动，即实现其反馈功能。

3.5.2　国际物流网络优化

国际物流网络研究的中心问题是确定进出口货源点和消费者的位置，各层级仓库及中间商的位置、规模、数量，并建立与节点相适应的运输系统，从而决定国际物流系统的合理布局及网络结构。

在合理布局国际物流网络的前提下，国际商品由卖方向买方实体流动的方向、规模、数量就确定下来了。完善和优化国际物流网络，降低国际物流成本，提高国际物流质量，有利于扩大国际贸易，提高企业的竞争力。

国际物流学

《关于推动物流高质量发展促进形成强大国内市场的意见》（发改经贸〔2019〕352号）中强调，推动国家物流枢纽网络建设，要围绕"一带一路"建设、京津冀协同发展、长江经济带发展、粤港澳大湾区建设、长三角一体化发展等重大战略实施，依据国土空间规划，在国家物流骨干网络的关键节点，选择部分基础条件成熟的承载城市，启动一批国家物流枢纽布局建设，培育形成一批资源整合能力强、运营模式先进的枢纽运营企业，促进区域内和跨区域物流活动组织化、规模化、网络化运行。

我国的国际物流网络已具有一定的规模。为了促进我国国际物流网络更加合理，可从以下六方面采取措施：

1）合理选择和布局国内外物流枢纽节点，以达到费用省、服务好、效益高的物流总体目标。

2）采用先进的运输方式、运输工具和运输设施，加速进出口货物的流转。

3）缩短进出口货物的在途积压，加速商品和资金的周转。

4）不断改进运输路线，开展合理运输。

5）改进包装，增大技术装载量，减少损耗。

6）综合考虑国内物流。在出口时，有条件的要尽量采用就地就近收购、就地加工、就地包装、就地检验、直接出口的"四就一直"物流策略。

【企业链接】

面对"互联网＋"形势的到来，物流业如何把握机遇迎接挑战

我国物流界知名人士华新集团物流总监蔡先生认为，"互联网＋"这个概念更应该表现为"实体经济＋互联网"。为什么呢？不管是生产性服务业还是高端制造业，他们通过互联网可以把产品和服务卖到全世界，但是离开强大的实体经济和强大的制造研发支撑，都不过是空中楼阁、镜花水月。"互联网＋"预示着未来（新）零售业格局的变化。国内的零售业可能会向两个方向发展：大型化、全面化；小型化、多样化。例如现在日本的零售业。大型的卖场在日本仍很发达，如城市综合体，吃喝玩乐都有；小型的，如"7-11"，在日本有27 000家店，在东京超过6000家店，按照日本人的理论，超过一万人就可以有一个"7-11"之类的社区店，且这个店一定可以盈利，因为这样的社区终端服务科目太多了，能帮顾客做很多事，所以小型的连锁零售业得到快速发展。而在国内，一个典型的例子是美宜佳。

作为这个行业的一员不能麻木不仁，对未来线上线下共同提供老百姓快速消费品供给解决方案的供给侧变化毫无感觉，浑浑噩噩，碌碌无为。但也没必要风声鹤唳，对线下快消品分销市场的未来丧失信心。他认为：线下分销市场传统分销商供给能力和服务水平欠佳是使老百姓尤其是年轻人购买力转向线上采购的主要原因，墨守成规者将被淘汰，勇于创新、变化者仍将傲立市场。日本线下零售业包括门店仍然红红火火就是力证。不是日本老百姓落伍了，而是日本线下企业供给能力和服务水平相当完善。同样，线上分销市场的争夺必将更加白热化，毕竟互联网企业的创新能力、供给能力和服务水平已经今非昔比。但线上服务不可能解决全部，京东、阿里巴巴等知名电商拿着整筐的"胡萝卜"大力收购线下传统分销企业就是力证。紧跟市场变化，供给能力包括但不限于分销服务和配送服务等每天改善一点点，企业就会走在同行前列，内涵式

发展会使物流行业精神焕发。正所谓"腹有诗书气自华",市场是公正的,它不会辜负和舍弃勤奋耕耘、服务完善的"老黄牛"。他对不断改革砥砺前行的物流业发展前景,充满信心。

本章小结

本章主要介绍国际物流系统的概念,国际物流系统各要素的特征、功能和作用,并介绍了国际物流的各主要节点和主要连线。

物流系统由运输、储存、装卸、流通加工、包装、配送等子系统中的一个或几个有机地结合而成。

国际物流系统是由国家或地区之间的商品运输、储存、装卸搬运、流通加工、包装、检验及国际配送等子系统组成的。其中,运输和储存子系统是国际物流系统中的主要组成部分。国际物流通过商品的运输和储存,实现其自身的时间和空间效益,满足国际贸易活动和跨国公司生产经营的需要。

国际物流节点是指那些从事与国际物流相关活动的物流节点,如制造厂仓库、口岸仓库、保税区仓库、物流中心等。物流节点是物流网络中连接物流线路的结合部。全部物流活动都是在物流线路上和物流节点上进行的。其中,在线路上进行的活动主要是运输,包括集货运输、干线运输、配送运输等。物流功能要素中的其他所有功能要素,如包装、装卸、保管、分货、配货、流通加工等,都是在节点上完成的。国际物流节点主要具有以下三项功能:衔接功能、信息功能和管理功能。

国际物流节点的类型分为转运型节点、储存型节点、流通型节点和综合型节点。

国际物流连线是指连接国内外众多收发货物结点间的运输线,实质上也是国际物流流动的路径。它主要包括国际远洋航线及通道、国际航空线、国际铁路运输线(大陆桥、小陆桥)、国际主要输油管道以及国际多式联运线路等。

国际物流网络是由多个收发货的节点和它们之间的连线所构成的物流抽象网络以及与之相伴随的信息流动网络的集合。

国际物流网络研究的中心问题是确定进出口货源点和消费者的位置,各层级仓库及中间商的位置、规模、数量,并建立与节点相适应的运输系统,从而决定国际物流系统的合理布局及网络结构。

[案例讨论]

"区港联动"是上海港口发展的要求

"区港联动"是实现保税区经济和港口经济共同发展的客观要求,是一种联系紧密的区域经济安排。从系统科学角度分析,"区港联动"属于协同的概念,是保税区与港口两个子系统整体协同的组织过程。就其内涵而言,可以用"政策叠加、优势互补、资源整合、功能集成"十六字概括,体现了保税区与港区在区域、资产、信息、业务等方面的联动发展。2004 年 4 月,经国务院批准,毗邻外高桥港区面积为 $1.03km^2$ 的外高桥保税物流园区正式启动,跨出了我国保税区与港区联动发展战略实施的第一步,保税物流园区将充分发挥保税区的政策优势和港口的区位优势,激发我国现代物流产业的发

国际物流学

展潜能，提升其国际竞争力。

自21世纪以来，上海港口经济蓬勃发展，港口建设投资力度加大。目前，上海港每月集装箱班轮航班超过1500班，航线覆盖全球各主要航区和港口，已与世界上200多个国家和地区的500多个港口和600多家航运公司建立了贸易往来，占我国航线覆盖面的75%以上，是我国大陆唯一在全球12个航区都有航班的港口。近年来，集装箱吞吐量年均增长30%以上，已经成为上海港口发展的支柱产业。2003年货物吞吐量突破3亿t，集装箱吞吐量达到1128.2万TEU，首次进入世界前三甲。到2010年，上海港集装箱吞吐量2906.9万TEU，货物吞吐量超过6.5亿t，首次"双双齐名"世界第一位。上海港2017年集装箱吞吐量踏上4000万TEU的新台阶，使上海港成为全球首个集装箱年吞吐量突破4000万TEU的港口。

依托港口经济的发展，上海外高桥保税区经过10多年的开发建设，初步形成了集出口加工、国际贸易、现代物流、港口运作等产业于一体的自由贸易区雏形。外高桥保税区已累计批准企业7447家，吸引各类投资90多亿美元，世界500强的跨国公司中已有99家入驻区内，区内从业人员近11万人，与世界上129个国家和地区建立了贸易往来。凭借紧靠海港的优越地理位置和便捷的交通条件，依托在市场准入、税收、外汇等方面的一系列特殊政策以及快速的通关渠道、便捷的分拨机制，外高桥保税区为现代物流业的发展提供了良好的环境、政策和功能条件。

世界各国发展自由贸易区的经验告诉人们，只有依托腹地经济才能扩大经济总量，只有依托港口才能走向世界。因此，外高桥保税区新一轮的发展必须突破现有的地域范围和现有的运营观念，谋划与港口联动发展的战略，才能赢得自身持续、快速发展，才能加快国际通行的自由贸易区的发展步伐。与此同时，世界港口经济的发展规律也告诉人们，国际级港口只有在保障国际货物自由流动、便利运作的政策前提下，才能真正担负起大进大出带动口岸经济发展的功能。当前，上海港正在向现代第三代港口迈进。与过去传统的港口模式不同，现代第三代港口需要拓展临港工业、商业、物流等产业，而这些产业既要有空间的地域支撑，也要有完善的基础设施、开放的区域经济环境和优惠的政策环境。由此可见，港口只有与保税区实现"联动"，才能真正提升国际竞争力，达到"共赢"发展的目的。

问题：

1. 港口在国际物流发展中起着什么作用？

2. 什么是"区港联动"，它对促进国际物流发展有何作用？

思考题

1. 什么是国际物流连线？

2. 什么是国际物流节点？

3. 什么是国际物流系统？应如何做好系统内各环节之间的衔接？

4. 如何防范各种不可控因素对国际物流系统的影响？

5. 什么是国际物流网络？研究国际物流网络对国际物流有何作用？通过国际物流巨头的范例，考虑建立国际物流网络时应注意些什么？

练习题

一、单项选择题

1. 下列哪个子系统是国际物流系统的核心？　　　　　　　　　　　（　　）

A. 进出口商品储存子系统　　　　　　　B. 进出口商品包装子系统

C. 国际货物运输子系统　　　　　　　　D. 国际配送子系统

2. 国际贸易口岸按批准开放的权限分类说法正确的是(　　)。

A. 一类口岸、二类口岸　　　　　　　　B. 港口口岸、陆地口岸、航空口岸

C. 省会口岸、非省会口岸　　　　　　　D. 特别口岸、一般口岸

3. 下列国际贸易口岸的分类不是按照交通运输方式来分的是(　　)。

A. 港口口岸　　　B. 陆地口岸　　　C. 航空口岸　　　D. 二类口岸

4. 保税仓库所存货物的储存期限为(　　)。

A. 1 年　　　　　B. 2 年　　　　　C. 3 年　　　　　D. 5 年

5. 素有欧洲门户之称的口岸是(　　)。

A. 安特卫普港　　B. 汉堡港　　　　C. 鹿特丹港　　　D. 马赛港

6. 世界上最大的自由港是(　　)。

A. 鹿特丹港　　　B. 安特卫普港　　C. 汉堡港　　　　D. 纽约港

二、多项选择题

1. 物流系统的要素分为哪三类？(　　)。

A. 功能要素　　　B. 支撑要素　　　C. 动态要素　　　D. 一般要素

2. 下列选项对国际贸易口岸的地位和作用说法正确的有(　　)。

A. 口岸是国家主权的象征　　　　　　　B. 口岸是对外开放的门户

C. 口岸是国际货运的枢纽　　　　　　　D. 口岸是对外经济文化交流的中心城市

3. 国际物流节点的类型有(　　)。

A. 转运型节点　　B. 储存型节点　　C. 流通型节点　　D. 综合型节点

三、判断题

1. 国际物流系统由商品的包装、储存、运输、检验、外贸加工等部分组成并不包括其前后的整理、再包装及国际配送等子系统。　　　　　　　　　　（　　）

2. 凡保税货物可以全部免纳关税。　　　　　　　　　　　　　　　　（　　）

3. 国际货物运输子系统具有系统路径长、环节多、涉及面广、手续繁杂、风险大、时间性强、内运外运两段性等特点。　　　　　　　　　　　　　　　（　　）

4. 国际物流信息系统的特点是：信息量大，交换频繁；传递量大，时间性强；环节多，点多，线长。　　　　　　　　　　　　　　　　　　　　　　（　　）

5. 流通加工与商品检验都是属于国际物流系统的子系统。　　　　　（　　）

第4章 国际物流业务与组织

[教学目标]

使学生了解国际物流业务组织的基本内容与形式，了解国际物流货物业务组织的基本过程，包括国际采购、国际货物包装、国际货物储存与保管、国际货物理货、国际货物装卸、国际货物配送等，掌握国际物流货物业务组织的要求和方法。

[关键词]

采购　在线采购　卖方系统　准时采购
协同　包装　运输标志　唛头　指示标志
危险品标志　储存　保管　分拨　仓库
保税仓库　保税货物　理货　分票
理数　理残　配载　积载　积载图
理货单　装卸搬运　配送

◆ [引导案例]

UPS 国际物流货物的业务组织

UPS（United Parcel Service）始建于 1907 年。UPS 总部位于美国佐治亚州桑迪斯普林斯市，是全球最大的快递公司之一。它在全球拥有 45.4 万名员工，在美国国内和世界各地建立了 18 个空运中转中心，使用机场 610 个，每日航空班次 2242 次，车队数量 11.6 万个，每天有 1200 万件包裹和文件的运送量，可向 220 多个国家和地区的 1050 万个客户提供服务。2017 年，其总包裹量为 51 亿件，总营业收入 659 亿美元，营业利润 75.3 亿美元。其概览资料如表 4-1 所示。

表 4-1　UPS 概览资料

UPS	全　球	欧　洲	亚　太	美洲（除美国以外）	美　国
员工（名）	454 000	46 500	14 410	17 000	376 090
车队（个）	116 000	14 000	1870	3880	96 250
仓库（个）	2500	440	450	360	1250
储物柜（个）	27 850	17 000	—	1700	9150
航空班次（次）	2242	311	47	233	1651

UPS 业务量巨大，经济效益可观。目前 UPS 的固定资产达 300 亿美元，在全球快递业中可谓独占鳌头。其取得的巨大的经营成功，与 UPS 富有特色的物流服务是密切相关的。它的物流服务特色主要可以概括为以下几个方面。

1. 货物传递快捷

UPS 规定：国际快件三个工作日内送达目的地；国内快件保证在翌日上午八时半以前送达。为了测试 UPS 的快递究竟快不快，UPS 总裁曾于星期三在北京向美国给自己寄一个包裹，当他于星期五回到亚特兰大公司总部上班时，包裹已出现在他的办公桌上。

2. 报关代理和信息服务

UPS 从 20 世纪 80 年代末期起投资数亿美元建立起全球网络和技术基础设施，为客户提供报关代理服务。UPS 建立的"报关代理自动化系统"，使其承运的国际包裹的所有资料都进入这个系统，这样，清关手续在货物到达海关之前即已办完。UPS 的计算机化清关为企业节省了时间，提高了效益。

3. 货物即时追踪服务

UPS 的即时追踪系统是目前世界上快递业中最大、最先进的信息追踪系统。所有的交付货物都能获得一个追踪条码，货物走到哪里，这个系统就跟到哪里。这个追踪系统已经进入全球互联网络，每天有 1.4 万人次通过网络查寻他们的包裹的行踪。非计算机网络客户可以用电话询问"客户服务中心"，路易斯维尔的服务中心昼夜服务，200 多名职员每天用 11 种语言回答世界各地的客户电话询问。

4. 先进的包裹管理服务

UPS 建立的亚特兰大"信息数据中心"可将 UPS 系统的包裹的档案资料从世界各地汇总到这里。包裹送达时，员工借助一个类似笔记本计算机的"传递信息读取装置"，摄取客户的签字，再通过邮车上的转换器，将签名直接输送到"信息数据中心"，实现了无纸化传输。包裹送达后，有关资料将在数据中心保存 18 个月。这项工作使包裹的管理工作更加科学化，也提高了 UPS 服务的可靠性。

5. 包装检验与设计服务

在 UPS 设在芝加哥的"服务中心"数据库中，抗震的、抗挤压的、防泄漏的等各种包裹案例非常丰富。"服务中心"还曾设计出水晶隔热层的包装方式，为糖果、巧克力的运输提供恒温保护；用坚韧编织袋包装，为 16 万台转换器提供了经得起双程磨损的材料。这类服务为企业节省了材料费和运输费，被誉为"超值服务"。

6. 收入来源

2017 年，UPS 总营业收入达 659 亿美元。其收入按业务可分为国内包裹（408亿美元）、国际包裹（133 亿美元）、供应链与货运（118 亿美元）三大板块，分别占比 62%、20% 和 18%；按地理分布可分为美国国内收入（520 亿美元）和国际收入（21 亿美元）两大类，分别占比 79% 和 21%。

7. UPS 业务分析

UPS 按业务类型分为三大部门：国内包裹部门提供空运与陆运两种运输方式，货物重量最高可达 150 磅（1 磅 = 0.453 592 37 千克）；国际包裹部门分为其他国家境内的快递业务与各区域间的跨境业务；供应链与货运部门分为货代业务、供应链业务、货运业务、金融及其他业务。

（资料来源：根据 UPS 网站及相关资料整理。）

思考：

1. 国际物流业务有哪些？其与国内物流有何不同？

2. 从 UPS 的经验看，如何更好地组织国际物流业务？

4.1　国际采购

采购是指企业在了解生产经营物资需求的基础上，寻找和选择合理的供应商，并就价格和服务等相关条款进行谈判和实施，以确保需求满足的活动过程。采购是供应链物流中的重要一环。国际采购是指利用全球的资源，在世界范围内寻找质量好、价格合理的产品。随着经济全球化进程的加快，国际采购已经成为各国企业充分利用全球资源、降低生产成本、增强核心竞争力、获取最大利润的重要手段。

4.1.1　国际采购的策略

全球经济一体化的加速发展，对涉及各国的经济生活都产生了重要影响，特别是对传统的资源配置方式、产业的组织形式和竞争的模式及发展中国家的发展模式都产生了重要和深刻的影响，使全球经济一体化背景下的国际采购策略和选择发生了显著的变化，突出表现在以下三个方面。

（1）经济发展从过去单纯依赖本国的能力、知识、人力资源、基础设施、国内商品市场和消费者偏好，转向了各国资源的比较优势，各国经济发展模式开始转为采取开放型竞争战略和比较优势战略。这使得资源配置方式超越了一个国家的地理边界，在全球范围内重新配置资源，以追求最佳的配置效果。

（2）产业组织从过去单一的在一个国家内部的组织安排转向了全球的组织安排，国际采购面临的是全球化的市场。以往产业组织是以国内企业为主进行分工合作，而在全球经济一体化的趋势下，跨国公司和国际企业利用它们的全球发展战略在全球范围内实现了投资、开发、生产、采购和销售的最优化，并且形成了以这些企业为核心和先导的全球化的供应链。这种产业组织方式就形成了以这些企业为核心的，把上下游企业联系在一起的，分工合理、运作有序、管理严密的企业网络。

（3）竞争方式也出现了很大的变化。在经济全球化和供应链网络形成的背景下，竞争从单体竞争转向了企业之间的网络竞争和供应链竞争，竞争的范围从国内市场转向了区域市场乃至全球市场。

正是基于全球经济一体化加速发展的背景，以及跨国公司寻求全球扩张和最大限度利用全球优势资源的内在要求，全球采购策略成为跨国公司和国际化企业获得竞争优势的一个重要途径。采购活动是企业经营活动中最大的成本领域，采购质量与效率的高低在很大程度上决定着企业最终产品的价值和竞争力。因此，全球采购成为许多国际企业和国际化供应链的非常重要的战略选择和策略手段。

4.1.2　国际采购的主要运作模式

在全球经济一体化的背景下，全球采购运作的模式或者说策略形式主要有三种。

1. 以生产者驱动的全球采购活动及其策略

这种模式主要出现在资本和技术密集型的行业中，如汽车、飞机、信息产品、重型设备等行业。在这些领域里，以制造能力强大而突出的大型跨国公司，成为全球采购网络的核心，在全世界范围内进行最为有利的采购活动或最佳的采购活动，从而使得供应链形成最佳的竞争优势。

2. 以购买者驱动的跨国采购活动或全球采购活动

这里是指以批发商、零售商和贸易公司为核心而进行的全球采购活动和由此形成的全球采购供应网络。这种采购的一个非常突出的特点就是以这些批发商、零售商和贸易公司所掌握的市场需求的信息来提出对商品包括样式、规格、质量、标准方面的要求，然后在全球范围内寻找最好的生产者或者供应商，最后销售到全球的市场中。值得注意的是，沃尔玛、家乐福等国际著名的零售企业纷纷在中国进行大规模的采购活动，这说明全球采购网络正在加速向中国市场延伸。

3. 专业化的国际采购组织和国际经纪人所从事的全球采购和跨国采购

无论是在中国还是在全世界，为数众多的中小企业也存在着合理利用全球资源的需求和愿景。而这些企业如果自己进行全球化采购，一方面成本过高，另一方面缺乏充足的信息和专业的人才。因此，面对这样的需求，在国际贸易领域中一些专业性的采购组织和采购经纪人应运而生，成为面向中小企业的采购供应商。

4.1.3　主要采购模式

在经济全球化的大背景下，随着信息技术的发展，采购的理念发生了一系列变化，新的采购模式不断出现。在线采购（跨境电商进口或采购）、准时采购、协同采购等都是目前主要的采购模式。

1. 在线采购（跨境电商进口或采购）

在线采购是利用网络和信息技术为采购人员提供的一个工具。借助于这个工具，采购人员能够通过因特网在全球范围内即时地与供应商进行通信和交易。现在它也被称为跨境电商进口或采购。在线采购为企业快速降低采购成本带来了机会。目前主要有三种在线采购模式，分别是卖方系统、买方系统和第三方系统。

（1）卖方系统（Sell-side Systems）。它是供应商为增加市场份额，以计算机网络作为销售渠道而实施的电子商务系统。它包括一个或多个供应商的产品或服务。登录卖方系统通常是免费的，供应商保证采购商的安全。使用这一系统的优点是访问容易、能接触更多的供应商，另外买方企业无须做任何投资。缺点是难以跟踪和控制采购开支。这一系统是企业采购人员开展电子商务而又不担风险的理想工具。

（2）买方系统（Buy-side Systems）。它是企业自己控制的电子商务系统，通常连接到企业的内部网络或企业与其贸易伙伴形成的企业外部网。这一系统通常由一个或多个企业联合建立，目的是把市场的权力和价值转向买方。一些特别强大的企业已经为自己开发了电子商务市场，如 GE 塑料全球供应商网络、美国三大汽车公司联合开发的全球汽车零配件供应商网络。这一系统的优点是能进行大量购买、实现快速的客户响应、节省采购时间和容许对采购开支进行控制和跟踪；缺点是需要大量资金投入和系统维护成本。

（3）第三方系统/门户（Third-party Systems/Portals）。门户（Portals）是描述在因特网上形成的各种市场的术语，建立买/卖门户的目的是提高市场中买卖交易的效率。在因特网上有两类基本门户：垂直门户（Vertical Portals）和水平门户（Horizontal Portals）。垂直门户是经营专门产品的市场，如钢材市场、化工市场、能源市场等。一

国际物流学

般来说这些门户主要吸引专门工业中的买主，例如，MetalSite 是专门买卖金属（特别是钢材）的垂直门户，CheMatch 是专门经营石油化工和塑料制品的垂直门户。水平门户集中了种类繁多的产品供不同行业的买主采购，其主要经营领域包括维修和生产用的零配件、办公用品等，如 Ariba、CommerceOne 和 FreeMarkets 等 B2B 在线采购市场。

在线采购（贸易）具有透明度高、成本低廉、操作简便等优点，使跨境电商及其跨境物流成为进出口贸易和国际物流全球新的发展趋势和世界经济增长点。

2. 准时采购

（1）准时采购的概念。准时采购也叫 JIT（Just In Time）采购，是一种先进的采购模式。它的基本思想是：在恰当的时间、恰当的地点，以恰当的数量、恰当的质量提供恰当的物品。其目标是实现生产过程的几个"零"化管理：零缺陷、零库存、零交货期、零故障、零（无）纸文书、零废料、零事故、零人力资源浪费。它是从准时生产发展而来的，是为了消除库存和不必要的浪费而进行的持续性改进。进行准时化生产必须要有准时的供应，因此准时采购是准时化生产管理模式的必然要求。

准时采购包括供应商的支持与合作以及制造过程、货物运输系统等一系列的内容。准时采购不但可以减少库存，还可以加快库存周转、缩短提前期、提高购物的质量、获得满意交货等。

（2）准时采购的特点及实施要点。准时采购模式和传统的采购模式在质量控制、供需关系、供应商的数目、交货期的管理等方面有许多不同，其中供应商的选择（数量与关系）、质量控制是其核心内容。准时采购与传统采购的比较如表 4-2 所示。

表 4-2　准时采购与传统采购的比较

项　目	准 时 采 购	传 统 采 购
采购批量	小批量，送货频率高	大批量，送货频率低
供应商选择	采用较少供应商，关系稳定，质量较稳定	采用较多供应商，协调关系，质量不易稳定
供应商评价	合同履行能力、生产设计能力、产品研发能力等能力强	合同履行能力强
检查工作	逐渐减少，最后消除	收货、点货、质量验收
信息交流	快速、可靠	一般要求

从表可以看出，准时采购模式和传统采购模式有着显著的差别。企业要实施准时采购，以下三点是十分重要的：①选择最佳供应商并对供应商进行有效管理是准时采购成功的基石；②供应商与用户的紧密合作是准时采购成功的钥匙；③采购过程卓有成效的质量控制是准时采购成功的保证。

准时采购采用订单驱动的方式。订单驱动使供应与需求双方都围绕订单运作，实现了准时化、同步化运作。要实现同步化运作，采购方式就必须是并行的。当采购部门产生一个订单时，供应商即开始着手物品的准备工作；与此同时，采购部门制定详细采购计划，制造部门也进行生产的准备过程。当采购部门把详细的采购单提供给供应商时，供应商就能很快地将物资在较短的时间内交给用户。

同时，准时采购对企业的采购管理提出了新的挑战，企业需要改变传统的"为库存采购"的管理模式，提高柔性和市场响应能力，增加与供应商的信息联系和相互之间的合作，建立新的合作模式。

3. 协同采购

传统采购往往把重点放在如何与供应商进行商业交易的活动上，比较重视交易过程中供应商的价格比较，通过供应商的多头竞争，从中选择价格最低者作为合作者。这种采购模式常常因为采供双方相互的不信任、信息不能有效地共享等原因导致采购过程中存在许多不确定因素，造成质量和交货期不能得到有效控制、企业缺乏应变能力等问题。而协同采购则可以较好地解决这些问题。"协同"包括企业内部协同和企业外部协同两个方面的内容。

（1）企业内部协同。采购归根到底是为企业各部门服务的，因此企业进行高效的采购需要企业内各部门的协同合作。采购的内容包括：正确的物料、合适的数量、正确的交付（时间和地点）、合适的货源和合适的价格。正确的物料、合适的数量和正确的交付等信息的获得需要来自于销售和市场部门、设计部门、生产部门、采购部门的协同。

（2）企业外部协同。企业外部协同是指企业和供应商在共享库存、需求等方面信息的基础上，根据供应链的供应情况实时在线地调整自己的计划和执行交付的过程。同时，供应商根据企业实时的库存、计划等信息实时调整自己的计划，可以在不牺牲服务水平的基础上降低库存。

在互联网出现以前，人们也认识到协同合作的重要性，但是没有有效的工具来帮助企业实时进行信息共享和协同。而现在，企业可充分利用互联网进行采购的协同。

4.2　国际货物包装

在国际货物买卖中，包装是说明货物的重要组成部分，包装条件是买卖合同中的一项主要条件。按照某些国家的法律规定，如果卖方交付的货物未按约定的条件包装，或货物的包装与行业习惯不符，则买方有权拒收货物。如果货物虽按约定的方式包装，但却与其他货物混杂在一起，则买方可以拒收违反规定包装的那部分货物，甚至可以拒收整批货物。可见，包装在国际物流中有着重要意义。

4.2.1　包装概述

1. 包装的含义

包装是在物流过程中为保护产品、方便储运、促进销售，按一定技术方法采用容器、材料及辅助物等物品包封并予以适当的装封标志的工作总称。简言之，包装是包装物及包装操作的总称。

2. 包装与物流其他功能要素的关系

（1）包装与运输。运输工具的类型、输送距离的长短、线路情况等对包装都有影响。国际运输形式多样，远洋运输、国际铁路运输、国际航空运输、国际多式联运等不同的运输形式对包装都有着不同的要求和影响。

（2）包装与装卸搬运。对包装产生影响的第一因素是装卸。不同的装卸方法决定着不同的包装。若采用手工装卸，则包装的外形和尺寸就要适合于人工操作。此外，装卸人员素质低、作业不规范等也会直接引发商品损失。因此，改进装卸技术、提高装卸人员素质、规范装卸作业标准等都会相应地促进包装、物流的合理化。

（3）包装与储存保管。在确定包装时，应根据不同的储存保管条件和储存保管方式采用与之相适合的包装强度。

3. 包装在国际物流中的作用

（1）保护商品。保护物品不受损伤是包装的主要目的。特别是在国际物流中，运输环节多、路线长、各国装卸条件不一，加上地区间气候差异较大，使出口商品容易受外力作用的破坏、环境变化的影响、生物侵入的破坏、化学物质的腐蚀、人为的破坏，因此国际物流对包装的要求会更加严格。

（2）方便作业。货物的包装应便于对货物进行储存、装卸、运输等作业。

（3）保障国际运输安全。包装应适应不同运输方式的特点，保障运输中货物的安全性。特别是危险货物，由于其具有易燃、易爆、有毒、放射性等特点，如果包装不当，容易使货物、人员和环境受到危害。因此，为保障国际运输安全，国际海事组织根据联合国的有关规定，制定了《国际海运危险货物规则》，并要求从 1991 年 1 月 1 日起在国际上强制执行。

（4）有利于商品进入国际市场。不少国家对进口商品的包装有各自不同的规定，凡不符合要求的均不准进口或进口后亦不准投入市场销售。例如，美国、新西兰、加拿大等国家禁止使用稻草等作包装材料，以防止某些植物病虫害传播；伊朗、沙特阿拉伯等国规定进口货物必须使用集合运输包装，否则不准进口卸货。

（5）促进销售。调查表明，63% 的消费者是根据产品的包装来选购商品的。这就是著名的杜邦定律。因此，除了应注意商品内在的质量外，还必须注重商品的外包装。

4.2.2 运输包装的合理化

国际货物运输包装合理化的要点主要有以下几个。

1. 满足国际贸易对运输包装的要求

国际贸易对商品运输包装的要求比国内贸易更高，它应当体现下列要求。

1）必须适应商品的特性。

2）必须适应各种不同运输方式的要求。

3）必须考虑有关国家的法律规定和客户的要求。

在国际贸易中，各国由于国情不同、文化差异，对商品的包装材料、结构、图案及文字标识等要求也不同。

2. 从国际物流总体角度出发，用科学方法确定最优包装

产品从出厂到最终销售目的地所经过的流通环境条件，如装卸条件、运输条件、储存条件、气候条件、设备条件、化学和生物条件等，都对包装提出了要求。从现代物流观点看，包装合理化不单是包装本身合理化，而是整个物流合理化前提下的包装合理化。

3. 绿色包装

绿色包装是指不会造成环境污染或使环境恶化的商品包装。当前世界各国的环保意识均日渐增强，特别是一些经济发达国家出于对环保的重视，对包装材料要求愈加严格，将容易造成环境污染的包装列入限制进口之列，从而使其成为非关税壁垒的手段之一。例如，对下列材料，一些国家规定禁止入境或需要进行严格的检疫、卫生除害处理之后方可入境：

1）稻草。美国海关禁止进口商品用稻草包扎、包装或作为包装的辅助填充材料。

2）竹片/木材。日本拒绝接受用竹片作为包装材料或夹衬材料进口；德国禁止以木板箱为进口商品的包装。

4.2.3　货物运输包装标志

包装标志是为了便于交接货物、防止错发错运、便于识别，便于运输、仓储和海关等有关的部门进行检验的工作，也便于收货人提取货物，在货物的外包装上标明的记号。包装标志主要有运输标志、指示标志和警告标志（即危险货物标志）等几种。

1. 运输标志

运输标志也叫唛头，它是贸易合同、发货单据中有关标志事项的基本部分。它一般由一个简单的集合图形及字母、数字等组成。唛头的内容主要包括：

1）目的地名称或代号。

2）收货人或者发货人的代用简称或代号。

3）件号（每件标明该批货物的总件数）。

4）体积（长×宽×高）。

5）重量（毛重、净重、皮重）。

对于进口货物，商务部还规定了统一向国外订货的代号，称之为收货人唛头。

2. 指示标志

包装储运指示标志，简称指示标志。按国内或国际的规定，它以特定的图案或简短说明文字表示。其作用是反映货件特点，提醒人们在装卸、保管等过程中应注意的事项，以确保货物的安全，故又称注意标志。

指示标志应按有关规定（如包装要求）使用，注意防止乱用的倾向。

3. 警告标志（危险货物标志）

对于危险物品，如易燃品、有毒品或者易爆炸物品等，在外包装上必须醒目标明警告标志，以示警告。

标志的尺寸一般分为四种，如表4-3所示。

表4-3　标志的尺寸 （单位：mm）

序　号	长	宽
1	50	50
2	100	100
3	150	150
4	250	250

注：如遇特大或特小的运输包装件，标志的尺寸可按规定适当扩大或缩小。

4.3　国际货物储存保管

货物的储存是国际物流系统中不可缺少的一个环节，是商品在离开生产领域后、进入消费领域之前的必要储备，是缓解生产集中性与消费分散性、生产季节性与消费常年

国际物流学

性等矛盾的重要手段。

4.3.1 对外贸易仓库的类型

在物流中，仓库一般是指对货物进行收进、整理、储存、保管和分拨等作业的场所。对外贸易仓库是在国际物流系统中主要承担储存、保管功能的场所，是国际物流网络中以储存为主要功能的节点。从现代国际物流的观点看，大型的、多功能的对外贸易仓库往往是国际货物分拨的基地，是国际物流运作的中心。由于功能不同，储存对象不同，经营主体、经营方式不同，所以对外贸易仓库有不同的特征和类型。

1. 按使用功能分类

按使用功能可将对外贸易仓库分为储存型仓库、流通型仓库、加工型仓库和物流中心型仓库。

储存型仓库是以储存为主要功能的仓库。其主要职能是用于储存待销的出口商品、援外的储备物资、进口待分拨和出口业务需要的物资等。

流通型仓库是以发货、配送、流通加工为主要功能的仓库。其业务范围包括拣选、配货、检验、分类等作业，并具有多品种、小批量、多批次等收货配送功能以及贴标签、包装等流通加工功能。这类仓库能实现货物的迅速发送，因而日益受到人们的重视，是对外贸易仓库发展的一个趋势。

加工型仓库是以流通加工为主要目的的仓库。一般的加工型仓库具有加工厂和仓库双重职能，能将商品的加工业务和储存业务结合起来。

物流中心型仓库是兼有上述仓库所具有的存储、保管、发货、分拨、配送、流通加工等功能的仓库，是现代国际物流仓库的最高级形式。这类仓库也叫国际物流中心，多是由政府部门和物流企业共同筹建的具有现代化仓库、先进的分拨管理系统和计算机信息处理系统的外向型物流集散地。

2. 按储存物作业性质分类

按储存物作业性质可将对外贸易仓库分为口岸仓库、中转仓库、运输转换仓库。

口岸仓库主要储存口岸和内地对外贸易出口待运商品和进口待分拨商品，其特点是商品储存期短、周转快、仓库规模大，因此又称周转仓库。口岸仓库大多设在商品集中发运出口的沿海港口城市。

中转仓库的主要职能是按照商品的合理流向，收储、转运经过口岸出口的商品。其大都设在生产集中的地区和出运港口之间，例如，铁路车站、公路车站，商品生产集中的大中城市和商品集中分运的交通枢纽地带。大型中转仓库一般都设有铁路专用线，能将商品的储存、转运业务紧密结合起来。

运输转换仓库是为了保证不同运输方式的高效衔接，减少运输工具的装卸停留时间而设置的仓库，具有大进大出的特点。

3. 按管理体制分类

按管理体制可将对外贸易仓库分为自用仓库、公用仓库、专营仓库和保税仓库。

自用仓库是为了本企业物流业务需要而建立的仓库。

公用仓库是由国家或一个主管部门或公共团体为公共利益而修建的为社会物流业务服务的仓库。我国铁路车站和公共汽车站场的货栈仓库、港口码头仓库等大都属于这一类。

专营仓库是专门为经营仓储业务而修建的仓库，面向社会提供仓储服务。

保税仓库是经海关批准设立的专门存放保税货物及其他未办结海关手续货物的仓库。

4.3.2 保税仓库

1. 保税仓库的含义

保税仓库（Bonded Warehouse）是保税制度中应用最广泛的一种形式，是经海关批准设立的专门存放保税货物及其他未办结海关手续货物的仓库。

"保税"是指海关保留对货物征税的权利。根据我国《海关法》，"保税货物"是指经海关批准未办理纳税手续进境，在境内储存、加工、装配后复运出境的货物。

随着国际贸易的不断发展，贸易方式也日益多样化，出现了如进口原材料、配件加工装配后复出口、补偿贸易、转口贸易、期货贸易等灵活的贸易方式。如果进口时征收关税，复出口时再申请退税，则手续烦琐，加大货物的成本，不利于发展对外贸易。建立保税仓库后，可大大降低进口货物的风险，有利于鼓励进口、鼓励外国企业在本国投资。

根据国际通行的保税制度，进境存入保税仓库的货物可暂时免纳进口税款，免领进口许可证或其他进口批件，在海关规定的存储期内复运出境或办理正式进口手续。但对于国家实行加工贸易项下进口需事先申领配额许可证的货物，在存入保税仓库时，应事先申领进口许可证。

保税仓库的设立需要专门批准，外国货物的保税期一般最长为两年。在这个时期，经营者可将货物存放在保税仓库，同时寻找最适当的销售时机，一旦实现销售，再办理通关手续。如果两年内不能销售完毕，则可再运往其他国家，保税仓库所在国不收取关税。

2. 保税仓库的类型

保税仓库按照使用对象的不同可分为公用型保税仓库和自用型保税仓库。

公用型保税仓库由主营仓储业务的中国境内独立企业法人经营，专门向社会提供保税仓储服务。

自用型保税仓库由特定的中国境内独立企业法人经营，仅存储供本企业自用的保税货物。

保税仓库的扩大形式有：保税区、保税物流园区、保税物流中心、保税港区、综合保税区（即保税物流中心（B 型））等。

我国海关总署把保税物流中心分为保税物流中心（A 型）和保税物流中心（B 型）两类。更广泛的形式是保税物流港，即"区港"联动形式的保税港区等。

3. 保税仓库允许存放的货物类型

在我国的海关监管制度中，保税仓库制度是主要的组成部分。保税仓库也是由海关批准设立并由海关监管的。下列货物，经海关批准可以存入保税仓库：

1）加工贸易进口货物。

2）转口货物。

国际物流学

3）供应国际航行船舶和航空器的油料、物料和维修用零部件。

4）供维修外国产品所进口寄售的零配件。

5）外商暂存货物。

6）未办结海关手续的一般贸易货物。

7）经海关批准的其他未办结海关手续的货物。

保税仓库应当按照海关批准的存放货物范围和商品种类开展保税仓储业务。

4. 海关对保税仓库货物的监管

（1）保税货物入库。

保税货物入库时，货主或其代理人持有关单证向海关办理货物报关入库手续，海关根据核定的保税仓库存放货物范围和商品种类对报关入库货物的品种、数量、金额进行审核，并对入库货物进行核注登记。

入库货物在保税仓库所在地海关入境时，货主或其代理人填写进口货物报关单一式三份，加盖"保税仓库货物"印章并注明此货物存入某保税仓库，向海关申报。经海关查验放行后，一份由海关留存，另两份随货带交保税仓库。保税仓库经理人应于货物入库后立即与报关单进行核对，并在报关单上签收，其中一份留存以作为入库凭证，另一份交回海关存查。

入库货物在保税仓库所在地以外的其他口岸入境时，经海关批准，按照海关转关运输货物的规定或在口岸海关办理相关手续。货物所有人或其代理人应先向保税仓库所在地主管海关提出将进口货物运至保税仓库的申请，主管海关在核实后签发进口货物转关运输联系单，并注明货物转运存入某保税仓库。货主或其代理人凭此联系单到入境地海关办理转关运输手续，入境地海关核准后，货主或其代理人应按上述入库货物在保税仓库所在地海关入境的程序向主管海关办理进口申报及入库手续。

（2）保税货物储存。

保税货物存储期限为一年，确有正当理由需延长储存期限的，应向海关提出延期申请，经海关同意可予以延期，除特殊情况外，延期不得超过一年。保税货物在保税仓库内存储期满，未及时向海关申请延期或者延长期限届满后既不复运出境也不转为进口的，海关将按有关规定处理。

对于保税货物，可以进行包装、分级分类、分拆、拼装等简单加工，但不得进行实质性加工。

此外，对于保税货物，未经海关批准不得擅自出售、转让、抵押、质押、留置、移作他用或进行其他处置。

保税货物在存储期间发生损毁或灭失的，除不可抗力外，应当依法向海关缴纳损毁或灭失货物的税款，并承担相应的法律责任。

（3）保税货物出库。

主要有以下几种情况。

保税货物经海关核准转为进入国内市场销售时，货主或其代理人应向海关办理货物进口的海关手续，填写进口货物报关单，其贸易性质由"保税仓库货物"转为"一般贸易进口"。货物属于国家进口配额、进口许可证、机电产品进口管理及特定登记进口商品和其他进口管理商品的，需向海关提交有关进口许可证或其他有关证件，并缴纳进口关税、消费税和进口环节增值税。办理进口手续后，海关在进口货物报关单上加盖放行章，其中，一份用以向保税仓库提取货物，一份由保税仓库留存以作为保税仓库货物的核销依据。

保税货物转口销售或退运出境时，货主或其代理人应向保税仓库所在地主管海关申报，填写出口货物报关单一式三份，并提交货物进口时经海关签章确认的进口货物报关单，经主管海关核实后予以验放出境。办理出境手续后，海关在一份出口报关单上加盖放行章并退还货主或其代理人，以作为保税仓库货物核销依据。

保税货物用于加工贸易时，经营加工贸易的单位应在向海关办理备案登记手续后，凭海关核发的登记手册向保税仓库所在地主管海关办理保税仓库提货手续。在提取货物时，需补填进料加工或来料加工专用的进口货物报关单和保税仓库领料核准单。经海关核实后，在保税仓库领料核准单上加盖放行章，其中，一份由经营加工贸易的单位凭以向保税仓库提取货物，另一份由保税仓库留存以作为保税仓库货物的核销依据。

保税货物转库储存时，仓库经营人应在按转关运输的规定将保税货物作为进口转关运输货物办理海关手续后方能转库。

（4）保税货物核销。

保税仓库应当如实填写有关单证和仓库账册，真实记录并全面反映其业务活动和财务状况，编制仓库月度收、付、存情况表和年度财务会计表，并定期以计算机电子数据和书面形式报送主管海关核查，同时随附经海关签章的进出口报关单和保税仓库领料核准单。

保税仓库的主管海关对入库、出库报表和实际进口、出口报关单及领料单进行审核，必要时派员到仓库实地核查有关记录和货物结存情况。在核实无误后予以核销，并在一份报表上加盖印章，退还保税仓库留存。

4.3.3　国际仓储活动

如果一个公司涉及出口业务，那么它可以在国内存储物品，在收到订单后再运送物品。然而，跨境电商的发展，追求用户体验和快速反应，客户在下单订货后要求尽快收到货物。跨境出口电商通常可采用海外仓模式来实现。

如果使用了分销商或其他中间商，存货就必须存储在渠道内的其他地方。制造商或供应商使存货沿配送渠道流动的能力随着市场的不同而不同，取决于渠道中间商的规模、客户库存政策、最终消费者对产品的需求、存储成本以及必需的客户服务水平。

4.4　国际货物理货

国际货物理货是指船方或货主根据运输合同在国际货物的装运港和卸货港收受和交付货物时，委托港口的理货机构代理完成的在港口对货物进行计数、检查货物残损、指导装舱积载、制作有关单证等工作。

4.4.1　理货的内容

根据国家对理货工作规定的范围和内容，理货机构对外贸货物的公证性鉴定一般包

国际物流学

括如下项目：

1）重量鉴定。

2）数量鉴定。

3）残损鉴定。

4）货载衡量鉴定。

货载衡量简称衡量，是对进出口货物的体积、重量进行丈量和衡重，得出货物的体积吨位（以 1 立方米为 1 体积吨）和重量吨位（以毛重 1000 千克为 1 重量吨）。体积吨位一般以货物的满尺丈量而得，重量吨位则为含货物的衬垫、包装、捆扎物的毛重。

4.4.2 理货单证

理货单证是反映船舶载运货物在港口交接时的数量和状态的实际情况的原始记录。因此它具有凭证和证据的性质。理货机构一般是公正性或证明性的机构，理货人员编制的理货单证的凭据或证据具有法律效力。大副收据上对货物的记载的基本依据就是理货单证，因此理货单证是货物装卸的最原始凭证。

1. 理货单证的种类

理货委托书（Application for Tally）：委托人自愿申请理货机构办理理货业务的书面申请凭证。

计数单（Tally Sheet）：理货员理货计数的原始记录。

现场记录（On-the-Spot Record）：理货员记载货物异常状态和现场情况的原始凭证。

日报单（Daily Report）：理货长向船方报告各舱货物装卸进度的单证。

待时记录（Stand-by Time Record）：记载由船方造成理货人员停工待时的证明。

货物溢短单（Overlanded/Shortlanded Cargo List）：记载进口货物件数溢出或短少的证明。

货物残损单（Damaged Cargo List）：记载进口货物原残损情况的证明。

货物积载图（Stowage Plan）：出口货物实际装舱部位的示意图。它是由理货长根据装船过程中的变化，随时修改货物配载图而绘制的。

分港卸货单：记载两港分卸的同一票货物及在第一卸货港卸货件数的证明。

货物分舱单：分港分舱记载每票货物装舱部位的清单。一个卸货港编制一份，由理货长根据装货单编制。

复查单：理货机构对原理货物复查后出具的凭证。

更正单：理货机构更改原理货物结果的凭证。

分标志单：在卸船后分清混装货物标志的凭证。

查询单：向对方调查货物情况的单证。

2. 理货单证的作用

理货单证是最重要的原始单证之一。它的作用主要体现在以下方面：

1）承运人与托运人或提单持有人之间办理货物数量和外表状态交接的证明。

2）承运人、托运人、提单持有人以及港方、保险人之间处理货物索赔案件的凭证。

3）船舶发生海事时，处理海事案件的主要资料。这里主要是指货物积载图的作用。

4）港口安排作业和收货人安排提货的主要依据。这里主要是指货物实际积载图和分舱单的作用。

5）船舶在航行途中，保管照料货物的主要依据。

6）买卖双方履行合同情况的主要凭证。

7）理货机构处理日常业务往来的主要依据。

4.4.3　分票和理数

1. 分票

分票是理货员的一项基本工作。分票就是依据出口装货单或进口舱单分清货物的主标志或归属，分清混票和隔票不清货物的归属。分票是理货工作的起点。理货员在理货前，首先要按出口装货单或进口舱单分清货物的主标志，以明确货物的归属，然后才能根据理货数字确定货物是否有溢短、残损，进而进行处理。

卸船时，若理货人员发现舱内货物混票或隔票不清，则应及时通知船方人员验看，并编制现场记录、取得船方签认，然后指导装卸工组按票分批装卸。

2. 理数

理数是理货员的一项最基本的工作，是理货工作的核心内容，也是鉴定理货质量的主要尺度。理数就是在船舶装卸货物过程中，记录起吊货物的钩数、点清钩内货物细数，计算装卸货物的数目。

理数的方法主要有以下几种：

（1）发筹理数。对每钩货物发一支筹码，凭筹码计算货物数目，即为发筹理数。这种方法适用于定量包装和定钩码的大宗货物。

（2）划钩理数。逐钩点清货物数目，即为划钩理数。这种方法适用于各种货物。

（3）挂牌理数。对每钩货物挂一只小牌，凭牌计算货物数目，即为挂牌理数。这是一种发筹理数的演变形式。这种方法适用于定量包装和定钩码的大宗货物。

（4）点垛理数。按垛点清货物数目，即为点垛理数。垛是指在码头库场按一定要求堆码成型的货物。

（5）抄号理数。记录每件货物的号码，并据以计算货物的数目，即为抄号理数。一般货物的包装上都印有件号，一个号码代表一件货物，因此，这种方法更适用于成套设备和有特殊要求的货物。

（6）自动理数。这是一种以科学仪器为工具的理数方法。目前世界上最普遍使用的理数工具，就是在运输带上安装自动计数器。这给理货工作带来方便，使理货工作朝着科学化、现代化方向迈进。

3. 溢短货物

溢短货物包括溢货（Over）和短货（Short）。船舶承运的货物，当理货数目比装货单数目（在装运港以装货单数字为准）或进口舱单数目（在卸货港以进口舱单数字为准）多出时，称为溢货；当其短少时，称为短货。在船舶装卸货物时，装货单和进口舱单是理货的唯一凭证和依据，也是船舶承运货物的凭证和依据。货物装卸船后，由理货长根据计数单核对装货单或进口舱单，确定实际装卸货物是否有溢短。

4.4.4　理残

凡货物包装或外表出现破损、污损、水湿、锈蚀、异常变化等现象，可能危及货物的质量或数量的，称为残损（Damaged）。理残是理货人员的一项主要工作。其工作内容主要是在船舶承运货物装卸时，检查货物包装或外表是否有异常状况。在船舶装卸过程中，剔除残损货物，记载原残货物的积载部位、残损情况和数目的工作叫理残，也称分残。

4.4.5　绘制实际货物积载图

船舶配载即根据货物托运人提出的货物托运计划，依据货物的品种、数量、体积、重量以及到达多个港口先后等因素，将货物正确合理地分配到船舶各个部位，并编制装货清单。它是船舶积载的依据。

配载图是以图的形式表明拟装货物受载于船舱位置的书面计划，也称货物配载图。配载图需经船长或大副签字后方能生效。

装船前，理货机构从船方或其代理人取得配载图，理货人员根据配载图来指导和监督工人装舱积载。但是由于一些原因，在装船过程中经常会发生调整和变更配载，理货长必须参与配载图的调整和变更事宜。在装船结束时，理货长还要绘制实际装船位置的示意图，即实际货物积载图。

积载图是在货物装船结束时，根据货物实际的装船位置绘制的示意图。在装船过程中，难免会对配载计划进行必要的变更和调整，因此，在货物装完后需要重新绘制货物实际积载图，要在图上标明卸货港、装货单号、货名、件数、包装和重量等内容。

4.4.6　签证和批注

理货机构为船方办理货物交接手续，一般要取得船方签证。同时，承运人也有义务对托运人和收货人履行货物收受和交付的签证责任。当然，如果理货机构是公证机构，那么它的理货结果就可不经船方签证而生效。目前我国还没有这样做。

船方为办理货物交付和收受手续，在理货单证（主要是货物残损单、货物溢短单、大副收据和理货证明书）上签字，被称为签证。

签证是船方对理货结果的确认，是承运人对托运人履行的义务，是划分承、托运双方责任的依据，是一项政策性和实践性较强的业务。它关系到船公司、托运人和收货人的经济责任和经济利益，也关系到理货机构的声誉和影响。前者不仅要求船方在理货单证上签字，而且要求在理货结果准确无误的前提下提请船方签字。签证工作一般在船舶装卸货物结束后、开船前完成。我国港口规定，一般在不超过船舶装卸货物结束后两个小时内完成。

在理货或货运单证上书写对货物数目或状态的意见，被称为批注。按加批注的对象不同，批注可分为船方批注和理货批注两类。

船方批注是船方加的批注，一般加在理货单证和大副收据上。

理货批注一般可分为两种情况。一种是在装货时，若理货人员发现货物外表状况有问题，但发货人不能进行处理而又要坚持装船，则理货人员就应如实批注在大副收据上；若发现货物数目不符，而发货人坚持要按装货单上记载数目装船，则理货人员也应在装货单上按理货数目批注；有时还要如实批注货物装船日期等内容。另一种是在卸货时，若理货长对船方加在理货单证上的批注内容有不同意见，则可在理货单证上加注不同意船方批注内容的反批注意见。

批注的目的和作用：说明货物的数目和状态；说明货物的责任关系。

4.4.7　复查和查询

1. 复查

理货机构采取方式对所理货物数目进行校查，以证实其准确性，即为复查。复查还包括理货机构主动进行的复查，即当理货数目与舱单记载的货物数目差异较大时，为确保理货数目的准确性，在提请船方签证前，往往要对所理货物进行复查。复查的方式有重理、查单、查账、调查、询问。

2. 查询

"查询"有以下情况：当船舶卸货发生溢出或短少时，理货机构为查清货物溢短情况，向装港理货机构发出查询文件或电报，请求进行调查且予以答复；在船舶装货后，理货机构若发现理货、装舱、制单有误或有疑问，向卸港理货机构发出查询文件或电报，请求卸货时予以注意、澄清且予以答复；船公司向理货机构发出查询文件或电报，请求予以澄清货物有关情况且予以答复。

4.5　国际货物装卸作业

在国际物流中，货物须经过长途运输，途中可能有多次中转和换装，装卸搬运活动由此会不断出现和反复进行，其频率高于其他物流活动。并且，装卸搬运作业复杂，花费的时间较长，费用在物流成本中所占比例较高，装卸搬运过程极易造成货物破损、损耗、混合等损失，对货物影响较大。因此，装卸搬运活动是影响物流效率、物流成本和物流质量的重要因素，在物流中有着重要作用。

4.5.1　装卸搬运的分类

1. 按装卸搬运的主要运动形式分类

按装卸搬运的主要运动形式，可分为垂直装卸和水平装卸两种。

2. 按装卸搬运设备的作业方式分类

按装卸搬运设备的作业方式，主要分为"吊上吊下"方式、"叉上叉下"方式、"滚上滚下"方式等。

3. 按作业对象的包装形态分类

按作业对象的包装形态，可分为散装货物装卸、单件货物装卸和集装货物装卸等。

4.5.2　装卸搬运合理化

在国际物流业务流程中，从进货入库开始，到储存保管、分拣、流通加工、出库、装载，直到运送到国外客户手中，装卸搬运作业所占比重非常高。因此，国际物流的合理化必须先从装卸搬运的合理化开始，注意装卸搬运的合理化，采用合理化措施。

1. 防止和消除无效作业

无效作业是指在装卸搬运作业中超出必要的装卸搬运量的作业。防止和消除无效作业对提高装卸搬运的经济效益有重要作用。

2. 提高装卸搬运货物的活性指数

活性是指对货物进行装卸搬运作业的难易程度。货物所处的状态不同，其装卸搬运的难易程度亦不同，可将其分为不同的级别，即活性指数。活性指数越大，越易于装卸搬运。例如，装于容器内或置于托盘中的物品较散放于地面的物品更易于装卸搬运。物品放置时要有利于下次装卸。

3. 合理利用重力的作用

利用重力由高处向低处移动，有利于节约能源，例如，物品在倾斜的辊子输送机上利用重力作用向下移动，这样能减少人的上下运动，避免反复从地面搬起货物，特别是避免人力抬运或搬运笨重的物品，有利于创造良好的工作环境。

4. 采用机械化作业

采用机械化作业不仅能装卸搬运量大、人力难以操作的超重物品，而且可以提高生产率、安全性和作业的适应性，把作业人员从繁重的体力劳动中解放出来。

5. 集装单元化原则

将散放的物品或单件物品归整为统一规格的集装单元，可大大提高装卸搬运的效率，实现标准化作业，同时可减少物品破损，更好地保护被装卸搬运物品。

4.6 国际货物配送

国际货物的配送活动就是在国际经济合理区域范围内，根据客户要求，对国际物品进行拣选、加工、包装、分割、组配等作业，并按时送达指定地点的物流活动。分析研究跨国公司的国际货物全球配送体系具有重要的学习意义。

4.6.1 配送的定义

配送（Distribution），从字面来理解有分配和送达的意思。各种文献中对其的理解不尽相同，有的强调送货，有的强调运送范围。而我国 GB/T 18354—2006《物流术语》对配送的定义是："在经济合理区域范围内，根据客户要求，对物品进行拣选、加工、包装、分割、组配等作业，并按时送达指定地点的物流活动。"

4.6.2 配送的性质

通过对配送定义的理解，可以看出配送具有以下性质：

（1）规模性。配送利用有效的分拣、配货、理货工作，使各种货物都达到一定的存量，从而使送货量达到一定的规模，有利于整车运输，减少拆箱拼箱的次数。

（2）经济性。配送活动的目的是通过整合和协调各种资源，利用规模优势取得较低的送货成本，从而促进物流资源的合理配置，降低物流成本，取得最大的经济效益。

（3）组织性。配送的实质是送货，但却有一种固定的形态，是一种有确定组织和渠道、有一套装备及一定管理力量和技术力量、有一套制度的体制形式，是"配"和"送"有机结合的组织形式。

（4）时效性。从其定义可知，配送强调"按时送达"。只有根据客户的需求，把需要的货物按时送达地点，才能为客户的生产或销售活动提供支持。

（5）分销性。配送有着很好的分销功能，实现了从整点运输到散点运输的转换。其将货物集中进行再分配，使各种资源都得到了合理的利用。

4.6.3　配送的特点

基于配送不同于普通送货的特殊性，可以总结出配送的以下几个特点：

（1）配送是从物流据点到客户的一种送货形式。这正体现了配送和送货在概念上的区别。配送不是一般概念的送货，也不是生产企业推销产品时直接从事的销售性送货，而是从物流据点到客户的一种特殊送货形式。配送是需要什么送什么。因此，配送是一项个性化的物流活动。

（2）配送不是单纯的运输或者输送，而是运输和其他活动共同构成的组合体。配送中所包含的那一部分运输活动在整个输送过程中处于"二次输送""支线输送""末端输送"的位置。对物品进行的拣选、加工、包装、分割、组配工作也是配送过程的重要组成部分。配送是物流的一个缩影，是小范围内物流活动的综合体现。因此，配送具有综合性和复杂性。

（3）配送不是广义上的组织物资订货、签约及对物资处理分配的供货，而是供货者送货到客户的服务性供应。在配送的定义中可以看到，配送强调"根据客户要求"，这就说明配送是从客户的利益出发、按客户要求进行的一种活动。因此，在观念上必须明确"客户第一""质量第一"，力求最大限度地提高客户的满意度。

（4）配送是一种强调准确的物流活动。按照客户需求，准时准确地将货物送达是配送的要求。这就需要有完整的物流信息系统、现代化的技术设备和先进的管理理念，使配送活动可以为客户降低运作成本，在让客户满意的基础上使配送中心获利。

（5）配送的存在完善了供应链的缺陷。供应链的上下游之间如果只是使用传统的运输模式，将产生很大的消耗和浪费。而配送所提供的点对点的精益运输，使得供应链更加精益化，在一个系统的规划下，节约了供应链中的资源消耗。可以说，在供应链的上下游之间若有完整的配送体系，将大大提高供应链的整体竞争力。

4.6.4　配送的几种模式

按配送组织者、配送时间及数量、配送主体多样性的不同分类，配送有多种模式。

1. 按配送组织者不同分类

（1）配送中心配送。配送中心是从事配送业务的物流场所或组织。它主要为特定的用户服务，规模较大，配送功能健全，储存量也较大。配送中心专业性强，有自己完善的信息网络，但其辐射范围受限于它的经济合理区域。配送中心配送是配送的重要模式。

（2）商店配送。这种配送的组织者是商业或物资的门市网点。在日常零售业务之外，商店可以根据客户的需求将经营的商品和代客户订购的一部分平时不经营的商品一起配齐送给客户。商店网点数量较多，配送半径较短，因此更为灵活机动。它们对配送系统的完善起着较重要的作用。这种配送是配送中心配送的辅助及补充模式。

国际物流学

2. 按配送时间及数量不同分类

（1）定时配送（准时配送）。这种配送是指按规定的时间间隔进行配送，如几天一次、几小时一次等。每次配送的品种及数量可以由相关方事前拟定长期计划予以规定。

（2）定量配送。这种配送是指按规定的批量进行配送。它不严格确定时间，只是规定在一个指定的时间范围内配送。这种模式的配送效率较高且可以较好地利用运力。

（3）定时定量配送。这种配送是指按规定的准确配送时间和固定配送数量进行配送。这种模式在用户较为固定且有长期的稳定计划时采用会有较大优势。

（4）定时、定路线配送。这种配送是指在确定的运行路线上按时间表进行配送。用户可在规定路线站及规定时间接货，也可按规定路线及时间表提出配送要求，进行合理选择。但这种模式的应用领域是有限的，它不是一种可普遍采用的模式。

（5）即时配送。这种配送是完全按用户要求的时间、数量进行配送的模式。它以完成某天的任务为目标，在充分掌握了这一天的需要地、需要量及种类的前提下，即时安排最优的配送路线和相应配送车辆，实施配送。

3. 按配送主体多样性分类

（1）共同配送。它是指几个配送中心联合起来，共同制订计划，共同针对某地区用户，具体执行时共同使用配送车辆的配送。

（2）厂商配送（加工配送）。即由产商在配送中心生产加工后直接配送至各门店、客户或商场。例如，餐饮行业生产加工的这类配送、快销品行业的产商配送等。

本章小结

1. 全球采购运作的方式主要有三种：以生产者驱动的全球采购活动，以购买者驱动的跨国采购活动，专业化的国际采购组织和国际经纪人所从事的全球采购。

2. 随着信息技术的发展、物流理念的不断深入，新的采购模式不断出现。在线采购、准时采购、协同采购等都是目前主要的采购模式。

3. 在国际货物买卖中，包装是说明货物的重要组成部分，包装条件是买卖合同中的一项主要条件。按照某些国家的法律规定，如果卖方交付的货物未按约定的条件包装或货物的包装与行业习惯不符，则买方有权拒收货物。可见，包装在国际物流中有着重要意义。

4. 在国际物流中，各国由于国情不同、文化差异，对商品的包装材料、结构、图案及文字标识等要求也不同。

5. 保税仓库是保税制度中应用最广泛的一种形式，是指经海关批准设立的专门存放保税货物及其他未办结海关手续货物的仓库。

6. 理货是指船方或货主根据运输合同在装运港和卸货港收受和交付货物时，委托港口的理货机构代理完成的在港口对货物进行计数、检查货物残损、指导装舱积载、制作有关单证等工作。

7. 装卸搬运作业复杂，花费的时间长，费用在物流成本中所占比例较高。因此，装卸搬运活动是影响物流效率、物流成本和物流质量的重要因素，在物流中有着重要作用。

8. 国际货物的配送活动就是在国际经济合理区域范围内，根据客户要求，对国际物品进行拣选、加工、包装、分割、组配等作业，并按时送达指定地点的物流活动。

[案例讨论]

阿迪达斯的外包物流案例

阿迪达斯的物流运作模式与耐克的物流运作模式有很大的不同，它采取的是外包物流保障运转的物流战略。

阿迪达斯于 1980 年开始关注中国体育用品市场，在数十年的市场推进中，其市场占有率始终不尽如人意。作为与耐克同一时期进入中国市场的体育用品品牌，阿迪达斯不仅市场占有率不如耐克，而且其过于沉稳与冷静的"贵族"风格，更让消费者总感觉"高高在上""可望而不可即"，缺少一种必要的消费亲和力。阿迪达斯品牌在全球市场定位于高端市场，其每双运动鞋一般定价均在近千元甚至千元以上，这对于中国普通消费者而言是一种奢望。品牌策略的不成功，成为阿迪达斯体育用品失落中国市场的主要因素。

回顾阿迪达斯的发展历程，以下是阿迪达斯历史上最惨痛的一幕：从 1988 年到 1992 年，阿迪达斯的年销售额从 20 亿美元降到 17 亿美元，同期耐克的年销售额从 17 亿美元增长至 34 亿美元。20 世纪 70 年代阿迪达斯还是美国市场的领袖，而 1992 年其市场占有率只有 3%。从 1991 到 1992 年，在德国（阿迪达斯最主要的欧洲市场），市场份额从 40% 降到 34%，而耐克从 14% 增长至 18%。同时，耐克在欧洲的销量上升了 38%，阿迪达斯则下降了差不多 20%。耐克开始成为行业的主导者，市场占有率从 33% 上升到 50%。与耐克相反，阿迪达斯的市场占有率急速下降。

2000 年开始，阿迪达斯公司为迎接并适应因特网时代，在电子交易方面实施新的战略。为了保障这一战略的有效实施，阿迪达斯公司对原有的仓库进行改造，在德国建立了一个现代化的大型配送中心，为在欧洲和中东的销售提供配送服务，以提高物流配送的效率。

阿迪达斯的总体思路是：充分利用亚太地区的发展机遇，促进华语地区市场的优势互补，加速这一全球性品牌在亚太区的发展。将中国区纳入全球战略的重要核心，改变以往过于保守的做法，从战略防守转向战略主动，且在北京 2008 年奥运会所带来的体育产业经济环境中，扩大市场占有率及品牌渗透率，彻底改变上线品牌耐克的正面攻击及下线品牌的侧面影响，从而以华语区为未来发展核心区域带动亚太区域甚至全球发展。

耐克经过长期发展，已经建立了良好的物流基础设施，使用自己的物流系统。而阿迪达斯经过成本核算，选择了外包其物流作业，这对其尚不完善的物流系统而言，无疑减少了运作成本。

"外包"曾被《哈佛商业评论》认为是在过去近一个世纪里最为重要的管理学概念之一。业务外包意指将企业内部无法胜任的或非优势的业务包给专业的、高效的企业。即，如果企业供应链上的某环节不是世界上最好的，而且又不能为企业带来竞争优势，那么就应将其外包给该行业最好的专业公司去做，从而为自己集中于本公司核心业务释放资源、分散风险，同时也提供供应链上其他企业的市场双赢。如今，业务外包已被企业界公认为可以有助于提升企业供应链中非核心业务的竞争力。

外包物流对于拓展市场而言，尤其对于一个市场覆盖率需求很大的行业来说非常重要。在全球运动品牌迅猛发展的近20年，阿迪达斯也加快了其供应链外包物流的资源整合步伐。在收购美国锐步公司后，这种基于全球供应链的外包物流已成为阿迪达斯整合全球市场的利器。人们可以看到，阿迪达斯物流外包策略对其市场拓展起到了关键作用。

（资料来源：根据阿迪达斯的有关资料整理。）

问题：

这个案例告诉了我们什么，你对阿迪达斯（adidas）的外包物流怎么认识的，它给了我们什么启示？你对国际物流外包服务的发展方向是怎么看的？

思考题

1. 全球采购和国内采购有何不同？
2. 我国企业如何融入国际采购的大环境？
3. 在物流作业的装卸过程中应该注意什么问题？
4. 对于国际货物的包装应注意哪些环节？
5. 在国际物流货物的理货环节应该做好哪些工作？

练习题

一、单项选择题

1. 下列不属于储运指示标记的是（　　）。

A. 请勿斜放　　　　B. 勿近锅炉　　　　C. 请勿倒置　　　　D. 易燃易爆

2. 下列不属于危险标记的是（　　）。

A. 有毒标记　　　　B. 自然物品标记　　C. 重心点标记　　　D. 氧化剂标记

3. 下列不属于识别标记的是（　　）。

A. 批件与件数号码标记　　　　　　　B. 体积标记

C. 附加标记　　　　　　　　　　　　D. 小心轻放标记

4. 联合国欧洲经济委员会简化国际贸易程序工作组制定的标准运输标志不包括（　　）。

A. 目的地　　　　　B. 发票号　　　　　C. 许可证号　　　　D. 运单号

5. 唛头是运输标志中的（　　）。

A. 主要标志　　　　B. 目的地标志　　　C. 原产地包装　　　D. 件号包装

6. 配送按组织者进行分类，可分为（　　）。

A. 配送中心配送和商店配送　　　　　B. 定时配送和准时制物流配送

C. 定量配送和定路线配送　　　　　　D. 共同配送和加工配送

7. 以下选项中，（　　）不是运输包装的同义词。

A. 大包装　　　　　B. 集合包装　　　　C. 外包装　　　　　D. 工业包装

8. 长期仓储时，自有仓储的成本（　　）公共仓储。

A. 高于　　　　　　B. 低于　　　　　　C. 差不多于　　　　D. 以上都不对

二、多项选择题

1. 传统标记与识别标准化是将包装标记分为几类，下列属于其分类范围的有(　　)。

A. 识别标记　　　　　B. 储运指示标记　　C. 危险货物标记　　D. 放射性物品标记

2. 下列属于自有仓库的优点的有(　　)。

A. 可以更大程度地控制仓储

B. 自有仓储的管理更具灵活性

C. 长期仓储时，自有仓储的成本低于公共仓储

D. 可以为企业树立良好形象

3. 包装合理化的要点有(　　)。

A. 防止包装不足　　　　　　　　　B. 吸引顾客的装潢设计

C. 防止包装过剩　　　　　　　　　D. 确定最优包装

4. 国际理货业务的内容和种类包括(　　)。

A. 国际理货公司为客户提供的出单服务

B. 理货公司代表船方办理的理货业务

C. 收发货人委托理货公司办理的理货业务

D. 集装箱装拆箱理货业务

5. 在一般情况下，对仓储货物的盘点方法主要有(　　)。

A. 定期盘点　　　　　B. 临时盘点　　　　C. 动态盘点　　　　D. 循环盘点

E. 重点盘点

6. 在配货中一般要执行(　　)的发货原则。

A. 先进先出　　　　　B. 易坏先出　　　　C. 不利保管先出　　D. 后进先出

E. 容易先出

三、判断题

1. 进出口商品的装卸搬运作业实现的是物流的空间效益。　　　　　　　　(　　)

2. 仓储还具有调节商品价格的作用。　　　　　　　　　　　　　　　　(　　)

3. 包装费用一般包括在货价之中，不单独计收。　　　　　　　　　　　(　　)

4. 自有仓库的建设投资低。　　　　　　　　　　　　　　　　　　　(　　)

四、问答题

1. 在国际物流中，应如何做好各作业环节之间的协调？

2. 包装标志的分类有哪些？运输标志和储运指示标志的区别在哪里？

3. 在前期实际调研的基础上，尝试就一跨国公司的国际货物全球配送体系进行分析。

第5章 国际物流报检报关

[教学目标]

使学生了解国际货物报检报关的基本概念以及货物报检报关的范围，了解我国报检报关所依据的《中华人民共和国进出口商品检验法》和《中华人民共和国海关法》，了解我国商检机构依法检验的范围和海关对进出口货物监管的范围，掌握国际货物报检业务的基本程序，掌握国际货物报关业务的基本程序。

[关键词]

商检　报检　报验
抽样　查验
商检证书　商检机构　报关
口岸查验　海关申报
完税价格　关税申报
海关查验　出口退税
海关监管货物
应纳关税

◆ [引导案例]

电子口岸的作用

2001年6月1日，我国第一家电子口岸在珠海市正式开通，成为加快通关速度、实现口岸大通关的一个重要举措。一年后，方便快捷的电子口岸已经在通关中发挥出日益重要的作用，成为企业通关的网上"快速通道"。

通过电子口岸办理进出口手续，企业节省了在各执法部门往返的时间和费用，从而把更多的时间集中在必要的审核过程中，大大提高了审批的速度。

电子口岸开通后，企业就可以在网上办理外汇核销、退税等手续。自2006年4月1日起，无纸通关试点企业可以网上报关，在网上等待审核、验放。实行大通关后，企业大多数通关手续都将可以通过电子口岸完成。

从理论上讲通关提速不会有终点。笼统地看，影响通关速度的因素主要包括通关手续的简单程度、通关人员的业务熟练程度、通关采用的技术手段的先进性。企业出口每一批货物，都受这三个因素的制约。在口岸联检部门的通关安全性与通关速度始终形成矛盾的前提下，在现有的通关管理模式和法规下，通关手续只能非常有限地压缩，如一些特事特办事项和优惠政策。

而通关技术手段可以随科技发展和管理理念的更新，不断朝更先进的方向发展。通过通关技术手段的创新，利用网络技术的集中有效的管理制度，实现严格监管下的通关提速，达到依法行政与支持发展、严格把关与促进出口的和谐统一，是电子口岸一直在努力推进的一个发展方向。

电子口岸对大部分企业都一视同仁，没有进入的"优先权"，也体现了公平的原则。展望未来的电子口岸，在电子口岸高效处理通关数据后，当所有必要的审核程序和时间压缩到最低限度的时候，就可以实现企业通关的最佳"快速通道"。

思考：

1. 什么是通关，它在国际物流中的作用是什么？
2. 提高通关速度对企业有何影响？

加快国际物流发展，报检报关是关键之一。发改经贸〔2019〕352号文件指出要深入推进通关一体化改革，建立现场查验联动机制，推进跨部门协同共管，鼓励应用智能化查验设施设备，推动口岸物流信息电子化，压缩整体通关时间，提高口岸物流服务效率，提升通道国际物流便利化水平。

5.1 国际物流报检报关概述

国际物流报检报关，不仅包括对进出口商品的报检报关，而且还包括对出入境物流运载工具和设备状况的报检报关。对进出口商品的报检报关，只是国际物流报检报关的重要组成部分，但并不是全部。国际物流的报检报关，除了进出口商品的报检报关外，还有对船舶、集装箱、托盘和包装材料、包装状况、配载等有关物流要素的报检或报关。

5.1.1 国际物流检验的概念

国际物流检验，通常也称进出口商品检验，但它的含意不仅包括对进出口商品的检验，而且还包括对出入境商品物流运载工具和设备状况的检验。进出口商品检验（Import & Export Commodity Inspection），又简称商检，是由国家设置的检验管理机构，或由经政府注册批准的第三方民间公证鉴定机构，对进出口商品的品质、数量、重量、包装、安全、卫生、检疫以及装运条件等进行的检验、鉴定和管理工作。商检工作属于现代国际贸易的一个重要环节。所谓对装运条件的检验，就是指对出入境物流运载工具和设备状况的检验。

在国际物流中，对一个进出口单位来说，进行商品检验检疫最重要的是取得检验检疫机构出具的各种证书、证明。其主要作用具体表现如下：

1）报关验放的有效证件。
2）买卖双方结算货款的依据。
3）计算运输、仓储等费用的依据。
4）办理索赔的依据。
5）计算关税的依据。
6）证明情况、明确责任的证件。
7）仲裁、诉讼举证的有效文件。

5.1.2 国际物流报检

1. 报检的概念

报检是指申请人按照法律、法规或规章的规定向检验检疫机构报请检验检疫工作的

国际物流学

手续。报检也被称为报验。凡属检验检疫范围内的进出口商品，都必须报检。检验检疫机构接受申请人报检，是检验检疫工作的开始。

2. 出入境检验检疫的报检范围

出入境检验检疫的报检范围主要包括四个方面：出入境法定检验检疫；出入境鉴定业务；对外贸易合同规定检验检疫的货物；其他检验检疫业务。具体的检验内容包括以下七个方面。

（1）进出口商品检验。凡列入《出入境检验检疫机构实施检验检疫的进出境商品目录》的进出口商品和其他法律、法规规定须经检验的进出口商品，必须经过出入境检验检疫部门或其指定的检验机构检验。进出口商品检验包括商品质量、数量和重量的检验。

（2）进口商品安全质量许可检验。国家对涉及安全、卫生和环保要求的重要进口商品实施进口商品安全质量许可制度并公布《实施安全质量许可制度的进口商品目录》。列入目录的商品须获得海关总署批准后，方能进入中国。

（3）出口商品质量许可检验。国家对重要出口商品实行质量许可制度。出入境检验检疫部门单独负责或会同有关主管部门共同负责发放出口商品质量许可证的工作，未获得质量许可证书的商品不准出口。

（4）出口商品装运技术检验。例如：船舱检验，以确认其对所装货物的适载性；集装箱鉴定，即对装运易腐烂变质食品的集装箱实施强制性检验，以保证出口食品的卫生质量；对其他进出口集装箱，凭对外贸易关系人的申请办理鉴定业务；积载鉴定，即对出口商品装载情况进行鉴定；监视装载，即对装运出口货物的船舱、集装箱进行检验，以确认其适货性，同时审核承运人的配载计划是否符合货运安全的需要，监督承运人按商品的装载技术要求进行装载，并出具监视装载证书。

（5）出入境动植物检疫。依照《中华人民共和国进出境动植物检疫法》，对进出境、过境的动植物、动植物产品和其他检疫物，装载动植物、动植物产品和其他检疫物的装载容器、包装物及来自动植物疫区的运输工具，依法实施检疫。

（6）出入境卫生检疫。依照《中华人民共和国国境卫生检疫法》，出入境的人员、交通工具、集装箱、运输设备、尸体、骸骨及可能传播检疫传染病的行李、货物、邮包等必须接受卫生检疫，经卫生检疫机关许可，方准入境或出境。

（7）进出口商品鉴定。进出口商品鉴定业务，须凭申请办理，不属于强制性检验范围。检验机构根据对外贸易关系人的委托，办理进出口商品鉴定业务，签发各种鉴定证书，供申请单位作为办理商品交接、结算、计费、通关、索赔等的有效凭证。如进出口商品质量鉴定（品质、数量、重量等）、装运技术条件鉴定（船舱检验、监视装载、积载鉴定等）、集装箱鉴定（装箱鉴定、拆箱鉴定、承租鉴定、测温鉴定等）。

3. 出入境检验检疫机构

出入境检验检疫机构，是主管出入境卫生检疫、动植物检疫、商品检验、鉴定、认证和监督管理的行政执法机构。在我国国家机构改革后，其出入境检验检疫管理职责和队伍由原来的国家质量监督检验检疫总局划入海关总署。海关总署现主管检验检疫的职能部门包括卫生检疫司、动植物检疫司、商品检验司和进出口食品安全局。总署还下辖各地的海关机构，实行垂直管理体制。

除海关总署外，我国还有为进出口贸易提供检验服务的中介组织，如中国进出口商品检验总公司，该公司经国务院批准成立，是国家指定的实施进出口商品检验和鉴定业务的检验实体，它的性质属于民间商品检验检疫机构，其在全国各省、市、自治区设有分支机构。

依规定或合同需经检验检疫机构检验检疫的货物，必须经检验检疫机构依法施检并签发检验检疫证书，以供申请人办理交接、结算、处理争议、办理索赔等事项。

5.1.3　报关

1. 海关的概念

海关是国家设在进出境口岸的监督机关，在国家对外经济贸易活动和国际交往中，海关代表国家行使监督管理的权利。海关的监督管理职能，保证国家进出口政策、法律、法令的有效实施，维护国家的权利。

中华人民共和国海关总署为国务院的直属机构，统一管理全国海关，负责拟定海关方针、政策、法令、规章。国家在对外开放口岸和海关监管业务集中的地点设立海关。海关的隶属关系，不受行政区划的限制，各地海关依法行使职权，直接受海关总署的领导，向海关总署负责；同时受所在省、市、自治区人民政府的监督和指导。

《中华人民共和国海关法》（以下简称《海关法》）是我国海关的基本法规，也是海关工作的基本准则。海关依照《海关法》维护国家主权和利益，促进对外经济贸易和科技文化的交流与发展。

海关依法对进出口货物进行监管的依据是：进出口货物的收、发货人（或其代理人）填写的进出口货物报关单以及经贸管理部门签发的进出口货物许可证，或有关主管部门的批准文件及正常的货物材料。

2. 海关监管进出境货物的范围

凡应受海关监管的进出境货物和物品，统称海关监管货物。

海关监管货物主要包括：进出口贸易货物；进口保税货物；寄售代销、展销、维修、租赁的进口货物；来料加工、来件装配、来样加工、补偿贸易和合作以及合资经营进口的料件、设备及出口的产成品；过境货物、转运货物、通运货物；进出口展览品、礼品、样品、广告品和进口捐赠物资等。

海关监管货物的范围是：进口货物自进境起，到海关放行止；出口货物自向海关申报起，到出境止；加工装配、补偿贸易进口的料件、设备，生产的产成品以及寄售代销、租赁、保税货物自进境起，到海关办妥核销手续止；过境货物、转运货物、通运货物自进境起，到出境止。

3. 报关的概念

报关是履行海关进出境手续的必要环节之一，是进出境运输工具的负责人、货物和物品的收发货人或其代理人，在通过海关监管口岸时，依法进行申报并办理有关手续的过程。国际贸易和国际交流、交易活动往往都是通过运输工具、货物、物品的出入境来实现的。《海关法》规定："进出境运输工具、货物、物品，必须通过设立海关的地点进境或出境。"因此，从设关地进出境并办理规定的海关手续是运输工具、货物、物品进出境的基本规则，也是进出境运输工具负责人、进出口货物收发人、进出境物品的所有人应履行的一项基本义务。

4. 报关的范围

按照《海关法》的规定，所有进出境运输工具、货物、物品都需要办理报关手续。报关的具体范围如下。

1）进出境运输工具。

2）进出境货物。

3）进出境物品。

5.2　国际货物报检业务

国际货物报检业务，必须严格遵循进出口货物报检的规定和业务程序。目前，我国进出口货物报检业务的基本程序主要包括报检、抽样、检验和领取证书四个环节，如图 5-1 所示。

图 5-1　报检业务基本程序

5.2.1　报检

进出口报检是指对外贸易关系人向检验检疫机构申请检验。凡属检验检疫范围内的进出口商品，都必须报检。

1. 报检的时限和地点

根据国家出入境检验检疫的有关规定，各地出入境检验检疫机构的检务部门是受理报检、签证放行和计费工作的主管部门，统一管理出入境检验或申报、计费、签证、放行、证单、签证印章等工作。

出境货物最迟应于报关或装运前一周报检，对于个别检测周期较长的货物，应留有相应的实验室工作时间。对于报检 30 天仍未联系检验检疫事宜的，按自动撤销报检处理。

2. 报检的范围

1）国家法律法规规定必须由检验检疫机构检验检疫的。

2）输入国家或地区规定必须凭检验检疫机构出具的证书方准入境的。

3）有关国际条约规定须经检验检疫的。

4）申请签发普惠制原产地证或一般原产地证的。

5）对外贸易关系人申请的鉴定业务和委托检验。

6）对外贸易合同、信用证规定由检验检疫机构或官方机构出具证书的。

7）未列入《出入境检验检疫机构实施检验检疫的进出境商品目录》的入境货物经收、用货单位验收发现质量不合格或残损、短缺，需国家检验检疫机构出证索赔的。

8）涉及出入境检验检疫内容的司法和行政机关委托的鉴定业务。

9）报检单位对国家检验检疫机构出具的检验检疫结果有异议的，可申请复验。

报检人在报检时应填写规定格式的报检单，加盖报检单位印章，提供与出入境检验检疫有关的单证资料，并按规定缴纳检验检疫费。

5.2.2　抽样

检验检疫机构接受报检后，须及时派人到存货堆存地点进行现场检验鉴定。其内容包括货物的数量、重量、包装、外观等项目。现场检验一般采取国际贸易中普遍使用的抽样法（个别特殊商品除外）。抽样时须按规定的抽样方法和一定的比例随机抽样，以便样品能代表整批商品的质量。

为了切实保证抽样工作的质量，同时又要确保便利对外贸易，工作人员必须针对不同商品的不同情况，灵活地采用不同的抽样方式。常用的抽样方式有以下九种。

1）生产过程中抽样。

2）包装前抽样。

3）出厂、进仓时抽样。

4）登轮抽样。

5）甩包抽样。

6）翻垛抽样。

7）装货时抽样。

8）开沟抽样。

9）流动间隔抽样。

5.2.3　检验

根据我国相关法规的规定，内陆省市的出口商品需要由内陆省市商检机构进行检验。内陆省市商检机构检验合格后，签发出口商品检验换证凭单。在商品的装运条件确定后，外贸经营单位持有内陆省市商检机构签发的出口商品检验换证凭单向口岸商检机构申请查验放行。

口岸查验是指对于经产地商检机构检验合格，在被运往口岸后待运出口并申请出口换证的商品，由口岸商检机构派人进行的查验工作。

口岸查验中发现有漏检项目或需要重新进行检验的，口岸商检机构要进行补验或按照标准的规定重新检验；口岸查验中发现货物包装有问题或不合格的，应及时通知有关单位加工整理，在货物经重新整理或换包装后，再进行查验；口岸查验中发现出口商品检验换证凭单有误的，应与发货地的商检机构联系更正。

根据我国《进出口商品免验办法》规定，凡列入《商检机构实施检验的进出口商品种类表》和其他法律、行政法规规定须经商检机构检验的进出口商品，经收货人、发货人（以下简称"申请人"）申请，国家商检部门审查批准，可以免予检验。具体来说，凡具备下列情况之一者，申请人可以申请免验：

1）在国际上获质量奖（未超过三年时间）的商品。

2）经国家商检部门认可的国际有关组织实施质量认证，并经商检机构检验质量长期稳定的商品。

3）连续三年出厂合格率及商检机构检验合格率100%，并且没有质量异议的出口

国际物流学

商品。

4）连续三年商检机构检验合格率及用户验收合格率100%，并且获得用户良好评价的出口商品。

5）对进出口一定数量限额内的非贸易性物品和对进出口展品、礼品及样品，申请人凭有关主管部门批件、证明及有关材料，也可申请免验和办理放行手续。

那么，办理申请进出口商品免验、放行的基本程序如下：

（1）提出申请。凡要求免验且符合上述前四项条件的进出口商品，由申请人向国家商检部门提出书面申请。申请时，须提交下列材料：

1）申请书。

2）经填写的免验申请表（表式由国家商检部门提供）。

3）有关证件，包括获奖证书、认证证书、合格率证明、用户反映、生产工艺、内控质量标准、检测方法及对产品最终质量有影响的有关文件资料。

4）所在地及产地商检机构的初审意见（限免验的出口商品）。

（2）专家审查。国家商检部门受理申请后，组织专家审查组对申请免验的商品以及其制造工厂的生产条件和有关资料进行审查，并对产品进行抽样测试。

（3）批准发证。专家审查组在审查及对产品检验的基础上，提出书面审查报告。国家商检部门批准后，发给申请人免验证书，并予公布。

（4）办理放行。获准免验进出口商品的申请人，凭有效的免验证书、合同、信用证及该批产品的厂检合格单和原始检验记录等，到当地商检机构办理放行手续，并缴纳放行手续费。对需要出具商检证书的免检商品，商检机构可凭申请人的检验结果，核发商检证书。

对于进出口一定数量限额内的非贸易性物品（无偿援助物品；国际合作、对外交流和对外承包工程所需的自用物品；外交人员自用物品；主要以出境旅客为销售对象的免税店商品；进出口展品、礼品和样品），申请人可凭省、自治区、直辖市人民政府有关主管部门或者国务院有关主管部门的批件、证明及有关材料，直接向国家商检部门申请核发免验批件，并按上述规定到商检机构办理放行手续。其中，对于进出口展品、礼品和样品，可由当地商检机构凭申请人提供的有关证明批准免验，并办理放行手续。

5.2.4 领取证书

对于出口商品，经检验部门检验合格后，报检员可以领取出境货物通关单并凭其进行通关。若合同、信用证规定由检疫部门出证，或国外要求取得检验证书，则应根据规定签发所需证书。

对于进口商品，经商检机构检验后凭签发的入境货物通关单进行通关。凡由收、用货单位自行验收的进口商品，如发现问题，应及时向检验检疫机构申请复验。如复验不合格，检验检疫机构即签发检验证书，以供对外索赔。

5.3 国际货物报关业务

国际货物的进出口报关必须严格按照国家海关监管部门的规定和业务程序进行。报关业务的基本程序是申报、海关查验、缴纳税费、提取或装运货物，如图 5-2 所示。

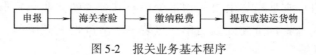

图 5-2　报关业务基本程序

5.3.1　申报

申报是指进口货物的收货人、出口货物的发货人或其代理人在进出口货物时，在海关规定的期限内，以书面或电子数据交换（EDI）方式向海关报告其进出口货物的情况，并随附有关货运和商业单据，申请海关审查放行，并对所报告内容的真实准确性承担法律责任的行为，即通常所说的"报关"。申报是进出口货物通关的第一个环节，也是关键的环节。

根据《海关法》规定，进口货物的报关期限为自运输工具申报进境起 14 日内。进口货物的收货人或其代理人超过 14 日期限未向海关申报的，由海关征收滞报金。滞报金的日征收金额为进口货物到岸价格的 0.5‰。进口货物滞报金期限的算起日为运输工具申报进境之日起第 15 日。邮运的滞报金算起日为收件人接到邮局通知之日起第 15 日；转关运输滞报金算起日有两个，一是运输工具申报进境之日起第 15 日，二是货物运抵指运地之日起第 15 日。两个条件满足一个即征收滞报金，如果两个条件均满足则要征收两次滞报金。进口货物自运输工具申报进境之日起超过三个月还没有向海关申报的，其进口货物由海关提取并进行变卖处理。如果属于不宜长期保存的，海关可根据实际情况提前处理。变卖后所得价款在扣除运输、装卸、储存等费用和税费后尚有余款的，自货物变卖之日起一年内，经收货人申请，予以发还；逾期无人申领的，上缴国库。

根据《海关法》规定，出口货物的发货人除海关特准的外应当在货物运抵海关监管区后、装货的 24 小时以前，向海关申报。

根据《海关法》的规定，进出口货物的申报地点，应遵循以下三个原则：

1）进出境地原则。

2）转关运输原则。

3）指定地原则。

申报步骤如图 5-3 所示。

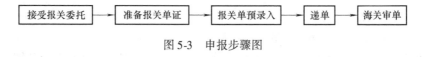

图 5-3　申报步骤图

1. 接受报关委托

当进出口货主需要物流公司代理报关时，物流公司应要求其出具报关委托书。委托书应载明委托人和被委托人双方的企业名称、海关注册登记编码、地址、法定代理人姓名以及代理事项、权限、期限、双方责任等内容，并加盖双方单位的公章。

2. 准备报关单证

在向海关办理报关手续前，应准备好报关必备的单证。报关单证可分为基本单证、

国际物流学

特殊单证、预备单证三种。

（1）基本单证。它是指与出口货物报关单及其相关的商业和货运单证，主要包括发票、装箱单、提（装）货凭证或运单、包装单、出口收汇核销单、海关签发的出口货物减税或免税证明。

（2）特殊单证。它是指国家有关法律法规规定实行特殊管制的证明，主要包括配额许可证管理证件（如配额证明、进出口货物许可证等）和其他各类特殊管理证件（如机电产品进口证明文件，商品检验、动植物检疫、药品检验等主管部门签发的证件等）。

（3）预备单证。它是指在办理进出口货物手续时，海关认为必要时需查阅或收取的证件，主要包括贸易合同、货物原产地证明、委托单位的工商执照证书、委托单位的账册资料及有关单证。

一般来说，进口货物报关需要提供的单证有：

1）由报关员自行填写的或由自动化报关预录入后打印的报关单。

2）进口货物属于国家限制或控制进口的，应交验商务管理部门签发的进口货物许可证或其他批准文件。

3）进口货物的发票、装箱清单。

4）进口货物的提货单（或运单）。

5）减税、免税或免验的证明文件。

6）对实施商品检验、文物鉴定、动植物检疫、食品卫生检验或其他受管制的进口货物，还应交验有关主管部门签发的证明。

7）海关认为必要时，需要调阅的贸易合同、原产地证明和其他有关单证、账册等。

8）其他有关文件。

出口货物报关时需要提供的单证有：

1）由报关员自行填写的或由自动化报关预录入后打印的报关单一式多份，其所需份数根据各部门需要而定，出口退税时加填一份黄色出口退税专用报关单。

2）出口货物属于国家限制出口或配额出口的，应提供许可证件或其他证明文件。

3）货物的发票、装箱清单、合同等。

4）商检证明等。

5）对方要求的产地证明。

6）出口收汇核销单（指创汇企业）。

7）其他有关文件。

3. 报关单预录入

报关单预录入工作一般要满足以下条件：

1）报关单位和报关数据录入服务单位须经海关批准方可负责电子计算机数据录入工作。

2）数据录入单位对录入电子计算机的报关单据的完整性和准确性承担责任。

4. 递单

报关单位在完成报关单的预录入后，应将准备好的报关随附单证及按规定填制好的进出口货物报关单正式向进出口口岸海关递交申报。

5. 海关审单

海关审单是指海关工作人员通过审核报关员递交的报关单及其随附有关单证，检查判断进出口货物是否符合《海关法》和国家的有关政策、法令的行为。

海关审单的主要工作任务包括以下六个方面：

1）检查判断报关企业及其报关员是否具备报关资格，有关证件是否合法有效。

2）检查判断报关时限是否符合海关规定，确定是否征收滞报金。

3）检查判断货物的进出口是否合法。凡符合国家有关对外贸易法律法规的即为合法进出；凡逃避海关监管，违反国家有关对外贸易法律、法规的，即为非法进出。

4）检查判断报关单及其所附单证填制是否完整正确，单证是否相符、齐全、有效，为查验、征税、统计、放行和结关等工作环节提供必要、齐全、可靠的报关单证和数据。

5）对通过电子计算机登记备案的加工贸易合同，要对有关加工贸易合同的每次进出口数据进行核对并在《登记手册》上登记。

6）根据《中华人民共和国进出口关税条例》和国家其他有关的税收政策，确定进出口货物的征免性质。

5.3.2　海关查验

1. 海关查验的概念和方式

海关查验是指海关根据《海关法》确定进出境货物的性质、价格、数量、原产地、货物状况等与报关单上已申报的内容是否相符，对货物进行实际检查的行政执法行为。

海关通过查验，核实有无伪报、瞒报、申报不实等走私、违规行为。同时也为海关的征税、统计、后续管理提供可靠的资料。

在海关查验时，进出口货物的收发货人或其代理人应当到场。

海关查验的方式一般分为三种：

（1）彻底查验。对货物逐件开箱（包）查验，将货物品种、规格、数量、原产地、货物状况等情况逐一与货物申报数据进行详细核对。

（2）抽查。按一定比例对货物有选择地开箱（包）查验。

（3）外形核查。对货物的包装、唛头等进行验核。

此外，海关还充分利用科技手段配合查验，如地磅和 X 光机等查验设施和设备。

海关认为必要时，可以依法对已经完成查验的货物进行复验，即第二次查验。在海关复验时，进出口货物收发货人或其代理人仍然应当到场，配合检查。

2. 海关查验的步骤

海关查验的一般步骤如下：

步骤 1——接受查验通知。

步骤 2——配合检查。

步骤 3——确认查验结果。

步骤 4——申请海关赔偿。

进出口货物的收发货人或其代理人在海关查验时对货物是否受损坏未提出异议，事后发现货物有损坏的，海关不负赔偿的责任。

进出口货物的收发货人或其代理人申报海关赔偿时，应遵循以下流程：

（1）确定货物受损程度。海关径行查验造成货物损坏的，在场的货物存放场所的保管人员或者其他见证人应当与海关查验关员共同在海关查验货物、物品损坏报告书上签字。

（2）领取赔偿。进出口货物的收发货人或其代理人收到海关查验货物、物品损坏报告书后，可与海关共同协商确定货物受损程度。如有必要，可凭公证机构出具的鉴定证明来确定货物受损程度。

赔偿金额确定以后，海关向进出口货物的收发货人或其代理人发出海关损坏货物、物品赔偿通知书。进出口货物的收发货人或其代理人自收到通知书之日起三个月内凭其向海关领取赔偿。逾期要求赔偿的，海关不予受理。

5.3.3 缴纳税费

缴纳税费的一般步骤包括确定完税价格、计算关税、关税的申报、关税的缴纳、关税的退还五个环节。

1. 确定完税价格

进出口货物完税价格的确定，其实就是进出口成交价格的调整。进口货物与出口货物的价格构成要素有所不同。

（1）进口货物的完税价格。进口货物的完税价格是指以海关审定的成交价格为基础的到岸价格。它包括货价、货物运抵中华人民共和国关境内输入地点起卸前的运费、保险费和其他劳务费等费用。

1）货价。货价指的是货物本身的价格，包括货物的生产成本和出口销售利润，基本上相当于货物的 FOB 价格。如果出口国对该货物征收出口税或手续费等费用，这些费用均应被包括在货价内。

2）运费。进口货物的运费应当包括货物运抵中国关境内输入地点起卸前的运输费用。根据进口货物进入中国关境时的运输方式不同，确定为不同的地点。

3）保险费。进口货物的完税价格中包括境外运输中实际支付的保险费。如果实际支付的保险费无法确定，可以根据该货物实际投保险种的保险费率，按下列公式直接计算出货物的 CIF 价格。当实际投保的险种或其保险费率也无法确定时，应根据有关保险机构确定的保险费费率（额）或按 3‰保险费率，按下列公式直接计算出货物的 CIF 价格：

$$货物\ CIF\ 价格 = （FOB\ 价格 + 运费）/（1 - 保险费率）$$

如果旅客携带或邮寄进境的货物确实未支付保险费，则货物完税价格中同样也不应计入保险费。对于境内单位留购的进口货样、展览品和广告陈列品，基于上述运输费用同样原因，其保险费也不必计入货物完税价格。

4）其他劳务费。凡未包括在有关货物价格中，在货物运抵中国关境内输入地点起卸前，为该货物进口而由买方支付的或由卖方支付后向买方收取的一切劳务费都应被包括在完税价格内。

除上述费用外，任何其他费用都不应计入货物的完税价格。如果货物的价格中包括了进口后发生的费用，如装卸、运输、仓储、保险等费用，则海关应当从货物的价格中扣除。

（2）出口货物的完税价格。根据《中华人民共和国进出口关税条例》规定，出口货物应当以海关审定的货物售予境外的离岸价格扣除关税后的价格，作为完税价格。出口货物的价格构成要素与进口货物的价格构成要素完全不同，仅包括出口货物本身的价格。

1）不应计入完税价格的费用。

① 销售佣金。出口货物的价格中包括向销售代理人支付销售佣金的，向国外支付的销售佣金如果与货物价格分别列出，应从出口货物的价格中扣除。扣除的佣金应是实际支付的佣金。

② 境外运输费。出口货物如果以包括货物国际运输运费的价格成交，价格中包括的实际支付的国际运输费应当予以扣除。计算扣除的运费时，应计算至出口货物装运出境的最后一个口岸。最后一个口岸是指出口货物被装上国际航行的运输工具的中国口岸。

③ 保险费。出口货物的价格若包括境外运输的保险费，则实际支付的保险费应予以扣除。当实际支付的保险费不能直接得到时，应以实际投保的险种的保险费率按下列公式直接计算 FOB 价格：

$$FOB\ 价格 = CIF\ 价格 \times (1 - 保险费率) - 运费$$

按 CIF 价格加成投保的，应按下列公式直接计算 FOB 价格：

$$FOB\ 价格 = CIF\ 价格 \times (1 - 投保加成 \times 保险费率) - 运费$$

④ 出口税额。海关对出口货物征收关税应当以货物本身的价格，即货物在中国出口交货港口交货的价格为基础。如果出口货物采用包括出口关税的价格术语成交，则应当以出口货物的成交价格扣除应征出口关税后的价格作为货物的完税价格。其计算公式如下：

$$完税价格 = FOB\ 价格 / (1 + 出口关税税率)$$

出口货物离岸价格应以该项货物运离关境前的最后一个口岸的离岸价格为实际离岸价格。若该项货物从内地起运，则从内地口岸至最后出境口岸所支付的国内段运输费用应予以扣除。

2）应当计入完税价格的费用。

货物的价格应包括货物的包装费。如果在出口货物价格之外买方还另行支付货物的包装费，则应将其包装费计入货物价格。

2. 计算关税

在应税货的税则归类和进口货物原产地确定以后，即可根据应税货物的完税价格和适用税率来计算进出口货物的应纳关税税额。

从价关税税额的计算公式为：

$$应纳关税税额 = 进出口货物完税价格 \times 适用税率$$

从量关税税额的计算公式为：

$$应纳关税税额 = 进口货物数量 \times 单位税额$$

复合关税税额的计算公式为：

$$应纳关税税额 = 从价关税税额 + 从量关税税额$$

3. 关税的申报

关税的申报是指海关根据纳税义务人对其进出境货品向海关进行的纳税申报，在审

国际物流学

核、查验、确认后做出征税决定的过程，也称申报纳税制。关税的纳税义务人或他们的代理人应在规定的报关期限内向货物进出境地海关申报，海关在对实际货物进行查验后，根据货物的税则归类和完税价格计算应纳关税和进口环节代征税费，填发税款缴纳证明。

4. 关税的缴纳

进出口货物的收发货人或者他们的代理人，应在海关填发税款缴纳证次日起七日内（星期日和节假日除外）向指定银行缴纳税款。逾期不缴的，除依法追缴外，由海关自到期之日起到缴清税款之日止，按日征收欠缴税款1%的滞纳金。关税缴纳有三种方法：现金缴纳、银行转账缴纳和贴印花税票缴纳。

中国关税的缴纳方式目前分为集中缴纳和分散缴纳两种。

集中缴纳方式，是指应缴纳的关税由北京海关负责计征，通过中国银行营业部集中缴入中央金库，作为中央财政收入的方式。

分散缴纳方式，是指应缴纳的关税在货物进出口地由当地海关就地征收，并通过地方中国银行将税款划入中央金库的方式。

实行集中缴纳方式的货物，仅限于由商务部所属各外贸进出口总公司向国外订购并负责对外承付货款的进口货物。对于虽由外贸进出口总公司向国外订货但并不负责对外承付货款的进口货物，不采取集中缴纳方式，而是由各进口地海关分散征税。对于出口货物，一律实行分散缴纳方式，由出口货物申报人或者代理人向出口海关办理申报和纳税手续。

当关税纳税义务人资金暂时周转困难，无力支付关税时，海关批准将全部或部分应纳关税税款的法定缴纳期限予以延长的行政措施被称为关税缓税，也称关税缓纳。

关税纳税义务人在缓税期限到期时仍有缴纳关税困难的，可于到期之前向原批准缓税海关申请延长缓税期限。批准缓税延长期不得超过六个月。

5. 关税的退还

海关将原征收的全部或部分关税交还给原纳税义务人的行政行为被称为关税退还。在各国海关制度中，可以退还关税的情况大致有复进境退税、复出境退税和溢征退税三种。

（1）复进境退税制。当已经出境的货物在境外未经任何加工、制造或修配等作业，全部或部分按原状复运进境时，若该货物在出境时已完纳出口关税，则海关除不征收进口关税外，还准予退还其已纳出口关税。中国海关目前未实行复进境退税的制度。因某些原因原出境货物被退运而复进境，如果纳税义务人能证明进境货物确系迟运的原出境货物，则海关可不征进口关税，但原征收的出口关税不能退还。

（2）复出境退税制。当已完纳进口关税的货物在境内经加工、制造、修理或储存后复运出境时，海关将其原已纳全部或部分进口关税退还给原纳税义务人。中国海关曾对进料加工贸易项下某些不能按规定向海关办理核销手续的企业的货物适用该制度。实行加工贸易保证金台账管理制度以后，进料加工贸易项下的货物统一实行保证金台账管理，暂时停止适用该制度。

（3）溢征退税制。海关做出返还原溢征关税税额的决定的行政行为被称为溢征退税。根据《海关法》的规定，我国退还关税溢征的范围大致有以下几种：

1）海关认定事实或适用法律错误或不适当。

2）海关计征关税中出现技术性错误。

3）海关核准免验的进口货物，税后发现有短缺情况，并不再补偿进口。

4）进口货物征收关税后、海关放行前，发现国外运输或起卸过程中遭受损坏或损失、起卸后因不可抗力遭受损坏或损失、海关查验时发现非因仓库管理人员或货物所有人保管不当而导致货物破漏、损坏或腐烂，并不再无代价抵偿进口。

5）海关放行后发现货物不符合规定标准，索赔不再无代价抵偿进口。

6）已征出口关税的货物因故未能装运出口，申报退关。

7）依法可以享受减免关税优惠，但申报时未能缴验有关证明，征税后补交有关证明。

当纳税人发生多纳税款时，可在规定的时间内由纳税人向海关申请退还多纳的税款。纳税人可自缴纳税款之日起一年内，书面申明理由，连同纳税收据向海关申请退税；逾期海关不予受理。

5.3.4　提取或装运货物

1. 提取货物和办理直接退运手续

（1）提取货物。进口货物的收货人及其代理人在依法办理了进口货物的申报、陪同查验和缴纳税费（或办理担保）等手续，获得海关放行后，便可以向海关领取签盖海关"放行章"的进口货物提货单、运单或特制的放行条。进口货物的收货人及其代理人凭海关签章的上述单证，到货物进境地的港区、机场、车站或其他地点的海关监管仓库或监管区提取进口货物。至此，一般进口货物已经办结了海关手续，不再受海关监管；需要后续管理的货物，包括保税货物、特定减免税货物和暂准（时）进口货物，应继续接受海关监管，直到办结海关手续为止。

进口货物的收货人及其代理人在取得海关放行，办结海关手续并提取货物以后，为了证明进口货物的合法性和有关手续的完备性，可以要求海关核发进口货物证明书。

对属于付汇的进口货物，进口货物的收货人及其代理人在取得海关放行后，可以要求海关出具一份盖有海关"验讫章"的计算机打印报关单，以专门用于办理进口付汇核销手续。

（2）办理直接退运手续。直接退运是指进口货物所有人及其代理人在有关货物进境后海关放行前，由于各种原因依法向海关请求不提取货物而直接将货物全部退运境外的行为。

直接退运的程序如下：

1）进口货物的所有人及其代理人在规定的时限内向货物进境地海关书面提出直接退运申请。

2）经海关审批同意直接退运的货物，尚未向海关申报进口且退运在同一口岸办理的，进口货物的所有人及其代理人凭海关的一式两份审批单，同时向现场海关申报出口和申报进口，"贸易方式"栏都填"直接退运"。

3）经海关审批同意直接退运的货物，尚未向海关申报进口且退运不在同一口岸办理的，进口货物的所有人及其代理人凭海关的一式两份审批单，先向出境地海关申报出

国际物流学

口，再凭出境地海关的关封到进境地海关申报进口，"贸易方式"栏都填"直接退运"。

4）经海关审批同意直接退运的货物，已申报进口组未放行的，进口货物的所有人及其代理人在办理"直接退运"的出口申报后，向进境地海关申请撤销进口申报的电子数据，再重新办理"直接退运"的进口申报。

5）经海关审批同意直接退运的货物，进口货物的所有人及其代理人在办理直接退运的出口和进口申报时，不需验凭进出口许可证件，也无须缴纳税费及滞报金。

2. 装运货物和办理出口退关手续

（1）装运货物。出口货物的发货人及其代理人在依法办理申报、陪同查验、缴纳税费等手续，获得海关放行后，便可以向海关领取签盖海关"放行章"的出口货物装货单或运单或特制的放行条。出口货物的发货人及其代理人凭海关签章的上述单证之一，到货物出境地的港区、机场、车站或其他地点的海关监管仓库或监管区提取出口货物并将其装上运输工具运出。

出口货物的发货人及其代理人在取得海关放行，办结海关手续并装运货物后，为了证明出口货物的合法性和有关手续的完备性，可以要求海关出具出口货物证明书。

对需要出口退税的货物，出口货物的发货人及其代理人在向海关申报时，增附一份浅黄色的出口退税专用报关单。在办结海关手续或装运货物后，向海关领取这份加盖有海关"验讫章"和海关审核出口退税负责人印章的报关单，以向税务机关申请退税。

对属于收汇的出口货物，出口货物的发货人及其代理人在办结海关手续或装运货物后，向海关领取一份盖有海关"验讫章"的计算机打印报关单，以办理出口收汇核销手续。

（2）办理出口退关手续。出口退关是指出口货物的发货人及其代理人在向海关申报出口被海关放行后，因故未能将货物装上出境运输工具，请求将货物退运出海关监管区不再出口的行为。

出口货物的发货人及其代理人应当在得知出口货物未装上运输工具并决定不再出口之日起的三天内向海关申请退关，经海关核准且撤销出口申报后方能将货物运出海关监管场所。

对已缴纳出口关税的退关货物，可以在缴纳税款之日起一年内，提出书面申请，连同纳税收据和其他单证，向海关申请退税。

对海关接受申报并予以放行的货物，因运输工具配载等原因，全部货物或部分货物未能被装上运输工具，但出口货物的发货人及其代理人仍决定要出口的，应向海关递交出口货物报关单更改申请。经海关批准后，对全部未出口的，按出口退关处理，在确定运输工具后，重新办理出口报关手续；对部分货物未装运的，原申报出口的货物做全部退关处理，已装运的货物补办报关手续，尚未装运的货物在确定运输工具后重新办理报关手续。

5.3.5 关检联合改革创新——广州海关"三个一"通关模式

进出口货物的检验通关有很多环节。改革检验通关模式，提高通关效率是促进我国对外经济贸易发展的重要途径。

1. 检验通关的三个环节

（1）申报。企业报关报检需在不同系统上分别录入申报，部分内容重复录入。

（2）查验。尽管关检职能不同，查验重点和要求不同。但也存在部分相同批次、相同柜号的货物需要企业二次到场、重复开箱的情况。

（3）放行。企业需持纸质单证分别到海关、检验检疫、口岸经营单位盖章确认放行后，才能办理提货。

2. 关检改革创新思路

推动关检改革创新，在现行法律制度条件下，创新机制，利用现代信息技术，优化了口岸通关环境。

（1）优化作业流程。在查验指令发出后，要求码头在三小时内移箱到位，关检双方在一小时内到场查验。

（2）减少纸面作业。全面实施查验和放行指令电子化，逐步取消纸面查验通知和提货单盖章放行。

（3）实现信息共享。合并关检双方重复申报项，一单两报；通过地方电子口岸实现关检查验、放行信息共享，企业信息全程透明可查。

3. "三个一"的通关模式

（1）一次申报。"一次录入、分别申报"，对依法须报检报关的货物，企业可一次性录入关检申报数据，分别完成报检和报关。

（2）一次查验。"一次开箱、依法查验"，关检双方对口岸现场同一批货物均需查验时，按照"一次到场、一次开箱"原则，依照各自查验规定要求同步进行查验作业。

（3）一次放行。"信息联网，关检核放"，关检双方将货物放行信息经电子口岸发送到口岸经营单位，在卡口对货物实施一次放行。

本章小结

本章介绍了国际物流报检报关的有关专业知识。国际物流报检报关，不仅包括对进出口商品的报检报关，而且还包括对出入境物流运载工具和设备状况的报检报关。对进出口商品的报检报关，只是国际物流报检报关的重要组成部分，但并不是全部。国际物流的报检报关，除了对进出口商品的报检报关外，还有对船舶、集装箱、托盘和包装材料、包装状况、配载等有关物流要素的报检或报关。在出口方完成备货，启运或装船之前，必须按国家规定经过出口的报检报关，通过国家检验检疫部门的检验，完成国家海关监管部门的通关程序。货物到达目的地或目的港之后，也须按规定完成进口通关报检的程序。

本章还介绍了国际物流报检的基本概念以及报检的基本程序和商检证书。报检是指申请人按照法律、法规或规章向检验检疫机构报请检验检疫工作的行为，也称报验。我国进出口货物的检验程序包括报检、抽样、检验和领取证书四个环节。

本章还介绍了国际物流报关的基本概念以及报关的基本程序和内容。国际货物的进出口报关必须严格按照国家海关监管部门的规定和程序进行。报关业务的基本程序包括申报、海关查验、缴纳税费、装运或提取货物四个环节。本章简要介绍了广州关检进行改革创新的"三个一"通关模式。

国际物流学

[案例讨论]

运输工具通关

某年7月，深圳某公司从美国进口100MT的牛皮卡纸。由于到货港是中国香港，所以深圳某公司需要安排从香港到深圳的陆路运输，时间紧、任务重。同时，深圳某公司仓库库容有限，装卸能力又差，因此不可能同时把总共5个集装箱一次性拉进深圳，完成卸货任务。

7月底，第一批3个集装箱进入文锦渡海关，深圳某公司的报关员立刻带齐所有的单据（美国公司寄来的原始发票、装箱单、海运提单，由报关公司计算机打制的报关单、司机簿及香港运输公司重新填制的进境汽车清单），赴海关报关大楼报关。但报关第一步就受挫，因为此批货物是3个集装箱，而美国公司原始发票是整批货物5个集装箱一起开立的，海关关员不同意深圳某公司以此报关。于是，深圳某公司立即电告美国公司，让美国公司赶制两份发票及装箱单，一份为3个集装箱的，另一份为2个集装箱的。次日，深圳某公司报关员再度报关。结果，海关拒受美国公司方面开来的原始发票，因为美国公司开来的发票只有签名而没有印鉴。由于中美文化习俗上的差异，美国注重的是签名，而中国注重的是印鉴，所以又造成了麻烦，深圳某公司只得再与美国公司联系。但由于时差关系，等到外商急件传真过来时已是第三日的早晨。深圳某公司的报关员再次报关，可是此时又"节外生枝"。深圳某公司报关的是牛皮卡纸，而司机载货清单上赫然写着白板纸。这问题严重了，因为牛皮卡纸每公吨只有280美元，而白板纸却要每公吨1100美元左右，两者之间有着天壤之别。说得轻一点，这是以假乱真，偷逃国家税款；说得重一点，则要背上走私的罪名。事到如今，只得让海关关员开箱检查，纸卷外层被捅破足有五六厘米，造成了不必要的损失。最后检查下来的结果证明是牛皮卡纸。但3个集装箱在深圳耽搁两天，共损失1.8万元港币的租箱费，这还不包括司机过夜费、临时停车场费等。

问题：

这个案例给了人们什么教训？对人们有何启发？

思考题

1. 什么是国际物流检验？商检证书有什么作用？
2. 对我国的商检机构和商检法你是怎么认识的？
3. 什么是报检？报检业务的基本程序是什么？
4. 什么是报关？报关业务的基本程序是什么？

练习题

一、选择题

1. "离岸重量，离岸品质"指的是（　　　）的约定方法。

A. 出口国检验　　　　　　　　　　　B. 进口国检验

C. 第三国检验　　　　　　　　　　　D. 出口国检验，进口国复验

2. 进口货物的收货人或其代理人超过(　　)期限未向海关申报的，由海关征收滞报金。

A. 12 天　　　　　　B. 半个月　　　　　C. 13 天　　　　　D. 14 天

3. 根据《海关法》第十八条有关规定，我国出口货物的发货人，除海关特准者外，应当在装货的(　　)前向海关申报。

A. 24 小时　　　　　B. 48 小时　　　　　C. 72 小时　　　　D. 96 小时

4. 报检后(　　)天内未联系检验检疫事宜的，按自动撤销报检处理。

A. 10　　　　　　　B. 20　　　　　　　C. 30　　　　　　D. 40

5. 入境货物需对外索赔出证的，应在索赔有效期前不少于(　　)天内向到货口岸或货物到达地的检验检疫机构报检。

A. 10　　　　　　　B. 20　　　　　　　C. 30　　　　　　D. 40

6. 海关的基本任务是(　　)。

A. 监管　　　　　　B. 征税　　　　　　C. 查缉走私　　　D. 编制海关统计

7. 下列属于国际贸易商品检验机构的是(　　)。

A. 卖方或生产制造厂商　　　　　　B. 国家设立的商品检验机构

C. 民间的独立的公证行或公证人　　D. 买方或使用单位

8. 进出境货物的通关，一般来说，可分为(　　)环节。

A. 申报　　　　　　B. 查验　　　　　　C. 征税　　　　　D. 放行

9. 下列属于报关单证中基本单证的是(　　)。

A. 出口收汇核销单　B. 提单　　　　　　C. 装箱单　　　　D. 货物原产地证明书

10. 下列属于报关单证中特殊单证的是(　　)。

A. 动植物检验检疫证书　　　　　　B. 进出口货物的许可证

C. 配额许可证　　　　　　　　　　D. 工商执照证书

11. 检验的方法包括(　　)等。

A. 仪器分析检验　　B. 物理检验　　　　C. 感官检验　　　D. 微生物检验

12. 在下列选项中，(　　)属于非强制性检验。

A. 数量和损失鉴定　　　　　　　　B. 残损鉴定

C. 危险货物的包装容器鉴定　　　　D. 危险货物运输设备鉴定

E. 包装鉴定

二、判断题

1. 通关手续通常包括申报、查验、征税和放行四个基本环节。　　　　　　(　　)

2. 进出口货物的申报者必须是经海关审核准予注册的专业报关企业/代理报关企业和自理报关企业及其报关员。　　　　　　　　　　　　　　　　　　(　　)

3. 滞报金的日征收金额为进口货物到岸价格的5‰。　　　　　　　　　　(　　)

4. 海关对进出口货物的查验主要采取彻底检查、抽查、外形查验等方法，以强化海关对进出口货物的实际监管。　　　　　　　　　　　　　　　　　　(　　)

5. 在确定商品检验时间、地点时必须考虑货物自身的特性。　　　　　　　(　　)

6. 商检机构的鉴定业务是强制性的。　　　　　　　　　　　　　　　　　(　　)

国际物流学

7. 集装箱装载危险货物时，危险货物外包装表面必须张贴《国际海运危险货物规则》规定的危险品标志和标记。   （   ）

三、问答题

1. 出口通关需要提供哪些必要的单证？如果单证不全导致货物不能够按时装船，其责任由谁承担？是托运人、发货人、船方、海关？

2. 进口通关需要提供哪些必要的单证？如果因单证不全货物被海关暂时扣留而导致收货人不能按时提取货物，其货损责任由谁承担？是发货人、收货人、承运人、保险人、海关？

3. 国际物流企业报检报关人员需要做好哪些基本工作？（了解报检报关实际工作流程。）

第6章　国际海运物流

[教学目标]

使学生了解国际海洋运输的概念和特点，了解国际海洋运输船舶的特征和货物的分类，掌握国际海洋运输的经营方式（包括班轮运输方式和租船运输方式），熟悉海运提单和租船合同，了解国际船舶代理的业务范围和流程，熟悉无船承运人的概念及其与国际货运代理人的区别，了解国际港口物流服务的内容。

[关键词]

国际海洋运输　货物运输包装
班轮运输　海洋运输提单
租船运输　程租船　期租船
光船租船　租船合同
程租船合同　租船市场
船舶　船舶代理　租船代理
船务代理　港口物流
物流服务

◆ [引导案例]

日本邮船株式会社的海运物流服务

日本邮船株式会社（NYK集团）是传统的海运服务公司。该公司自1896年起，便开始经营欧洲和远东的"港至港"服务。海运是NYK集团的主业，它拥有一支由322艘船舶组成的船队，每年承运7000多万吨货物。

航运业的利润下降和动荡使NYK集团开始重组和改变其经营战略，由单一的"港至港"服务转向更加细致周到的"门至门"服务。目前，日本邮船提供中国/日本—美西，中国—美东，中国—地中海，中国—欧洲，中国—中南美、加勒比海，中国—非洲，中国—澳洲等航线服务。2000年3月，它成立了日本邮船集团物流（中国）公司，总部在上海。公司重点提供转运、内陆运输、仓储和联合服务。

2000年5月，NYK集团着眼于中长期战略，制定了《NYK集团新世纪宣言》。在宣言中，确定了规模战略和协作战略两大支柱。在规模战略中，将集装箱运输、不定期专用船运输、物流、客船事业作为核心的业务，力使它们健康发展，使企业的价值得到提高。

（资料来源：根据日本邮船株式会社（NYK集团）有关网上资料整理。）

思考：

1. 日本邮船株式会社的海运物流服务给人们的启示是什么？
2. 国际海运物流的运输方式有哪几种？它们有何不同的特点？

国际海运物流，不能简单等同于国际海上运输。国际海运物流是指通过国际海上运输通道进行的国际物流活动，它包括国际海上运输及其相联系的运输辅助服务业务。它是国际物流活动在国际海运通道上的延伸与扩展，具有广泛的国际海上运输活动的本质特征，但又与单纯的国际海上运输相区别。国际海运物流强调的是通过国际海上运输实现国际物流在国际海上运输过程中的价值增值，减少国际海上运输过程中的国际物流费用和成本，实现国际海上运输价值的增值，为物流需求方提供高水平的国际海上运输的物流服务。

在古代中国物流成长之际，西方各国国际物流通道渐次开启。1492 年哥伦布开辟了欧洲通往美洲大陆的新航道。1498 年达·伽马开辟了西欧直通南亚印度的海上航路。1519 年麦哲伦开启了全球海上运输通道。1863—1869 年美国修建横贯东西部的陆路通道太平洋铁路。1869 年苏伊士运河通航，欧亚双向水运航道开启。1914 年巴拿马运河通航，美国东西部海上通道开启。

6.1 国际海运概述

6.1.1 国际海运

国际运输方式虽然有多种，但在国际贸易中 80% 以上的货物是通过国际海洋运输完成的。国际海运（International Ocean Shipping），从狭义的角度来看，是指以船舶为运输工具，以海洋为运输通道，从事有关跨越海洋运送货物和旅客的运输经营活动；或者说它是以船舶为工具，从事本国港口与外国港口之间或者完全从事外国港口之间的货物和旅客的运输，即国与国之间的海洋运输。换句话说，国际海运是船舶经营人以船舶为运输工具，以海洋为通道，从事国与国之间货物和旅客的运输并收取运费的经营行为。国与国之间的海洋运输有时并不一定需要跨越海洋进行长距离的海上航行才能实现，而只需沿海航行即可实现。因此，国际海运还包括部分沿海运输。不过，跨越海洋进行长距离海上航行则是国际海运的主要部分。

从广义的角度来看，国际海运所包括的范围要广泛得多，它还包括那些为完成国际海运所从事的各种辅助业务或服务工作，如对所承运的货物进行装卸、理货、代理等业务。

国际海运物流则是指通过国际海运进行的国际物流活动，包括国际班轮物流与国际租船物流活动。它是国际物流活动在国际海运中的延伸与扩展，具有广泛的国际海洋运输活动的本质特征，但又与单纯的国际海运相区别。国际海运物流强调的是通过国际海运实现国际物流在国际海运过程中的价值增值，减少国际海运过程中的国际物流费用和成本，实现国际海运价值的增值，提供高水平的国际海运物流服务。

6.1.2 国际海运的特点

国际海运主要从事国际运输，通常都要远涉重洋，不仅活动范围广阔，航行距离长，运输风险大，而且其活动要受有关国际规范的约束，从而使国际海运有其明显的特点。

1. 政策性强

国际海运是国际性经济活动，涉及国家间的经济利益和政治利益，其活动当然要受到有关国家的法令、法规或国际公约的约束，政策性比较强，法律的约束性比较规范。

2. 运输线长、涉及面广、环节多、情况复杂

国际运输，通常都要远涉重洋，航行距离长，涉及面非常广泛，涉及环节很多，情况自然比较复杂，而且面临的环境多变，对人的环境适应性要求比较高。

3. 海上风险较大

国际海运船舶经常长时间远离海岸在海洋上航行，海洋环境复杂，气象多变，随时都可能遇上狂风巨浪、暴雨、雪、雷电、海啸、浮冰等人力不可抗御的海洋自然灾害的袭击，这使海运船舶在从事运输的过程中遭遇海上危险的机会大大增加。

4. 海运主要货运单证的通用性

海洋运输的货运单证繁多，作用各异。虽然各个国家、港口或船公司所使用的货运单证并不完全一致，但因为国际海运船舶航行于不同国家的港口之间，作为划分各方责任和业务联系主要依据的货运单证，当然要能适用于不同国家和港口的各个有关方面。所以，一些主要的货运单证在名称、作用和记载的内容上常常是大同小异或完全一致，可以在国际上通用。

6.2　国际海运船舶与货物

水上运输工具从古代的舟、筏、帆船发展到 19 世纪的蒸汽机船，再到 20 世纪的柴油机船主导航运至今，船舶运输呈现大型化、专业化、自动化、高速化的特点，船舶运力从几百载重吨升至千、万、数十万级载重吨，航速从几节升至二三十节（1 节 ＝1 海里/小时）。未来航运，无人驾驶船舶将纵横江海，2016 年 6 月，英国罗尔斯·罗伊斯公司发布高级无人驾驶船舶应用开发计划（AAWA）及其白皮书。2016 年 7 月，韩国现代重工与SK 航运、英特尔、微软韩国、蔚山创意经济创新中心、大田创意经济创新中心签署"建立智能船舶服务生态系统"谅解备忘录。世界船舶发展进入了全新的历史阶段。

6.2.1　国际海运船舶（Merchant Ship）

联合国贸发会议 2017 年公布了世界航运船队数据分析，在各项主要数据排名中，中国位于前列。全球前五大船东国分别为希腊、日本、中国、德国和新加坡。以载重吨来计算，这前五大船东国共计占全球市场 49.5% 的份额。拉丁美洲只有巴西进入了前 35 名，非洲则没有国家入选。

联合国贸发会议发布的《2018 年海运报告》显示，2017 年全球海运总产量达到 107 亿 t，同比增加了 4.11 亿 t，其中近一半是干散货。在前两年的历史低点之后，全球集装箱贸易增长了 6.4%，干散货增加了 4.0%。经过五年的减速增长，2017 年世界船队扩张略有加速，年增长率为 3.3%。海运贸易量的快速增长，改变了市场平衡，支持提高运费和收益。2018 年，德国仍然是最大的集装箱船舶拥有国。加拿大、中国和希腊的业主扩大了其拥有集装箱船的市场份额。

1. 船舶的概念

《中华人民共和国海商法》规定，"本法所称船舶，是指海船和其他海上移动式装置，但是用于军事的、政府公务的船舶和 20 总吨以下的小型船艇除外。""前款所称船舶，包括船舶属具。"

国际物流学

2. 船舶的性质

（1）船舶是一个整体。船舶是由船体及各种附件和属具所构成，它是一种合成物。因此，船舶作为一个整体，它的抵押、转让、继承、保险委付等，都须把船舶各部分视为船舶的有机整体来处理。

（2）船舶兼有动产和不动产的性质。船舶从本质上来说是可以移动的财产，但在实际的处理中，各国的有关法律一般都把它作为不动产对待。

（3）船舶的人格化性质。西方国家的法律对船舶实行拟人化，即把船舶视同自然人。船舶有它的"出生日"（下水日），还要上"户籍"（登记注册），有自己的"姓名"（船名），有自己的"国籍"（船籍和船旗），有自己的"年龄"（船龄）和"体重"（船的吨位）。因此，在英美法中，可以对船舶本身进行诉讼。

（4）按照国际法规定，船舶是船籍国浮动的领土，受船籍国法律管辖和保护，因此，船舶具有领土性特征。

3. 船舶的特征和规范

（1）船籍与船旗。船籍是指船舶的国籍。船舶所有人向本国或外国有关管理船舶的行政机关办理所有权登记后，才能够取得本国或登记国国籍和船籍证书，悬挂该国国旗，该旗习惯上被称为船旗。

船舶有义务遵守船籍国的法律和法令规定，并享受其法律的保护。船籍和船旗是船舶非常重要的社会属性和特征，其重要性在于它是解决船货等海事纠纷，选择适用哪国法律的一项重要依据。在战时，它是区分交战国、同盟国和中立国的标志。

按照国际法的规定，船舶是船籍国浮动的领土，在公海或其他海域上航行，均需悬挂船籍国国旗，否则是违反国际法的，其行为可被视为与海盗船等同并予以处理。

（2）开放登记国与方便旗船。允许其他国家的船舶在本国进行登记的国家被称为开放登记国，如巴拿马、利比里亚、巴哈马、索马里、新加坡和洪都拉斯等国家和地区。

这种在外国登记、悬挂外国国旗的商船，人们把它叫作"方便旗船"。

联合国贸发会议 2017 年公布的世界航运船队数据显示，全球前五大船旗登记地为巴拿马、利比里亚、马绍尔群岛、中国香港特别行政区和新加坡。这前五大船旗共计占全球市场 57.8% 的份额。以载重吨计算，发展中国家和地区船旗在世界总船队份额中超过了 76%。根据船型，以载重吨计算，散货船占 42.8%，油轮占 28.7%，集装箱船占 13.2%。其他船型占 11.3%，杂货船占 4%。联合国贸发会议发布的《2018 年海运报告》则显示，马绍尔群岛成了仅次于巴拿马的第二大船队登记地。

（3）船级。船级是船舶质量的技术、性能指标，表示船舶航行安全和适于装货的程度，因而是船舶具有适航性的重要条件。

船级鉴定是由专门的船级检验机构按照船舶检验标准对船舶进行检验后所做出的鉴定结论。船舶经检验鉴定后，船级检验机构确定其一定等级，并发给船舶所有人船级证书，有效期一般为四年。期满后再重新鉴定。

船级鉴定检验机构在西方国家一般被称为船级社，它是专门核定船级的组织。比较著名的船级社有：英国劳合氏船级社（Lloyd's Register of Shipping）、美国船级社（American Bureau of Shipping）、法国船级社（Bureau Veritas）、德意志路易船级社（Germanischer Lloyd）、挪威船级社（Norske Veritas）。

我国船级由交通部船舶检验局根据船舶入级规范进行鉴定检验以确定。

船级在国际海运中有重要意义，货方通过船级，可以了解船方承运货物的安全程度和船舶的技术性能。租船人和托运人可以根据需要选择不同船级的船舶。船级还是保险人确定承接保险和确定保费的依据。船级也是国家对船舶进行技术监督的方法之一。

4. 船舶的类型

常用的国际海运船舶主要包括以下类型：

（1）杂货船（General Cargo Ship）。杂货船一般适用于装载包装的零星杂货。其吨位大小视航线、港口及货源而不同。这种船舶本身有各种不同的货舱及装卸设备，能适应装载种类繁多的货物，而且航速较快，一般为 20 节以上。

（2）散装船（Bulk Cargo Ship）。散装船适用于装运无包装的大宗货物，如粮食、煤炭、矿砂等。这种船舶一般舱容较大，舱内不设支柱，而且大都是单甲板，为防止货物在舱内移动而设有挡板，以保持船身平衡。船舶本身一般不带有装卸设备，机舱设于尾部，以便装卸操作。

（3）冷藏船（Refrigerated Ship）。冷藏船专门用于装载冷藏货物，船上有制冷装置以及适合冷藏货物的冷藏舱。

（4）木材船（Timber Ship）。木材船用于装载原木，常在船舱设置 1m 左右的"舱墙"，以防木材滑出舱外，同时也可以提高装载能力。

（5）油轮（Tanker）。油轮又称油槽船，是指以散装方式运送原油和燃料的专用货船。油轮将船本身分隔成若干储油舱，并有油管贯通各油舱，设有空气压缩装备，在装卸油料时，以空气压力将油料通过管道推送至各储油舱。油轮的油舱大多采取纵向结构，并设纵向舱壁，以防未满载时舱内液体随船倾侧而产生不平衡。

（6）集装箱船（Container Ship）。它是指专用于装运集装箱货物的货船。本身一般无装卸设备，装卸作业全凭码头专门设施。集装箱船航速较快，一般在 20～26 节之间，有的高达 33 节。集装箱船可分为全集装箱船（Full Container Ship）、半集装箱船（Semi Container Ship）以及可变换集装箱船等。现在世界最大的集装箱船舶已经可以装载 22 000 个标准集装箱。

（7）滚装滚卸船（Roll on/Roll off Ship，Ro/Ro）。这种船舶可直接承接码头货物，无须吊机，船无货舱，只有纵贯全船的甲板，每层甲板间都有梯子上下装卸货物（滚装滚卸），船本身无装卸设备，船尾或船侧有大的桥板连接码头，货车可以直接进入船上甲板。这种船舶最适宜运载车辆和大型机械，也适宜装载集装箱。其优点是不依赖码头机械，可以快速装卸，大大缩短装卸时间，灵活性大。缺点是亏舱较大，造成浪费。

（8）载驳船（Lighter Aboard Ship，LASH），又称子母船。它是指在母船上搭载子船，子船内装载货物的船舶。这种船舶上设有巨型门吊或船尾升降平台，船到港口后利用这些设施，把所载的驳船降入水中，驳船即可自行开抵或被拖至指定地点。载驳船不靠码头即可进行装卸，营运效率大为提高。但这种船利用率相对较低，使用范围比较狭窄。

（9）沥青船（Asphalt Tanker）。沥青船属于特种船，是专门用来装载大宗沥青货物的专用船舶。它的有关技术要求和性能都比较高，需要配备专门的沥青装载机械和技术设备。

6.2.2　国际海运货物及分类

货物是国际海运的对象。

国际物流学

（1）按货物含水量划分，货物可分为干货（Dry Cargo）和湿货（Wet Cargo）。干货是指基本上不含水分或含水很少的货物。有包装的件杂货物大都属于此类。湿货是指散装液体货物（Liquid Cargo），如石油及液化制品、植物油、液体化学品等。金属桶和塑料桶装运的流质货物等都属于此类。

（2）按包装形式和有无包装划分，货物可分为：包装货（Package Cargo），如件杂货物；裸装货（Bare Loading），如钢板、钢材等；散装货（Bulk Cargo），如粮食、煤炭、矿石等。

（3）按货物是否分件划分，货物可分为件杂货（General Cargo）和大宗货（Bulk Cargo）。件杂货物是指有包装的、可分件的、批量货物数量比较少的货物。大宗货物是指数量比较多、规格比较一致的初级产品。

（4）按货物价值划分，货物可分为高值货（High-value Cargo）和低值货（Low-value Cargo）。高值货是指高价、贵重货物，如金、银、古董、艺术品、精密仪器等。低值货是指价值比较低的货物，大宗货物多属于此类。

（5）按货物重量和体积比率划分，货物可分为重货（Weight Cargo）和轻泡货（Measurement Cargo）。重货，是指 1MT 货物的体积小于 $1m^3$ 的货物。轻泡货也称体积货物或尺码货物，是指 1MT 货物的体积大于 $1m^3$ 的货物。

（6）按货物长度与重量划分，货物可分为超长货（Length Cargo）、超重货（Heavy Lift）、超重超长货（Heavy Lift and Length Cargo）。货物是否为超长货物、超重货物和超重超长货物，没有严格的界限，一般超过 9m 的货物为超长货物，超过 2MT 的货物为超重货物，超重、超长货物则要加收附加费。

（7）按货物的理化性质划分，货物可分为普通货物（Ordinary Cargo）和特殊货物（Special Cargo）。普通货物就是没有特殊理化性能的一般货物。特殊货物是指具有某种特殊物理或化学性能的特质货物。

（8）按集装箱划分，货物可分为整箱货（Full Container Load, FCL）和拼箱货（Less Container Load, LCL）。整箱货是指托运人的货物能够装满一个整箱，按照一个单位进行托运的集装箱货物。通常它要由托运人自己装满整箱后交运。拼箱货是指托运人的货物不能够装满一个整箱，但货物交由承运人后，由承运人将货物与其他货主的货物拼装于一个集装箱成为一个托运单位、进行交运的集装箱货物。

（9）普通货与危险货。危险货物是指具有燃烧、爆炸、腐蚀、毒害、放射性、感染性等性质在运输过程中可能会引起人身伤害和财产损失的货物。凡运输危险货物的，必须严格按照国际统一海上危险货物运输规则办理。

6.2.3　货物包装及其标志

1. 货物包装分类

货物包装分为运输包装（也称外包装）和销售包装（也称内包装）。国际海运所涉及的包装是指货物的运输包装。货物运输包装是在运输过程中，为便于装卸、搬运、堆放、运输和理货，保护货物本身质量和数量上的完整无损所进行的包装。国际海运货物的运输包装为能够保护货物，必须坚固结实，具有能够承受一定的压力、碰撞和震动的能力。

2. 货物包装形式

（1）箱装货物，包括木箱装、纸箱装、铁箱装、柳条箱装、纸板箱装、胶合板箱装等货物。

（2）捆装货物，包括麻布包装、布包装和草包装等货物。

（3）袋装货物，包括麻袋装、布袋装和草袋装等货物。

（4）桶装货物，包括木桶装、铁桶装和琵琶桶装等。

此外，还有罐装、钢瓶装、坛装、卷装、篓装、块装和扎装等货物。

3. 货物包装标志

（1）运输标志（Main Marks）。它也称唛头，是货主的代号，一般以图案和文字表示。其内容包括收货人名称的缩写、目的港名称和货物合同编号件号。

（2）指示标志（Care Marks）。它是货物运输过程中的注意标志，一般以图形和文字表示。提醒人们在储运过程中的注意事项，如"小心轻放""谨防潮湿""切勿倒置"等。

（3）危险货物标志（Dangerous Cargo Marks）。它是表明货物危险特性的标志，一般都用统一规定的图案和文字表示。国际上对危险货物运输有统一规定的图案和文字表示，在运输危险货物时必须遵照执行。

6.3　国际海运经营方式

海上运输是随着航海贸易的发展而发展起来的。因此，海上运输船舶的经营方式必须与贸易对运输的要求相适应。为了适应不同货物和不同贸易合同对运输的不同需要，也为了合理地利用远洋运输船舶的运输能力，并获得最佳的营运经济效益，当前国际海上运输普遍采用的营运方式可分为两大类，即班轮运输和租船运输。

6.3.1　班轮运输

1. 班轮运输的概念

班轮运输（Liner Shipping）又称定期船运输，是指船舶按事先制定的船期表（时间表），在特定的航线上，以既定的挂靠港口顺序，经常地从事航线上各港间的船舶运输的营运方式。班轮运输是在工农业生产发展、产品的品种和数量增多、运输量激增的条件下，为适应批量小、收发货人（单位）多、市场性强、要求能较快地和有规律地运送市场的工业制成品、半制成品、生鲜食品以及各种高价货物对运输的需要而发展起来的船舶营运方式。

2. 班轮运输的出现

19 世纪以前的航运业，是以木质帆船运输为主的。国与国之间的贸易规模也较小，贸易与航运合为一体，很难分开。通常船长既是船东，又是贸易商，即使身份为雇员的船长也常是船舶所运载货物的合伙经营人。在这种情况下，货主用自己的船舶将属于自己的货物从启运地运至目的地出售后，再购买当地的物产运回原地或其他地点销售。直到 18 世纪末，人口和工场的数量有所增加，农业生产技术的改进以及煤炭用于工业燃料等导致运量急速增加，才使贸易与航海相脱离，出现了专门以承运他人的货物为主要

国际物流学

经营业务的公共承运人（Public Carrier）。直到 1818 年，才第一次出现班轮运输的经营方式。

3. 组织班轮运输必须具备的条件

船公司在组织班轮运输时，除了航线上要具备足够且稳定的货源外，还必须具备其他一些条件。

（1）要有技术性能较高、设备齐全的船舶。为了保证船期，经营班轮运输时，需要有一些质量较好、船速较高的船舶。为了便于不同港口各种货物的装载与分隔，保证货物的运输质量，船舶的货舱应有多层甲板，适应各种货物对运输的要求。

（2）要为船舶配备技术和业务水平较高的船员。为了安全的积载、保管和照料货物，需要为船舶配备受过专门训练、货运技术和业务水平较高的船员，特别是需要配备经验丰富的船长和大副。

（3）要有一套适宜于接受小批量货物运送的货运程序。由于班轮所承运的货物种类多、批量小，而且分属许多不同的货主，所以，班轮要建立一套相应的货运程序，以保证这些货物的有效运输。

4. 班轮运输的特点——"四固定"

（1）固定开航日期。船期表会预先公布通告。

（2）固定航线和固定港口。班轮顺序装载和卸载，不受货种和货量的限制，必要时由船方负责转船。班轮运输在固定航线上固定挂靠的港口称为基本港。它一般具有效率高、装备全、费用低的特点。

（3）固定的运价费率。班轮运价包括装卸费、理舱费，属于垄断性运价，一般由班轮公会或公司制定。这一点与不定期船有很大不同，它不能讨价还价，相对固定，不是竞争性运价，而是垄断性运价。

（4）固定的责任。船货双方以班轮提单条款为依据，明确船货双方的权利和义务，以及处理货运的纠纷。船货双方不再另外签订合同，班轮提单成为船货双方运输合同的证明文件，双方的权利和义务以船方或船务代理签发的班轮提单为依据。

5. 班轮运输托运程序

办理班轮的订舱、托运，一般分为五步：订舱、配载、装船、获取大副收据、换取提单。

（1）订舱（Space Booking）。订舱是指托运人根据信用证的要求和实际载货数量，以托运单（Booking Note，B/N）的形式，通过货代向船东或船代具体洽订某一艘船舶的部分舱位或全部舱位的行为。

（2）配载（Allocation of Cargo）。配载是指外运公司根据货运需要、船舶航线、载货数量、卸货港口和开航日期等具体情况和要求，在与外运代理协商一致的基础上，将货物确定分配给具体船只承运并指定载货的舱位的行为。

（3）装船（Shipment）。货物配载后，船方应签发一份装货单（Shipping Order，S/O）给货方。装货单在不同港口叫法不同，广州为"九联单"，天津为"下货单"，上海为"装货单"。

（4）获取大副收据（Mate's Receipt，M/R）。大副收据也称收货单。货物装船完毕后，应由船上大副代表船方签发一份大副收据给托运人，以作为换取提单的凭证。

（5）换取提单（Bill of Lading，B/L）。如果由出口方支付运费，则在支付船运费后，托运人凭运费收据和大副收据，向船东、船代、船长换取提单。

6. 班轮货运单据

（1）托运单（Booking Note，B/N）。它是货主或货代向船代或班轮公司提出的要约。船代或船方签发装货单，即表示船代或船方对货方的承诺，运输合同即告达成。要约＋承诺＝合同成立。提单是运输合同的证明文件，但不是合同本身。而装货单是运输合同的重要组成部分，托运单也是运输合同的重要组成部分，它们缺一不可。

（2）装货单（Shipping Order，S/O）。装货单是船运公司承诺运载货物的证明文件。装货单一经签发，运输合同即告成立，船、货双方都应受到约束。装货单是向海关办理报关的依据。它在第二联，也称关单。装货单也是船方对船长下达接受货物装船的命令。

（3）收货单（Mate's Receipt，M/R）。收货单即是大副收据。它的作用，主要包括以下几点：

1）证明承运人已经收到货物，而且货物已经装船。它是划分船货双方责任的重要依据。

2）作为托运人向船方代理人或船长换取正本已装船提单的凭证。

此处涉及清洁提单的问题。当托运人向船方代理人或船长换取提单时，船代或船长会将收货单上大副对货物装载的记载（如果有的话）转记到提单上。如果货物包装表面有缺损，船方或船代将如实转记，这样，提单将成为不清洁提单。银行对不清洁提单一般是不接受议付的。

为了取得船方的清洁提单，货方一般会向船方出具保函。货方保函的内容主要是：收货人因货损向船方索赔致使船方受损的损失由发货人予以承担，即船方不能转记收货单记载所招致的损失由货方承担。

（4）提单（Bill of Lading，B/L）。提单是指一种用以证明海上货物运输合同成立和货物已由承运人接管或装船，以及承运人保证至目的港交付货物的单证。

（5）提货单（Delivery Order，D/O）。它是指目的港的船代向持有提单的货主签发的提货单据，也称小提单。

（6）理货单（Tally Sheet）。它是指在装船时，理货员根据船方或托运人的委托对货物进行理货点数后所出具的明细单。如果发现货物外包装表面有残损、破裂、渗漏等缺陷、瑕疵或标志不清等情形，理货员均需在理货单上详细加以批注。

7. 班轮运费的构成

班轮运费包括基本运费（Basic Freight）和附加运费（Surcharge or Additional）两部分。基本运费是船方对任何一种托运货物按照货物标准计收的运费。附加运费则是根据货物种类为补偿船方由于不同情况而额外付出的费用所加收的运费。附加运费可以按绝对金额计收，也可按基本运费的一定比例计收。

基本运费是对运输每批货物所应收取的最基本的运费。它是根据基本运价（Basic Freight Rate）和计费吨计算得出的。基本运价按航线上基本港之间的运价给出，是计算班轮基本运费的基础。

运输中经常有一些特殊情况不同而导致货物运输成本的差异。这些都会使班轮公司

国际物流学

在运营中支付相应的费用。为了使这些增加的开支得到一定的补偿，需要在基本运费的基础上，在计算全程运费时计收一定的追加额。这一追加额是构成班轮运费的另一组成部分——附加运费。它主要包括有港口附加费、港口拥挤附加费、转船附加费、转船附加费、超重附加费、直航附加费、选港附加费、燃油附加费等。

8. 班轮运费的计费标准

班轮运费的计费标准（Freight Basis）也称计算标准，是指在计算运费时使用的计算单位。

班轮运输主要是按容积和重量计算运费。但对于贵重商品，则按货物价格的某一百分比计算运费。对于某些特定的商品，也可能按其某种包装状态的件数计算运费。还有某些商品则按实体个数或件数计算运费，如活牲畜按"每头"（Per Head）计收，车辆按"每辆"（Per Unit）计收。有的商品则按承运人与托运人双方临时议定的费率（Open Rate）计收运费。按临时议定的费率计收运费多用于低价商品的运输。

运价表中一般都会规定不同商品的运费计算标准。

1）按"W（Weight）"计收，表示该种货物应按其毛重计算运费。

2）按"M（Measurement）"计收，表示该种货物应按其尺码或体积计算运费。某些国家对运输木材按"板尺"（Board Foot）和"霍普斯尺"（Hoppus Foot）计算运费（12板尺 = 0.785霍普斯尺 = 1立方英尺）。

3）按"W/M"计收，表示该货物应分别按其毛重和体积计算运费，并选择其中运费较高者。

4）按"Ad. Val.（Ad Valorem）"计收，表示该种货物应按其FOB价格的某一百分比计算运费。由于运价是根据货物的价格确定的，所以它又称从价运费。

5）按"Ad. Val. or W/M"计收，表示该种货物应分别按其FOB价格的某一百分比和毛重、体积计算运费，并选择其中运费较高者。

6）按"W/M plus Ad. Val."计收，表示这种货物除应分别按其毛重和体积计算运费，并选择其中运费较高者外，还要加收按货物FOB价格的某一百分比计算的运费。

在运费计算中，重量单位用"公吨"（Metric Ton），体积单位用"立方米"（Cubic Meter）。以1公吨或1立方米为一计费吨。

9. 班轮运费的计算公式

运费总额 = 基本运费 + 附加费 = [基本运费率(1 + 各种附加费率) + 各种单位附加费额] × 总运费吨

即

$$F = F_b + \sum S$$

式中　F——运费总额；

　　　F_b——基本运费；

　　　S——某一项附加费。

6.3.2 租船运输

1. 租船运输的概念

租船运输（Charter Shipping）又称不定期船运输，是相对于班轮运输即定期船运输而言的另一种远洋船舶营运方式。它和班轮运输不同，没有预先制定的船期表、航线，停靠港口也不固定。其船舶的营运是根据船舶所有人（或船舶经营人）与需要船舶运输的货主双方事先签订的租船合同（Charter Party）安排的，故被称为租船运输。

2. 租船运输的基本特点

（1）租船运输是根据租船合同组织运输的。船舶所有人（出租人）与承租人双方首先要签订租船合同才能安排船舶营运。合同中除规定船舶航线、载运的货物种类及停靠港口外，还应具体明确双方应承担的责任、义务和享有的权利。租船合同条款是解决双方在履行合同过程中发生的争议的依据。

（2）租船运输的运费或租金水平的高低直接受签订租船合同时国际租船市场行情波动的影响。世界的经济状况、船舶运力供求关系的变化、季节性气候条件的不同以及国际政治形势等，都是影响运费或租金水平高低的主要因素。

（3）船舶营运有关费用的支出，取决于不同的租船方式，由船舶所有人（出租人）和承租人分担并在租船合同中予以明确。

（4）租船运输主要从事大宗货物的运输，如谷物、油类、矿石、煤炭、木材、砂糖、化肥、磷灰土、水泥等。它们一般都是整船装运的。

3. 租船方式

如前所述，租船运输是根据承租人对运输的要求而安排的船舶营运方式。因此，根据承租人不同的营运需要，租船方式也有不同。其中，最主要的是航次租船和定期租船，随着国际经济和海上运输的发展变化，又出现了包运租船、航次期租船和光船租船等不同的租船方式。

（1）航次租船（Voyage Charter）。航次租船又称航程租船或程租船，是指船舶所有人（出租人）提供一艘特定的船舶在指定的港口之间进行一个航次或数个航次来运输指定货物的租船。承租人所租用的船舶，其航次可以是单程的也可以是来回程的，由承租人根据需要而定。如果签订一份租船合同时，规定船舶被租用数个航次，则称为连续航次租船。

（2）定期租船（Time Charter）。定期租船又称期租船，是指船舶所有人（出租人）提供一艘特定的船舶给承租人使用一个时期的租船。这个租期的长短主要由承租人根据其需要使用的时间及其对租船市场船舶供求关系和租金水平的变化趋势的分析结果而定。

（3）包运租船（Contract of Affreightment，COA）。包运租船是 20 世纪 70 年代国际上新发展起来的一种租船方式。这种租船方式所签订的合同称为包运租船合同（COA合同）。包运租船是指船舶所有人（出租人）提供给承租人一定的运力（船舶载重吨），在确定的港口之间，以事先约定的时间及约定的航次周期和每航次较均等的货运量完成合同规定的总运量的租船方式。承租人支付的运费根据双方商定的运费率和完成的总运量计算。船舶所承运的货物主要是货运量大的干散货或液体散装货。由于这种合同的性质、有关费用和风险的划分基本上与航次租船方式的相同，国际上一些航运界人士认为包运租船是航次租船派生出来的一种租船方式。

（4）航次期租船（Time Charter on Trip Basis，TCT）。航次期租船是目前国际上存在的以定期租船为基础的航次租船方式，即船舶按航次整船租赁，但租金按实际使用的天数计算，故又被称为日租租船（Daily Charter）。

国际物流学

（5）光船租船（Bare Boat Charter）。光船租船也是一种定期租船，是船舶所有人（出租人）将一艘特定的船舶提供给承租人使用一个时期的租船。但是，船舶所有人所提供的这艘特定的船舶只是一艘没有配备船员的空船。承租人在接受了这艘船舶后还要为船舶配备船员才能使用，而且船员的给养、船舶的营运管理及一切费用都由承租人负责。严格地说，光船租船不属于承揽运输方式，不是一种运输服务，而是一种财产的租赁。承租人从船舶所有人那里租用船舶这一运输工具。

4. 租船市场

（1）概念。租船市场是指船舶所有人（船东）与租船人根据货物运输的需要和可能，相互洽商船舶租赁交易的场所。这是狭义的租船市场概念。广义的租船市场概念则是船租双方洽商船舶租赁交易所形成的社会生产关系的总和。

（2）租船市场的特点。

1）租船市场不一定有固定的场所，其业务活动是通过电信业务来完成的。

2）在租船市场，有船东、船东代理人、租船人代理人、租船人等当事人。船舶租赁，一般是通过租船代理来进行的。

3）根据国际惯例，代表船方的船舶租赁经纪人和代表货方的租船代理人的佣金都由船公司支付，一般为运费的 2.5%，各拿 1.25%。

（3）国际上的主要租船市场。

1）英国伦敦租船市场。伦敦的波罗的海商业航运交易所，是世界最大的散杂货租船市场，其交易多是杂货船租赁。伦敦租船市场的行情是其他租船市场的"晴雨表"。

2）美国纽约的租船市场。纽约租船市场是世界第二大租船市场，它没有统一固定的场所，主要用电信进行业务活动。其交易多是油轮和干散货船租赁。

3）奥斯陆、斯德哥尔摩和汉堡租船市场。其交易多是租赁一些特殊船舶，如冷藏船、液化石油气船、滚装滚卸船。租船方式主要是期租船租赁。

4）东京和香港远东租船市场。其交易多是短程近洋船的租赁，它也是世界最大的拆船市场。

5. 租船合同的性质与类型

（1）租船合同（Charter Party，C/P）是海上运输合同的一种。它是船舶出租人和租船人按照契约自由原则达成的租赁船舶的协议。它是船租双方权利义务与责任豁免的依据。

（2）租船合同的种类。程租船合同主要分为标准程租船合同和非标准程租船合同。期租船合同可分为标准期租船合同和非标准期租船合同。

6. 标准租船合同

租船市场上使用的租船合同范本，是经由国际上各航运组织或各种大宗货物贸易商会，根据本行业、本航运组织的特点，结合货物种类、运输航线以及习惯做法所制定的，被称为标准租船合同。常用的标准租船合同有以下几种：

1）标准程租船合同（Uniform General Charter Party），也称"金康合同"，记作GENCON。

2）标准期租船合同（Uniform Time Charter Party），也称"巴尔的摩"合同，记作BALTIME。

3）中租期租船合同（Sino Time Charter Party 1980，简称"SINO-TIME"1980）。

　　4）纽约土产交易所定期租船合同（NYPE Time Charter Party）。

6.4　国际船舶代理

　　国际船舶代理行业是国际贸易运输的重要组成部分，是沟通口岸各环节的纽带，是对外服务的窗口，也是五湖四海通商的桥梁。到 2005 年 10 月，我国国际船舶代理企业数量增至 1100 多家，每年代理国际航行船舶数量达到 20 余万艘次，市场体系已经基本建立，竞争机制逐步完善。

6.4.1　船舶代理的含义

　　船舶代理（Shipping Agent）是指船舶代理机构或代理人接受船舶所有人（船公司）、船舶经营人、承租人或货主的委托，在授权范围内代表委托人（被代理人）办理与在港船舶有关的业务，提供有关的服务或完成与在港船舶有关的其他经济法律行为的代理行为。船舶代理人则是指接受委托人的授权，代表委托人办理与在港船舶有关的业务和服务，并进行与在港船舶有关的其他经济法律行为的法人或公民。

　　船舶代理也称为海运代理，它是国际船舶代理的简称，也被称为国际海运代理。国际海运代理人（International Ocean-Freight Forwarders），就是根据委托人的要求、委托，代办海运业务的机构。它属于国际海运的中间人（中介机构），在承运人和货方（包括托运人和收货人）之间起桥梁作用。从事国际海运代理的人，一般都是经营海运多年、精通业务、经验比较丰富，并熟悉各种运输手续和规章制度的人。

6.4.2　国际船舶代理公司的设立

　　国际船舶代理公司的设立在不同国家是依据各国的公司法进行的。由于各国公司法不尽相同，所以，各国关于国际船舶代理公司设立的相关规定也有所区别。下面仅针对我国的情况进行介绍。

　　1. 主管机构

　　我国国际船舶代理业务的主管机构是中华人民共和国交通运输部，国际船舶代理业务只能由交通运输部批准成立的船舶代理公司经营，船舶代理公司必须是企业法人。

　　2. 经营国际船舶代理业务应当具备一定的条件

　　经营国际船舶代理业务应当具备的条件，2003 年 3 月 1 日前，按 1990 年 3 月 2 日原交通部发布的《国际船舶代理管理规定》执行；自 2003 年 3 月 1 日起，按国务院颁布的《中华人民共和国国际海运条例实施细则》执行，现在已经按照最新的《中华人民共和国国际海运条例》（2002 年 1 月 1 日起实施，2013 年 7 月 18 日、2016 年 2 月 6 日、2019 年 3 月 2 日进行了三次修订）和《中华人民共和国国际海运条例实施细则》（2003 年 3 月 1 日起实施，2017 年 3 月进行修订）。

　　3. 经营国际船舶管理业务的申请条件

　　根据《中华人民共和国国际海运条例》，经营国际船舶管理业务，应当具备下列条件：①取得企业法人资格；②高级业务管理人员中至少 2 人具有 3 年以上从事国际海上运输经营活动的经历；③有持有与所管理船舶种类和航区相适应的船长、轮机长适任证

国际物流学

书的人员；④有与国际船舶管理业务相适应的设备、设施。

经营国际船舶管理业务，应当向拟经营业务所在地的省、自治区、直辖市人民政府交通主管部门提出申请，并附送符合《中华人民共和国国际海运条例》第九条规定条件的相关材料，主管部门应当自收到申请之日起15日内审核完毕。

6.4.3　国际船舶代理的业务范围

国际船舶代理公司在交通主管部门核定的经营范围内，可以经营下列部分或全部代理业务：

1. 代办船舶相关业务

1）办理船舶进出港口和水域的申报手续，联系安排领航、泊位。

2）组织货载，洽订舱位。

3）洽办船舶检验、修理、熏舱、洗舱、扫舱以及燃料、淡水、伙食、物料的供应。

4）经办船舶租赁、买卖、交接工作，代签租船和买卖船合同。

5）代签提单及运输契约、代签船舶速遣滞期协议。

6）代算运费，代收代付款项，办理船舶速遣滞期费的计算与结算。

2. 代办进出口货物的相关业务

1）办理进出口货物的申报手续，联系安排装卸、理货、公估、衡量、熏蒸、监装、监卸及货物与货舱检验。

2）办理进出口货物的报关、接运、仓储、中转及投保。

3）承接进出口散货灌包和其他运输包装服务。

4）经营多式联运、提供门到门运输服务。

5）代办货物查询、理赔、溢卸货物的处理。

6）联系安排邮件、行李、展品及其他物品的装卸、代办报关、运送。

3. 代办集装箱相关业务

1）办理集装箱的进出口申报手续，联系安排装卸、堆存、运输、拆箱、清洗、熏蒸、检疫。

2）洽办集装箱的建造、修理、检验。

3）办理集装箱的租赁、买卖、交接、转运、收箱、盘存、签发集装箱交接单证。

4. 经营、承办其他业务

1）提供业务咨询和信息服务。

2）代售国际海运客票，联系安排旅客上下船、参观游览。

3）联系海上救助、洽办海事处理。

4）代购和转递船用备件、物料、海图等。

5）代聘船员并代签合同，代办船员护照、领事签证、联系申请海员证书，安排船员就医、调换、遣返。

6.4.4　国际海运代理的种类

根据国际船舶代理的业务范围，国际船舶代理即国际海运代理也可分为：租船代理、船务代理、货运代理和咨询代理。

1. 租船代理

（1）租船代理的概念。租船代理也称租船经纪人（Shipbroker），是以船舶为商业活动对象，专门进行船舶租赁业务的代理人。根据委托人身份的不同，租船代理人又分为船东代理人（Owner's Agent）和租船人代理人（Charterer's Agent）。

（2）租船代理的主要业务。租船代理的主要业务是在租船市场上为租船人寻找船舶（即受租船人委托代理其租船），或者为船东（Shipowner）寻找货运对象（即受船东委托代理其出租船舶）。他们以中间人身份使租船双方达成船舶租赁交易，从中赚取佣金或手续费。租船代理人办理的主要事宜包括以下几个方面：

1）按照委托人（船东或租船人）的指示要求，为委托人提供最合适的对象和最有利的条件并促成租赁交易的成交。这是租船代理最主要的业务。

2）根据双方洽谈确认的条件制成租船合同，并按委托方的授权代签合同。

3）提供委托人航运市场行情、国际航运动态及有关资料信息。

4）为当事人斡旋调解纠纷，使纠纷得到公平合理的解决。

（3）租船代理佣金。按照国际航运惯例，租船代理佣金（Agency Commission）由运费或租金收入方（即船东）支付。不论是船东代理人的佣金，还是租船人代理人的佣金，都是由船东支付的。租船代理的佣金一般按租金的 1% ~ 2.5% 在租船租约中予以规定。

2. 船务代理

船务代理是指接受承运人委托，代办与船舶有关的各种业务的人。船务代理的业务范围很广，主要包括以下几个方面的业务。

（1）船舶进出港口业务。办理船舶进出港口的各项手续，包括引水、拖轮、靠泊、报关等；办理船舶检验、修理、洗舱、熏舱以及海事处理等。

（2）货运业务。代理船方组织货物装卸、检验、交接、储存、转运、理货等；办理揽货、订舱、代收运费（船方代理）；制作有关运输单据。

（3）供应工作。代办船用燃料、淡水、食品及物资供应等；代办绳索垫料等。

（4）其他服务性业务。办理船员登岸、出境手续；安排船员住宿、交通、旅游、参观、医疗等；提供其他临时性服务。

船务代理人一般按规定的收费标准向委托人收取船舶和货物的代理费和服务费。船舶代理费一般规定按船舶登记净吨位计收。而货物代理费一般按船舶装卸货物吨数和货物大类计收。

3. 货运代理

（1）货运代理的概念。国际海运的货运代理是指专门接受货主的委托，代表货主办理有关海运的托运、发货、装卸、包装、转运、订舱、检验、报关、交接、仓储和调拨等业务的佣金代理人。货运代理实际上既可以受托人的身份，也可以自己的名义与承运人签订运输合同及办理有关各项业务。

（2）货运代理的分类。货运代理包括订舱揽货代理。订舱揽货代理，是指代表货主向承运人办理订舱（班轮舱位），而不是像租船人代理人那样代表货主（租船人）去租船。这是租船人代理和货运代理的显著区别。广义的货运代理还包括那些接受承运人委托、代表承运人向货主揽货的国际货运代理人。

除此之外，货运代理的分类还有货物装卸代理、报关代理、转运代理、包装代理、

国际物流学

理货代理、储存代理和集装箱代理等。

4. 咨询代理

海运咨询代理是指专门从事海运咨询工作，按照委托人的需要和要求，以提供海运专业性服务咨询报告以及有关的海运咨询情报、资料、数据和信息，为委托人的决策提供专门咨询服务而收取一定报酬的人。咨询代理在现代海运发展中的作用不断显现，逐渐成为一项专门的增值服务。

上述各种海运代理，往往互有交叉，并不互相排斥，只是各有侧重而已。例如，船务代理可兼营货运代理，有的货运代理也兼营船务代理。

6.4.5 国际船舶代理的业务流程

国际船舶代理业务包括三个方面：进出口货运业务、船舶现场管理业务以及集装箱管理业务。下面从流程上重点介绍船舶现场管理业务。船舶现场管理业务需要经过委托代理关系的建立以及在船舶抵港靠泊前、船舶在港卸货期间、船舶离港前、船舶离港后等各阶段的代理工作。船舶现场管理业务流程如图6-1所示。

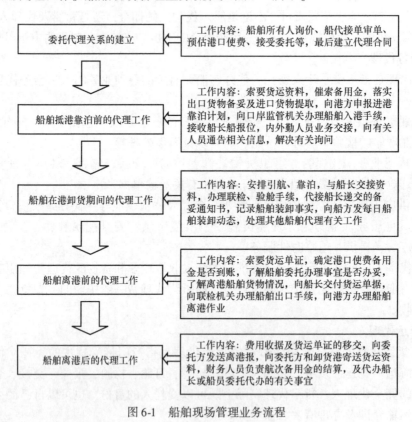

图6-1 船舶现场管理业务流程

6.5 国际无船承运人

6.5.1 无船承运人的概念

无船承运人（Non-Vessel Operating Common Carrier，NVOCC）的概念起源于美国。

1984 年，美国航运法对无船承运人的定义指出，无船承运人是指不经营提供远洋运输的船舶的公共承运人，其与远洋公共承运人的关系是托运人。我国的法律目前没有对无船承运人做出明确的界定。2002 年 1 月 1 日正式颁布实施的《中华人民共和国国际海运条例》只是对无船承运业务进行了定义："无船承运业务，是指无船承运业务经营者以承运人身份接受托运人的货载，签发自己的提单或者其他运输单证，向托运人收取运费，通过国际船舶运输经营者完成国际海上货物运输，承担承运人责任的海上运输经营活动。"该定义基本上反映了我国无船承运人的含义。

6.5.2　无船承运人与国际货运代理人的区别

从海上运输的发展来看，无船承运人与国际货运代理人有着非常密切的关系。实际上，无船承运人是在国际货运代理人从运输合同的中介演变至运输合同主体的过程中产生的，无船承运人是货运代理业务的延伸和发展。但是，无船承运人与国际货运代理人之间又有着根本的区别。

1. 他们各自与托运人及收货人的关系不同

无船承运人与托运人是承托关系，与收货人是提单签发人与持有人的关系。托运人订舱时，无船承运人根据自己的运价本向托运人报价，以托运人的身份向船公司洽订舱位，安排货物的运输。待货物装船后，在收到船公司签发的海运提单的同时，无船承运人签发自己的提单给托运人。货物抵达目的港，收货人凭其所持有的无船承运人签发的正本提单到无船承运人代理的营业所办理提货手续。而在此之前，无船承运人的代理机构已经从实际承运的船公司处收取了该货物。无船承运业务涉及两套提单的流转：无船承运人自己的提单（House B/L）和船公司的提单（Master B/L or Ocean B/L）。无船承运人接受托运人的订舱，办理货物托运手续，并接管货物，应托运人的要求签发 House B/L，提单关系人是托运人和实际收货人。同时以自己的名义向船公司订舱，通过船公司的班轮实际承载该货物，得到船公司签发的 Master B/L，提单关系人是无船承运人及其在目的港的代理。而国际货运代理人与托运人是被委托方与委托方的关系，他与收货人不存在任何关系。

2. 他们的法律地位不同

无船承运人具有契约承运人的法律地位。《中华人民共和国海商法》将承运人定义为"本人或者委托他人以本人名义与托运人订立海上货物运输合同的人"，更强调承运人作为契约一方的意义。根据《中华人民共和国国际海运条例》第七条的规定，"无船承运业务经营者以承运人身份接受托运人的货载，签发自己的提单或者其他运输单证"。这就是说，无船承运人是与托运人订立货物运输合同的一方当事人，即无船承运人符合《中华人民共和国海商法》要求其作为契约一方的规定，具有承运人的法律地位。《中华人民共和国国际海运条例》第七条又规定，无船承运经营者"通过国际船舶经营者完成国际海上货物运输"。我国的无船承运经营者本身并不提供、经营船舶，所以相对实际承运人而言，我国的无船承运经营者在法律上实际上已经具有了契约承运人的地位。而国际货运代理人仅仅是委托方的代理，帮助托运人安排货物运输，向托运人提供代理服务。

国际物流学

3. 他们签发的运输单据是否被银行接受不同

银行一般只接受承运人或其代理人所签发的运输单据。通常，国际货运代理人签发的运输单据只具有货物收据的作用，表明其根据约定将货物发送到了目的港。由于货运代理人无法证明其运输单据具有对货物承担运输责任的作用，所以通常该运输单据一般不被银行所接受。相反，无船承运人签发的提单（Hause B/L）构成承运人单据，属于国际商会《跟单信用证统一惯例》（UCP600）规定的银行可接受的运输单据的范畴。

6.6　国际港口物流

随着港口经济的强势崛起，人们对港口的认识也发生了很大的变化。目前港口的竞争已经从成本差异竞争转向质量竞争和服务竞争。国际港口物流服务实际涉及港口的资源优化配置问题，港口不仅仅是传统的装卸存放地的概念，还要努力拓展增值服务，通过增值服务实现资源的优化配置，这也代表了国际港口物流服务的发展方向之一。

6.6.1　港口物流概述

1. 港口物流的概念

港口物流（Port Logistics）是指中心港口城市利用其自身的口岸优势，以先进的软硬件环境为依托强化其对港口周边物流活动的辐射能力，突出港口集货、存货、配货特长，以临港产业为基础，以信息技术为支撑，以优化港口资源整合为目标，发展具有涵盖物流产业链所有环节特点的港口综合服务体系。港口物流作为物流过程中的一个无可替代的重要节点，完成整个供应物流系统中基本的物流服务和衍生增值服务。

2. 港口物流的发展阶段

世界港口发展至今大体经历了三代。第一代港口主要是海运货物的装卸与仓储中心。第二代港口增加了工业和商业活动，使港口成为具有货物增值效应的服务中心。第三代港口不断适应国际贸易、航运和物流发展的要求，并随着港航信息技术的发展，逐步成为国际物流中心。当前，在世界主要港口中，处于发展主流的第二代港口已开始向第三代港口转型。荷兰鹿特丹、中国香港、新加坡等港口在转型中走在前列，但仍未体现出第三代港口的全部功能。我国主要港口朝第三代港口的转型整体还处于起步阶段。

伴随着港口从第一代港口向第三代港口的发展历程，港口物流服务的发展经历了从传统物流到配送物流、综合物流和全球供应链物流四个发展阶段。

（1）传统物流阶段。到20世纪70年代末，港口一直被认为是纯粹的"运输中心"（运输＋转运＋储存）。此时港口处于传统物流阶段，主要功能是集散大量的散货（金属矿石、战备物资、煤炭等）和液体货物（原油及相关产品），成品及半成品在整个运输中所占的比例非常小。

（2）配送物流阶段。20世纪80年代至90年代初，准时制生产（JIT）、配送计划以及其他物流技术的不断涌现和应用发展，为物流管理提供了强有力的技术支持和保障。与此同时，集装箱运输的高速发展和集装箱运输船舶的大型化对港口的生产能力和效率提出了新的要求，国际贸易的发展也带来了对国际配送的需求，许多大型跨国公司纷纷在各大港口建立"配送中心"，港口物流的发展也逐渐步入集运输、转运、储存、装拆箱、仓储管理、加工功能于一体的配送物流阶段。

（3）综合物流阶段。20 世纪 90 年代中后期，电子数据交换、电子商务发展如火如荼，带来了交易方式的变革，使物流向信息化并进一步向网络化方向发展。此外，专家系统和决策支持系统的推广使物流管理更加趋于智能化。以全球性和区域性经济技术为中心，以技术、管理、信息生产为基础，以建设全程运输服务中心货物和商贸后勤基地为重点，依靠自己所具有的综合优势，将港口发展成为经济中心及商品流、资金流、技术流和信息流的汇集中心。

（4）全球供应链物流阶段。进入 21 世纪以来，现代信息技术和现代物流的发展步入了一个全新的阶段，全球物流、共同配送成为物流发展的重要趋势。同时，美国提出了一种全新的组织管理模式——全球供应链，即供应链上的原材料、在制品、产成品在全球范围内流动，供应链上各主体之间的物流活动通过全球的进出口贸易来实现。在这种全球价值链的重新组合中，港口作为国际贸易最大的中转站，凭借其自身的特点成为联结国际生产、贸易等物流活动的重要节点和综合物流中心，在全球供应链中发挥着越来越重要的作用。

6.6.2　国际港口物流服务的类型

为顾客提供高效优质的港口物流服务以及供应链管理服务，是国际港口物流发展的最终目标，其根本目的是将港口所服务的供应链尽可能地向两端延伸，牢牢抓住供应链的两端，同时对客户的供应链进行有效管理，以提供稳定供应链管理服务来稳定客户，以减少环节费用损耗来增加总体附加值。国际港口物流服务的内容很多，根据港口物流服务提供者性质的不同，可以把国际港口物流服务大致分为四类。

（1）由政府公共部门拥有和提供的物流服务。例如，海关的服务——货物的检验检疫。

（2）由事业性质类型的单位或企业提供的服务。这些港口服务由港口当局制定有关条例，包括服务定价、服务的特性等，而服务的履行则由事业单位或企业承担，这些事业单位或企业必须遵守有关的条例。这些服务包括为船只提供导航的海事服务、货物在港口的装卸和搬运服务等。

（3）由数量众多的国际航运代理企业提供的服务。这类服务包括国际海上货运代理、国际船舶代理等。

（4）连接港口的陆上运输服务。这类服务一般由多式联运或集装箱企业提供，但受国家比较严格的管制。管制一般涉及服务的定价和从业资格的确认。

本章小结

本章介绍了国际海洋运输的基本知识和基本理论，包括国际海洋运输概述、船货基础知识、海洋运输的主要经营方式、班轮运输的组织和托运程序、班轮运输的有关单据、班轮运费的计算、租船运输的特点、租船市场和租船合同及种类。

国际海洋运输是船舶经营人以船舶为运输工具，以海洋为通道，从事国与国之间货

国际物流学

物和旅客的运输并收取运费的经营行为。当前国际上普遍采用的远洋船舶的营运方式可分为两大类，即班轮运输和租船运输。

班轮运输又称定期船运输，是指船舶按事先制定的船期表（时间表）在特定的航线上，以既定的挂靠港口顺序，经常地从事航线上各港间的船舶运输的营运方式。班轮运输的订舱、托运流程一般可分为五步：订舱、配载、装船、获取大副收据、换取提单。其主要单据包括托运单（Booking Note，B/N）、装货单（Shipping Order，S/O）、收货单（Mate's Receipt，M/R）、提单（Bill of Lading，B/L）、提货单（Delivery Order，D/O）和理货单（Tally Sheet）。

租船运输又称不定期船运输，是相对于班轮运输（即定期船运输）而言的另一种远洋船舶营运方式。它和班轮运输不同，没有预先制定的船期表、航线，停靠港口也不固定。其船舶的营运是根据船舶所有人（或船舶经营人）与需要船舶运输的货主双方事先签订的租船合同来安排的，故被称为租船运输。根据承租人不同的营运需要，租船方式也有不同。其中最主要的是航次租船和定期租船。

本章还介绍了国际运输代理的四种形式，包括租船代理、船务代理、货运代理和咨询代理，介绍了国际船舶代理的概念和业务流程，介绍了无船承运人的概念及其与国际货运代理人的区别，还介绍了国际港口物流的概念和有关物流服务的内容。

[案例讨论]

现代综合物流服务：中远航运物流业的发展战略

中国外贸运输量的90%以上是依靠航运来完成的。作为以航运为主业的中远集团，以占全国远洋运力75%的船队规模和覆盖全球的营销网络，成为中国外贸运输的主力。作为全球承运人，中远集团在进一步确立航运业在现代物流业中主干地位的同时，正努力向现代综合物流方向转变，从而实现物流、商流、信息流的一体化，使物流成为中远集团新的利润区域。

这是中远集团在21世纪的一项新的战略任务。

1. 从客户需要出发，以客户满意为中心，达到与客户间的"双赢"目标

中国现阶段的物流产业，受国民经济总体发展水平、"小而全"的传统观念以及企业自身人才资源匮乏、投资能力不强等诸多因素的制约，尚处于孕育和培养的阶段，因此，目标市场的定位至关重要。不同类型的客户所采用的生产经营方式有着巨大的差异，这就决定了他们对产品和原材料在流通过程中的需求千差万别。

一方面，客户对象主要集中在外资企业、高附加值产品、国家重点建设项目和国家支柱产业，其产品档次和价值相对比较高，他们有能力支付高额的物流费用，但往往要求服务具备个性化、专业化的特点。

另一方面，客户具有不同的航运物流服务需求。这就要求必须以客户满意为中心，真正地领会客户的生产经营意图，一切从客户的需要出发，针对客户供应链的各环节，紧密地配合客户生产的需求，以提高客户生产效率、降低客户物流费用、提高客户整体效益和竞争力为目的，拟定一个整体性的解决方案，并以此整合包括航运在内的所有业务。这是中远集团总结经验得出的航运企业发展物流业的关键所在。

2. 要与航运企业建立全球营销一体化网络紧密结合

全球经济一体化和跨国公司的日益扩张，促使航运企业内部资源配置模式由航线型资源配置模式转向全球承运的资源配置模式，并逐渐对遍布于全球各地的人员、设备、信息、知识和网络等资源进行全方位、一体化的协调和整合，进而形成全球一体化的营销体系。

3. 加快服务体系的建设，不断完善信息系统，形成全球物流综合网络

现代物流服务体系由三大块组成：运输系统、配送系统（包括装卸搬运、包装、保管发送、流通加工）和信息服务系统。在中远集团的运输系统中，外贸运输具有传统优势，内贸运输和配送业务则刚刚起步。为逐步提高中远集团综合物流服务能力，其将更多地介入内贸运输，以完善运输功能；发展国内货物配送，积极尝试在海外为大客户开展配送分拨服务；在此基础上，为客户提供增值服务，以强化服务优势；同时投入资金，不断完善信息系统，最后形成全球物流综合网络。

问题：

中远为什么要向现代综合物流方向转型？实现这一转型要具备什么条件？

思考题

1. 什么是货物和船舶？它们是如何分类的？船舶有哪些性质？
2. 什么是班轮运输？它有什么特点？
3. 什么是程租船？什么是期租船？它们有什么区别？
4. 租船市场有何特点？国际上有哪些主要租船市场？
5. 中国国际船舶代理与无船承运人协会、中国国际货运代理协会有什么不同？

练习题

一、单项选择题

1. 下列选项不属于国际海上货物运输特点的是(　　)。

A. 通过能力大　　　　　　　　　B. 运量大

C. 运费高　　　　　　　　　　　D. 易受自然条件的影响

2. 托运人根据买卖合同和信用证的有关内容向承运人或其代理人办理货物运输的书面凭证是(　　)。

A. 提单　　　　　　　　　　　　B. 场站收据

C. 托运单　　　　　　　　　　　D. 配舱回单

3. 船舶按照规定的时间表（船期表）在一定的航线上，以既定的挂靠港口顺序，经常地从事航线上各港间的船舶运输的营运方式是指(　　)。

A. 不定期运输　　B. 航次租船　　　C. 班轮运输　　　　D. 光船运输

4. 下列选项中对装货单表述正确的是(　　)。

A. S/O　　　　　　B. C/P　　　　　C. M/R　　　　　　D. M/F

5. 下列选项中选项中不属于识别标记的是(　　)。

A. 批件与件数号码标记　　　　　B. 体积标记

C. 附加标记　　　　　　　　　　D. 小心轻放标记

6. 租船经纪人以中间人身份促成租船合同订立，他的佣金通常由(　　)支付。

A. 承租人　　　　　　B. 货主　　　　　　C. 船东　　　　　　D. 大副

二、判断题

1. 包运合同不属于航次租船。（　　）

2. 光船租船是一种财产租赁方式，并不具有运输承揽的性质。（　　）

3. 凡1t重量的货物，体积小于$1m^3$则称体积货物。（　　）

4. 凡1t重量的货物，体积小于$1m^3$则称重量货物。（　　）

5. M/R签收表明货物已装船。（　　）

6. D/O签发表明收货人有权提货。（　　）

7. 定期租船的租船人对所租船舶在运营过程中产生的港口费、装卸费等不负责支付。

（　　）

三、问答题

1. 什么是运输标志？它的作用是什么？

2. 在前期准备的基础上，熟悉航运企业国际海洋运输的业务流程及海运有关单证的流转。

3. 什么是班轮运输？它有哪些特点？它与租船运输有什么区别？

4. 国际货运代理人与无船承运人有什么区别？我国对无船承运经营是怎么规定的？你怎么看？

5. 什么是国际港口物流？你对国际港口物流服务水平的提升怎么认识？

四、计算题

1. 假设某出口公司向马来西亚出口大型机床1台，毛重为7.5MT，目的港为巴生港或槟城。运送机床去新马航线的基本费率每1运费吨为1500港元，另加收超重附加费每运费吨为28港元，选港费为20港元。问该机床的运费为多少？

2. 我国上海某出口商出口电风扇500台到纽约，共装50箱，每箱体积60cm×55cm×120cm，每箱毛重125kg，查运费表知，该批电风扇按W/M12级计费，并且W/M12级从上海到纽约每运费吨运价人民币94元，燃油附加费28%，港口附加费10%，求该批电风扇从上海洋运输到纽约应付运费多少？

3. 某公司向美国出口鹿茸800kg，共100箱，每箱净重8kg，毛重10kg，总体积$3.5m^3$，总值CIF50 000美元。查运价表知，鹿茸计算标准是AD. VAL. 3%，试计算该货的运费总额是多少？（一般规定CFR价为CIF价的99%）

第7章 国际集装箱与多式联运物流

[教学目标]

使学生掌握集装箱以及集装箱运输的定义，了解集装箱货物的分类，掌握集装箱运输方式的选择，能区分各种不同国际标准的集装箱，能按货物的种类选择集装箱，掌握多式联运的概念与特征，掌握多式联运业务组织的体制，了解大陆桥运输及 OCP 运输相关知识。

[关键词]

集装箱　标准集装箱
整箱货　拼箱货
集装箱运输　集装箱货运站
集装箱堆场
国际多式联运
多式联运经营人
大陆桥运输

◆ [引导案例]

从大陆桥运输看国际物流

众所周知，俄罗斯的西伯利亚铁路是一条跨越亚欧大陆而将太平洋和大西洋连接起来的陆上桥梁，被人们称为亚欧大陆桥或西伯利亚大陆桥。它为世界经济，特别是亚欧经济的发展做出了较大贡献。由太平洋西岸中国连云港开始的陇海—兰新铁路，向西延伸到中国西部边境阿拉山口与哈萨克斯坦共和国的德鲁日巴站接轨，构成了一条沿当年亚欧商贸往来路线的"丝绸之路"，是经亚洲、欧洲诸国直达大西洋的另一条陆上通道，这就是新亚欧大陆桥。它将是一条对亚欧大陆经贸活动发挥巨大作用的现代"丝绸之路"。

新亚欧大陆桥东起太平洋西岸的连云港等中国东部沿海港口，西可达大西洋东岸的荷兰鹿特丹、比利时安特卫普等港口，横贯亚欧两大洲中部地带，总长约10 900km。它使亚欧之间的货运距离比西伯利亚大陆桥缩短得更为显著。从日本、韩国至欧洲，通过新亚欧大陆桥，水陆全程仅为 12 000km，比经苏伊士运河少8000 多 km，比经巴拿马运河少 11 000 多 km，比绕道好望角少 15 000 多 km。由于运距的缩短，它在运输时间和运费上将比西伯利亚大陆桥有所减少，更有利于与海运的竞争。

思考：

1. 一条合理的运输线对国际物流有何意义？大陆桥运输与集装箱运输有何联系？

2. 对西伯利亚大陆桥和新欧亚大陆桥你是怎么理解的？它们各有何重要意义？

国际物流学

1992 年，新亚欧大陆桥正式营运，开启了贯通亚欧的陆上运输。2006 年，青藏铁路通车，开辟了中国西部物流大通道。2011 年，渝新欧国际铁路全线开行，开启了亚欧大陆运输新时代。2013 年，习近平总书记提出"一带一路"倡议，开启了 21 世纪的"新丝绸之路"。2013 年，欧盟"泛欧交通运输网"协议确立，开启了欧洲九条主干走廊建设计划，中欧班列顺利开通运营。国际集装箱运输、多式联运与大陆桥运输进入了崭新的历史发展阶段。

7.1 集装箱运输概述

集装箱运输是第二次世界大战的产物，是在战后迅速发展起来的一种运输方式。它从 20 世纪 70 年代初开始进入我国，随后在我国的一些主要对外口岸迅速发展，20 世纪 80 年代后期我国开始引入国际多式联运，更广泛地使用集装箱运输，并由此使我国的大陆桥运输得到了更迅速的发展。随着现代经济与科技的发展，集装箱运输在世界物流界已成为一种主要的运输方式。

7.1.1 集装箱运输的产生

集装箱产生的历史渊源久远，可以追溯到公元 10 世纪在英国因为装羊毛而产生的"兰开夏框架"。由于集装箱运输要求的机械化和标准化两个条件的约束，在随后的一个漫长的历史时期集装箱运输都没有得到更多的发展。后来逐渐有了只能够在铁路上使用的集装箱。正式使用集装箱开始于 20 世纪初。英国于 1900 年后开始正式在铁路运输中使用集装箱，其后，主要的工业国家如美国、德国、法国等都相继开始使用。"二战"前，集装箱已经开始在公路运输中使用。但铁路运输的集装箱与公路运输的集装箱并不是通用的，不能够交互使用。而且，在海洋运输中还没有开始使用集装箱运输。"二战"中，美国在军事运输中使用了集装箱。由于战争的需要，美国要把大量的战争物质运往欧洲战场，由此集装箱开始被使用到海洋运输中。"二战"后，海上集装箱运输开始于 1956 年 4 月，美国海陆运输公司改装了一艘油轮，设置了集装箱平台，在纽约至休斯敦航线上进行首次航行，成为海上集装箱运输的先驱。此后，很多国家效仿。随后，在联合国的主持下，以美国的集装箱标准为参考，开始制订国际集装箱运输中的各种集装箱的标准，并颁布推广使用。20 世纪 60 年代末集装箱运输开始有了大规模发展，特别是在 70 年代以来，国际海上集装箱运输发展尤为迅速，许多国家为适应发展需要，扩大了集装箱船队，增建了集装箱专用码头、场地等，大大推动了集装箱的发展。

7.1.2 集装箱与集装箱运输的定义

1. 集装箱的定义

集装箱（Container）是在我国大陆的称谓。它在我国香港被称为"货箱"，在我国台湾被称为"货柜"。关于它的定义，在各国国家标准、各种国际公约和文件中都有具体规定，其内容不尽一致。不同的定义在处理业务问题时可能有不同的解释，这里不一一叙述。下面仅列举国际标准化组织（ISO）给出的定义。

1968 年，国际标准化组织（ISO）第 104 技术委员会起草的国际标准 ISO/R 830—

1968《集装箱术语》中，对集装箱已下了定义。该标准后来又被多次修改。国际标准
ISO—830—1981《集装箱名词术语》对集装箱定义如下。

　　集装箱是一种运输设备：①具有足够的强度，可长期反复使用；②适于一种或多种
运输方式的运送，途中转运时箱内货物不需换装；③具有快速装卸和搬运的装置，特别
便于从一种运输方式转移到另一种运输方式；④便于货物装满和卸空；⑤具有 1m³ 及以
上的容积。集装箱这一术语，不包括车辆和一般包装。

　　目前，许多国家在制订集装箱标准时，如日本工业标准 JISZ 1613—72《国际大型
集装箱术语说明》、法国国家标准 NFH 90—001—70《集装箱的术语》和我国 GB/T
1992—2006《集装箱术语》，都引用了这一定义。

　　2. 国际标准的集装箱

　　国际标准化组织第 104 技术委员会对集装箱国际标准做过多次补充和修改，现行的
国际标准为第 I 系列，共 13 种，如表 7-1 所示。

　　目前，在海上运输中，经常使用的是 IAA 型和 ICC 型集装箱。在实际使用中常以不
同长度作为区别的标准，如 6.1m（20ft）、12.2m（40ft）集装箱就是指 ICC、IAA 型集
装箱。

表 7-1　国际标准集装箱

规　　格	箱型	长度 L	宽度 W	高度 H	最大总重量/kg
3m（10ft）箱	ID	2.99m（9ft9.75in）	2.44m（8ft0in）	2.44m（8ft0in）	10 160
	IDX			<2.44m（8ft0in）	
6.1m（20ft）箱	ICC	6.05m（19ft10.25in）	2.44m（8ft0in）	2.59m（8ft6in）	24 000
	IC			2.44m（8ft0in）	
	ICX			<2.44m（8ft0in）	
9.1m（30ft）箱	IBBB	9.12m（29ft11.25in）	2.44m（8ft0in）	2.9m（9ft6in）	28 400
	IBB			2.59m（8ft6in）	
	IB			2.44m（8ft0in）	
	IBX			<2.44m（8ft0in）	
12.2m（40ft）箱	IAAA	12.2m（40ft0in）	2.44m（8ft0in）	2.9m（9ft6in）	30 480
	IAA			2.59m（8ft6in）	
	IA			2.44m（8ft0in）	
	IAX			<2.44m（8ft0in）	

　　3. 集装箱运输

　　集装箱运输是指货物装在集装箱内进行运送的运输方式。它冲破了过去交通运输中的
一切陈旧的规章制度和管理体制，形成了一套独立的规章制度和管理体制，是最先进的现
代化运输方式。它具有安全、迅速、简便、价廉的特点，有利于减少运输环节，可以通过
综合利用铁路、公路、水路和航空等各种运输方式进行多式联运，实现"门到门"运输。
因此，集装箱运输深受各方的欢迎，显示出了其强大的生命力和广阔的发展前景。

7.1.3　集装箱运输的优越性和特点

　　20 世纪 50 年代以后，集装箱运输之所以能在全世界范围内迅猛发展，是因为这种

国际物流学

运输方式具有突出的优越性和鲜明的特点。

1. 集装箱运输的优越性

（1）扩大成组单元，提高装卸效率，降低劳动强度。在装卸作业中，装卸成组单元越大，装卸效率越高。托盘成组化与单件货物相比，装卸单元扩大了 20 ~ 40 倍；而集装箱与托盘成组化相比，装卸单元又扩大了 15 ~ 30 倍。因此，集装箱对装卸效率的提高是个不争的事实。

（2）减少货损、货差，提高货物运输的安全与质量水平。货物装入集装箱后，在整个运输过程中不再倒载。由于减少了装卸搬运的次数，所以大大减少了货损、货差，提高了货物的安全和质量。据我国的统计，用火车装运玻璃器皿，一般破损率在 30% 左右，而改用集装箱运输后，破损率下降到 5% 以下。在美国，类似运输的破损率不到 0.01%，日本也小于 0.03%。

（3）缩短货物在途时间，降低物流成本。集装箱化给港口和场站的货物装卸、堆码的全机械化和自动化创造了条件。标准化的货物单元加大，提高了装卸效率，缩短了车船在港口和场站停留的时间。据航运部门统计，一般普通货船在港停留时间约占整个营运时间的 56%；而采用集装箱运输，则在港时间可缩短到营运时间的 22%。这一时间的缩短，对货主而言就意味着资金占用的大幅下降，可以很大程度地降低物流成本。

（4）节省货物运输包装费用，简化理货工作。集装箱是坚固的金属（或非金属）箱子。集装箱化后，货物自身的包装强度可减弱，包装费用下降。据统计，用集装箱方式运输电视机，本身的包装费用可节约 50%。同时，集装箱在装箱通关后一次性铅封，在到达目的地前不再开启，也简化了理货工作，降低了相关费用。

（5）减少货物运输费用。集装箱运输可节省船舶运费，节省运输环节的货物装卸费用，而且由于货物安全性提高，运输中保险费用也相应下降。据英国有关方面统计，该国在大西洋航线上开展集装箱运输后，运输成本仅为普通件杂货运输的 1/9。

2. 集装箱运输的特点

（1）集装箱运输是一种"门到门"运输（Door to Door）。这里的"门到门"，一端是指制造企业的"门"，另一端是指市场的"门"。所谓"门到门"，就是从制造企业最终消费品生产完毕、装入集装箱后，不管经过多长距离、多么复杂的运输，中间不再进行任何装卸与倒载，一直到市场的"门"，才被卸下直接进入商场。这既是这种运输方式的特点，又是采用这种运输方式所要达到的目标。凡使用集装箱运输的货物，都应尽量不在运输中途进行拆箱与倒载。

（2）集装箱运输是一种多式联运。集装箱"门到门"运输的特点，决定了其多式联运的特点。多式联运是指使用两种或两种以上不同的运输方式，对特定货物进行的接运。它是以各种运输工具有机结合并协同完成全程运输为前提条件的。而在很多情况下，集装箱运输又是国际多式联运。国际多式联运（International Multimodal Transport）是指根据一个单一的合同，以两种或两种以上的运输方式，把货物从一个国家运往另一个国家的模式。这种单一的合同即为多式联运单据或合同，由组织这种运输的个人或企业（联运经营人）签发，并由他负责执行全运程的运输业务。集装箱是一种封闭式的装载工具，在海关的监督下装货铅封以后，可以一票到底直达收货人，因此集装箱运输是最适合国际多式联运的一种方法。

（3）集装箱运输方式是一种高效率的运输方式。这种高效率包含两方面的含义。一是时间上的高效率。集装箱在结构上是高度标准化的，与之配合的装卸机具、运输工具（船舶、卡车、火车等）也是高度标准化的，因此在各种运输工具之间换装与紧固均极迅捷，大大节省了运输时间。二是经济上的高效率。集装箱运输可以在多方面节省装卸搬运费用、包装费用、理货费用、保险费用等，并大幅降低货物破损损失。这些都决定了集装箱是一种高效率的运输方式。

（4）集装箱是一种消除了所运货物外形差异的运输方式。在件杂货运输方式中，所运货物不管采用什么样的外包装，其物理、化学特性上的差异均比较明显，可以通过视觉、触觉和嗅觉加以区别。在货物的信息管理方面，即使有所缺陷，也可以用其他手段予以弥补。而集装箱则不然，货物装入集装箱之后，其物理、化学特性全部被掩盖了，形成了千篇一律的标准尺寸、标准外形的金属（或非金属）箱子，从其外形无法得到任何说明其内容的特征。因此集装箱运输的信息管理与件杂货运输相比，具有特别重要的意义。

7.2　集装箱运输系统

由于集装箱运输是一种"门到门"的运输方式，是一种国际的多式联运，所以集装箱运输必定是一个复杂的大系统。对于这个复杂的大系统，人们可从"基本要素"和由"基本要素"不同组合方式而形成的各个子系统等两个层面上去观察和认识。

7.2.1　集装箱运输的基本要素

1. 适箱货物

并不是所有的货物都适用于集装箱运输。从是否适用于集装箱运输的角度，货物可分成四类。

1）物理与化学属性适用于通过集装箱进行运输，且本身价值高、对运费的承受能力大的货物。

2）物理与化学属性适用于通过集装箱进行运输，且本身价值较高、对运费的承受能力较大的货物。

3）从物理与化学属性上看可以装箱，但货物本身价值较低、对运费的承受能力较差的货物。

4）物理与化学属性不适于装箱，或者对运费的承受能力很差，从经济上看不适于通过集装箱运输的货物。

以上第一种货物为"最佳装箱货"，第二种货物为"适于装箱货"，第三种货物为"可装箱但不经济的装箱货"，第四种货物为"不适于装箱货"。集装箱运输所指的适箱货源，主要是前两类货物。对于适箱货源，采用集装箱方式运输是有利的。

2. 标准集装箱

前文已介绍了国际标准集装箱的含义。除了国际标准集装箱外，还有一些国家和地区的标准集装箱，在这里不一一叙述。

3. 集装箱船舶

集装箱船舶经历了由非专业向专业转化的过程。最早的集装箱船舶是件杂货与集装

国际物流学

箱混装的，没有专门装载集装箱的结构。现在，在国际海上开展集装箱运输所使用的集装箱船舶，均已专业化，而且船型越来越大，已经出现了许多超马六甲海峡型船型。马六甲海峡水深只有 25 米，比马六甲海峡型船型大的船型只能绕道航行。马六甲海峡型船型（Malaccamax Ship）指能够通过马六甲海峡的最大规模的船舶，一般长 470m、宽 60m，装载 300 000DWT（载重吨量），其接收能力为 18 000TEU。

集装箱船舶可分为全集装箱船和半集装箱船两种，它的结构和形状与常规货船相比有明显不同。2017 年 10 月船东香港东方海外举行了命名仪式的海上巨兽"东方香港"号，由韩国三星重工建造，长 399.9m，型宽 58.8m，其集装箱装载量可达 21 413TEU。按 TEU 装载能力计算，"东方香港"号成为全球最大的集装箱船。但"东方香港"号的载重吨为 191 317t，以载重吨计算该船还低于"Madrid Maersk"号（20 568TEU 集装箱船排名全球第二；载重吨高达 210 009t）、"MOL Triumph"号（20 150TEU 集装箱船，排名第三）。此外，著名的集装箱船还有 19 870TEU 集装箱船"Barzan"号、19 224TEU 集装箱船"MSC Oscar"号、19 100TEU 的"中海环球"号（CSCL Globe，船东为中国海运集团）等。

在我国，2018 年 6 月 12 日，中船江南造船厂自主研制了世界最大箱位集装箱船——中远海运宇宙轮。宇宙轮长 400m、宽 58.6m、吃水 16m，总高 72m 相当于 24 层楼，最大载重量 19.8 万 t，设计时速每小时约 42km，可装载 21 237 个标准集装箱，达到世界最大级别。此外，宇宙轮还是具有目前世界最先进技术的智能型船舶，集合了最先进的航行控制系统、全船局域网系统及船岸卫星通信系统，可以确保船舶在全球海域安全航行和船岸信息交流。

4. 集装箱码头

与集装箱水路运输密切相关的是集装箱港口码头。集装箱水路运输的两端必须有码头，以便装船与卸船。早期的集装箱码头与件杂货码头交叉使用，即在件杂货码头的原有基础上配备少量用于装卸集装箱的机械，以处理混装的件杂货船舶上的少量集装箱。这类码头目前在我国一些中小型的沿海港口和内河港口还经常可以看到。现代化的集装箱码头已高度专业化，码头前沿岸机配置、场地机械配置、堆场结构与装卸工艺配置均完全与装卸集装箱配套。

5. 集装箱货运站

集装箱货运站在整个集装箱运输系统中发挥了承上启下的重要作用，是一个必不可少的基本要素。集装箱货运站按其所处的地理位置和职能，可分为设在集装箱码头内的货运站、设在集装箱码头附近的货运站和内陆货运站三种。集装箱货运站的主要职能与任务是：集装箱货物的承运、验收、保管与交付；拼箱货的装箱和拆箱作业；整箱货的中转；实箱和空箱的堆存和保管；票据单证的处理；运费、堆存费的结算等。

6. 集装箱卡车

集装箱卡车主要用于集装箱的公路长途运输、陆上各节点之间（如码头与码头之间、码头与集装箱货运站之间、码头与铁路办理站之间）的短驳以及集装箱的"末端运输"（将集装箱交至客户手中）。

7. 集装箱铁路专用车

集装箱铁路专用车主要用于铁路集装箱运输，主要用于集装箱的陆上中长距离运输和"陆桥运输"。

7.2.2　集装箱运输的子系统

集装箱运输的各个"基本要素",以各种不同的方式组合起来,大致可以形成以下子系统。

1. 集装箱水路运输子系统

集装箱船舶、集装箱码头与集装箱货运站等基本要素,可组合成集装箱水路运输子系统。集装箱水路运输子系统由集装箱航运系统和集装箱码头装卸系统两个次级系统组成。

2. 集装箱铁路运输子系统

集装箱铁路专用车、集装箱铁路办理站与铁路运输线等组成了集装箱铁路运输子系统。它是集装箱多式联运的重要组成部分。随着"陆桥运输"的发展,集装箱铁路运输子系统在整个集装箱多式联运中起着越来越重要的作用。

3. 集装箱公路运输子系统

集装箱卡车、集装箱公路中转站与公路网络构成了集装箱公路运输子系统。集装箱公路运输子系统在集装箱多式联运过程中能够完成短驳、串联和"末端运输"的任务。

4. 集装箱航空运输子系统

在相当长一段时期内,由于航空运输价格昂贵、运量小,集装箱的航空运输所占的份额很小。随着航空运输速度快等优越性的逐渐显现,航空集装箱运输子系统的地位正在逐渐提高。

7.3　国际集装箱运输

7.3.1　集装箱货物分类

对集装箱货物进行分类是为了反映和研究国民经济发展过程中各类货物使用运力情况,合理安排集装箱运输组织工作,合理使用各种不同的集装箱运输方式,消除和避免各种不合理运输,使运输能力得到有效、合理的使用和有计划、按比例的发展,进而充分满足国民经济各方面的运输需要,保证货物运输的安全和货物运输的质量。

1. 按装箱方式分

集装箱货物按货物的装箱方式可以分为整箱货和拼箱货两种。

(1)整箱货(Full Container Cargo Load,FCL)。它是指由发货人负责装箱、计数、填写装箱单,并由海关加铅封的货。整箱货通常只有一个发货人和收货人。整箱货的拆箱,一般由收货人办理,当然也可以由被委托的承运人在货运站拆箱,但承运人不负责箱内的货损、货差。除非货方举证确属承运人责任事故的损害,承运人才负责赔偿。承运人对整箱货以箱为交接单位。只要集装箱外表与承运人收箱时相似,铅封完整,承运人就完成了承运责任。在整箱货提运单上要加上"委托人装箱、计数并加铅封"的条款。

(2)拼箱货(Less than Container Cargo Load,LCL)。它是指装不满一整箱的小票货物。这种货物通常由承运人分别揽货并在集装箱货运站或内陆站集中,而后将两票或两

国际物流学

票以上的货物拼装在一个集装箱内，最后在目的地的集装箱货运站或内陆站拆箱分别交货。对于这种货物，承运人要负担装箱与拆箱作业，装拆箱费用仍向货方收取。承运人对拼箱货的责任，基本上与传统杂货运输的相同。

2. 按货物性质分

集装箱货物按货物性质可分为普通货物、典型货物、特殊货物。其具体划分方法及内容如下。

（1）普通货物。普通货物可称为杂货，是不需要特殊方法保管和装卸的货物。其特点是货物批量不大，品种较多。包括各种车床、纺织机械、衣服类货物等。普通货物按有无污染又可分为清洁货物和污货物两种。

1）清洁货物。它是指货物本身清洁干燥，在保管和运输时没有特殊要求，和其他货物混载时不易损坏或污染其他货物的货物，如纺织品、棉、麻、纤维制品等。

2）污货物。它是指货物本身的性质和状态容易发潮、发热、发臭等，容易对其他货物造成严重湿损、污损或熏染臭气的货物，如水泥、石墨、沥青等。

（2）典型货物。典型货物按货物性质和本身形态分类，是已包装的且需采用与该包装相适应的装载方法的货物，包括箱装货、波纹纸板箱货、捆包货、袋装货、鼓桶类货、滚筒货和卷盘货、长件货、托盘货、危险货物。典型货物的主要特点是对装卸要求较高。

1）箱装货。它主要是指用木箱装载的货物，其尺寸大小不一，从50kg以下的包装货物起到几吨重的大型机械木箱均为箱装货。通常采用木板箱、板条箱、钢丝板条箱装载。装载的货物主要是玻璃制品、电气制品、瓷器制品等。

2）波纹纸板箱货。它一般是指包装比较精细的和重量比较轻的货物，包括水果、酒、办公用品、工艺品、玩具等。

3）捆包货。它是指根据货物的品种形态需要捆包的货物，包括纤维制品、羊毛、棉花、棉布、纺织品、纸张等。

4）袋装货。它是指装在纸袋、塑料袋、布袋、麻袋内的货物。用纸袋装载的货物有水泥、砂糖；用塑料袋装载的货物有肥料、化学药品、可可、奶粉等；用麻袋装载的货物有粮食；布袋用于装载粉状货物。

5）鼓桶类货。它是指货物包装外形是圆形或鼓形的货物。其包装形态有铁桶、木桶、纸板桶等。货物包括油类、液体和粉末化学制品、酒精、糖浆等。

6）滚筒货和卷盘货。它是按货物本身形态划分的。例如，塑料薄膜、钢瓶属于滚筒货；电缆、卷纸、卷钢、钢丝绳等属于卷盘货。

7）长件货。它是指货物的外形尺度较长的货物，主要包括原木、管子、横梁以及特别长的木箱包装货物。

8）托盘货。它是指货物本身需装在托盘上的货物。

9）危险货物。它是指货物本身具有毒性、放射性、易燃性、腐蚀性、氧化性，并可能对人体的健康和财物造成损害的货物，包括毒品、散装液体化学品、爆炸品、易燃液体等。

（3）特殊货物。特殊货物是指在货物形态上具有特殊性，运输时需要用特殊集装箱装载的货物。它包括超高、超长、超宽、超重货物以及液体或气体货物、散件货物、散货物、动植物检疫货物、冷藏货物、贵重货物、易腐货物等。下面仅介绍其中部分类别的货物。

1）超高、超长、超宽和超重货物。这类货物是指货物的尺寸超过了国际标准集装箱的尺寸而装不下的货物，或单件货物重量超过了国际标准集装箱的最大载重量的货物，如动力电缆、大型或重型机械设备等。

2）液体或气体货物。液体或气体货物是指需装在桶、箱、罐、瓶等容器内进行运输的液体或气体货物，如酒精、酱油、葡萄糖、石油、胶乳、天然气等。

3）散件货物。散件货一般是指货物的尺寸和重量非常大，在一个集装箱内装不下的货物，或因货物的尺寸和重量，不能装在一个集装箱内，必须把几个集装箱合起来一起装才能运输的货物。

4）散货物。散货物是指散装在舱内无包装的货物，包括盐、谷物、煤炭、矿石、麦芽、树脂、粘土等。

3. 按货物是否适合装箱分

（1）适合装箱货物。适合装箱货物是指货物的尺寸、容积和重量都适合装箱的货物。这类货物通常具有装箱效率高、不易受损坏和不易被盗窃的特点。适宜装箱的货物有食品、医药品、纤维制品、家用电器、缝纫机、摩托车、机械、玩具、兽皮、纸浆、木工制品、橡胶制品、电缆、金属制品等。

（2）不适合装箱货物。不适合装箱货物是指从技术上看包装和装箱有困难且不经济，货物的性质、体积、重量、形状等不适宜装箱的货物。例如，尺寸较大超过了集装箱内部尺寸和门框尺寸，或货物重量超过了集装箱最大载重量而无法装箱的货物，包括矿砂、砖瓦、原油、管子、大型机械设备等。

7.3.2　集装箱选择

选择适用的集装箱能够充分利用集装箱的容积和重量，减少货损。按货物的种类、性质、体积、重量、形状来选择合适的集装箱是十分必要的。不同货物对集装箱的适用性如表7-2所示。

表7-2　不同货物对集装箱的适用性

集装箱种类	适用的货物种类
杂货集装箱	清洁货、污货、箱装货、危险货、滚筒货、卷盘货等
开顶集装箱	超高货、超重货、长件货、轻泡货、玻璃板、污货等
台架式集装箱	超高货、超重货、袋装货、捆装货、长件货、箱装货等
散货集装箱	散货、污货、易腐货等
平台集装箱	超重货、超宽货、长件货、散件货、托盘货等
通风集装箱	冷藏货、动植物检疫货、易腐货、托盘货等
动物集装箱	动植物检疫货
罐式集装箱	液体货、气体货等
冷藏集装箱	冷藏货、危险货、污货等

目前常用的集装箱有杂货集装箱、开顶集装箱、台架式集装箱、平台集装箱、冷藏集装箱、散货集装箱、通风集装箱、动物集装箱、罐式集装箱、车辆集装箱、贵重金属

集装箱、抽屉式集装箱、隔板式集装箱等。

普通货物适用的集装箱有杂货集装箱、开顶集装箱、通风集装箱、台架式集装箱、散货集装箱等。

因难以从箱门进行装卸而需要从箱顶进行装卸作业的货物、超高货物、玻璃板、胶合板、一般机械和长尺度货物等适用开顶式集装箱。

麦芽、大米等谷物类货物，干草块、原麦片等饲料，树脂、硼砂等化工原料，适用散货集装箱。

肉类、蛋类、奶制品、冷冻鱼肉类、药品、水果、蔬菜适用冷藏集装箱和通风集装箱。

超重、超高、超长、超宽货物适用开顶集装箱、台架式集装箱和平台集装箱。

兽皮、食品类容易引起潮湿的货物适用通风集装箱。

酱油、葡萄糖、食油、啤酒类、化学液体和危险液体适用罐式集装箱。

猪、羊、鸡、鸭、牛、马等家禽家畜适用动物集装箱。

摩托车、小轿车、小型卡车、各种叉式装卸车、小型拖拉机等适用车辆集装箱。

铝、铜等较为贵重的货物适用贵重金属专用集装箱。

散件货物适用台架式集装箱、平台集装箱。

弹药、武器、仪器、仪表适用抽屉式集装箱。

以上按货物种类选择集装箱的方法是从货物本身的特点来考虑的。实际上也可从集装箱对货物的适应性角度，表明不同货物对集装箱的适用性。

7.3.3 集装箱运输方式

在集装箱运输中，根据实际交接地点不同，集装箱货物的交接有多种方式。在不同的交接方式中，集装箱运输经营人与货方各自承担的义务、责任不同，集装箱运输经营人的运输组织内容、范围也不同。下面从装箱方式、货流组织形式、交接地点和交接方式来说明集装箱运输方式的选择。

1. 装箱方式

集装箱整箱货和拼箱货的不同，产生了整箱装和拼箱装两种不同的货物装箱方式及集散方式。

（1）整箱装。货主向承运人或租赁公司租用一定的集装箱。空箱运到工厂仓库后在海关人员的监管下，货主把货装入箱内，加锁铅封后，交承运人并取得站场收据，最后凭收据换取提单或运单。

（2）拼箱装。承运人接受货主托运的数量不足整箱的小票货后，根据货类性质和目的地进行分类整理，把去同一目的地的货集中到一定数量后拼装入箱。

2. 集装箱货流组织形式

1）拼箱货装，整箱货拆。

2）拼箱货装，拼箱货拆。

3）整箱货装，整箱货拆。

4）整箱货装，拼箱货拆。

从四种货流组织形式来看，第一种是把几个发货人的货物拼箱装货，然后发给一个收货人整箱拆货，即装货时是拼箱货集装箱，交货时是整箱货集装箱。第二种是不同的发货人发货给不同的收货人，即装货时是拼箱货集装箱，交货时也是拼箱货集装箱。第三种是一个发货人发货给一个收货人，即装货时是整箱货集装箱，交货时也是整箱货集装箱。第四种是一个发货人发货给几个人收货人，即装货时是整箱货集装箱，交货时是拼箱货集装箱。

3. 集装箱货物的交接地点

（1）集装箱码头堆场（Container Yard，CY）。集装箱码头堆场包括集装箱前方堆场（Marshalling Yard）和集装箱后方堆场（Container Yard）。集装箱前方堆场在集装箱码头前方，是为加速船舶装卸作业暂时堆放集装箱的场地。集装箱后方堆场是重箱或空箱进行交接、保管和堆存的场所。有些国家对集装箱堆场并不分前方堆场或后方堆场，将其统称为堆场。集装箱后方堆场是集装箱装卸区的组成部分。在集装箱码头堆场交接的货物都是整箱交接。在发货港集装箱码头堆场交接意味着发货人自行负责装箱及集装箱到发货港集装箱码头堆场的运输。在卸货港集装箱码头堆场交接意味着收货人自行负责集装箱货物到最终目的地的运输和拆箱。

（2）集装箱货运站（Container Freight Station，CFS）。集装箱货运站是处理拼箱货的场所。它在办理拼箱货的交接、配积载后，将集装箱送往集装箱堆场。它还接受集装箱堆场交来的进口货箱，并对其进行拆箱、理货、保管，最后拨交给收货人。从集装箱货运站的任务看，它实际上起到了货物的集中、疏散的作用。集装箱货运站一般包括集装箱装卸港的市区货运站，内陆城市、内河港口的内陆货运站和中转站。在集装箱货运站交接的货物都是拼箱交接。在启运地集装箱货运站交接意味着发货人自行负责将货物送到集装箱货运站。在到达地集装箱货运站交接意味着收货人自行到集装箱货运站提取货物并负责提货后的事宜。

（3）发货人或收货人的工厂或仓库（即门：Door）。在发货人或收货人的工厂或仓库交接的货物都是整箱交接，一般意味着发货人或收货人自行负责装箱或拆箱。

4. 集装箱货物的交接方式

以上三种交接地点可两两组合派生出九种交接方式，如图 7-1 所示。

（1）门到门（Door to Door）交接方式。发货人（一般是货物批量较大、能装满一箱的货主）把空箱拉到自己的工厂或仓库装箱后，由海关在工厂或仓库内加封验收。运输经营人在发货人工厂或仓库整箱接货，然后把重箱运到集装箱码头堆场，等待装船。在目的港，由运输经营人负责把货物运到收货人的工厂或仓库整箱交货，收货人在其工厂或仓库整箱接货。因此，门到门的集装箱运输一般均为整箱货运输，运输经营人负责全程运输。

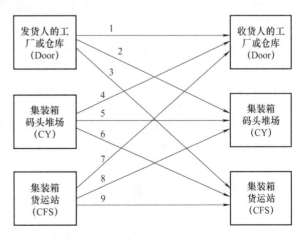

图 7-1　集装箱货物的交接方式

（2）门到场（Door to CY）交接方式。发货人负责装箱并在其工厂或仓库整箱交货。运输经营人在发货人工厂或仓库整箱接货，并负责运抵卸货港，在集装箱堆场整箱交货。收货人负责在卸货港集装箱堆场整箱提货。这种交接方式表示承运人不负责目的地的内陆运输。在这种交接方式下，货物交接也都是整箱交接。

（3）门到站（Door to CFS）交接方式。发货人负责装箱并在其工厂或仓库整箱交货。运输经营人在发货人工厂或仓库整箱接货，并负责运抵卸货港集装箱货运站，经拆箱后按件向各收货人交付。在这种交接方式下，运输经营人一般以整箱形态接受货物，以拼箱形态交付货物。

（4）场到门（CY to Door）交接方式。发货人负责装箱并运至装货港集装箱堆场整箱交货。运输经营人在装货港集装箱堆场整箱接货，并负责运抵收货人工厂或仓库整箱交货。收货人在其工厂或仓库整箱接货。在这种交接方式下，货物交接也都是整箱交接。

（5）场到场（CY to CY）交接方式。发货人负责装箱并运至装货港集装箱堆场整箱交货。运输经营人在装货港集装箱堆场整箱接货，并负责运抵卸货港集装箱堆场整箱交货。收货人负责在卸货港集装箱堆场整箱提货。在这种交接方式下，货物的交接形态一般都是整箱交接，运输经营人不负责内陆运输。

（6）场到站（CY to CFS）交接方式。发货人负责装箱并运至装货港集装箱堆场整箱交货。运输经营人在装货港集装箱堆场整箱接货，并负责运抵卸货港集装箱货运站，拆箱后按件交货。收货人负责在卸货港集装箱货运站按件提取货物。在这种交接方式下，运输经营人一般以整箱形态接受货物，以拼箱形态交付货物。

（7）站到门（CFS to Door）交接方式。发货人负责将货物运至集装箱货运站按件交货。运输经营人在装货港集装箱货运站按件接受货物并装箱，负责运抵收货人工厂或仓库整箱交货。收货人在其工厂或仓库整箱接货。在这种交接方式下，运输经营人一般以拼箱形态接受货物，以整箱形态交付货物。

（8）站到场（CFS to CY）交接方式。发货人负责将货物运至集装箱货运站按件交货。运输经营人在装货港集装箱货运站按件接受货物并装箱，负责运抵卸货港集装箱堆场整箱交货。收货人负责在卸货港集装箱堆场整箱提货。在这种交接方式下，运输经营人一般以拼箱形态接受货物，以整箱形态交付货物。

（9）站到站（CFS to CFS）交接方式。发货人负责将货物运至集装箱货运站按件交货。运输经营人在集装箱货运站按件接受货物并装箱，负责运抵卸货港集装箱货运站，拆箱后按件交货。收货人负责在卸货港集装箱货运站按件提取货物。在这种交接方式下，货物的交接形态一般都是拼箱交接。

在实践中船方或船代时常会让货主或货代把货直接送往船边交接货物。如果加上实践中时常出现的装运港船边交接货物，则交接方式共有 16 种。

7.4　国际多式联运

我国的国际多式联运还需要做强做大。《关于推动物流高质量发展促进形成强大国内市场的意见》（发改经贸〔2019〕352 号）文件指出："推进多式联运发展。总结多式联运示范工程工作经验，研究制定统一的多式联运服务规则，完善多式联运转运、装卸场站等物流设施标准，力争在货物交接、合同运单、信息共享、责任划分、货损理赔等方面实现突破。加快建设多式联运公共信息平台，促进货源与公铁水空等运力资源有效匹配，降低车船等载运工具空驶率。依托国家物流枢纽网络开发'一站式'多式联运服务产品，加快实现集装箱多式联运'一单制'。研究在适宜线路开展驮背运输。发展海铁联运班列。在保障安全的前提下，积极推动 LNG 罐箱多式联运。"

7.4.1　多式联运的概念

1. 多式联运的定义

多式联运是联运经营人根据单一的联运合同，使用两种或两种以上的运输方式，负责将货物从指定地点运至交付地点的运输。一般来讲，构成多式联运应具备下面六个主要条件。

1）必须具有一个多式联运合同。

2）必须使用一份全程的多式联运单据（多式联运提单、多式联运运单等）。

3）在全程运输过程中必须至少使用两种不同的运输方式，而且是两种或两种以上运输方式的连续运输。

4）必须使用全程单一费率。

5）必须有一个多式联运经营人对货物的运输全程负责。

6）如果是国际多式联运，则多式联运经营人接受货物的地点与交付货物的地点必须属于两个国家。

2. 多式联运的构成要素

（1）多式联运经营人。多式联运经营人一般是指经营多式联运业务的企业或机构。《联合国国际货物多式联运公约》中对国际多式联运经营人的定义是："多式联运经营人是指其本人或通过其代表订立多式联运合同的任何人，他是事主，而不是发货人的代理人或代表或参加多式联运的承运人的代表人或代表，并且负有履行合同的责任。"

我国规定联运企业是运输代理企业，属交通运输部门。

（2）多式联运合同。多式联运合同一般是指货物托运人（旅客）与多式联运经营人就运输对象全程联运达成的协议。

《联合国国际货物多式联运公约》对国际多式联运合同的规定是："多式联运合同是指多式联运经营人凭以收取运费、负责完成或组织完成国际多式联运的合同。"在国际上，这种合同一般是不要式（没有书面文本）的，是以多式联运单据（多式联运提单）来证明的。

在国内联运中，由委托单位和管理单位办理的"全国联运行业统一委托书"或联运企业签发的"联运运单"本身就是多式联运合同。其中，前者属于协作式多式联运合同，是由政府部门协调下的两个或两个以上不同运输方式的承运人为一方、托运人为一方订立的合同，后者是多式联运企业的托运人订立的，属于衔接式联运合同，与国际多式联运合同相似。

（3）多式联运单据（票据）。在国际多式联运中，多式联运单据是指"证明多式联运合同，以及证明多式联运经营人接受货物并按合同条款交付货物的单证"，一般被称为多式联运提单。

在国内的多式联运中，货物可以是各种类别，可以分别按整车、零担或集装箱方式组织运输。可能使用的不同运输方式对整车或零担货各有不同要求。

在铁路运输中，一批货物的重量、体积和形状需要以一辆30t以上货车运输的按整车货运输，不够该条件的按零担货物托运。每批零担货物不得超过3件，每件体积不得小于0.02m³。

在公路运输中，一次托运3t以上的为整车运输，不足3t的为零担或拼装运输。零担货每件重量以小于40kg为宜，以不超过250kg为限，超过250kg的为大件货物。

在水路运输中，一票托运5t以上的为整批运输，不足5t的为零担货物。凡货物每件重量超过1t或长度超过7m的为超重或超长货物。

7.4.2 多式联运的特征

1. 多式联运的特点

（1）根据多式联运的合同进行操作，运输全程中至少使用两种运输方式，而且是不同方式的连续运输。

（2）多式联运的货物主要是集装箱货物，具有集装箱运输的特点。

（3）多式联运是一票到底，实行单一费率的运输。发货人只要订立一份合同、一次付费、一次保险，通过一张单证即可完成全程运输。

（4）多式联运是不同方式的综合组织，全程运输均是由多式联运经营人组织完成的。无论涉及几种运输方式、分为几个运输区段，多式联运经营人都要对全程负责。

（5）货物全程运输是通过多式联运经营人与各种运输方式、各区段实际承运人订立分运或分包合同来完成的，各区段承运人对其所承担区段的货物运输负责。

（6）在启运地接管货物，在最终目的地交付货物及全程运输中各区段的衔接工作，由多式联运经营人的分支机构（代表）或委托的代理人完成。这些代理人及承担各项业务的第三者对自己承担的业务负责。

（7）多式联运经营人可以在全世界运输网中选择适当的运输路线、运输方式和各区段的实际承运人，以降低运输成本，提高运达速度，实现合理运输。

2. 多式联运的优点

国际多式联运的产生和发展是国际货物运输组织的革命性变化。随着集装箱运输的发展，以多式联运形式运输的货物越来越多。到目前为止，发达国家大部分国际贸易的货物运输已采用多式联运的形式，各发展中国家采用多式联运形式运输货物的比例也以较大的速度增长。可以说，集装箱货物多式联运已成为国际货物运输的主要形式，与传统运输相比较具有许多优点。

（1）统一化，简单化。国际多式联运的统一化和简单化主要表现在：不论运输全程有多远，不论由几种方式共同完成货物运输，也不论全程分为几个运输区段、经过多少次转换，所有一切运输事项均由多式联运经营人负责办理，货主只需办理一次托运，订立一份运输合同，投保一次保险。在运输过程中发生货物的灭失和损害时，由多式联运经营人负责处理。国际多式联运采用一张单证、单一费率，大大简化了运输和结算手续。

（2）减少中间环节，提高运输质量。多式联运以集装箱为运输单元，可以实现
"门到门"的运输，尽管在运输途中可能会多次换装、过关，但由于不需要掏箱、装
箱、逐件理货，只要保证集装箱外表状况良好、铅封完整即可免检放行，从而大大减少
了中间环节。尽管货物运输全程要进行多次装卸作业，但由于其使用专用机械设备且不
直接涉及箱内货物，货损、货差事故、货物被盗的可能性大大减少，从而有效地提高了
运输质量，保证了货物安全、迅速、准确、及时地运抵目的地。

（3）降低运输成本，节约运杂费用。在多式联运全程运输中各区段运输和各区段
的衔接是由多式联运经营人与各实际承运人订立分运合同和与各代理人订立委托合同
（包括其他有关人和有关合同）来完成的。多式联运经营人与这些人一般都订有长期的
协议。这类协议一般规定多式联运经营人要保证托运一定数量的货物或委托一定量的业
务，而对方则给予其优惠的运价或较低的佣金。对于货主来讲，一是可以得到优惠的运
价；二是在多式联运下，一般将货物交给第一（实际）承运人后即可取得运输单证，
并可据此结汇（结算货款）；三是由于采用集装箱运输，可以节省货物的运输费用和保
险费用。

（4）扩大运输经营人业务范围，提高运输组织水平，实现合理运输。在多式联运
开展以前，各种运输方式的经营人都是自成体系、独立运输的，因而其经营业务的范围
（特别是空间地域范围）受到很大限制，只能经营自己运输工具能够（指技术和经济方
面）抵达的范围的运输业务，货运量也因此受到限制。一旦发展成为多式联运经营人或
多式联运的参加者（实际承运人），其经营的业务范围即可得到较大的扩展。

7.5　大陆桥运输

7.5.1　大陆桥运输的定义

1. 定义

大陆桥运输（Land Bridge Transport），是指使用横贯大陆的铁路、公路运输系统为
中间桥梁，把大陆两端的海洋连接起来的运输方式。从形式上看，它是海陆海的连贯运
输，但在实际做法上其已在世界集装箱运输和多式联运的实践中发展得多种多样。

大陆桥运输一般都是以集装箱为媒介的。大陆桥运输中途要经过多次装卸，如果采
用传统的海陆联运，不仅增加运输时间，而且大大增加装卸费用和货损货差。以集装箱
为运输单位可大大简化理货、搬运、储存、保管和装卸等操作环节，同时集装箱是经海
关关封的，中途不用开箱检验，并且可以迅速地直接转换运输工具。因此，集装箱是开
展大陆桥运输媒介的最佳选择。

2. 背景

大陆桥运输是集装箱运输开展以后的产物。它出现于 1967 年，当时苏伊士运河封
闭、航运中断，巴拿马运河堵塞，远东与欧洲之间的海上货运船舶不得不改道绕航非洲
好望角或南美，致使航程距离和运输时间倍增，加上油价上涨导致航运成本猛增。而当
时正值集装箱运输兴起，在这种历史背景下，大陆桥运输应运而生。从远东港口至欧洲
的货运于 1967 年底首次开辟使用了美国大陆桥运输路线，把原来的全程海运改为海陆

国际物流学

海运输方式，结果取得了较好的经济效果，达到了缩短运输里程、降低运输成本、加速货物运输的目的。

7.5.2 大陆桥运输的种类

大陆桥运输在现阶段，主要有以下几种大陆桥。

1. 西伯利亚大陆桥

西伯利亚大陆桥是利用俄罗斯西伯利亚铁路作为陆地桥梁，把太平洋远东地区与波罗的海和黑海沿岸以及西欧大西洋口岸连起来。此条大陆桥运输线东自符拉迪沃斯托克（原名海参崴）的纳霍特卡港口起，横贯亚欧大陆，至莫斯科，然后分三路：一路自莫斯科至波罗的海沿岸的圣彼得堡港，转船往西欧、北欧港口；一路从莫斯科至俄罗斯西部国境站，转欧洲其他国家铁路（公路）直往欧洲各国；一路从莫斯科至黑海沿岸，转船往中东、地中海沿岸。因此，从远东地区至欧洲通过西伯利亚大陆桥有海-铁-海、海-铁-公路和海-铁-铁三种运送方式。

从 20 世纪 70 年代初以来，西伯利亚大陆桥运输发展很快。目前，它已成为远东地区往返西欧的一条重要运输路线。日本是利用此条大陆桥的最大客户。在 20 世纪 80 年代，其利用此大陆桥运输的货物数量每年都在 10 万个 TEU 以上。为了缓解运力紧张情况，苏联又建成了第二条西伯利亚铁路。

2. 北美大陆桥

（1）北美大陆桥的概念。北美的加拿大和美国都有一条横贯东西的铁路（公路）大陆桥，它们的线路基本相似，其中美国大陆桥的作用更为突出。

（2）美国的两条大陆桥运输线。美国有两条大陆桥运输线。一条是从西部太平洋口岸至东部大西洋口岸的铁路（公路）运输系统，全长约 3200km；另一条是从西部太平洋口岸至南部墨西哥湾口岸的铁路（公路）运输系统，全长 500～1000km。

（3）美国的小陆桥（Mini Land Bridge）与微型陆桥（Micro Land Bridge）。美国的大陆桥运输由于东部港口拥挤等原因处于停顿状态，但在大陆桥运输的过程中，派生并形成了小陆桥和微型陆桥运输方式。

所谓小陆桥运输，也就比大陆桥的海-陆-海方式缩短了一段海上运输，成为海-陆或陆-海方式。例如，从远东至美国东部大西洋口岸或美国南部墨西哥湾口岸的货运，由原来的全程海运改为由远东装船运至美国西部太平洋口岸，转装铁路（公路）专用车运至东部大西洋口岸或南部墨西哥湾口岸，以陆上铁路（公路）为桥梁把美国西海岸与东海岸和墨西哥湾连起来。

微型陆桥运输比小陆桥运输更短一段。由于它没有通过整条陆桥，而只利用了部分陆桥，故又被称为半陆桥运输，是指海运加一段从海港到内陆城乡的陆上运输或相反方向的运输方式。微型陆桥运输近年来发展非常迅速。

3. 美国的 OCP 运输条款

为了促进美国运输业的均衡发展，对于从远东至美国的大陆桥运输，美国政府专门制定了一个所谓的 OCP 运输政策，简称"OCP 运输条款"。

"OCP"是 Overland Common Points 的缩写，意为"内陆公共点地区"，简称"内陆地区"。其含义是：根据美国费率规定，以美国西部九个州为界，即以洛矶山脉为界，其以东地区均为内陆地区范围，这个范围很广，约占美国全国 2/3 的地区。按 OCP 运输条款的规定，凡是经过美国西海岸港口转往上述内陆地区的货物，如按 OCP 运输条款运输，就可享受比一般直达西海岸港口的货物优惠的内陆运输费率，一般低 3% ~ 5%。相应地，凡从美国内陆地区启运经西海岸港口装船出口的货物同样可按 OCP 运输条款办理。同时，按 OCP 运输条款，尚可享受比一般正常运输低的优惠海运运费，每吨约低 3 ~ 5 美元。美国班轮公司给予货方的运输优惠待遇，最终从美国政府的运输政策补贴中获得回报。美国政府的这一政策既可促进其海运业的发展，还可以促进其铁路运输业和公路运输业的发展。

采用 OCP 运输条款必须满足以下条件：

1）货物最终目的地必须在 OCP 地区范围内，这是签订运输条款的前提。

2）货物必须经由美国西海岸港口中转。因此，在签订贸易合同时，有关货物的目的港应规定为美国西海岸港口，即为 CFR 或 CIF 美国西海岸港口条件。

3）在提单备注栏内及货物唛头上应注明最终目的地为 OCP ××城市。

4. 新亚欧大陆桥

1990 年 9 月 11 日，我国陇海—兰新铁路的最西段乌鲁木齐至阿拉山口的北疆铁路与苏联土西铁路接轨，第二条亚欧大陆桥运输线全线贯通，并于 1992 年 9 月正式通车。此条运输线东起我国连云港，西至荷兰鹿特丹，跨亚欧两大洲，连接太平洋和大西洋，穿越中国、哈萨克斯坦、俄罗斯与第一条运输线重合，经白俄罗斯、波兰、德国到荷兰辐射 20 多个国家和地区，全长 1.08 万 km，在我国境内全长 4134km。这条运输线与第一条运输线相比，总运距缩短 2000 ~ 2500km，可缩短运输时间 5 天，减少运费 10% 以上。

7.5.3　我国大陆桥运输

我国的大陆桥现在有西伯利亚大陆桥和新亚欧大陆桥。从 1980 年起，由我国最大的货运代理企业——中国外运为境内外客户办理中国往返西北欧各国的大陆桥集装箱运输业务，全国除西藏、台湾、海南外，其余均已开办了大陆桥运输业务，并且在上海、天津、北京、江苏、辽宁等省市开办了拼箱货运业务。中国外运还在一些口岸和城市建立了铁路集装箱中转点，办理集装箱的装卸、发运、装箱和拆箱业务。

随着"一带一路"倡议和构建人类命运共同体的提出，我国大陆桥运输快速发展。我国开通的中欧班列，2018 年共开行 6300 列，同比增长 72%；其中返程班列 2690 列，同比增长 111%。中欧铁路运输现有西、中、东三条通道。

（1）西通道。一是由新疆阿拉山口（霍尔果斯）口岸出境，经哈萨克斯坦与俄罗斯西伯利亚铁路相连，途经白俄罗斯、波兰、德国等，通达欧洲其他各国。二是由霍尔果斯（阿拉山口）口岸出境，经哈萨克斯坦、土库曼斯坦、伊朗、土耳其等，通达欧洲各国；或经哈萨克斯坦跨里海，进入阿塞拜疆、格鲁吉亚、保加利亚等，通达欧洲各国。三是由吐尔尕特（伊尔克什坦）口岸出境，与规划中的中吉乌铁路等连接，经吉尔吉斯斯坦、乌兹别克斯坦、土库曼斯坦、伊朗、土耳其等，通达欧洲各国。

（2）中通道。由内蒙古二连浩特口岸出境，经蒙古国与俄罗斯西伯利亚铁路相连，通达欧洲各国。

国际物流学

（3）东通道。由内蒙古满洲里（黑龙江绥芬河）口岸出境，接入俄罗斯西伯利亚铁路，通达欧洲各国。

中欧班列通道不仅连通欧洲及沿线国家，也连通东亚、东南亚及其他地区；不仅是铁路通道，也是多式联运走廊，将成为我国大陆桥运输的大通道。

本章小结

本章主要介绍了集装箱在第二次世界大战后的产生与发展，以及集装箱的定义、标准和整箱货、拼箱货的集装箱货物分类，分析了集装箱运输的特点及优越性，说明了集装箱系统的构成，介绍了集装箱运输的不同装箱方式及各种交接方式；在此基础上，介绍了国际多式联运的产生与发展，以及构成多式联运的条件、国际多式联运的特征及赔偿责任制度；并介绍了大陆桥运输及美国 OCP 运输条款的使用，特别是我国大陆桥的状况及使用，以及中欧班列。

[案例讨论]

集装箱运输货损当事人赔偿责任的确定

A 公司（以下称发货人 A）委托一家国际货运代理公司（以下称货代 B）将装载布料的六个集装箱托运到香港装船去西雅图港，集装箱在西雅图港卸船后再通过铁路运抵交货地（底特律）。

该批出口布料由货代 B 出具全程提单，提单记载装船港香港、卸船港西雅图、交货地底特律，运输条款 CY-CY，同时记载了"由货主装载、计数"的批注。集装箱在香港装船后，船公司又签发了以货代 B 为托运人的海运提单，提单记载装船港香港、卸船港西雅图，运输条款 CY-CY。集装箱在西雅图港卸船时，在六个集装箱中有三个外表状况有较严重破损，货代 B 在西雅图港的代理和船方代理对此破损做了记录并在破损记录上共同签名。三个集装箱在运抵底特律后，收货人开箱时发现外表有破损的集装箱内的布料已严重受损，另外的集装箱尽管箱子外表状况良好，但箱内布料也有不同程度受损。此后，收货人因货损与发货人 A、货代 B、船公司发生了争执。

关于本案中集装箱货损责任的确定，发货人 A 根据有关国际货运条约、惯例以及货代 B、船公司签发的提单所记载的运输条款，认为自己没有任何责任，责任应该由货代 B 和船公司承担，并且三方各自的责任应该如下认定。

1. 发货人 A 的责任

在本案中，发货人 A 不应承担责任。理由是：在集装箱整箱运输条件下，其交接双方责任是"以集装箱外表状况是否良好，海关关封是否完整"来确定的，在本案中，当发货人将装载的集装箱交由货代公司安排托运至香港装船时，货代公司并未对集装箱外表状况提出异议，并且货代公司所签发的提单属于清洁提单，因而应认定发货人交运的货物状况良好，并且在集装箱运输下，对承运人责任期限的规定是"从接受货物时起，至交付货物为止"。提单记载的运输条款是 CY-CY，说明发货人与承运人对集装箱的交接责任以出口国 CY 大门为界，既然集装箱进 CY 大门时其外表状况未有任何批注，那么可认定发货人完好交货，其责任即告终止。因此，发货人 A 不承担货损责任。

2. 货代 B 的责任

在本案中，货代 B 应对外表状况良好但箱内布料有损害的集装箱负赔偿责任。根据 1968 年的《海牙—维斯比规则》，"提单签发人应对全程运输承担责任，如无法确定货损原因、货损区段，此项赔偿可以依据海上法规"，在本案中，箱子外表状况良好，海关关封完整，但箱内货物已受损，无法确定责任方、货损原因、货损区段。此时，货代 B 应对这些集装箱承担责任。

3. 船公司的责任

在本案中，船公司应承担三个外表有破损的集装箱内的布料损害赔偿。其理由如下：船公司签发的是海运提单，而货代 B 签发的是全程提单，因此船公司是货物的实际承运人，按货代 B 的要求完成海上运输。六个集装箱在香港装船时，船公司对六个集装箱的外表状况并没有做任何批注，则可以认定是在完好的状态下接箱，但在西雅图港卸船交货时却发现其中三箱已形成箱损，这在一定程度上可认定箱损发生在海上运输区段。

问题：

发货人 A 认为自己没有任何责任，责任都在货代 B 和船公司，这样对吗？其理由成立吗？为什么？

思考题

1. 集装箱运输有哪些特点？有哪些优越性？
2. 集装箱货物的交接方式有几种？交接双方的责任怎样划分？
3. 集装箱货物按货物性质分为哪几种？特殊货物包括哪些？
4. 多式联运经营人是如何产生的？
5. 构成多式联运应具备几个主要条件？
6. 分别指出多式联运的特点和优点有哪些？
7. 世界上有几条大陆桥运输？
8. 美国政府的 OCP 运输政策有什么作用？使用中应该注意什么？
9. 参观集装箱货运站或堆场后，试述集装箱运输的运作过程。

练习题

一、单项选择题

1. 下面哪种交接方式为整箱货的交接方式？ （   ）

A. CFS to CFS　　B. CY to CY　　C. CY to CFS　　D. CFS to CY

2. 集装箱运输下承运人的责任期限是（   ）。

A. 装上船—卸下船　　　　　　　　B. 船舷—船舷

C. 仓库—仓库　　　　　　　　　　D. 接收货—交付货

3. 集装箱拼箱货通常的交接条款为（   ）。

A. CY　　　　　　B. CFS　　　　　　C. Door　　　　　　D. Hook

4. 在定期船的集装箱整箱货运输的情况下，通常的交接条款为（   ）。

A. CY　　　　　　B. CFS　　　　　　C. Door　　　　　　D. Hook

国际物流学

5. CY-CY 集装箱运输条款是指(　　)。

A. 一个发货人、一个收货人　　　　　　B. 多个发货人、多个收货人

C. 一个发货人、多个收货人　　　　　　D. 多个发货人、一个收货人

6. 多式联运经营人对货物承担的责任期限是(　　)。

A. 自己运输区段　　　　　　　　　　　B. 全程运输

C. 实际承运人运输区段　　　　　　　　D. 第三方运输区段

7. 作为一种运输工具的货物集装箱至少要有(　　)以上的容积。

A. 5m³　　　　　　B. 8m³　　　　　　C. 3m³　　　　　　D. 1m³

8. 下列联运形式中不属于多式联运的是(　　)。

A. 海陆联运　　　　　　　　　　　　　B. 陆桥运输

C. 海空联运　　　　　　　　　　　　　D. 连贯运输

9. 世界大陆桥运输中经过中国东中西三大地区的是(　　)。

A. 西伯利亚大陆桥　　　　　　　　　　B. 北美大陆桥

C. 新亚欧大陆桥　　　　　　　　　　　D. 美国的 OCP 条款

10. 新亚欧大陆桥东起中国的连云港依次途经中国的(　　)，从新疆的阿拉山口出境至欧洲主要港口。

A. 江苏　河南　陕西　甘肃　青海　新疆

B. 江苏　河南　陕西　青海　甘肃　新疆

C. 山东　山西　河南　青海　甘肃　新疆

D. 山东　河南　山西　甘肃　青海　新疆

二、判断题

1. 拼箱货装箱时，不同形状不同包装的货物尽可能不装在一起。　　　　　(　　)

2. 多式联运就是两种或两种以上运输方式的联合运输。　　　　　　　　　(　　)

3. 多式联运经营人的赔偿责任主要采用统一责任制。　　　　　　　　　　(　　)

4. 集装箱货物交接类型有两种，交接方式有九种。　　　　　　　　　　　(　　)

5. 在拼箱货运输下，如承运人未按提单记载数量、状况交货，收货人即可向承运人索赔。　　　　　　　　　　　　　　　　　　　　　　　　　　　　　　(　　)

6. 多式联运经营人在接收货物后即可签发多式联运单据。　　　　　　　　(　　)

7. 多式联运经营人必须对货物的全程运输负责。　　　　　　　　　　　　(　　)

8. 国际多式联运的一个优点是发货人可以提早结汇。　　　　　　　　　　(　　)

9. 实行单一运费率是国际多式联运的特征之一。　　　　　　　　　　　　(　　)

10. 在集装箱整箱货运输下，承运人只要在箱子外表状况良好、海关关封完整下接货，交货时即使箱内货发生灭失或损害，承运人也不承担任何赔偿责任。　　　(　　)

11. 分段运输就是多式联运。　　　　　　　　　　　　　　　　　　　　　(　　)

12. 国际多式联运所运输货物必须是集装箱货物，不可以是一般的散杂货物。

　　　　　　　　　　　　　　　　　　　　　　　　　　　　　　　　　(　　)

13. 目前国际上对于多式联运经营人的责任形式大多采用的是网状责任制。(　　)

14. 国际多式联运是随着集装箱运输发展起来的新型运输方式。　　　　　(　　)

15. 国际多式联运的货主只需办理一次委托、支付一笔运输费用。　　　　(　　)

三、案例研讨

集装箱船舶的超大型化趋势

背景 1：马士基等 7 巨头宣布集装箱船将进入 40 000TEU 时代！

2017 年，随着"商船三井成就"轮交付下水，航运业集装箱船进入了 20 000TEU 时代。但随着"马士基马德里"轮和"东方香港"轮交付下水，全球最大集装箱船规模很快再被刷新，然而仅仅达到 21 413TEU。但 35 000TEU 甚至 40 000TEU 时代就要来了！

2017 年 6 月 19 日，MSK、MSC、CMA CGM、Amazon、Alibaba、Citibank、Allianz 七巨头（以下简称 MMCCAACA）联合宣布将打造 35 000 ~ 40 000TEU 的 Marias-Max 型最新集装箱船，投放到选定的太平洋航线提供服务，以代替 20 000TEU 的集装箱船。根据 MMCCAACA 的说法，Mariana-Max 集装箱船能帮助货主降低 20% 的运输成本。40 000TEU 的集装箱船是什么概念呢？以我国自主首造的 20 000TEU "中远海运金牛座"来比较，"中远海运金牛座"总长约 400m，型宽 58.6m，型深 30.5m。这又是多大呢？相当于 3 个 FIFA 国际足球场、5 架 A380 空客飞机，甲板可停放约 34 列和谐号 CRH3。10 年前的马六甲型船舶，现在都只被投放在小支线航线，如佛罗里达州和古巴之间的航线。近年来，由于全球贸易低迷，MMCCAACA 已经大大降低其大部分航线的挂靠频率至 90 天挂靠一次（低于 80 天挂靠一次的标准）。据了解，环保高效型 Mariana-Max 集装箱船时速预计达到每小时 100 英里（1 英里 = 1609.344 米），新型动力引擎几乎不消耗燃料。根据世界银行近期估计，港口基础设施投资占世界运输资产估值的 95%。此外，海运费用占其货物最终价值的 0.001%（不包括平均 99.9994% 的补贴）。经济学家相信，成本降低将最终增加货物的数量。Mariana-Max 集装箱将进一步提高海运的成本效益，从而促进贸易便利化。

背景 2：2017 年麦肯锡预测集装箱船运力会突破 50 000TEU

2017 年 10 月，麦肯锡发布了一份关于 50 年后的集装箱海运报告，预计船舶将全面自动化，并且能够承载 50 000TEU。麦肯锡预测，2067 年，自动化的 50 000TEU 船只将穿梭在各个海洋，集装箱海运贸易量是今天的 2 ~ 5 倍。麦肯锡认为，在规模方面，像目前 MSC 和 CMA CGM 正在建设的 22 000TEU 船舶的破纪录数据可能会相对较少。总的来说，没有证据表明 20 000TEU 级的集装箱船是一个自然终点，在未来的半个世纪里，50 000TEU 的数量并不是不可想象的。然而，进展可能会比过去十年慢得多：产能过剩意味着新订单增长将在未来五到十年内变慢。只有当需求能够填补大型船只时，较低的单位成本才能实现，而近期还没有发生过。但是如果需求紧张，那么 21 世纪 20 年代初期的规模可能会有所下降，规模的逻辑将再次推动大型船舶的订单。麦肯锡承认，随着尺寸的扩大，规模经济效应会变小。也就是从 20 000TEU 到 40 000TEU 不会像 10 000TEU 到 20 000TEU 那样降低单位成本。麦肯锡认为，由于全球收益的趋同以及自动化和机器人技术的日益提升，制造业的"足迹"越来越广泛，因此短途区域内的运输量将会增加。东亚和东南亚的集装箱海运流量将继续保持巨大份额。在行业进一步整合方面，麦肯锡预测：经过多次破产、运力过剩和整合后，三到四家主要集装箱海运公司会出现。这些公司可能是数字化的独立企业，具有强大的客户导向和创新的商业管

国际物流学

理，也可能是科技巨头的小型子公司，无缝混合数字和物流领域。

麦肯锡预测，50年后货运代理可能将不存在。独立进行业务的货运代理将几乎灭绝，因为数字化互动将减少中间人为价值链中多个参与者管理物流服务的需求。报告指出，在整个行业中，所有"胜者"将完全数字化他们的客户互动和操作系统，并将通过数据生态系统紧密相连。

这份报告自然也被一些人问询质疑。挪威经济学院航运教授 Roar Adland 提出质疑："如果自动化/数字化能带来更多的本地生产，那么为什么还需要 50 000TEU 的集装箱船？规模的确大了，但是距离更近、分布更广的网络意味着更小的船只运力，如同 A380 相比 787 飞机。""如果我们大规模获得自动化集装箱海运船舶，那么它们肯定是电动的。电动船舶能将运营成本降低到目前的燃料成本的一小部分，同样，在较分散的网络上形成更小型船舶的网络更具竞争力。"

（资料来源：根据 http：//www.toutiao.com，http：//www.maysun56.com 有关资料整理。）

问题：

关于 Mariana-Max 超级巨无霸你怎么看？你对麦肯锡的预测怎么认识？

第 8 章　国际空运物流及快递业务

[教学目标]

通过教学，使学生了解国际航空物流的基本概念，了解国际航空运输协会组织，掌握国际航空货物运输的基本流程和经营方式，熟悉国际航空运单，掌握国际航空快递的现状和发展趋势，了解国际空港物流服务的内容。

[关键词]

国际航空运输　航空器
班机运输　包机运输
集中托运　航空运单
航空主运单　航空分运单　航空快递
航空货运代理　空港物流
国际航空运输协会

◆ **[引导案例]**

从航空公司的成长看我国航空运输的发展

上航（上海航空）股份有限公司董事长周先生曾经谦虚地说，上航是"一家小的、地方的航空公司"。但是历时 20 年，这家"小公司"的经营业绩却令人刮目相看：拥有包括公务机、全货机在内的飞机 331 架，开通了 140 多条国内外航线；1996 年起，公司持续赢利，2002 年在上海证券交易所成功上市。"十一五"期间，上航将目标锁定为枢纽型、国际化航空大集团。2009 年 6 月 8 日，东航和上航联合重组工作正式全面启动。2010 年 1 月 28 日，东航换股吸收合并上航的联合重组顺利完成，上航成为新东航的成员企业。重组完成后，上海航空的运行资产超过1500亿元人民币，拥有波音 757-200 客机大中型飞机 331 架，通航点 151 个，通航纽约、洛杉矶、巴黎、法兰克福等全球主要城市。

上航的目标是建成一个"国内最好、顾客首选、具有国际水平的航空公司"，成为枢纽型、国际化的航空大集团。上海建设亚太航空枢纽，为上航的发展提供了机遇。

为了成为枢纽型、国际化的航空大集团，上航提出了主营突出、两翼齐飞的思路。主营是指航空主业，两翼是指上货航和中联航，此外还有一个关联集团，业务主要在物流和旅游方面。成为以上海为中心，辐射全国的枢纽航空公司，是上航的目标。

上航将航空货运列为新的增长点，上航货运在 2006 年一季度成立。上航董事长说，我国的航空货运正处在一个发展机遇期，充分利用国际资源发展航空货运正是时候。中国出口加工业已发展到了相当规模，这些始发的货运大部分集中在长江三角洲和珠江三角洲，又以长江三角洲的量更大，目的地大多在欧美。上航开辟了

国际物流学

大阪、首尔、泰国、中国香港、法兰克福等货运航点，2006 年还开通了美国航线。在航空物流领域，上航将涉足国际国内货代、货运地面服务、快件服务、特殊货运服务、仓储配送、第三方物流等业务。通过中联航，上航将拓展北方市场，进一步完善上航的航空网络。两翼齐飞，将使上航飞得更高、更快。

思考：

什么是航空运输？上航的空运有何特点和启示？

国际航空物流，不能简单地等同于国际航空运输。国际航空物流强调的是通过国际航空运输实现国际物流在国际航空运输过程中的价值增值，减少国际航空运输过程中的物流费用和成本，实现国际航空运输价值的增值，提供高水平的国际航空运输的物流服务。

8.1 国际航空运输概述

航空运输始于 1871 年普法战争，法国人使用热气球将物资运输至被困的巴黎。1918 年 5 月，飞机运输首次出现。20 世纪 30 年代有了民用运输机，航空运输自此得到快速发展。现代航空运输工具呈现两大趋势：一是飞行器向巨型化、高速化发展，以长距离、大批量运输为主导；二是飞行器向微型化、低速化发展，无人机的尝试开启了航空运输的短距离、小批量时代。

国际航空运输作为一种国际贸易货物的运输方式，是在第二次世界大战以后才开始出现的。但其发展十分迅速，在整个国际贸易运输中所占的地位日益显著，航空货物运输量也在逐步增大。目前，全球有 1000 余家航空公司、30 000 余个民用机场、6000 余架民用喷气式飞机，货运量日渐增多，航线四通八达，遍及全球各大港口和城市。

在我国，已形成了一个四通八达的航空运输网。据中国民航局发展报告介绍，至 2006 年底，我国已有近百个大中城市，147 个机场，共开辟国内外航线 1 336 条，其中国内航线 1068 条，国际航线 268 条，并与 40 多个国家和地区签订有空运协定，空运货物可通往欧、亚、美和大洋洲等的数十个国家和地区。在经济增长、居民消费增长、人民币升值等因素的影响下，中国航空运输需求将继续增加。中国在 2010 年已经成为亚洲最大的货运市场，在 2020 年将成为世界上第二大的货运市场。同时，我国电商企业京东还于 2017 年建成了首个低空无人机物流网。

8.1.1 国际航空货物运输

1. 国际航空货物运输的概念

国际航空运输是一种新兴的运输方式。一般来讲，国际航空货物运输是指一国的货物提供者向他国消费者提供航空飞行器运输货物并获取收入的活动。航空运输与海洋运输、铁路运输相比，有运输速度快的特点，适合鲜活易腐和季节性商品的运送；同时它运输条件好，货物很少产生损伤、变质，适合贵重物品的运输；又可简化包装，节省包装费用；运输迅速准时，有利于巩固现有市场和提高信誉。但航空运输运量小，运输费用高。由于新技术的发展和深化，产品生命周期日益缩短，产品由厚、重、长、大向薄、轻、短、小方向发展。因此，今后适用航空运输的商品将会越来越多，航空运输的作用会日益重要。

2. 国际航空货物运输的条件

国际航空货物运输需要基本条件的支持，在设施设备等主要硬件方面有以下几点：

（1）航空港站，供航空器停放、起飞、降落、维修，确保航空器安全的设施与设备。

（2）供货物进出空港，具有货物接收、保管、安排运输、保税、装拆箱、分拨、检验、交付等用途的航空货运站、货物仓库和作业设备。

（3）航空器，包括符合适航条件的客货两用飞机和货运飞机。

（4）航线，即按规定运行的空中交通线，包括飞行的方向、航路的高度层和宽度、经停地点和两端港站。跨越国境的航线称为国际航线。

（5）航班，是指飞机按预先拟定的时间由始发港站起飞并按照规定的航线经过经停站至终点港站做运输生产飞行的时间编排，航班分为出港和进港航班，或去程和回程航班。

（6）装货器具，包括航空载货托盘、航空集装箱和用于多式联运的国际标准集装箱。后者仅可以用于宽体飞机或混合航空器的主甲板。

3. 国际航空运输协会

国际航空运输协会（International Air Transport Association，IATA）是一个由世界各国航空公司所组成的大型国际组织，其前身是 1919 年在海牙成立并在第二次世界大战时解体的国际航空业务协会，总部设在加拿大的蒙特利尔，执行机构设在日内瓦。与监管航空安全和航行规则的国际民航组织相比，它更像是一个由承运人（航空公司）组成的国际协调组织，管理在民航运输中出现的诸如票价、危险品运输等问题。

IATA 在全世界 100 多个国家设有办事处，280 家会员航空公司遍及全世界 180 多个国家。凡国际民航组织成员国的任一经营定期航班的空运企业，经其政府许可都可成为该协会的会员。经营国际航班的航空运输企业为正式会员，只经营国内航班的航空运输企业为准会员。

1993 年 8 月，中国国航、东方航空和南方航空正式加入该组织。1994 年 4 月 15 日，该协会在北京设立了中国代理人事务办事处。1995 年 7 月 21 日，中国国际旅行社（简称国旅）总社正式加入该组织，成为该协会在中国大陆的首家代理人会员，有权使用国际航协代理人的专用标志，可取得世界各大航空公司的代理权，使用国际航协的统一结算系统，机票也与世界通用的中性客票相同。1997 年 3 月 3 日，中国西南航空公司正式成为 IATA 的多边联运协议成员。多边联运协议（MITA）的主要职能是为成员航空公司进行旅客、行李、货物的接收、中转、更改航程及其他相关程序提供统一的标准，成员航空公司间可互相销售而不必再签双边联运协议。这一协议使成员公司相互接受运输凭证，使用标准的国际航空运输协会客票和货单，将世界各航空公司各自独立的航线结合成为有机的全球性航空运输网络。全球共有 300 家航空公司加入该协议。中国西南航空公司是中国民航继中国国航、东方航空、南方航空之后，第四家成为 MITA 成员的航空运输企业。

国际物流学

除 IATA 外，国际上还有一个民航组织，即 ICAO（International Civil Aviation Organization），它是联合国的一个专门机构，1944 年为促进全世界民用航空安全、有序的发展而成立。其总部设在加拿大蒙特利尔，制定国际空运标准和条例，是 191 个缔约国（截至 2011 年）在民航领域中开展合作的媒介。

4. 国际空运"三字代码"

机场三字代码简称"三字代码"（The Air Cargo Tariff Manual，TACT），由 IATA 制定。IATA 针对世界上的国家、城市、机场、航空公司制定了统一的编码。IATA 代码系统中，机场通常使用三个英文字母简写来代表机场名称，因此被称为"机场三字代码"或"三字代码"。

三字代码具有唯一性，一个三字代码代表一个机场。三字代码被广泛使用在客运机票和空运提单上面。在国际空运中，机场要求订舱的货代在货物的箱子上粘贴主单号码、启运机场、目的机场三字代码，以便于机场货站操作人员分拣和处理货物。机场三字代码与货代行业是紧密联系的，其唯一性和简单、快捷的意义表达为国际货运操作提供了极大的便利性。

西岸机场三字代码查询系统是西岸国际货运于 2004 年自主开发的空运机场查询工具。西岸货运网收集了全球 4 万多个城市和机场信息，根据 IATA 数据随时更新，包括机场设施、仓租及目的机场关于空运货物的标签、唛头、随机文件等的具体要求。它提供机场三字代码查询、城市三字代码查询，用户可以输入机场代码、机场名称、城市名称、国家名称的中文或者英文进行随意查询。西岸国际货运自主开发的空运机场查询工具不仅能查询到对应的机场三字代码，更增加了地图定位、时区等信息，更为重要的是将目的机场的收费标准、清关要求悉数收入系统，是全球最权威、最好用的三字代码查询系统之一。

8.2 国际航空运输的经营方式

8.2.1 班机运输

班机是指定期开航的、定航线、定始发站、定目的港、定途经站的飞机。一般航空公司都使用客货混合型飞机，一方面搭载旅客，另一方面又运送少量货物。但一些较大的航空公司在一些航线上开辟定期的货运航班，使用全货机运输。班机运输特点表现为以下几个方面：

（1）班机由于固定航线、固定停靠港和定期开飞航，因此国际货物流通多使用班机运输方式，能安全迅速地到达世界上各通航地点。

（2）便于收发货人确切掌握货物起运和到达时间，这对市场上急需的商品、鲜活易腐货物及贵重商品的运送是非常有利的。

（3）班机运输一般是客货混载，因此舱位有限，不能使大批量的货物及时出运，往往需要分期分批运输。这是班机运输不足之处。

8.2.2 包机运输

包机运输方式分为整机包租和部分包机两类。

1. 整机包租

（1）整机包租即包租整架飞机，是指航空公司按照与租机人事先约定的条件及费用，将整架飞机租给包机人，从一个或几个航空港装运货物至目的地。

（2）包机人一般要在货物装运前一个月与航空公司联系，以便航空公司安排运载和向起降机场及有关政府部门申请、办理过境或入境的有关手续。

（3）包机的费用随国际市场供求情况变化，因此一般一次一议。原则上，包机运费按飞行公里固定费率核收，并按飞行公里费用的 80% 收取空放费。因此，大批量货物使用包机时，均要争取来回程都有货载，这样费用比较低。

2. 部分包机

由几家航空货运公司或发货人联合包租一架飞机，或者由航空公司把一架飞机的舱位分别卖给几家航空货运公司装载货物，就是部分包机。部分包机用于托运不足一架飞机整舱的货物。

8.2.3　集中托运

集中托运是将若干票单独发运的、发往同一方向的货物集中起来作为一票货，填写一份总运单发运到同一到站的做法。

1. 集中托运的具体做法

（1）将每一票货物分别做航空运输分运单，即出具货运代理的运单。

（2）将所有货物区分方向，按照其目的地集中，做出航空公司的总运单。总运单的发货人和收货人均为航空货运代理公司。

（3）打出该总运单项下的货运清单，即此总运单有几个分运单，号码各是什么，其中件数、重量各多少等。

（4）把该总运单和货运清单作为一整票货物交给航空公司。一个总运单可视货物具体情况随附分运单（可以是一个分运单，也可以是多个分运单）。例如：一个总运单内有 10 个分运单，说明此总运单内有 10 票货，发给 10 个不同的收货人。

（5）货物到达目的地机场后，当地的货运代理公司作为总运单的收货人负责接货、分拨，按不同的分运单制作各自的报关单据并代为报关，为实际收货人办理有关接货关货事宜。

（6）实际收货人在分运单上签收以后，目的站货运代理公司以此向发货的货运代理公司反馈到货信息。

2. 集中托运的特点

（1）节省运费。航空货运公司的集中托运运价一般都低于航空协会的运价。发货人可得到低于航空公司的运价，从而节省费用。

（2）提供方便。将货物集中托运，可使货物到达机场以外的地方，延伸了航空公司的服务，方便了货主。

（3）提早结汇。发货人将货物交与航空货运代理后，即可取得货物分运单，可持分运单到银行尽早办理结汇。

集中托运方式已在世界范围内普遍开展，形成了较完善、有效的服务系统，为促进国际贸易发展和国际科技文化交流起到了良好的作用。集中托运是我国进出口货物的主

国际物流学

要运输方式之一。

8.2.4 联运方式

陆空联运是火车、飞机和汽车的联合运输方式，简称 TAT（Train-Air-Truck），或火车、飞机的联合运输方式，简称 TA（Train-Air）。

我国空运出口货物通常采用陆空联运方式。我国国际航空港口岸主要有北京、上海、广州等。虽然省会城市和一些主要城市每天都有班机飞往上海、北京、广州，但班机所带货量有限，费用比较高。如果采用国内包机，费用更贵。

8.2.5 航空快递业务

航空快递业务是由快递公司与航空公司合作，向货主提供的快递服务，其业务包括由快速公司派专人从发货人处提取货物后用最快的航班将货物运出，飞抵目的地后，由专人接机提货，办妥进关手续后直接送达收货人，称为"桌到桌运输"。这是一种最为快捷的运输方式，特别适合于各种急需物品和文件资料。

外贸企业办理航空运输，需要委托航空运输公司作为代理人，负责办理出口货物的提货、制单、报关和托运工作。委托人应填妥国际货物托运，并将有关报关文件交付航空货运代理、空运代理向航空公司办理托运后，取得航空公司签发的航空运单，即为承运开始。航空公司需对货物在运输途中的完好负责。货到目的地后，收货人凭航空公司发出的到货通知书提货。

8.3 航空运单

8.3.1 航空运单的性质、作用

航空运单（Airway Bill）与海运提单有很大不同，却与国际铁路运单相似。它是由承运人或其代理人签发的重要的货物运输单据，是承托双方的运输合同，其内容对双方均具有约束力。航空运单不可转让，持有航空运单也并不能说明持有货物所有权。

1. 航空运单是发货人与航空承运人之间的运输合同

与海运提单不同，航空运单不仅证明航空运输合同的存在，而且航空运单本身就是发货人与航空运输承运人之间缔结的货物运输合同，在双方共同签署后产生效力，并在货物到达目的地交付给运单上所记载的收货人后失效。

2. 航空运单是承运人签发的已接收货物的证明

航空运单也是货物收据，在发货人将货物发运后，承运人或其代理人就会将其中一份交给发货人（即发货人联），作为已经接收货物的证明。除非另外注明，它是承运人收到货物并在良好条件下装运的证明。

3. 航空运单是承运人据以核收运费的账单

航空运单分别记载着属于收货人负担的费用、属于应支付给承运人的费用和应支付给代理人的费用，并详细列明费用的种类、金额，因此可作为运费账单和发票。承运人往往也将其中的承运人联作为记账凭证。

4. 航空运单是报关单证之一

出口时，航空运单是报关单证之一。在货物到达目的地机场进行进口报关时，航空运单也通常是海关查验放行的基本单证。

5. 航空运单同时可作为保险证书

如果承运人承办保险或发货人要求承运人代办保险，则航空运单也可用来作为保险证书。

6. 航空运单是承运人内部业务的依据

航空运单随货同行，证明了货物的身份。运单上载有有关该票货物发送、转运、交付的事项，承运人会据此对货物的运输做出相应安排。

航空运单的正本一式三份，每份都印有背面条款，其中一份交发货人，是承运人或其代理人接收货物的依据；第二份由承运人留存，作为记账凭证；最后一份随货同行，在货物到达目的地、交付给收货人时作为核收货物的依据。

8.3.2　航空运单的分类

航空运单主要分为两大类：

1. 航空主运单（Master Air Way Bill，MAWB）

凡由航空运输公司签发的航空运单就称为主运单。它是航空运输公司据以办理货物运输和交付的依据，是航空公司和托运人订立的运输合同，每一批航空运输货物都有自己相对应的航空主运单。

2. 航空分运单（House Air Way Bill，HAWB）

集中托运人在办理集中托运业务时签发的航空运单被称作航空分运单。在集中托运的情况下，除了航空运输公司签发主运单外，集中托运人还要签发航空分运单。

8.3.3　航空运单的内容

航空运单与海运提单类似也有正面、背面条款之分，不同的航空公司也会有自己独特的航空运单格式。所不同的是，航运公司的海运提单可能千差万别，但各航空公司所使用的航空运单则大多借鉴 IATA 所推荐的标准格式，差别并不大。所以这里只介绍这种标准格式，也称中性运单。下面就有关需要填写的栏目说明如下：

① 始发站机场：本项有两个内容：1A：IATA 统一编制的航空公司代码，如我国的国际航空公司的代码就是 999；1B：运单号。

② 发货人姓名、住址：填写发货人姓名、地址、所在国家及联络方法。

③ 发货人账号：只在必要时填写。

④ 收货人姓名、住址：应填写收货人姓名、地址、所在国家及联络方法。与海运提单不同，因为空运单不可转让，所以"凭指示"之类的字样不得出现。

⑤ 收货人账号：同③栏一样只在必要时填写。

⑥ 承运人代理的名称和所在城市。

⑦ 代理人的 IATA 代号。

⑧ 代理人账号。

⑨ 始发站机场及所要求的航线（Airport of Departure and Requested routing）：这里的

国际物流学

始发站应与①栏填写的相一致。

⑩ 支付信息（Accounting Information）：此栏只有在采用特殊付款方式时才填写。

⑪ "去往"和"承运人"去往（To）：分别填入第一（二、三）中转站机场的 IATA 代码；承运人（By）：分别填入第一（二、三）段运输的承运人。

⑫ 货币：填入 ISO 货币代码。

⑬ 收费代号：表明支付方式。

⑭ 运费及声明价值费（WT/VAL，Weight Charge/Valuation Charge）：有预付和到付两种支付方式。

⑮ 其他费用（Other）：也有预付和到付两种支付方式。

⑯ 运输声明价值（Declared Value for Carriage）：在此栏填入发货人要求的用于运输的声明价值。如果发货人不要求声明价值，则填入"NVD（No Value Declared）"。

⑰ 海关声明价值（Declared Value for Customs）：发货人在此填入对海关的声明价值；或者填入"NCV（No Customs Valuation）"，表明没有声明价值。

⑱ 目的地机场（Airport of Destination）：填写最终目的地机场的全称。

⑲ 航班及日期（Flight/Date）：填入货物所搭乘航班及日期。

⑳ 保险金额（Amount of Insurance）：只有在航空公司提供代保险业务而客户也有此需要时才填写。

㉑ 操作信息（Handling Information）：一般填入承运人对货物处理的有关注意事项，如"Shipper's certification for live animals（托运人提供活动物证明）"等。

㉒ 货物运价、运费细节：具体包含 A～L 各项。

22A. 货物件数和运价组成点（No. of Pieces RCP，Rate Combination Point）：填入货物包装件数，如 10 包即填"10"。当需要组成比例运价或分段相加运价时，在此栏填入运价组成点机场的 IATA 代码。

22B. 毛重（Gross Weight）：填入货物总毛重。

22C. 重量单位：可选择公斤（kg）或磅（b）。

22D. 运价等级（Rate Class）：针对不同的航空运价共有六种代码，它们是 M（Minimum，起码运费）、C（Specific Commodity Rates，特种运价）、S（Surcharge，高于普通货物运价）、R（Reduced，低于普通货物运价）、N（Normal，45kg 以下货物适用的普通货物运价）、Q（Quantity，45kg 以上货物适用的普通货物运价）。

22E. 商品代码（Commodity Item No.）：在使用特种运价时需要在此栏填写商品代码。

22F. 计费重量（Chargeable Weight）：此栏填入航空公司据以计算运费的计费重量，该重量可以与货物毛重相同也可以不同。

22G. 运价（Rate/Charge）：填入该货物适用的费率。

22H. 运费总额（Total）：此栏数值应为起码运费值或者是运价与计费重量两栏数值的乘积。

22I. 货物的品名、数量，含尺码或体积（Nature and Quantity of Goods incl. Dimensions or Volume）：货物的尺码应以厘米或英寸为单位，尺寸分别以货物最长、最宽、最高边为基础。体积则是上述三边的乘积，单位为立方厘米或立方英寸。

22J. 该运单项下货物总件数。

22K. 该运单项下货物总毛重。

22L. 该运单项下货物总运费。

㉓ 其他费用（Other Charges）：除运费和声明价值附加费以外的其他费用。根据 IATA 规则各项费用分别用三个英文字母表示。其中前两个字母是某项费用的代码，如运单费就表示为 AW（Air Waybill Fee）。第三个字母是 C 或 A，分别表示费用应支付给承运人（Carrier）或货运代理人（Agent）。

㉔ ~ ㉖ 分别记录运费、声明价值费和税款金额，有预付与到付两种支付方式。

㉗ ~ ㉘ 分别记录需要付与货运代理人（Due Agent）和承运人（Due Carrier）的其他费用合计金额。

㉙ 需预付或到付的各种费用。

㉚ 预付、到付的总金额。

㉛ 发货人的签字。

㉜ 签单时间（日期）、地点、承运人或其代理人的签字。

㉝ 货币换算及目的地机场收费纪录。

以上各项内容，不一定要全部填入空运单，IATA 也并未反对在运单中写入其他所需的内容。但这种标准化的单证对航空货运经营人提高工作效率、促进航空货运业电子商务有着积极的意义。

8.4　国际航空货运代理

8.4.1　国际航空货运代理概述

国际航空货运代理，简称国际空运代理，是国际空港物流服务的一项重要内容。在国际物流中，航空公司的主要业务是提供飞行保障，它受人力、物力、财力的影响，难以直接面对众多的客户，处理航运前和航运后繁杂的服务项目。同时，货主也面临着对航空货物进出口相关手续及法规不熟悉的困扰。因此，随着航空货运业务的发展，国际航空货运代理应运而生。

航空货运代理人（Air Freight Forwarder），简称空运代理，是联系货主与航空公司之间的桥梁与纽带。通常，航空货运代理人有两种职能：为航空公司提供服务，即代替航空公司接受货物，出具航空公司的总运单和自己的分运单；为货主提供服务，即代替货主向航空公司办理托运或提取货物。空运代理的业务流程主要包括两大块：航空货物进口运输代理业务流程与航空货物出口运输代理业务流程。

8.4.2　国际航空货物进口运输代理业务流程

航空货物进口运输代理业务程序，是指代理公司对于货物从入境到提取或转运整个流程的各个环节，办理相关手续并准备相关单证的全过程。航空货物进口运输代理业务流程如下：

1. 代理预报

在国外发货之前，由国外代理公司将运单、航班、件数、重量、品名、实际收货人及地址、联系电话等通过传真或 E-mail 的形式发给目的地代理公司。

2. 交接单、货

航空货物入境后，根据运单上的收货人及地址寄发提货通知。若运单上收货人或通知人为某航空货运代理公司，则由航空公司的地面代理把运输单据及与之相关的货物交给该航空货运代理公司。航空公司的地面代理向货运代理公司交接的内容有：国际货物交接清单、总运单、随机文件、货物。

3. 理货与仓储

航空货运代理公司从航空公司接货后，随即短途驳运进自己的监管仓库，组织理货及仓储。

4. 理单与到货通知

（1）理单。理单的工作内容有两项：一是集中托运总运单项下拆单，即将集中托运进口的每票总运单项下的分运单分离出来，审核与到货情况是否一致，并制成清单输入计算机；将集中托运总运单项下的发运清单输入海关计算机，以便按分运单分别进行报关、报验、提货。二是分类理单、编号，若总运单是直票、单票混载，则一般无清单；若多票混载，则有分类清单，分运单件数之和应等于总运单上的件数。分类理单的同时，须将各票总运单、分运单编上各航空货运代理公司自己设定的编号，以便内部操作及客户查询。

（2）到货通知。货物到达目的港后，货运代理应尽快、尽妥地通知货主到货情况，以减少货主仓储费用，避免缴纳海关滞报金。

（3）正本运单处理。计算机打制海关监管进口货物入仓清单一式五份，用于商检、卫检、动检各一份，海关两份，其中一份海关留存，另一份海关签字后收回存档。

5. 制单、报关

除部分进口货物存放在民航监管仓库外，大部分进口货物存放在各代理公司自有的监管仓库。

根据海关要求，依据运单、发单、装箱单及证明货物合法进口的有关批准文件，制作进口货物报关单。进口报关是进口运输中关键的环节。

6. 收费、发货

货运代理公司仓库在发放货物前，一般先将费用收妥。办完报关、报验等进口手续后，货主须凭盖有海关放行章的进口提货单到所属监管仓库付费提货。

7. 送货与转运

出于多种因素（如便利、节省费用或运力所限），许多货主或国外发货人要求货运代理公司承担进口到达货物的制单、报关、垫税、提货、运输的一揽子服务。在发货之后，货运代理公司主要替货主提供以下服务：①送货上门业务；②转运业务；③进口货物转关及监管运输。

8.4.3 国际航空货物出口运输代理业务流程

国际航空货物出口运输代理业务主要包括以下几个环节：

1. 舱位销售

作为航空货物运输销售代理，销售的产品是航空公司的舱位，只有飞机舱位配载了货物，航空货运才真正实现。因此，承揽货物处于整个国际航空货物出口运输代理业务流程的核心地位。

2. 委托运输

托运书是托运人用于委托承运人或其他代理人填开航空货运单的一种表单，表单上列有填制货运单所需各项内容，并应印有授权于承运人或代理人代其在货运单上签字的文字说明。

3. 审核单证

单证包括：发票、装箱单、托运书、报关单、外汇核销单、许可证、商检证、进料/来料加工核销本、索赔/返修协议、到付保函、关封。

4. 预配舱

代理人汇总所接受的委托和客户的预报，并输入计算机，计算出各航线的件数、重量、体积，按照客户的要求和货物重、泡情况，以及各航空公司不同机型对不同板箱的重量和高度要求，制订预配舱方案，并对每票货分配运单号。

5. 预订舱

代理人根据所制定的预配舱方案，按航班、日期打印出总运单号、件数、重量、体积，向航空公司预订舱。

6. 接受单证

接受托运人或其代理人送交的已经审核确认的托运书及报关单证和收货凭证。

7. 填制货运单

航空货运单包括总运单与分运单。填制航空货运单是空运出口业务中最重要的环节，要求填写必须详细、准确、清晰，严格符合单货一致、单单一致的原则。

8. 接收货物

接收货物是指航空货运代理公司把即将发运的货物从发货人手中接过来并运送到自己的仓库。

9. 标记和标签

标记是指在货物的外包装上由托运人书写的有关事项和记号。

标签按作用分为识别标签、特种货物标签和操作标签；按类别可分为航空公司标签和分标签。一件货物贴一张航空公司标签，有分运单的货物，每件再贴一张分标签。

10. 配舱

配舱时，需对已经入库的货物核对实际的件数、重量、体积与托运书上预报情况的差别。对预订舱位、板箱进行有效领用、合理搭配，按照各航班机型、板箱型号、高度、数量进行配载。

11. 订舱

将所接收空运货物向航空公司申请舱位。

12. 出口报关

发货人或其代理人在货物发货前，向出境地海关办理货物出口手续的过程。

13. 编制出仓单

配舱方案制订后就可以编制出仓单。出仓单内容有：出仓单的日期、承运航班日期、装载板箱的形式及数量、货物进仓顺序编号、总运单号、件数、重量、体积、目的地三字代码和备注。

14. 提板、箱

根据订舱计划向航空公司申领板、箱，并办理相应手续。

15. 货物装箱装板

特殊情况外，航空货运均是以"集装箱""集装板"形式装运。

16. 签单

货运单在盖好海关放行章后还需到航空公司签单，主要是审核运价是否正确以及货物的性质是否适合空运。

17. 交接发运

交接是向航空公司交单交货，由航空公司安排航空运输。航空公司在审单验货后，在交接签单上验收，将货物存入出口仓库，单据交吨控部门，以便配舱发运。

18. 航班跟踪

单、货交给航空公司后，航空公司有可能由于种种原因，如航班取消、延误、溢载、故障、改机型、错运、倒垛货装板不符合规定等，未能按预定时间运出。因此货运代理公司从把单、货交给航空公司后就需对航班、货物进行跟踪。

19. 信息服务

航空货运代理公司须在以下多个方面为客户做好信息服务：订舱信息、审单及报关信息、仓库收货信息、交运称重信息、一程及二程航班信息、集中托运信息以及单证信息。

20. 费用结算

费用结算主要包括以下三个方面：

① 发货人费用结算：在预付运费的情况下，收取以下费用：航空费用、地面费用、各种服务费及手续费。

② 承运人费用结算：向承运人支付航空运费及代理费，同时收取佣金。

③ 国外代理结算：主要涉及支付运费和利润分成。

8.5 国际航空快递业务

8.5.1 国际航空快递概述

所谓快递，是指承运方将托运方指定在特定时间内运达目的地的货物，以最快捷的运输方式，运送到指定目的地并配送至目标客户手中。由于航空运输的快捷性，快递业务在国际范围内随即大量采用国际航空运输的方式，国际航空快递业也就应运而生，得到了迅速的发展。

8.5.2 中国的国际快递市场

1. 中国国际快递市场的状况

中国国际快递业于 20 世纪 80 年代初兴起，90 年代随着外商投资和对外贸易的迅猛发展，中国快递业进入了迅速扩张的时期。90 年代，全球最大的几家速递公司 DHL、TNT、UPS，都在我国设立了分公司，与中国邮政 EMS 展开了激烈的竞争。国际航空快递业在迅速扩张中呈规模性膨胀的趋势更迅速地发展起来。

80 年代初，中国邮政部门在快递市场中的占有率几乎为 100%，1991 年中国邮政的市场占有率首次低于非邮政部门的企业。现在，以顺丰为首的各大快递企业得到迅猛发展，中国的国际快递市场正在形成多元化的竞争格局。

2. 国际快递网络的重要性

国际快递公司跻身中国市场，其优势首先在于有自己控制的全球网络、先进的全球通信技术和管理经验。而中国国内的网络是它们需要逐步建立和完善的。因此，从进入中国市场到今天，国际速递公司一直致力于在中国的网络建设。

8.6　国际空港物流服务

国际空港物流发展水平，反映着国家和地区高端产业的发展阶段。更重要的是，空港物流是一个国家或地区经济与世界经济连接的重要纽带，是衡量国家或地区市场开放程度、经济发达程度、信息和物质交换便利程度的重要标准。

8.6.1　空港物流概述

1. 国际空港物流定义

空港物流是以机场为主体，依托机场航线网络及航空运输优势，以信息技术及相关高新技术为支撑，向社会提供现代物流服务的系统。国际空港物流就是依托机场为货物的集散地，利用航空运输技术实现的跨国境贸易物流，还包括国际展览与展品物流、国际邮政物流和援外项目物流等非贸易空港物流。

2. 空港物流的特点

（1）物流速度快。现代的喷气式飞机时速都在 900km/h 左右，距离越长或者地面地形越复杂，地面越迂回曲折，航空运输的优势就越明显，能大大节省时间和社会劳动力。对于那些易腐烂、变质的鲜活商品，时效性、季节性强的报刊，节令性商品及抢险、救急品的运输，这一特点显得尤为突出。

（2）辐射范围广。空港物流作为国际物流的一部分，同样拥有广阔的服务地域范围和众多的消费群体。国际空港物流以飞机为主要运输工具，除飞行受天气影响较大，其航行基本不受地理环境的影响，因此便于抵达世界上任何一个有机场、可以降落的地方。

（3）安全准时。现代喷气式飞机的飞行高度一般在 1 万 m 以上，不受低空气流的影响，飞行平稳，货物所受的振动很少，冲击小，飞机货舱具有保温和保湿的功能，因此货物很少发生损伤、被盗、变质等事故，如果采用空运集装箱的方式运送货物，则更为安全。飞机航班的准确率高，有利于及时交货，减少时间消耗，有利于稳定和开拓市场。

（4）包装相对简化。航空运输较为平稳，且具有现代化的装卸设备，货物在中途倒转次数少，对货物的包装强度要求低，包装相对可以简化，可降低包装的成本费用。

国际物流学

（5）运载量小，运输费用较高。一般的航班适用机都是客货两用机，以客运为主，投放有限的货物运载量。大型的宽体飞机最大的运载量也不过100t。由于运载量少、成本高，空港物流运价高于其他运输形式，适合于价值大、时效性要求高的货物。

（6）标准化要求高。作为国际物流运输系统的子系统，空港物流其作业标准应以国际标准为蓝本。各项设施、工具、信息系统都实现国际标准化。

8.6.2　空港物流服务的内容

空港物流以航空及机场地面配套物流设施为核心，为多家航空公司、航空货运代理、综合物流企业提供公共物流设施、物流信息服务及综合物流服务。空港物流服务的内容主要包括四类：

第一类是基础物流服务：国际航空货物（进出口货物）的运输、搬运、装卸、仓储、配送等。

第二类是增值物流服务：国际航空货物（进出口货物）的简单加工、分拆、包装，为贵重、危险、易腐货物提供特殊仓储及处理，相关咨询服务，展示与展销等。

第三类是公共物流服务：如报关、报检、保税、查验等海关和检验检疫服务等。

第四类是国际航空货运代理服务。

8.6.3　我国空港物流现状

一个国家现代物流发展水平和空港物流的规模和水平直接相关。与发达国家的空港物流产业相比，中国的空港物流产业整体上看尚处于起步发展阶段。

1. 我国空港物流市场容量

在中国市场，日益成熟的制造业加上消费者需求的不断增长，继续推动着航空物流的快速发展。航空运输将成为中国运输业市场中的重要运输形式，在整个运输周转量中所占比重也将迅速增长（见表8-1）。

表8-1　2006—2017年中国航空货物运输量　　　　　　　　（单位：万吨）

年　　份	货邮运输量	国内航线货邮运输量	港、澳、台航线货邮运输量	国际航线货邮运输量
2006 年	341.0	254.0	17.8	87.0
2007 年	394.9	281.6	16.7	113.3
2008 年	403.0	283.9	15.7	119.1
2009 年	429.6	303.5	15.9	126.1
2010 年	563.0	370.4	21.7	192.6
2011 年	557.5	379.4	21.0	178.0
2012 年	545.0	388.5	20.8	156.5
2013 年	561.0	406.7	19.9	154.5
2014 年	594.1	425.7	22.3	168.4
2015 年	629.3	442.4	22.1	186.8
2016 年	668.0	474.8	22.0	193.2
2017 年	705.9	483.8	24.2	222.1

资料来源：民航总局

据《波音世界航空货运预测》的数据，在未来一段时期，世界航空货运将以 6.2% 的年平均增长率增长，总运输量将增长至目前的三倍，亚洲航空货运市场将继续引领世界航空货运业，其中中国航空货运每年将平均增长 10.6%。无疑，中国将成为世界航空货运最具发展潜力的市场之一。

2. 空港物流行业特点

中国经济持续健康、稳定增长为中国空港物流业发展奠定了良好的基础。世界经济的一体化极大地推动了各国的贸易往来，为空港物流业提供了良好的发展机遇。

空港物流不等同于航空货运，空港物流通常包括航空货运和快递两个市场。一般来说，航空货运指的是在单张合约下货主与承运人间的门到机场（D-A）、机场到门（A-D）、门到门（D-D）运输。快递的范围更严格一些，需要向货主提供一站式运输服务，把货物由指定收货处送抵货主特指的终点。

（1）空港物流园区逐步走向成熟。从 2000 年我国第一个空港物流园区——天津空港国际物流区获准设立以来，空港物流园区的发展受到业内的广泛关注，并逐渐在地方经济发展中起重要的推动作用。北京空港物流园区、上海空港物流园区、南京空港物流园区和广州空港物流园区相继建立。从航空货运中心到空港物流园区的转变是我国航空物流全方位发展增值业务的标志，空港物流园区的建立必将使原来的航空货运中心成为集运输、转运、储存、装拆箱、仓储及信息化为一体的重要物流枢纽，使园区的发展获得新的增长点。

（2）空港物流市场业已成熟。目前，我国形成了以京津冀、长三角和粤港澳大湾区为轴心的区域航空运输市场。京津冀、长江三角洲和粤港澳大湾区由于产业积聚作用，主要生产高附加值、深加工、技术密集型、适时生产的产品和鲜活食品。这些相关产业的发展，促使以京津冀、长三角和粤港澳大湾区为轴心的区域空港物流市场的形成。

本章小结

本章介绍了国际航空运输的概况、特点，国际航空货运主要线路、航空站、国际航空运输组织、国际航空货物运输方式和国际航空运单等主要内容。还介绍了国际航空快递业及邮政快递，以及空港物流服务等内容。

[案例讨论]

中外运敦豪引领中国航空快递业进入发展新阶段

随着对外贸易和商业往来的不断繁荣，中国的快递行业正快速发展，吸引着更多关注。根据加入 WTO 的承诺，2007 年 12 月 11 日，中国物流市场全面开放。几个月后 FedEx、UPS 相继宣布在广州和上海设立转运中心，各大公司纷纷推出新举措，以其在即将全面开放的物流市场上占尽先机。

DHL 是最早进入中国的国际快递公司之一，其合资公司中外运敦豪拥有很完善的服务网络。2007 年，该公司宣布其中国国家质量控制中心正式投入运营。在众多对手抢建转运中心、跑马圈地的同时，这一举动明确传递着这样一个信息：拥有完善网络的中外运敦豪，将服务质量视为中国快递物流业未来竞争的新焦点。可以说，质量控制中

国际物流学

心的建成，标志着中外运敦豪进入了自身发展的新阶段，更蕴涵着中国市场上快递竞争的新趋势。

对服务质量的追求，始终贯穿于中外运敦豪的发展历程。正是高质量的服务赢得了客户的信赖和认可，让中外运敦豪在近20年的发展中不断占得先机。

（资料来源：中国物流与采购网。）

问题：

中国快递业面临哪些发展的问题和挑战？

思考题

1. 国际航空货物运输有什么特点？
2. 国际快递业的发展状况及趋势如何？
3. 在前期准备的基础上，了解国际航空货运公司业务流程及其经验。
4. 什么是"三字代码"？IATA 是什么？

练习题

一、选择题

1. 航空运输一般根据货物重量，最高赔偿额是每千克(　　)美元。

A. 20　　　　　　B. 30　　　　　　C. 40　　　　　　D. 50

2. 仅次于海洋运输方式的一种主要运输方式是(　　)。

A. 铁路运输　　　B. 公路运输　　　C. 航空运输　　　D. 管道运输

3. 航空货运单是(　　)。

A. 可议付的单据　　　　　　　　B. 物权凭证

C. 货物收据和运输合同　　　　　D. 提货凭证

4. 小件急需品和贵重货物，其有利的运输方式是(　　)。

A. 海洋运输　　　B. 邮包运输　　　C. 航空运输　　　D. 公路运输

5. 相对于其他交通运输方式，以下属于航空货运的优势有(　　)。

A. 快速　　　　　B. 破损率低　　　C. 载重少　　　　D. 运价高

6. 可以用于国际快递业务的运输方式包括(　　)。

A. 海上运输　　　B. 航空运输　　　C. 铁路运输　　　D. 公路运输

二、判断题

1. 航空运单持有人拥有对所托运货物的所有权。　　　　　　　　　　(　　)

2. 一般最常用的国际运输方式是航空运输。　　　　　　　　　　　　(　　)

3. 国际航空运输的运费率并不比国际海运的从价运费率高。　　　　　(　　)

三、案例分析题

假设你是一家物流公司的运输管理人员，你的客户向你咨询以下问题，请你从客户利益角度考虑，为其选择合适的运输方式，并阐述理由。

(1) 从上海至赞比亚（非洲）50kg 的发电厂急需零件；

(2) 从青岛至美国各主要城市的 1000 台冰箱。

(3) 从广州往遭受海啸袭击的马来西亚运送急需的 30t 物资，包括 10 台医用冰箱。

第 9 章　国际陆运物流

[教学目标]

了解国际陆运物流的概念，了解国际铁路物流、国际公路物流和国际管道物流的概念、特点、作用及其业务组织，掌握国际铁路联运的规则，掌握国际公路运输规则，了解我国国际铁路运输、国际公路运输的发展状况和趋势。在现代复杂的国际经济政治环境下，特别要了解我国国际管道运输的发展状况，了解我国国际管道运输主要油气管线的建设、意义和作用，把握国际管道运输的发展趋势。

[关键词]

国际陆运物流
国际铁路物流
国际公路物流
国际管道物流
国际铁路运输
国际公路运输
国际管道运输　国际铁路联运
铁路运单　国际货约
国际货协　公路运单
管道运输　马六甲困局

◆ [引导案例]

亚龙国际陆运物流案例

新疆亚龙国际货运代理有限公司是一家专业从事国际铁路运输、国际汽车货运业务的大型货运代理企业。该公司自成立以来，采用先进的信息化管理系统，结合高效、严谨的管理体系，不断提高服务质量，为客户提供迅捷、安全的货物运输及信息跟踪、进出口贸易等业务。公司不仅对业务精益求精，也注重协调与相关单位的关系，并与乌鲁木齐铁路局等单位建立了良好的合作伙伴关系。同时，公司以"科技领先、安全高效"为质量方针，始终以引进人才为本，为各类人才规定了丰厚的待遇，吸收了一大批素质高、业务精的人才加盟公司，在业务承揽、报关、报检等业务方面具有相当的实力，可为客户提供优质、安全、快捷的铁路联运及相关服务，满足客户不同层次的货物运输需求。随着业务的不断开拓，公司先后为国内外各大企业提供陆运物流运输服务，如乌兹别克斯坦博斯塔拉进出口公司、哈萨克斯坦吉姆吉特贸易公司、徐州工程机械有限公司（大型机械设备）、华鼎鸿基石油工程有限公司，无锡西姆莱斯石油专用管制造有限公司，新疆五矿集团、新疆八一钢铁集团有限责任公司（钢材）、中石油等大型企业（设备），承办百货、建材、家具、家电、超高超宽、超限货物等的运输。

公司的业务范围包括：①由内陆发运到中亚五国的中转换票运输；②由内陆发运到乌鲁木齐，由乌鲁木齐发运到中亚五国的运输业务；③由乌鲁木齐、哈密、奎

国际物流学

屯、石河子、鄯善、库尔勒、喀什、阿拉山口等站到中亚五国各站点的整车、平板车、集装箱发运；④代理对外贸易运输，承接仓储、保管等业务；⑤自营和代理各类商品及技术的进出口业务；⑥自营和代理各类商品报关、报检业务。

公司在各国的主要站点包括有：①哈萨克斯坦（Kazakhstan）主要站点：阿拉木图（Almaty）等；②吉尔吉斯斯坦（Kyrgyzstan）主要站点：比什凯克（Bishkek）等；③乌兹别克斯坦（Uzbekistan）主要站点：塔什干（Tashkent）等；④土库曼斯坦（Turkmenistan）主要站点：阿什卡巴德（Ashgabat）等；⑤塔吉克斯坦（Tajikistan）主要站点：杜尚别（Dushanbe）等；⑥俄罗斯（Russia）主要站点：莫斯科（Moscow）等。

思考：

1. 亚龙公司有哪些国际铁路运输业务？

2. 从亚龙国际陆运物流业务看，我国发展国际陆运物流对你有何启示？

国际运输物流活动除了国际海运物流、国际航空物流、国际多式联运物流活动外，还包括国际陆运物流活动。国际陆运物流是指以国际铁路、国际公路、国际管道作为物流通道的国际物流活动。它包括国际铁路物流、国际公路物流、国际管道运输三大部分。20世纪后期集装箱卡车与巨型拖车的使用进一步提高了陆上运输的竞争力，未来铁路自动驾驶技术的开发与应用、自动驾驶汽车的推广等，势必加速智能化物流的实现。本章主要讨论国际陆运物流活动及其规律性。

9.1 国际铁路物流

国际铁路物流是指以国际铁路为物流通道的国际运输活动，主要包括国际铁路运输及直接相连的辅助业务。这里与国际铁路运输直接相连的辅助业务主要是指国际铁路运输过程中货物的直接装卸、搬运作业，这些内容在第4章国际物流业务与组织中已经介绍，这里不再赘述。

9.1.1 国际铁路运输概述

在国际货物运输中，铁路运输是一种仅次于海洋运输的主要方式，海洋运输的进出口货物，也大多是靠铁路运输进行货物集中和分散的。

1. 世界铁路概况

铁路运输是现代运输业的主要运输方式之一。世界上的第一条铁路是1825年美国正式运营的从斯托克顿至达林顿的43.5km的铁路，至今已有170多年的历史。铁路运输从一开始就显示出了明显的优越性，因此在较短的时间内就得到了迅速的发展。从19世纪的蒸汽机车到20世纪的内燃机车，再到21世纪的高速电力火车和磁悬浮列车，铁路运输工具不断发展，运行速度突飞猛进，最高可达350~500km/h。

第二次世界大战以后，由于航空运输和高速公路的迅速发展，铁路运输发展变缓，基本处于相对稳定的状态。目前，世界铁路总长度约130万km。从地理分布上看，美洲铁路约占世界铁路总长度的 1/3；欧洲约占 1/3。而非洲、大洋洲和亚洲的总长度加起来仅约 1/3。很明显，世界铁路的发展和分布极不均衡。

2. 铁路货物运输的特点

铁路运输是国家的经济大动脉，是物流运输方式的其中一种。与其他运输方式相比，铁路货物运输具有以下特点：

（1）准确性和连续性强。铁路运输几乎不受气候影响，一年四季可以不分昼夜地进行定期的、有规律的、准确的运转。

（2）速度比较快。一般货车速度可达 100km/h 左右，远高于海上运输。

（3）运输量比较大。铁路一列货物列车一般能运送 3000～5000t 货物，远远高于航空运输和汽车运输。

（4）成本较低。铁路运输费用仅为汽车运输费用的几分之一到十几分之一；运输耗油约是汽车运输的 1/20。

（5）安全可靠。铁路运输风险远比海上运输小。

（6）初期投资大。铁路运输需要铺设轨道、建造桥梁和隧道，建路工程艰巨复杂；需要消耗大量钢材、木材；占用土地多，初期投资大大超过其他运输方式。

另外，铁路运输由运输、机务、车辆、工务、电务等业务部门组成，要具备较强的准确性和连贯性，各业务部门之间必须协调一致，这就要求在运输指挥方面实行统筹安排，统一领导。

9.1.2　铁路货物运输对我国经济的作用

1. 有利于发展与亚欧大陆各国间的贸易

铁路把欧亚大陆连成一片，为发展中东、近东和欧洲各国的贸易提供了有利的条件。中华人民共和国成立初期，我国的国际贸易主要局限于东欧国家，铁路运输占我国进出口货物运输总量的 50% 左右，是当时我国进出口贸易的主要运输方式。自 20 世纪 50 年代以来，我国与朝鲜、蒙古国、越南、苏联的进出口货物，绝大部分仍然是通过铁路运输来完成的；我国与西欧、北欧和中东地区一些国家也通过国际铁路联运来进行进出口货物的运输。

2. 有利于开展同港澳地区的贸易，并通过香港进行转口贸易

铁路运输是内地和港澳开展贸易的一种运输方式。港澳两地的日用品一直以来都由内地供应，运输量逐渐增加。香港是世界著名的自由港，与世界各地有着非常密切的联系，海、空定期航班比较多，作为转口贸易基地，开展陆空、陆海联运，对发展与东南亚、欧美、非洲、大洋洲各地的贸易、保证出口创汇起着重要作用。目前，从内地开设了直达香港的快运列车，这对繁荣、稳定港澳市场、促进当地经济发展起到了积极作用。

3. 对进出口货物在港口的集散和地区之间的商品流通起着重要作用

我国海运进口货物大部分利用铁路从港口运往内地，海运出口货物大部分也是由内地通过铁路向港口集中，因此铁路运输是我国国际货物运输的重要集散方式。

9.1.3 国际铁路运输线路

1. 国际货物运输中的主要铁路干线

（1）西伯利亚大铁路线。西伯利亚大铁路线东起海参崴，途经伯力、赤塔、伊尔库茨克、新西伯利亚、鄂木斯克、车里雅宾斯克、古比雪夫，止于莫斯科，全长9300km，以后又向东延伸至纳霍德卡的东方港。该线东连朝鲜和中国，西接北欧、中欧、西欧各国，再由莫斯科往南可接伊朗。我国与苏联、东欧国家及伊朗之间的贸易，主要通过此干线运输。

（2）北美横贯东西铁路线。北美横贯东西铁路线在加拿大境内有两条，在美国境内有四条。

加拿大境内：

- 鲁珀特太子港—埃德蒙顿—温尼伯—魁北克（加拿大国家铁路）。
- 温哥华—卡尔加里—温尼伯—蒙特利尔—圣约翰—哈利法克斯（加拿大太平洋铁路）。

美国境内：

- 西雅图—斯波坎—俾斯麦—圣保罗—芝加哥—底特律（北太平洋铁路）。
- 奥克兰—奥格登—奥马哈—芝加哥—匹兹堡—费城—纽约。
- 洛杉矶—阿尔布开克—堪萨斯城—圣路易斯—辛辛那提—华盛顿—巴尔的摩（圣太菲铁路）。
- 洛杉矶—图森—帕索—休斯敦—新奥尔良（南太平洋铁路）。

（3）西亚—欧洲铁路线。由西亚的巴士拉—巴格达—伊斯坦布尔至欧洲的索菲亚之后与欧洲铁路网相连。

（4）欧洲铁路网。欧洲铁路网密度居各大洲之首，纵横交错，十分发达，既可联系洲内各国，又可沟通洲际。主要有：

- 伦敦—巴黎—慕尼黑—维也纳—布达佩斯—贝尔格莱德—索菲亚—伊斯坦布尔，与亚洲铁路相连。
- 伦敦—巴黎（或布鲁塞尔）—科隆—柏林—华沙—莫斯科，与俄罗斯西伯利亚铁路相连，可达远东地区。
- 里斯本—马德里—巴黎—科隆—柏林—华沙—圣彼得堡—赫尔辛基，可达斯堪的那维亚半岛各国。

2. 中国往邻国的铁路线

- 滨洲线：自哈尔滨起向西北至满洲里，全长935km，在俄罗斯的贝加尔站与西伯利亚铁路相连接。
- 滨绥线：自哈尔滨起，向东经绥芬河与远东地区铁路相连接，全长548km。
- 集二线：自集宁站起，向西北到二连浩特，全长364km，是我国通往蒙古国的重要铁路干线。
- 沈丹线：从沈阳到丹东，越过鸭绿江与朝鲜铁路相连，全长274km。
- 长图线：西起吉林长春，东至图们，横过图们江与朝鲜铁路相连接，全长527km。

- 梅集线：自吉林梅河口至集安，全长 245km，越过鸭绿江直通朝鲜满浦车站。
- 湘桂线：从湖南衡阳起，经广西柳州、南宁到达凭祥站，全长 1013km，通过越南的同登站与越南铁路相连。
- 昆河线：从云南昆明经碧色寨到云南河口山腰站，窄轨铁路，全长 177km，通过越南的老街站与越南铁路相连。
- 北疆线：从新疆乌鲁木齐向西到达我国的终点站阿拉山口，与哈萨克斯坦的德鲁日巴站接轨。

我国通往欧洲的国际铁路联运线有两条：一条是利用俄罗斯的西伯利亚大陆桥贯通中东、欧洲各国；另一条是由江苏连云港经新疆与哈萨克斯坦铁路连接，贯通俄罗斯、波兰、德国，直至荷兰的鹿特丹。后者称为新亚欧大陆桥，比走苏伊士运河海运航线缩短约一半的距离，比经由西伯利亚大陆桥缩短约 3000km，进一步推动了我国与欧亚各国的经贸往来，也促进了我国沿线地区的经济发展。

9.1.4　国际铁路货物联运概述

采用国际铁路货物联运，有关当事国事先必须有书面的协定。关于国际铁路货物运输的公约主要有两个，即 1961 年的《关于铁路货物运输的国际公约》（简称《国际货约》）和 1951 年的《国际铁路货物联运协定》（简称《国际货协》）。

1. 定义与特点

国际铁路货物联运是指在涉及两个或两个以上国家的铁路运输中，使用一份运输单据，各运输段对货物承担连带责任的全程运送，在由一国铁路向另一国铁路移交货物时，无须发、收货人参加。其特点是：

（1）涉及面广。凡是通过国际铁路货物联运办理货物运输，都要涉及两段以上的铁路。

（2）运送距离远，流经环节多。国际铁路货物联运涉及不同国家的铁路，有时还要通过换装、转口等不同方式办理不间断的运输，最后才能运抵目的地。

（3）运输条件高。运输条件即车、票、证都必须符合有关国际铁路货物联运的规章和规定，办理手续也较复杂。

国际铁路货物联运使得相关国家铁路在货物运输组织上相互衔接，为国际贸易提供了一种经济便捷而又安全的运输方式。我国与欧亚有关国家开展的国际铁路货物联运，在我国对外政治、经济和文化交流中发挥着重要的作用。

2. 国际铁路货物联运的组织

（1）出口。国际铁路货物联运出口货物运输组织工作，主要包括计划的编制以及货物的托运、承运、装车、运送和交付。货物的托运与承运的过程即为承运方（铁路）与托运方（发货人）缔结运输合同的过程。

发货人按车站指定日期将货物搬入车站或指定货位，经车站根据运单的记载事项查核实货，并确认符合国际联运的有关规定后即予以接受。在发货人付清一切应付运送费用后，车站在所提交的运单上加盖车站日期戳。运单在加盖车站日期戳后，即标志承托双方以运单为凭证的运输合同开始生效，参加联运的国际铁路即承担了将货物从始运地运送至运单上指定的目的地的相应责任。

国际物流学

（2）进口。对进口货物，需办理报关、报验、铁路货物单证的交接等工作。

1）进口合同资料工作。合同资料是国境站核放货物的重要依据，也是向各有关部门报关、报验的凭证。各进出口公司在对外合同上签字后，要及时将一份合同抄寄给货物进口口岸的分支机构。对于由外运公司分支机构接收的分拨小额订货，必须在抄寄合同的同时，按合同内容填附货物分类表。合同资料包括：合同的中文抄本和它的附件、补充书、协议书、变更申请书、变更书和有关确认函电等。

2）进口货物的现场核收工作。进口货物的交接首先是票据的交接，对方交接时将进口货物票据交进口方后，进口方现场工作人员主动到中方铁路办公处索取进口方公司所代理单位的进口货物票据；然后抄制进口货物明细单，查验合同所附带有关进货的材料是否齐全；接着按海关要求填报进口货物报关单，并连同合同及有关证明向海关申报放行货物。

3）进口货物的交付。联运进口货物到达车站后，铁路车站根据运单或随附运单的进口货物通知单所记载的实际收货人，发出货物到达通知，通知收货人提取货物。收货人接到通知后，必须向车站领取货物并支付运输费用。在收货人付清一切应付运输费用后，铁路车站必须将货物连同运单一起交付收货人。

3. 国境站

（1）国境站的定义。凡办理一国铁路向另一国铁路移交或接收货物和机车车辆作业的车站，称为国境站。依照各国轨距类型的不同，国境站分为直通型国境站和换装型国境站。

（2）国境站货物和车辆的交货地点和过货方式。

交货地点：货物和车辆的交接，原则上都在进口国国境站进行。

过货方式：原车过轨及货物换装或货车换转向架。

4. 国际铁路货物联运运费及其计收

国际铁路货物联运运费应该按照《国际货协》《统一过境运价规程》（以下简称为《统一货价》）和《铁路货物运价规则》的有关规定计收。国际铁路货物联运费用包括联运货物的运费、押运人的乘车费、杂费和其他费用。联运货物运费应按以下规定的计收。

（1）运输费用计收的规定。运输费用的计收分以下几种情况。

1）参加《国际货协》的各铁路间运输费用的计收原则。发送站的运输费用按发送站所在国家的国内运价规定，并以发送站所在国家的货币在发送站向发货人计收。到达站的运输费用按到达站所在国家的国内运价规定，并以到达站所在国家的货币在到达站向收货人计收。国境站的运输费用按《统一货价》的规定在发送站向发货人计收或在到站向收货人计收。

2）参加《国际货协》与未参加《国际货协》铁路间运输费用的计收原则。发送站和到达站的运输费用仍按所在国家的国内运价规定，并以所在国家的货币在发送站向发货人计收和在到达站向收货人计收。

参加《国际货协》并实行《统一货价》的过境站和过境铁路运输费用，在发送站向发货人（相反方向运输时则在到达站向收货人）计收。对过境未参加《国际货协》的路站的运输费用，在到达站向收货人（相反方向运输时向发货人）计收。

3）通过过境铁路站港口的运输费用计收原则。从参加《国际货协》并实行《统一货价》的国家，通过另一个实行《统一货价》的过境铁路站港口，向其他不论是否参加《统一货价》的国家（或相反方向）运输货物，并用国际货协票据办理货物运输时，只能办理到过境港口站为止，或从该站开始办理。

从参加《国际货协》的铁路发站到港口站的运输费用，在发送站向发货人计收；相反方向运输时，在到达站向收货人计收。

在港口站所发生的杂费和其他费用，在任何情况下，都在港口站向收转人计收。

过境铁路的运输费用按《统一货价》规定计收。

（2）国际铁路货物联运国内段运输费用的计算。根据《国际货协》的规定，我国通过国际铁路货物联运运输的进出口货物，其国内段运输费用按我国《铁路货物运价规则》计收。国际铁路货物联运国内段运输费用的计收原则为：

① 根据货物运价里程表确定从发送站至到达站的里程。

② 根据运单上填写的货名查找货物品名检查表，确定适用的运价号。

③ 根据里程和运价号，在运价表中查出相应的运价。

④ 以《铁路货物运价规则》确定计费重量。

⑤ 运输费用等于计费重量与适用运价的乘积。

（3）国际铁路货物联运过境运费的计算。国际铁路货物联运过境运费按《统一货价》的规定计收。其计算原则为：

① 根据运单记载的应通过的过境站，在《统一货价》过境里程表中查找出货物运输所通过的各个国家的过境里程。

② 根据货名，查找《统一货价》中的通用货物品名表，确定所运输货物适用的运价等级。

③ 根据货物运价等级和各过境站的运输里程，在《统一货价》中查出适用的运价。

④ 由于《统一货价》对过境货物运费的计算是以慢运整车货物的运费为基础的，即以此为基本运费，所以对其他类别的货物还应在基本运费的基础上分别乘以不同的加成率，因此要查明加成率；

⑤ 运费＝基本运费×（1＋加成率）。

9.1.5　国际铁路货物联运的基本条件

1. 国际铁路货物联运的范围

1）参加《国际货协》和未参加《国际货协》但采用《国际货协》规定的铁路间的货物运送，铁路从始发送站以一份运送票据负责运送至最终到达站交付给收货人。

2）未参加《国际货协》铁路间的货物运送，发货人在发送站用《国际货协》运送票据办理至参加《国际货协》的最后一个国境站，由该站站长或收货人、发货人委托的收转人转至最终到达站。

3）通过过境铁路港口站的货物运送。从参加《国际货协》铁路的国家，通过参加《国际货协》的过境铁路港口，向其他国家（不论这些国家是否参加《国际货协》）或者相反方向运送货物时，用《国际货协》运送票据只能办理至过境铁路港口站，或者从这个站起开始办理，由港口站的收转人办理转发送。

国际物流学

2. 国际铁路货物联运办理的类别

（1）整车，是指按一份运单托运的按其体积或种类需要用单独车辆运送的货物。

（2）零担，是指按一份运单托运的一批货物，重量不超过 5000kg，按其体积或种类不需要用单独车辆运送的货物。但如另有商定条件，也可不适用《国际货协》整车和零担货物的规定。

（3）大吨位集装箱，是指按一份运单托运的，用大吨位集装箱运送的货物或空的大吨位集装箱。

对于整车运输，铁路运输是一种最经济的运输方式。尤其是在北美和欧洲，铁路运输是集装箱化发展最快的一个部门。强烈建议买主使用以较长的集装箱转运距离为特征的联合运输方式，并最好与往来集装箱海运码头的陆路专用铁路结合起来使用，这样可以实现"门到门"的服务。

3. 采用国际铁路货物联运应具备的条件

（1）必须具备一份运输合同。在国际铁路货物联运中，使用的运单和运单副本是铁路与货主（承运人与托运人）之间缔结的运输合同。

（2）托运人必须支付运费并领取货物。托运人支付运费，分以下三种情况：

- 发运国铁路的运费，由发货人向始发站支付。
- 终点国铁路的运费，由收货人向到达站支付。
- 过境国铁路的运费，现在有些由过境国货代办理，或由发货人向始发站支付，或由收货人向到达站支付。

（3）承运人必须负责全程运输，并对承运期间发生的损失负责赔偿。由于国际铁路联运是跨国境的陆上运输，需要使用各国家的铁路、机车和车站，所以各有关国家使用统一的国际联运单据，共同负责货物跨国界的全程运输服务。

4. 国际铁路货物联运的运输限制

在国际铁路直通货物联运中，下列货物不准运送：

- 属于参加运送的铁路的任一国家禁止运送的物品。
- 属于参加运送的铁路的任一国家邮政专运物品。
- 炸弹、弹药和军火（但狩猎和体育用的除外）。
- 爆炸品、压缩气体、液化气或在压力下溶解的气体、自燃品和放射性物质（《国际货协》附件第 2 号之附件 1 中表 1、表 3、表 4、表 10 中没有列载的）。

9.1.6 出口货物办理国际铁路货物联运的程序

1. 托运前的工作

在托运前必须将货物的包装和标记严格按照合同中有关条款及《国际货协》中的条款办理。

① 货物包装应能充分防止货物在运输中灭失和腐坏，保证货物多次装卸不易毁坏。

② 货物标记（标示牌及运输标记）和货签（内容主要包括商品的记号、号码、件数、站名、收货人名称等）上的字迹均应清晰、不易擦掉，保证多次换装中不易脱落。

2. 货物托运和承运的一般程序

发货人在托运货物时，应向车站提出货物运单和运单副本，以此作为货物托运的书面申请。车站接到运单后，应认真进行审核，对整车货物应检查是否有批准的月度货物运输计划、旬度货物运输计划和日要车计划，检查货物运单各项内容是否正确。如确认可以承运，车站即在运单上写明货物应进入车站的日期和装车日期，表示接受托运。发货人按签证指定的日期将货物搬入车站或指定的货位，铁路方根据货物运单的记载查对实货，认为符合《国际货协》和有关规章制度的规定，则可予以承认。装车完毕，始发站在货物运单上加盖承运日期戳，即为承运。

总之，承运是铁路负责运送货物的开始，表示铁路开始对发货人托运的货物承担运送义务，并负运送中的一切责任。

3. 货运单据

（1）国际铁路联运运单（International Through Railway Bill）：发货人与铁路之间缔结的运输契约。它规定了铁路与发、收货人在货物运送中的权利、义务和责任，对铁路和发、收货人都具有法律效力。

（2）添附文件：我国出口货物必须添附出口货物明细单、出口货物报关单及出口外汇核销单。另外根据规定和合同的要求还要添附出口许可证、品质证明书、商检证、卫生检疫证、动植物检疫证，以及装箱单、磅码单、化验单、产地证、发运清单等有关单证。

4. 出口货物交接的一般程序

（1）联运出口货物实际交接是在接收国国境站进行。口岸外运公司接到铁路交接所传递的运送票据后，依据联运运单审核其附带的各种单证份数是否齐全、内容是否正确，遇有矛盾不符等缺陷，根据有关单证或函电通知订正、补充。

（2）报关报验。运送单证经审核无误后，将出口货物明细单截留三份（易腐货物截留两份），然后将有关运送单证送至各联检单位审核放行。

（3）货物交接。单证手续齐备的列车出境后，交付路在邻国国境站的工作人员会同接收路工作人员共同进行票据和货物交接，依据交接单进行对照检查。

9.1.7　加快我国国际铁路运输发展

我国的轨道交通网络长度超过 13 万 km，是全球第二大铁路网。2018 年年底，我国铁路营业里程已达到 13.1 万 km 以上，高铁总里程 2.9 万 km，占世界 2/3，"八纵八横"高铁网建设全面展开。到 2050 年，全国铁路里程有望突破 27 万 km，高铁线路总长达到 3.8 万 km。我国将加强陆上边境口岸型物流枢纽建设，完善境外沿线物流节点、渠道网络布局；积极推动中欧班列枢纽节点建设，打造一批具有多式联运功能的大型综合物流基地，促进大型集结中心建设；加大中欧班列组织协调和品牌宣传力度，利用进口博览会等平台引导班列运营公司加强与中亚、欧洲沿线各国的大型生产制造企业的对接，针对大型企业打造"量身定做"的班列物流服务产品，促进中欧班列双向均衡运行，提升中欧班列的国际物流服务能力与质量。

9.1.8　加快推进中欧班列规划建设

中欧班列，是由中国铁路总公司组织，按照固定车次、线路、班期和全程运行时刻开行，往来于中国至欧洲以及"一带一路"沿线各国间的集装箱国际铁路联运班列，

国际物流学

是高品质、高等级的国际铁路货物联运列车。

中欧经贸关系长期稳定发展，但中欧之间的货物运输几乎全部通过海运实现。发展中欧间铁路集装箱国际联运的需求越发强烈。2005 年 3 月 1 日，呼和浩特至法兰克福"如意号"国际集装箱专列开行，这是中欧间铁路集装箱国际联运的第一次尝试。2013 年，"一带一路"倡议的提出，给了中欧班列驰骋的大舞台。2016 年 6 月 6 日，中国铁路正式启用中欧班列统一品牌，中欧班列业务进入统一规范、合作共赢、健康持续发展的新阶段。2017 年 1 月，中欧班列正式覆盖到西欧多国，成功实现往返；同年 4 月，中国、白俄罗斯、德国、哈萨克斯坦、蒙古国、波兰、俄罗斯等七国铁路部门正式签署《关于深化中欧班列合作协议》；5 月，中国铁路总公司倡议与重庆、成都、郑州、武汉、苏州、义乌、西安等七家班列平台公司共同发起成立了中欧班列运输协调委员会，共同协调解决中欧班列发展中面临的问题。《中欧班列建设发展规划（2016—2020 年）》规划了七大任务：完善国际贸易通道，加强物流枢纽设施建设，加大资源整合力度，创新运输服务模式，建立完善的价格机制，构建信息服务平台，推进便利化大通关。2017 年，中欧班列共开行 3600 列，2018 年达到 6300 列，同比增长 72%。

9.2 国际公路物流

国际公路物流是指以国际公路为物流通道的国际运输活动，主要包括国际公路运输及与其直接相连的辅助业务。这里，与国际公路运输直接相连的辅助业务主要是指国际公路运输过程中货物的直接装卸、搬运作业。这些内容在第 4 章的国际物流业务与组织已有相应介绍，本节不再赘述。

9.2.1 国际公路运输概述

公路汽车运输是现代交通运输体系中最为普及的一种运输方式。公路汽车货物运输方式不仅在国家的经济建设和社会生活等方面具有十分重要的地位和作用，而且在国际贸易运输过程中也是不可缺少的环节。在国际贸易货物运输中，不论采用海运、空运或者陆运，都需要以公路汽车运输作为衔接。同时，作为国际陆路货物运输的方式之一，公路汽车运输还承担着公路口岸的出入境货物运输任务。

1. 世界公路概况

世界现有公路总长约 2000 万 km，其中有高级路面约 450 万 km，高速公路 15 万多千米。世界公路分布很不均匀，主要集中在北美、西欧、南亚和东亚地区。我国的公路密度 2017 年年底达到 49.72km/百 km²。截至 2018 年年末，我国公路总里程已超过 477.5 万 km。其中，高速公路突破 14 万 km，里程规模居世界第一。

[资料链接] "浮动公路"运输利用一段水运衔接两端陆运，衔接方式是将车辆开上船舶，以整车货载完成这一段水运，到达另一港口后，车辆开下继续行驶。"浮动公路"运输又称车辆渡船方式，这种联合运输的特点是在陆运水运之间，不需要将货物从一种运输工具上卸下，再转换到另一种运输工具上，而仍利用原来的车辆作为货物的载体。其优点是两种运输之间有效衔接，运输方式转换速度快，而且在转换时，不触碰货物，因而有利于减少和防止货损，是一种现代化的运输方式。

2. 国际公路运输的概念与特点

国际公路货物运输（International Road Freight Transport），是指国际货物借助一定的运载工具，沿着公路跨越两个或两个以上国家或地区的移动过程。公路运输一般以汽车作为运输工具，所以实际上就是汽车货物运输。国际汽车货物运输既是一个独立的运输体系，是车站、港口和机场集散物资的重要手段，也是沟通生产和消费的桥梁和纽带。公路运输具有机动灵活、适应性强的优点。

公路运输同时又具有一定的局限性，如载重量小，不适宜装载重件、大件货物，不适宜长途运输；车辆运行中振动大，易造成货损货差事故；运价通常也比水运和铁路运输高。

3. 公路运输的要素

（1）公路。公路是连接各城市、乡镇并主要供汽车行驶的道路。现代公路已进入高速化及网络化时代。

（2）汽车。现代汽车的种类繁多、性能各异，但汽车发展的总趋势是大型化、专用化和列车化。汽车列车由牵引车、挂车和半挂车组合而成，可以使汽车运量成倍增长。专用的重型拖车可牵引 266t 以上，并且出现了许多液罐车、自卸车和平板车等专用车辆。

9.2.2　国际公路运输的营运方式

受地理环境结构的影响，公路运输在国际贸易运输中的地位不及海运，也不及铁运，但在边境贸易中，公路运输占有重要地位，在国际公路干线网络密集的欧洲国家间，公路运输在国际贸易货运中的地位尤为突出。

公路运输的营运方式可以分为班车货物运输和包车货物运输两大类。

1. 班车货物运输

班车货物运输是指班车运输公司将汽车按照事先公布的运行表在确定的线路上，为众多的货主提供规则、反复的运输服务，并根据运价规定计收运费的一种营运方式。

班车运输的货物一般是零担货物。零担货物是指同一货物托运人托运的不足一定数量的货物，通常是计费重量不足 3t 的货物。

2. 包车货物运输

包车货物运输是指车辆出租人将车辆包租给承租人使用一个行程或几个行程或一定时间，并用以完成在约定地点之间、载运约定货物，而由承租人支付租车费用的一种营运方式。包车货物运输也称行程租车运输。

9.2.3　公路口岸的出入境汽车运输

我国与周边国家和地区之间的出入境公路汽车货物运输活动，多以政府间的或多边的汽车运输协定来开展。供货物、人员和汽车出入境的国境车站称为公路口岸。我国与17 个国家和地区之间有陆路相毗邻，有的有铁路相通，有的只能通过公路运输来实现国际货物运输，即使在有铁路相通的情况下，仍然也有公路运输。

1. 中俄间汽车运输

中国与俄罗斯签有《中俄两国政府汽车运输协定》。我国与俄罗斯之间的公路国境

国际物流学

车站主要有以下几个:

(1) 满洲里—后贝加尔。满洲里口岸位于内蒙古呼伦贝尔草原西部,是我国最大的铁路口岸,但由于中俄之间国境铁路轨距不同,铁路货车必须在国境站进行换装。

(2) 黑河—布拉格维申斯克。黑河口岸位于黑龙江省黑河市,与俄罗斯阿穆尔州布拉格维申斯克市相连,是水路运输和公路运输口岸。当处于明水期时,进行水路运输;当处于冰冻期时,进行公路运输。

(3) 绥芬河—波格拉尼奇内。绥芬河口岸位于黑龙江省绥芬河市,有一条铁路和两条公路与俄罗斯相连,铁路口岸与俄罗斯的格罗迭科沃相连,公路口岸与俄罗斯的波格拉尼奇内公路口岸相连,是一类口岸。

(4) 珲春—库拉斯基诺。珲春口岸位于吉林延边的图们江下游地区,地处中、俄、朝三国接壤地带,与俄罗斯的库拉斯基诺相连。

另外,还有同江—下列宁斯阔耶口岸、鹤岗—比罗比詹口岸等。

2. 中越间汽车运输

中国与越南签有《中越两国政府汽车运输协定》和《中越两国政府汽车运输协定实施议定书》,为双方经济贸易交流与合作提供了公路汽车运输上的保障。我国与越南之间的公路国境车站主要有以下几个:

(1) 山腰—老街。山腰口岸位于云南红河河口瑶族自治县,距中越国境线6.5km,分为铁路口岸和公路口岸。该口岸与越南老街口岸相连。

(2) 友谊关—同登。友谊关公路口岸位于广西凭祥,与越南的同登口岸相连。

位于云南的中越口岸还有麻栗坡口岸,位于广西的中越口岸还有水口、东兴口岸等。

3. 中朝间汽车运输

中国与朝鲜之间有水路、铁路和公路相通,公路国境车站有很多,其中有一类口岸,也有一些二类口岸。

(1) 图们—南阳。图们口岸位于吉林图们市,是国家一类口岸,与朝鲜咸镜北道的南阳市隔图们江相望,两口岸相隔0.6km。图们口岸有铁路和公路通往南阳口岸,是中朝间重要的边境口岸。

(2) 开山屯—三峰里。开山屯口岸位于吉林龙井市,是国家一类口岸,与朝鲜的三峰里口岸相对,距离为1.5km,中间有公路桥相连。

中朝间另有三合—会宁、南坪—七星、临江—中江等国家一类口岸,以及沙驼子—赛别尔、古城里—三长里、长白—惠山、老虎哨—渭源等地方二类口岸。

4. 中蒙间汽车运输

我国的内蒙古、新疆及甘肃与蒙古国接壤,因此陆路口岸众多,除有铁路口岸外,许多口岸仅为公路口岸。

(1) 二连—扎门乌德。二连(二连浩特)口岸位于内蒙古二连浩特市,是国家一类口岸,分为铁路口岸和公路口岸。其铁路口岸是中国通往蒙古国的唯一铁路口岸,年货物通过能力为350万t。二连公路口岸于1990年开通,年货物通过能力为10万t。

(2) 老爷庙—布尔嘎斯台。老爷庙口岸位于新疆哈密地区,是哈密地区唯一的公路口岸,距中蒙边境83km,1991年根据中蒙政府双边协议开通,每年3月、6月、8

月、11 月开放，是季节性口岸，与蒙古国的布尔嘎斯台相连。

（3）马鬃山—阿尔泰。马鬃山口岸位于甘肃河西走廊西北部，距中蒙边境 65km，由简易公路与蒙古国的阿尔泰相通。

5. 中国与乌、吉、哈、巴、塔之间的汽车运输

中国与乌兹别克斯坦、吉尔吉斯斯坦、哈萨克斯坦、巴基斯坦、塔吉克斯坦等国家就汽车运输签订了有关协议，为我国与这些国家之间的公路汽车运输合作奠定了基础。

中国与上述国家之间的口岸较大的是中国与哈萨克斯坦之间的阿拉山口—德鲁日巴口岸。阿拉山口口岸位于新疆博乐市境内，是我国西部地区唯一的铁路、公路并用的口岸，是国家一类口岸。阿拉山口公路口岸开通于 1992 年 5 月，年过货量 20 多万吨。阿拉山口口岸的对岸是哈萨克斯坦的德鲁日巴口岸。

中国与哈萨克斯坦之间还有霍尔果斯口岸、巴克图口岸等。中国与吉尔吉斯斯坦之间有图尔尕特口岸、伊尔克什坦口岸等。中国与巴基斯坦之间唯一的口岸是位于新疆西部的红其拉甫口岸。

6. 中国与缅甸、老挝、尼泊尔之间的汽车运输

中国与缅甸之间的国家一类口岸有畹町、瑞丽、景洪等，地方二类口岸有打洛、孟连、勐定、章风、盈江等。

中国与老挝之间边境贸易的主要通道是位于云南省的磨憨口岸。

中国与尼泊尔之间的口岸都位于西藏，其中位于日喀则地区的樟木口岸距尼泊尔首都加德满都 120km，是国家一类口岸，过货量占中尼边境贸易过货量的 95% 以上。其他还有普兰口岸、吉隆口岸、日屋口岸等。

7. 中国与锡金、不丹、印度之间的汽车运输

我国与锡金、不丹和印度之间开展边境贸易的重要通道是位于西藏的亚东口岸。

9.2.4　内地与港、澳之间的汽车运输

近年来，由于对外贸易的迅速发展和香港企业向深圳、珠江三角洲转移，使内地与香港之间的汽车货物运输量不断上升。澳门回归后，内地与澳门之间的汽车货物运输也有所增加。

深圳与香港间运行的运输车辆必须在两地注册，并同时挂两地车牌。在内地与香港之间，内地有文锦渡口岸、沙头角口岸、皇岗口岸等，香港有罗湖口岸、沙头角口岸等。在内地与澳门之间，内地有拱北口岸，澳门有关闸口岸。

9.2.5　《国际公路货物运输公约》

为了统一公路运输所使用的运输单证、明确承托双方的责任和权利，联合国所属欧洲经济委员会负责起草了《国际公路货物运输合同公约》（CMR），并于 1956 年 5 月 19 日在日内瓦由欧洲的法国、英国等 17 个国家参加的会议上一致通过，1961 年 7 月 2 日生效。参加国有比利时、丹麦、芬兰、法国、德国、匈牙利、意大利、卢森堡、荷兰、挪威、波兰、葡萄牙、瑞典、瑞士、英国、澳大利亚、南斯拉夫。该公约共有 8 章 51 条，就公约的适用范围、承运人和托运人责任、合同的签订与履行、索赔与诉讼以及连续承运人履行合同等做了较详细的规定。

9.3 国际管道物流

国际管道物流是指以国际管道为物流通道的国际运输活动，主要包括国际管道运输及直接相连的辅助业务。这里，辅助业务主要是指国际管道运输过程中油气的直接计量、检测、调控作业和基础设施建设及维护等。

9.3.1 管道运输概述

1. 管道运输的概念

管道运输（Pipeline Transportation）是随着石油的生产而产生和发展的。它是一种特殊的运输方式，与普通货物的运输形态完全不同：普通货物运输是货物随着运输工具的移动，货物被运送到目的地；而管道运输的运输工具本身就是管道，是固定不动的，只是货物本身在管道内移动。换言之，它是运输通道和运输工具合二为一的一种专门运输方式。

管道物流，主要是指管道运输（Pipeline transport）。它是用管道作为运输工具的一种长距离输送液体和气体物资的物流活动，是一种专门由生产地向市场输送产品的方式，是统一运输网中干线运输的特殊组成部分。管道运输业是新兴运输行业，是继铁路、公路、水运、航空运输之后的第五大运输业，它在国民经济和社会发展中起着十分重要的作用。

管道运输不仅运输量大、连续、迅速、经济、安全、可靠、平稳、投资少、占地少、费用低，还可实现自动控制。除广泛用于石油、天然气的长距离运输外，管道还可运输矿石、煤炭、建材、化学品和粮食等。

2. 管道运输的种类

管道运输就其铺设工程可分为架空管道、地面管道和地下管道，其中以地下管道应用最为普遍。视地形情况，一条管道也可能三者兼而有之。

管道运输就其地理范围可分为：从油矿至聚油塔或炼油厂的管道，称为原油管道；从炼油厂至海港或集散中心的管道，称为成品油管道；从海港至海上浮筒的管道，称为系泊管道。

管道运输就其运输对象又可分为液体管道、气体管道、水浆管道。

3. 管道运输的特点

管道运输与其他运输方式不同，概括起来有以下特点：

1）运输通道与运输工具合二为一。

2）高度专业化，多适于运输气体和液体货物。

3）不受地面气候影响并可以连续作业。

4）运输的货物无须包装，节省包装费用。

5）永远单向运输，无回空运输问题。

6）固定投资大。

9.3.2 国际管道运输的发展

19世纪中叶，管道运输出现，至20世纪中后期，管道运输成为原油、煤浆与天然气等的主要运输模式。2006 年 5 月，中国第一条战略级跨国原油进口管道——中哈原油管道实现全线通油；2008 年 11 月中俄泰纳线正式交付使用；2013 年 9 月中缅天然气管道全线贯通。而真空管道运输所具有的高速度、低能耗、低噪声、低污染、安全性，将使管道运输在未来运输中扮演重要角色。

1. 世界管道运输的发展

在西方国家，管道运输大都为大型石油公司所占有和控制，它们为了垄断石油的产供销，均投资建设自己的专用管道，运输自己的产品，管道运输实际上已成为石油公司内部的运输部门，成为石油垄断组织不可缺少的组成部分。

第二次世界大战后，铁路兼营管道运输的现象逐渐增多，这是因为随着管道运输的迅速发展，铁路油罐车运输业务受到很大影响，铁路为了寻找出路，提高竞争能力，挽回失去的货运量，也开始投资建设石油管道，兼营管道运输业务。铁路兼营管道运输较其他单独经营管道运输的组织更有利：首先，可在铁路沿线原有土地上铺设管道，不必投资另找土地；其次，可以利用铁路原有人员和设备；最后，可以解决铁路本身所需燃料。因此，这样做可以收到投资少、成本低的良好经济效果。

2. 国际管道运输在我国的发展

我国最早的一条石油管道于 20 世纪 40 年代初期铺设，是从印度边境通到我国云南昆明的石油管道。中华人民共和国成立以后，随着我国石油工业的发展，我国的管道运输也有了较大的发展，目前已有管道运输里程 1 万多千米，不少油田已有管道与海港相通。我国向朝鲜出口的石油主要是通过管道运输来完成的。我国石油对外依存度高，进入 21 世纪以来，我国的国际管道运输有了迅速的发展，中哈原油管道及中亚天然气管道、中俄原油管道、中缅油气管道、海上通道（船运石油和液化天然气）构成了我国四大油气资源进口通道，我国的国际管道运输发展由此进入了一个全新发展的新时期。

相关行业报告认为，就液体与气体而言，凡是在化学上稳定的物质都可以用管道运送，故此，废水、泥浆、水，甚至啤酒都可以用管道传送。

目前，全国陆上油气管道运输的货物周转量超过 6000 多亿吨千米，已跻身于五大运输业之列，对国民经济的建设和发展发挥了重要作用。与此同时，管道运输技术也形成了相当独立的专业技术体系。但是，我国的国际管道运输与世界管道运输相比，仍有较大差距，还存在诸多问题。一是管道运输在我国综合运输体系中所占比例太低，管道规模小，覆盖面窄，最适合管道输送的成品油在我国仍然主要靠铁路，商用成品油管道规模还很小，煤浆管道至今未实现零的突破，废弃物管道建设也还几乎为零；二是专用于油气管道的钢材、直缝制管、高效泵机组、阀门等几乎都要依赖进口；三是我国的管道运输技术与管道运输发达国家相比仍然存在较大的距离。所有这些，还有待我们加快管道运输技术及其体系的变革，把握我国国际管道物流技术的发展趋势。

9.3.3　我国国际管道运输的发展

2018 年，中国拥有天然气管道 6.4 万 km，原油管道 2.6 万 km，成品油管道 2 万 km。至此，西油东送、北油南运、西气东输、北气南下、海上登陆、就近供应、覆盖全国的油气管道供应格局已然形成。

国际物流学

1. 中哈原油管道的建设和布局

（1）中原石油管道的建设。2003 年 6 月，中国与哈萨克斯坦签署《关于共同开展中国—哈萨克斯坦石油管道分阶段建设投资论证研究的协议》。2004 年 5 月，中哈签署了《关于在油气领域开展全面合作的框架协议》，确定建设中哈原油管道是两国能源合作的重点项目。

中哈原油管道建设项目是中国和哈萨克斯坦两国历史上第一条跨国输油管道，由中石油集团公司和哈萨克斯坦国家石油天然气公司共同投资兴建，一期工程管道总造价 7 亿美元，管径 813mm，设计年输油能力 2000 万 t。连接中国与哈萨克斯坦的原油管道于 2005 年 11 月 14 日在中哈边境口岸阿拉山口实现了跨国对接。2006 年 5 月 25 日起中国—哈萨克斯坦原油管道正式输油，至 2010 年 1 月 25 日，中哈原油管道向中国输送原油量突破 2000 万 t。

全长 960km 的中哈原油管道，是中国为避开凶险的海上石油进口路线而设的一条关键性内陆大动脉，是中国石油战略多元化中的重要一环。

（2）中哈原油管道布局的意义。第一，这条管线开创了多个历史纪录，它是中国与其他国家合作修建的第一条境外陆路原油管道，也是第一条实现供油的境外陆路原油管道，还是中亚地区首条对华原油管道，因此具有非常重要的意义。第二，减轻了对中东石油的依赖，使中国的供油线路更加安全，可以获得长期、稳定的原油供应。美国已经控制全球 80% 的石油资源，其能源霸权主义已成为中国获取国际石油的一个重大障碍，要突破这一障碍需要付出巨大的努力。石油是一种战略物资，国际竞争激烈，中哈原油管道更显意义非同寻常。第三，中哈原油管道开通供油，在一定程度上促进或刺激了中俄原油管道——泰纳线的提前动工，同时还大大推动了各国与中国之间石油管线的合作与修建。第四，这条供油的管线，为整个中亚国家在上海合作组织的框架内对华能源合作开辟了一条新道路。哈萨克斯坦等中亚国家石油资源丰富，中国与之合作意义重大，对于中国的可持续发展意义重大。里海地区的石油储量估计在 900 亿~2000 亿桶之间，约占世界石油总储量的 8%，石油储量价值达 4 万多亿美元。天然气储量保守估计也有 14 万亿 m³ 左右，占世界总量的 4.3%。中哈原油管道建立了一个通向里海地区石油的陆上输送线路，从而站到"泛亚全球能源桥梁"的战略位置上。

2. 中俄原油管道运输的建设与布局

中俄原油管道的建设，符合中国能源进口多元化和俄罗斯能源出口多元化的战略目标，更重要的是能够促进我国石油供应途径多元化，实现我国石油管道运输的发展战略。

（1）中俄原油管道运输的建设。中俄原油管道建设几经周折，历时 10 余年。早在 1996 年，中俄两国领导人就做出了建设决策。2009 年 2 月，中石油与俄罗斯石油管道运输公司签署了从俄罗斯斯科沃罗季诺到中国边境的石油管道设计、建设和运营协议。2009 年 4 月 27 日，管道在俄罗斯境内段开工，同年 5 月 18 日我国境内段管线开工建设。中俄原油管道起自俄罗斯远东管道斯科沃罗季诺分输站，经我国黑龙江省和内蒙古自治区 13 个市县区，终点在大庆。整个管线全长 999.04km，俄罗斯境内 72km，中国境内 927.04km。2010 年 8 月 29 日，中俄原油管道俄境内段正式开通，普京亲手转动起圆形的"注油阀门",标志中俄原油管道俄罗斯境内段正式被注入石油,开始技术测试阶段。中俄原油管道 2011 年 1 月 1 日正式启用,首日输送 4.2 万 t,设计年输油量 1500 万 t,最大年输油量为 3000 万 t。通过这条管道,俄罗斯每年将向中国输送 1500 万 t 原油,大概相当于大庆油田产量的 1/4,未来二十年内,将有 3 亿吨原油源源不断地从这里输送到全国各地。

(2)中俄原油管道运输布局的意义。中俄原油管道的布局,对于中俄双方意义深远。中俄原油管道的正式投入运营,将实现我国石油运输和供应途径的多元化,俄罗斯进口的原油也将作为大庆油田的重要补充,为东北地区炼油厂提供稳定的油源,对于振兴我国东北老工业基地也将具有重要的战略意义,中俄原油管道的运行还标志着俄罗斯的能源输出战略正在从传统的西方转向东方,对于俄中两国加强战略合作具有重大意义。在铺设原油管道之前,中国由俄罗斯进口石油主要靠铁路运输。原油管道开通后,不仅输送量大幅提高,运输成本也将大大降低。

这条管建成以后,可以使中国实现能源供应途径的多元化,同时,可以使俄罗斯获得利益最大化。同时,对于俄罗斯特别是其太平洋地区来说,这样还能够拉动当地经济的发展。

中俄在石油领域的合作模式,还对双方下一步扩大和深化包括天然气、核能、电力在内的能源领域全面、长期、稳定的合作有很好的示范作用。

3. 中缅油气管道的建设与布局

(1)中缅油气管道的建设。建设中缅油气管道不仅仅是一条破解"马六甲困局"的能源大动脉,更是维护国家安全和地区稳定繁荣的重要决策。

中缅石油天然气管道项目于 2009 年 3 月 26 日正式敲定,中缅两国政府方面正式签署了《关于建设中缅原油和天然气管道的政府协议》,并于 2009 年 9 月开工,2010 年 10 月步入全面施工阶段。打通这一整体油气战略的西南大通道,将使我国在海上运输、东北中俄原油管道、西北中哈原油管道及中亚天然气管道三大油气通道之外,又开辟了一条新的大通路,形成一张覆盖中国全境的油气输送网络。该管道在缅甸境内全长 771km,将从缅甸西海岸马德岛出发,经若开邦、马圭省、曼德勒省和掸邦,从云南省瑞丽市进入中国,最后通到昆明。据悉,中缅油气管道总造价约 25 亿美元,包括一条独立的输油管道和一条独立的输气管道。

(2)中缅油气管道布局的意义。中缅油气管道的建设,对于中国具有十分重要的意义。第一,从地缘战略上看,缅甸是中国的邻邦,中缅关系直接关系中国周边安全问题,以及同周边国家的友好合作。第二,从能源安全来讲,中方的能源运输线中,石油进口的 3/4 都是通过马六甲海峡,这是一个大瓶颈。马六甲海峡是一个形状狭长的海峡,海盗长期出没,同时由于是浅滩,也比较容易出现问题。再加上其他一些力量的控制,一旦出了问题,将可能对我们造成重大影响。因此,尽快开启陆地管道走廊十分重要。中国同中亚之间、中国同俄罗斯之间的管道建设,都有这方面的意义。第三,中缅油气管道建设具有更加独特的意义,它除了可以解决从中东、非洲石油进口的路径问题外,还可以绕过马六甲海峡,直接通过管道从缅甸港口到我国西南地区,这对我国的能源布局具有非常的意义,对实施"西部大开发"战略、促进西南区域经济发展具有非常特殊的重要意义。

9.4 国际货运代理

9.4.1 国际货运代理的产生

国际货运代理是继三次社会大分工后，社会分工进一步深化的产物，是货主与承运人之间的中间桥梁。早在 13 世纪，国际货运代理行业便已存在，他们在长期实践中积累了丰富的代理经验，熟悉运输业务，了解不同交通工具的载货特点，掌握各条运输路线的动态，通晓有关的规章制度，精通办理各种手续，深谙各种费用的计算门道，并与海关、商检、港口、码头、船公司、车站、机场、银行、仓库等部门有着经常的联系和业务上的密切关系，因而具有接受货主委托代办各种货物国际运输的有利条件。

由此可见，国际货运代理行业并非自今日始，早在数百年前就逐渐成为货主与承运人之间不可缺少的中介。

9.4.2 国际货运代理的概念

国际货运代理，是指接受进出口收货人、发货人或承运人的委托，以委托人的名义或者以自己的名义，为委托人办理国际货物运输及相关业务并收取服务报酬的企业。

国际货运代理本质上属于货物运输关系人的代理，是联系发货人、收货人和承运人的货物运输中介人，既代表货方保护货方的利益，又协调承运人进行承运工作。也就是说，国际货运代理在以发货人和收货人为一方、承运人为另一方的两者之间起着桥梁作用。

9.4.3 国际货运代理的国际组织

国际货运代理不仅仅是中介性的服务行业，而且还是一个世界性的行业。它的国际组织叫国际货运代理协会联合会（International Federation of Freight Forwarders Association），简称菲亚塔。该组织成立于 1926 年 5 月 31 日，现有 130 个国家和地区的 35 000 余家国际货运代理企业加入该会。菲亚塔的总部设在瑞士的首都伯尔尼，由两年一届的全会选出的常委会主持日常工作。常委会下设：公共关系、运输和研究中心、法律单据和保险、铁路运输、公路运输、航空运输、海运和多种运输、海关、职业训练、统计等十个技术委员会，负责研究、指导、协调和解决国际货运代理业务中发生的问题，特别是可以协调解决由于集装箱发展起来以后产生的国际联运代理问题。

9.4.4 国际货运代理人的概念

在传统的货物运输领域，货运代理人（Freight Forwarder）主要从事替货主安排货物运输及货物进出口相关的事宜，包括替货主交接货物、办理单证、订舱、安排托运、报关、办理保险、安排仓储等。因此，货运代理人一般是指接受货主委托为其代办货运及相关业务的企业和代理商。

货运代理人是指不经营运输工具和进出口商品，而是联系货主和承运人的、根据委托办理国际货运业务的从业者。它不仅是指接受货主委托代办货运事宜，还应包括接受承运人委托代办货运事宜的企业或代理商，是广义范畴的货运代理人概念。从委托角度，既有接受货主委托为货主服务的货运代理人，也有接受船东或承运人委托为船东或承运人服务的货运代理人。

集装箱运输和国际多式联运的产生与发展，使货运代理人事实上不仅起到货主与承运人之间代办货物运输事宜的桥梁作用，根据国际贸易对各类货物的运输要求，还承担起集中托运、多式联运和综合物流管理的任务，发挥着承运人和独立经营人的职能，使国际货运代理人的概念和内涵发生了根本的变化。

现代意义上的国际货运代理人，不仅可从事传统的货运代理业务，而且可以以自己的名义独立开展经营活动。这种作为独立经营人的货运代理人，还可以成为我们所称的无船承运人。这类以自己名义独立开展经营活动的货运代理人，他们可以申请成为无船承运人，也可以继续保持货运代理的身份不变。不论他们的身份如何，他们都可以独立承接货物和签发提单，对货物进行直接控制，处理货物运输的各项事宜，并直接承担在运输过程中货物损坏或灭失的责任。

9.4.5　无船承运人

所谓无船承运人，也称为无船公共承运人（NVOCC），通常是指自己不经营船舶但能为他人提供海上运输服务，并通过海上公共承运人完成货物运输的远洋公共承运人。无船承运人的提法为美国首创并以立法确认。对无船承运人的规范 最终被上升为法律是在美国的《1984 年航运法》里，其第 3 条第 17 款规定：无船公共承运人，是指不经营用以提供远洋运输服务的船舶的公共承运人，其与远洋公共承运人之间的关系属于托运人。美国《1998 年远洋航运改革法》在第三节中运用了远洋运输中介人的概念，它严格区分了远洋货运代理人和无船承运人，并且将无船公共承运人更名为无船承运人（NVOC）。根据该法律的规定，远洋运输中介人包括远洋货运代理人和无船承运人，前者是指通过公共承运人发送货物，代表托运人定舱或以其他方式安排所需舱位，及制作单证或处理与该货物运输有关事宜的人。而后者是指不经营远洋运输船舶业务而提供海上运输服务的公共承运人，与远洋公共承运人的关系为托运人，而其与货物托运人的关系而言则是承运人。

在世界范围内，对于无船承运人现在还没有一个较为一致的法律定义。欧盟对无船承运人的定义完全借用了美国《1984 年航运法》的定义。现在欧洲各国也广泛采用了这一概念，但并没有以立法的形式予以确认。美国将无船承运人从货运代理人中脱离出来，确立了其独特的法律地位。但在国际上，无船承运人一般都被视为货运代理人，并没有将国际货运代理人与无船承运人严格区别对待，而是将无船承运人所经营的业务视为货运代理业务的一部分。因此，世界上对无船承运人的认识可分成两种：一种认为应建立独立的无船承运人概念，以美国为代表；另一种认为无需建立无船承运人概念，只要将其划入货运代理人范畴，作为其中的一项业务即可，以欧洲为代表。

我国相关的海商法律、法规中亦没有明确的无船承运人的概念。2002 年 1 月 1 日实施的我国《国际海运条例》（已经三次修订）第 7 条第 2 款首次对无船承运业务做了规

国际物流学

定：无船承运业务，是指无船承运业务经营者以承运人身份接受托运人的货载，签发自己的提单或者其他运输单证，向托运人收取运费，通过国际船舶运输经营者完成国际海上货物运输，承担承运人责任的国际海上运输经营活动。虽然《国际海运条例》还没有确立我国无船承运人的法律地位，但从其将无船承运业务纳入国际海上运输业务，在货运代理人之外对无船承运人单独进行调整，已经可以看出我国是将无船承运人作为承运人加以规定的。另外，我国《海商法》也间接承认了无船承运人作为承运人的法律地位。《海商法》第42条第1项规定，承运人是指本人或者委托他人以本人名义与托运人订立海上货物运输合同的人。我国航运界习惯将此处的承运人称为契约承运人。可见，我国《海商法》所界定的承运人既可以是与托运人订有运输合同的船舶经营人，也可以是不拥有船舶而从事海上运输的契约承运人。这里的契约承运人与《国际海运条例》第7条规定中所提到的无船承运业务经营者很相似。所以，也可以说我国《海商法》已经间接地赋予了无船承运人作为承运人的法律地位。

无船承运人大都被允许以契约承运人身份从事含内陆运输、航空运输及海洋运输在内的国际多式联运业务。无船承运人在法律地位上为承运人，在海洋运输中是海运的契约承运人。

本章小结

本章介绍了国际铁路物流、国际公路物流、国际管道物流等三种国际陆运物流方式，重点介绍了国际铁路运输、国际公路运输、国际管道运输的方式及特点、运输单证、运输公约及运营方式等，特别是介绍了涉及我国能源战略安全的国际石油管道运输线的问题和内容；并介绍了传统的国际货运代理人和现代的国际货运代理人，以及无船承运人和国际联运代理。

[案例讨论]

管道物流运输的发展

浆体输送是将颗粒状的固体物质与液体输送介质混合，采用泵送的方法运输，并在目的地将其分离出来。输送介质通常是清水。浆体管道一般可分为两种类型，即粗颗粒浆体管道和细颗粒浆体管道，前者借助于液体的紊流使得较粗的固体颗粒在浆体中成悬浮状态并通过管道进行输送，而后者输送的较细颗粒一般为粉末状，有时可均匀悬浮于浆体中。和气力输送类似，粗颗粒浆体管道的能耗和对管道的磨损都较大，通常只适用于特殊材料（如卵石或混凝土）的短距离输送；而细颗粒浆体管道则相反，由于能耗低、磨损小，在运输距离超过100km时，其经济性也比较好。如美国的Black Mesa煤浆输送管道总长438km，管道直径为456mm，每年从亚利桑那州的一个煤矿运输460万t煤到内华达州的一个发电厂，该管道系统从1970年一直成功地运行到现在。

美国土木工程师学会预测，这种方法将来可应用于从自来水厂或污水处理厂向污泥处理厂或污泥填埋场输送污泥。这方面的应用虽然目前还没有，但将来可能会变得非常普遍。囊体运输管道又可分为气力囊体运输管道（PCP）和水力囊体运输管道（HCP）

两类。PCP 利用空气作为驱动介质，以囊状体作为货物的运载工具。由于空气远比水轻，囊体不可能悬浮在管道中，为了在大直径管道中运输较重的货物，必须采用带轮的运输囊体。PCP 系统中的囊体运行速度（10m/s）远高于 HCP 系统（2m/s），所以，PCP 系统更适合需要快速输送的货物（如邮件或包裹、新鲜的蔬菜、水果等）；而 HCP 系统在运输成本上则比 PCP 系统更有竞争力，适合固体废物等不需要即时运输的大批量物资。

大部分气力管道系统是在 19 世纪的下半叶到 20 世纪上半叶兴建并投入运行的，这里值得一提的是 20 世纪 60 年代初德国汉堡的大直径管道邮政系统，其管道直径为 450mm，由于运输工具的尺寸和重量较大，其下部安装有滚轮，运输速度为 36km/h。从技术上来看，该系统运行一直非常良好，但终于在 1976 年由于经济原因而关闭。英国伦敦在 1927 年建成了一个被称为 "Mail Rail" 的地下运输系统，用于在伦敦市区的邮局之间进行邮件传送，该系统至今仍在运行之中。另外，在伦敦还有一条新的自动化地下管道运输系统，管道的内径为 2.74m，每辆运输车的运输能力为 1t，行驶速度可达 60km/h。

第二次世界大战以后，在其他一些国家也分别建立了各具特色的气力管道输送系统，其直径达到或者超过 1000mm，其中有两个具有代表性的例子：一是苏联的 "Transprogress" 系统，该系统采用直径为 1220mm 的钢制运输管道，可输送单个的集装箱或者装有集装箱的运输车；二是建于美国的 "Tubexpress" 系统。目前美国在囊体管道方面的研究主要集中在利用电磁马达来驱动运输囊体。

地下管道物流运输系统是除传统的公路、铁路、航空及水路运输之外的第五类运输和供应系统。由于近年相关技术的不断成熟（如电子技术、电子商务、地下管道的非开挖施工技术等），该领域的研究也越来越受到重视，西方许多发达国家正积极开展这方面的研究。可以说，21 世纪大力发展和全面推动城市地下管道物流系统建设的技术条件已经成熟。我们应抓住这一契机，积极开展该领域的研究，建立城市地下管道物流系统总体概念，指出我国城市地下管道物流系统的发展前景及技术可行性，制定出我国城市地下管道物流系统的发展模式及阶段性发展规划，确立相应的关键技术并争取国家立项进行研究。

（资料来源：http：//www. xwlunwen. com。）

问题：

世界管道物流运输未来的发展前景是什么？

思考题

1. 试述国际铁路货物联运有什么特点。对我国国际铁路物流发展，你怎么看？
2. 国际公路运输的要素有哪些？对我国国际公路物流的发展你有什么看法？
3. 我国的国际管道运输有何特点？对我国的国际管道物流发展你是怎么看的？
4. 怎么看待我国的三大国际陆路油气管道的发展？建设它们的意义和作用是什么？
5. 为实现我国的石油安全战略，你认为应该怎样制定我国的石油运输战略？
6. 我国主要的国际铁路运输线路有哪些？我国主要的国际管道运输线又有哪些？
7. 对现代国际货运代理人和无船承运人，你是怎么认识的？他们有什么异同？

国际物流学

练习题

一、选择题

1. 所有运输方式中最易实现"门对门"运输的是(   )。

A. 铁路运输   B. 公路运输   C. 航空运输   D. 管道运输

2. 在所有运输方式中,运输能力最大的运输方式是(   )。

A. 铁路运输   B. 公路运输   C. 航空运输   D. 水路运输

3. (   )是铁路运输的缺点。

A. 建设周期长,占地多   B. 速度慢

C. 运输量小   D. 运输货物品种单一

4. 仅次于海洋运输方式的一种主要运输方式是(   )。

A. 铁路运输   B. 公路运输   C. 航空运输   D. 管道运输

5. 公路运输在运输体系中体现的特点是(   )。

A. 时差效益   B. 远距离效益   C. 质量差效益   D. 速度差效益

6. 根据运输组织分类,汽车货物运输可分为(   )。

A. 拖挂货运   B. 包车货运   C. 集装化运输   D. 包装货运

7. 下列属于国际货物运输的主要运输方式的是(   )。

A. 海上运输   B. 航空运输   C. 铁路运输   D. 公路运输

8. 无船承运人是(   ),它是托运人与实际承运人的中介服务经营人。

A. 货运代理经营人   B. 可以签发提单的

C. 不可以签发提单的   D. 契约承运人

二、判断题

1. 铁路运输方式不能运用于集装箱运输。   (   )

2. 驮背运输不是国际物流运作中的一种运输方式。   (   )

3. 公路运费费率分为整车(LCL)和零担(FCL)两种。   (   )

4. 国际铁路货物运输比国际海洋货物运输更容易受到自然条件的影响。 (   )

三、案例分析题

假如你是一家物流公司的运输管理人员,你的客户向你咨询以下问题,请你从客户利益角度出发,为其选择合适的运输方式,并阐述理由。

(1) 从新疆至俄罗斯主要城市的1000台冰箱。

(2) 从天津某食用油工厂到乌鲁木齐的500箱食用油。

(3) 某牛奶厂在方圆50km内收购牛奶,然后将生产好的包装牛奶运送到本市的超市。

第 10 章　保税物流管理

[教学目标]

通过本章教学使学生了解保税仓、保税区、保税物流中心的基本概念，掌握保税仓、保税港、保税物流中心的基本形式，熟悉保税物流的基本概念与基本形式。

[关键词]

保税仓库
海关监督
保税港区
保税物流中心

◆ [引导案例]

广州市嘉诚国际物流公司

广州市嘉诚（JC）国际物流公司成立于 2000 年 10 月，总部设于广州；公司 2010 年 6 月完成股份制改革，成为股份制企业；2017 年 8 月 8 日，在上海证券交易所成功登陆 A 股市场，为公司拓展出无限广阔的发展空间。公司目前在全国运营仓储面积约 50 万 m^2，日常运营车辆 1400 多辆，拥有一个省级企业技术中心，同时也是高新技术企业，历年来公司在物流信息化及物流器具设备方面取得多项软件著作权及专利。

嘉诚国际物流是一家与制造企业、商贸企业达成深度三业联动，为大型制造企业和知名电商平台提供"嵌入式"全程供应链一体化管理的第三方综合物流服务商。其业务包括为松下电器、日立冷机、万力轮胎、广州浪奇、王老吉等国内外知名大型制造企业及京东、天猫、唯品会等国内知名电商企业提供原材料物流、生产物流、成品配销物流、逆向物流等全程供应链物流服务。公司通过整合物流、信息流、商流、资金流，对制造类企业、商贸企业供应链进行全过程的研发，设计个性化的物流方案，研发物流信息技术和器具，形成了贯穿制造类企业原材料采购、产品开发与生产、仓储、配送、产品销售及售后服务全过程的集成、协同式全程供应链一体化管理运营模式，充分发挥联动优势，协助制造类企业、商贸企业进行供应链改造及业务流程再造，缩短制造周期，削减物流成本，实现"零"库存管理，从而实现制造业、商贸企业整体物流外包和物流产业的升级转型。

嘉诚国际物流在南沙保税港区建有约 5 万 m^2 的保税仓，并正在附近建设我国乃至亚洲和世界单体面积最大达 20 万 m^2 的保税仓。

思考： 如何从嘉诚国际物流的视角看待保税物流管理对发挥保税区功能的作用？

国际物流学

随着世界经济一体化进程的加快，国际贸易对世界经济的影响不断扩大，世界各国进出口货运量快速增长，贸易方式也呈多样化的趋势，如进口原料和配件进行加工装配后复出口、补偿贸易、期货贸易、转口贸易等。在实际运作中，货物进口时要征收关税，复出口时再申请退税，手续过于烦琐，加大国际贸易风险，不利于发展对外贸易，因此，许多国家建立了保税制度。保税制度是一个国家或地区为促进对外加工贸易和转口贸易，对于进境后的特定进口商品，在尚未确定内销或外销之前，暂缓缴纳进口税，并由海关监管的一种制度。而保税物流是指与保税制度相关联的物流活动。随着国际贸易范围的不断扩大，保税物流的内涵也在不断延伸，目前，我国的保税物流管理主要涉及保税仓、保税港区、保税物流中心等。

10.1 保税仓

保税仓是保税制度中应用最为广泛的一种形式，具有较强的服务功能和较大的灵活性，对于促进国际贸易和加工贸易的开展起到了重要作用。因此，它是保税物流的一个重要组成部分。从经济发展角度来看，保税仓的开启能够降低成本，促进地方基础设施建设，形成良好的区域经济环境，是践行"一带一路"倡议的重要举措。

10.1.1 保税仓概述

保税仓是指专门存放经海关核准的保税货物的仓库。这种仓库仅限于存放供来料加工、进料加工复出口的料件，暂时存放之后复运出口的货物和经过海关批准缓办纳税手续进境的货物。保税货物是指海关批准未办理纳税手续进境，在国内储存、加工、装配后复出口的货物，这类货物如在规定的期限内复运出境，则经海关批准核销；如果转为内销，进入国内市场，则必须事先提供进口许可证和有关证件，正式向海关办理进口手续并缴纳关税和海关代征税后货物才能出仓。

就我国现行的法律制度来说，我国保税仓库允许存放的货物范围如下：

（1）缓办纳税手续的进口货物。因进口国工程、生产等各种需要和原因预进口的货物，储存在保税仓库内，随需随提；因进口国情况变化、市场变化，而暂时无法决定去向的货物，或是无法做出最后处理的货物，需要暂时存放一段时间。如果条件变化，需要实际进口，再缴纳关税和其他税费，这就使进口商将纳税时间推迟到货物实际内销的时间，节省了流动资金的占用。

（2）来料加工后复出口的货物。为鼓励国际贸易的发展，减少在进出口过程中的物流成本，对有些来料加工，并在保税区或保税仓库完成加工后复出口的货物，可存放于保税仓库。

（3）需做进口技术处置的货物。有些货物进口到港后，由于不适合在进口国销售，需要更换包装、贴标签或做其他加工处理，则可以进入保税仓库进行这些技术处理，完成符合进口国对商品要求的加工后再内销完税，不符合的则免税退返。

（4）不内销而过境转口的货物。一些货物因内销无望而转口，或者在该地区域存放有利于转口，或者无法向第三国直接进口而需转口，也可以存放于保税仓库中。

（5）经海关批准的其他未办结海关手续的进境货物。

　　保税仓库不得存放国家禁止进境货物，不得存放未经批准的影响公共安全、公共卫生或健康、公共道德或秩序的国家限制进境货物，以及其他不得存入保税仓库的货物。需要特别指出的是，在国际物流中，保税仓不仅适用于进口货物，也可用于出口货物。

　　在保税仓中，外国货物的保税期一般最长为两年。在此期间，经营者一旦在本地找到适当的销售时机，并实现销售，即可办理关税等通关手续。如果两年之内未能销售完毕，则可将货物运往其他国家，保税仓库所在国不收取关税。保税仓的建立，大大改善了国际投资环境，降低了进出口货物的风险，有利于鼓励出口，鼓励外国企业在本国投资。

10.1.2　保税仓分类

1. 按服务对象分类

　　世界各国对保税仓库类型的划分各不相同，但就保税存储这一功能来讲则是相同的。就我国而言，保税仓库大体可以分为以下四种类型：

　　（1）专业型保税仓库。专业型保税仓是指有关外贸专业企业，经海关批准而建立的自管自用的保税仓库，储存进口的原料和加工复出口的成品，用来寄售、维修进口设备的零配件，以及储存国际航行船舶油料等。

　　（2）公用保税仓库。公用保税仓库是具有法人资格的经济实体，经海关批准建立的综合性保税仓库。这种保税仓库本身不经营进出口商品，而为社会和国外保税货物持有者提供仓储服务。不论谁的货物，只要符合海关的法令规定，而仓库也有条件储存的，都可以接受。外运公司经营的保税仓库即属于这一类型。

　　（3）保税工厂。保税工厂是整个工厂或专用车间在海关的监督管理下，专门从事来料加工、进口零部件装配复出口的工厂。

　　（4）海关监管仓库。我国的海关监管仓库与外国的保税区域的功能有类似之处，主要存放进境而所有人未来提取的货物以及行李物品，或者无证到货、单证不齐、手续不完备及违反海关章程，海关不予放行，需要暂存海关监管仓库听候海关处理的货物。还有一种类型是出口监管仓库，专门存储已对外成交并已结汇，但海关批准暂不出境的货物。这种仓库现在基本上交由专业的仓储企业经营管理，海关行使行政监督职能。存放在海关监管仓库的货物有两个期限：如储存超过 14 天，海关要征收滞纳金；超过三个月仍不提取的，视为放弃，按照《中华人民共和国海关法》的规定变卖，款项交归国库。

2. 按仓库所存货物的用途分类

　　1）维修技术中心（站）在未转为实际进口前存放寄售商品的保税仓库。

　　2）在未转为实际进口前存放寄售商品的保税仓库。

　　3）国际航行船舶备件、物料保税仓库。

　　4）转口贸易保税仓库。

　　5）加工装配及进料加工备用料、件保税仓库。

　　6）免税外汇商品保税仓库。

　　7）远洋船舶船员自用物品保税仓库。

　　8）用于海上石油开发的外籍人员所需生活用品的保税仓库等。

10.1.3 保税仓业务

1. 业务范围

（1）货物的存储、装卸、中转、分发、包装、贴标签。

（2）办理货物的各种海关手续。

（3）货物收发和集疏运输手续。

（4）为进口客商选择进口货物的场所和新的交易渠道。例如，货物预存在中国寄售，可随时保证供货；改期货为现货贸易，节省流动资金。

（5）为出口客商提供产品在国际市场上的展示窗口和新的贸易途径，为待售货物提供安全的存储，提供有效的质量检验证书，及时安排进出货物的发运，代办交接和各种运输。

（6）提供经营管理服务，如：监督船运状态，提供船运和各种商业信息；准备各种运输文件；定期提供货物跟踪报告，以及集装箱的存储、拆装、快速发运、清洗、维修等各种信息。

（7）进行机械零部件组装、货物修复、整型、分改包装。

2. 业务运作

（1）保税仓库货物进口。货物进口有本地进货与异地进货两种情况。

（2）保税仓库货物入库。货物入库操作流程可分直接报关进区和先进区再报关出口。

（3）储存保管。货物入库后，便进入了储存保管阶段，它是仓储业务的重要环节。其主要内容包括货物的存放、保管检查与盘点等。

（4）货物的出库。进口货物存入保税仓库后，其出库的流向较为复杂，一般可分为储存后原状复出口、加工贸易提取后加工成品出口、向国内销售或使用三种情况。

（5）出库的复核。

（6）保税仓库货物的核销。保税仓库货物应按月报送主管海关办理核销。

10.1.4 保税仓监管

保税仓与一般仓库最大的不同点在于：保税仓及所有的货物受海关的监督管理，未经海关批准，货物不得入库和出库。保税仓的经营者既要向货主负责，又要向海关负责。我国海关对保税仓的监管主要包括以下几个方面的内容：

（1）货物的存放。海关要求保税仓库必须独立设置，专库专用，保税货物不得与非保税货物混放。保税仓对所存货物应有专人负责管理。海关认为必要时，可会同仓库双方共同加锁。海关可随时派员进入保税仓检查货物储存情况，查阅有关仓库账册，必要时可派员驻库监管。同时，仓库必须于每月前5天内将上月所存货物的收、付、存等情况列表报送当地海关核查。

（2）货物的加工。海关规定在保税仓中不得对所存货物进行加工。如果需对货物进行改变包装、加刷唛码等整理工作，应向海关申请核准并在海关监管下进行。

（3）货物的使用。保税仓所存货物，属于海关监管的保税货物，未经海关核准并按规定办理有关手续任何人不得出售、提取、交付、调换、抵押、转让或移作他用。

（4）货物的提取。公共保税仓库的保税货物，一般不得跨关区提取和转库存取，只能供应本关区内的加工贸易企业按规定提取使用。必须跨关区提取的，加工贸易企业应事先向海关办理加工贸易合同登记备案，领取《加工贸易登记手册》，并在该手册限定的原材料进口期限内，向主管海关办理分批从保税仓库提取货物的手续。海关对提取用于来料、进料加工的进口货物，按来料加工、进料加工的规定进行管理并按实际加工出口情况确定免税或补税。

（5）保税仓所存放货物储存期限通常为 1 年。如因特殊情况可向海关申请延期，但延长期限最长不得超过 1 年。保税货物储存期满既不复运出口又未转为进口的，由海关将货物变卖，所得价款按照《中华人民共和国海关法》第 21 条的规定处理。

（6）保税仓所存放货物在储存期间发生短少，除因不可抗力的原因外，其短少部分应当由保税仓库经理人负责交纳税款的责任，并由海关按有关规定处理。保税仓库经理人如有违反海关上述规定的，要按《中华人民共和国海关法》的有关规定处理。

海关代表国家监督管理保税仓及所存的保税货物，执行行政管理职能，保税仓的经营者具体经营管理保税货物的服务工作，可以说是海关和经营者共同管理保税仓。

10.2　保税港区

保税港区是根据我国国情，在真正意义上实行"港口和保税特殊监管区合一"运作，探索逐步实现自由港区功能的创新性尝试，是我国最高层次的保税物流。

10.2.1　保税港区概述

在我国，保税港区是指经国务院批准，设立在国家对外开放的口岸港区和与之相连的特定区域内，具有口岸、物流、加工等功能的海关特殊监管区域。由此概念可以看出保税港区的四大基本要素：一是保税港区是海关特殊监管区域；二是保税港区的设定必须经过国务院的批准；三是保税港区应设立在国家对外开放的口岸港区；四是保税港区具有口岸、物流、加工等功能。

保税港区作为一种新型监管模式，既不同于"港"也不同于"区"，而是兼有"港"和"区"的双重特性。其"港区合一"的区域特征是对传统港口和保税区分离运作管理的一大突破。保税港区叠加了保税区、出口加工区、保税物流园区乃至港口码头通关的所有政策和功能。具体而言，保税港区享受保税区、出口加工区、保税物流园区相关的税收和外汇管理政策。主要包括：

① 国外货物入港区保税。

② 货物出港区进入国内销售按货物进口的有关规定办理报关，并按货物实际状态征税。

③ 国内货物入港区视同出口，实行退税。

④ 港区内企业之间的货物交易不征增值税和消费税。

保税港区是我国目前港口与陆地区域相融合的保税物流层次最高、政策最优惠、功能最齐全、区位优势最明显的监管区域，是真正意义上的境内关外，是自由港的雏形。

国际物流学

10. 2. 2 保税港区的功能

1. 口岸功能

（1）港口作业功能。保税港区可以存储通过港口进出境的货物以及其他未办结海关手续的货物，开展货物装卸、托运等基本的港口作业。

（2）国际中转功能。进入保税港区的国际中转货物和国内货物，可进行分拆、集拼，再运至境内外目的港。

2. 物流功能

（1）国际配送功能。在保税港区陆上特定区域设立仓储物流区，进境保税货物进入该库场后可进行商业性简单加工、批量转换后，向境内外分拨配送。

（2）国际采购功能。国内货物进入保税港区港口即可享受出口退税政策，对采购进区的国内货物和保税货物进行出口集运的综合处理或商业性的简单加工后分销。

（3）转口贸易功能。保税港区内的企业可从事转口贸易、交易、展示、出样、订货等经营活动。其作用在于全面、高效地发挥港区的国际转口贸易和出口贸易功能，降低物流企业的商务运作成本，扩大出口。

3. 出口加工功能与商品展示功能

（1）出口加工功能。可在保税港区特定区域设立出口加工区，开展加工贸易。在保税港区可发展外向型加工工业，主要包括原料零部件在海外及销售市场在海外的产品的加工、依托境外先进技术的高科技新型产品的制造等。

（2）商品展示功能。可在保税港区的特定场所展示供看样订货的展览品、样品，拓展国内外市场，扩大国际物流量。

4. 产业聚集功能

保税港区通过集聚和扩散效应，打造试验区的"区位品牌"。保税港区的一系列功能，通过资金、人员、商品和信息的自由流动和集聚扩散，可以创造或提升"区位品牌"效应，使多个跨国公司的物流中心集结在同一保税港区内，带动区内仓储业、运输业、贸易业、金融业、信息业等多种服务业的发展。

5. 其他拓延功能

（1）具有现时的"保税效应"。对于从境外输入保税区的货物，在一定时间内，海关暂时保留征税权，视其最终流向来确定关税的征收或免收。

（2）具有自由贸易优势。保税港区具有贸易自由度优势；同时保税港区取消对区内企业在货代、船代和外贸经营权等多领域的限制，允许外商从事转口贸易、过境贸易和进出口贸易。

（3）在市场准入方面的优势。保税港区作为试验区金融开发和资本运筹的中心，区内适度放宽了外汇管理政策，开设外资金融机构、保险机构等，开展物流金融、离岸金融、外汇改革等金融开放的试点。

10. 2. 3 保税港区的作用

（1）推动区域经济发展。我国保税港区的建立，有利于提高对长三角、珠三角及环渤海等重点区域经济的服务、辐射和带动效应，有利于推动各区域经济实现新的飞跃，从而促进全国的协调发展。

（2）推动国际航运中心和物流中心发展。港口已经成为一个国家或地区参与国际分工和竞争的重要战略资源，建设保税港区有利于构建以港口为中心的、海陆空兼备的综合运输体系，全面拓展国际航运、贸易和物流功能，加快国际航运中心和物流中心的建设。

（3）推动我国外贸的平稳健康发展。保税港区的特定区位条件，有利于形成高度开放、高效便捷的国际化口岸，有利于优化口岸环境、提高通关效率，为对外开放提供更好的服务；保税港区强大的政策和功能支持，有利于对在国内开展服务贸易及新型加工贸易方式等进行研究试点，成为各项改革的试验区和先行区。

10.2.4　保税港区建设

在经济全球化和区域经济一体化步伐不断加快的背景下，作为国际连通重要节点的港口，已逐渐由传统的运输作业向集港航服务、临港增值、自由贸易、资本运作等业务于一体的综合型航运枢纽转型，成为一个国家和地区开放程度的体现。在全球各大港口纷纷加紧建设、发展自由港的情况下，建设有中国特色的保税港区已成为我国进一步扩大开放的需要。

建设有中国特色的保税港区，就是要通过整合保税区、出口加工区的政策、功能优势和港区的区位优势，打破保税区、出口加工区与港区长期以来的分离机制和瓶颈制约，实现区港一体。一方面，以保税物流产业和临港增值工业增强港口的物流集聚效应，适应航运、港口和现代物流一体化发展趋势，着力吸引国际中转、国际配送和临港增值服务等高附加值业务向我国转移，同时积极探索推动具有中国特色的自由港的建设步伐；另一方面，港区齐全的物流和加工功能，将满足跨国公司新型生产方式、管理方式、营销方式的需要，使加工制造业与物流业在港区内同步协调发展，为促进我国物流产业发展、推动加工贸易转型升级，开拓了一片新的天地。

保税港区是世界自由港在我国的一种特殊表现形式，作为保税区向自由港发展阶段中的重要一环，具有承上启下的关键作用。保税港区是我国沿海港口与陆域相融合、政策最优、功能最强、效率最高的特殊监管区，也是建立国际自由港的先行区、试验区，在经济全球化和区域经济一体化发展格局中战略地位尤为突出。保税港区这种新型监管模式的诞生既是我国实施建设国际航运中心战略的需要，也是推进海关监督区域功能整合和政策叠加的积极尝试。

2005 年 6 月 22 日，国务院正式批准设立了我国第一个保税港区——上海洋山保税港区；2007 年 10 月 3 日，《中华人民共和国海关保税港区管理暂行办法》正式施行；至 2017 年年初，国务院共批准设立了 14 个保税港区，分别是：上海洋山港保税港区、天津东疆保税港区、大连大窑湾保税港区、海南洋浦保税港区、宁波梅山保税港区、广西钦州保税港区、厦门海沧保税港区、青岛前湾保税港区、深圳前海湾保税港区、广州南沙保税港区、重庆两路寸滩保税港区、张家港保税港区、烟台保税港区、福州保税港区。

保税港区的布局具有明显的区域性特征。批准设立的 14 个保税港区主要分布在我国沿海港口城市和长江沿线。环渤海经济圈分布着天津东疆、大连大窑湾、青岛前湾、烟台保税港区 4 个保税港区，对内辐射我国华北及东北地区，对外重点面向包括日本、

国际物流学

韩国在内的东北亚地区开展竞争与协作。其中，青岛前湾保税港区积极践行"一带一路"倡议，2017年在伊朗创新建设"一带一路自贸驿站"。上海洋山、宁波梅山、江苏张家港3个保税港区以长江中下游地区为腹地，是推动上海国际航运中心建设、提升长三角开发水平的重要支撑。广州南沙、深圳前海湾两个保税港区以珠三角为腹地，成为该区域最为活跃的贸易地区。广西钦州保税港区是北部湾经济区开发开放的核心平台，是中国—东盟自由贸易区建设的先行试验区。厦门海沧保税港区、福州保税港区占据"海西经济区"和"对台前沿"的区位优势，其主要腹地来自闽三角地区。海南洋浦保税港区地处东南亚与东北亚国际主航线的中心位置，是国家能源战略的重要中转港。而作为唯一位于内陆地区的保税港区，重庆两路寸滩保税港区拥有我国中西部地区的广阔市场，成为"西部大开发"的重要"桥头堡"。重庆两路寸滩保税港区也是我国首个同时拥有空港和水港的保税港区，港区的空港功能区位于江北国际机场旁，港区的水港功能区地处长江黄金水道和"一带一路"中欧班列"渝新欧"的交汇节点，通过水、陆、空、铁交通枢纽辐射周边，物流条件优越。

10.3　保税物流中心

改革开放以来，我国外向型经济的总量、规模不断扩大，而投资主体、产业结构、加工深度都发生了重大变化。沿海地区的加工贸易经过长期发展，"第一桶金"已被挖掘，劳动力、土地成本、原材料成本等生产要素的利润空间狭小，劳动生产率的潜力空间也有限，加工制造领域的利润趋薄，靠降低原材料消耗、劳动力成本或大力提高制造业环节的劳动生产率来获取更大的利润已较为困难。因此，现代物流的作用越来越大，对海关监管模式的改革提出了强烈和迫切的愿望。保税物流中心模式充分考虑了现代国际物流的特点和需求，并被赋予了相应的功能和配套政策。保税物流中心是海关特殊监管场所，是构筑融入"一带一路"的保税货物快速流转、推动物流和贸易业态转型发展的重要功能载体，对于打通"一带一路"物流大道具有积极作用，是"一带一路"建设的重要依托。

截至2017年8月，国家海关共批复54家保税物流中心，分别是：苏州工业园区保税物流中心、苏州高新保税物流中心、南京龙潭保税物流中心、北京空港保税物流中心、天津经济技术开发区保税物流中心、上海西北物流园区保税物流中心、东莞保税物流中心、中山保税物流中心、广州空港保税物流中心、江阴保税物流中心、太仓保税物流中心、杭州保税物流中心、青岛保税物流中心、日照保税物流中心、厦门火炬保税物流中心、营口港保税物流中心、西安保税物流中心、成都保税物流中心、长沙金霞保税物流中心、南昌保税物流中心、山西方略保税物流中心、武汉东西湖保税物流中心、南宁保税物流中心、盘锦保税物流中心、宁波栎社保税物流中心、连云港保税物流中心、深圳机场保税物流中心、河南保税物流中心、北京亦庄保税物流中心、淄博保税物流中心、棋盘洲保税物流中心、新疆奎屯保税物流中心、武威保税物流中心、泸州港保税物流中心、河北武安保税物流中心、湛江保税物流中心、山东鲁中运达保税物流中心、蚌埠保税物流中心、西咸空港保税物流中心、铁岭保税物流中心、焦作保税物流中心、汕头保税物流中心、东莞清溪保税物流中心、鲁中运达保税物流中心、宜昌三峡保税物流中心、商丘保税物流中心、义乌保税物流中心、株洲铜塘湾保税物流中心、龙南保税物流中心（B 型）、昆明腾俊国际陆港保税物流中心（B 型）、黑河保税物流中心（B 型）、海安保税物流中心（B 型）、漳州台商投资区保税物流中心（B 型）、温州保税物流中心（B 型）。

10.3.1　保税物流中心概述

保税物流中心是封闭的海关监管区域，具备口岸功能，分为 A 型和 B 型两种。

A 型保税物流中心，是指经海关批准，由中国境内企业法人经营、专门从事保税仓储物流业务的海关监管场所。A 型物流中心分为公用型和自用型两种。公用型物流中心是指专门从事仓储物流业务的中国境内企业法人经营，向社会提供保税仓储物流综合服务的海关监管场所。自用型物流中心是指中国境内企业法人经营，仅向本企业或本企业集团内部成员提供保税存储物流服务的海关监管场所。

B 型保税物流中心，是指经海关批准的，由中国境内一家企业法人经营，多家企业进入并从事保税仓储物流业务的海关集中监管场所。

A 型与 B 型保税物流中心区别如下（见表 10-1）：

（1）企业构成。A 型保税物流中心是指由一家法人企业设立的并经营的保税物流服务的海关监管场所；B 型保税物流中心是指由多家保税物流企业在空间上集中布局保税物流的海关监管场所。

（2）审批和验收程序。A 型保税物流中心应由企业申请经直属海关审批，并由直属海关会同省级国税、外汇管理部门验收；B 型保税物流中心由直属海关授理审核后报海关总署审批，并由海关总署、国家税务总局和国家外汇管理局等部门组成联合验收小组进行验收。

（3）企业资格条件。A 型保税物流中心因主要针对大型生产型跨国公司和大型物流企业，因而对申请设立企业的资格要求较高，要求企业注册资本最低为 3000 万元；B 型保税物流中心经批准设立后，对企业的入驻资格要求较低，以注册资本为例，只需达到 5 万元即可。

（4）货物管理。无论保税物流中心是 A 型还是 B 型，保税存储货物范围、辐射范围基本相同，可以面向国内外两个市场进行采购分拨、配送。但在货物存储期限方面，A 型保税物流中心货物存储期限为 1 年；B 型保税物流中心货物存储期限为 2 年，特殊情况可予延期。

表 10-1　A 型保税物流中心与 B 型保税物流中心的区别

	A 型保税物流中心	B 型保税物流中心
企业构成	由一家法人企业设立并经营	由多家保税物流企业在空间上集中布局
审批和验收程序	经直属海关审批并会同省级国税、外汇管理部门验收	由直属海关受理审核后报海关总署审批，并由海关总署、国家税务总局和国家外汇管理局等联合验收
企业资格条件	对申请设立企业的资格要求较高，注册资本最低为 3000 万元人民币	对入驻企业的资格要求较低，注册资本须达到 5 万元人民币
货物管理	货物存储期限为 1 年	货物存储期限为 2 年，特殊情况可延期

国际物流学

10.3.2 保税物流中心的功能

保税物流中心的功能是指中心所具有的基本能力，这些基本能力有效地组合在一起，便成为保税物流中心的总体功能。保税物流中心是封闭的海关监管平台，具备内陆口岸功能。保税物流中心在港口划定特定区域，实行保税区的政策，以发展仓储和物流产业为主，按"境内关外"定位，海关实行封闭管理的特殊监管区域。在该区域内，海关通过区域化、网络化、电子化的通关模式，在全封闭的监管条件下，最大限度地简化通关手续，通过保税区与港口之间的"无缝对接"，实现货物在境内外的快速集拼和快速流动。货物到港在保税状态条件下，通过港区直接进出保税物流中心，进行保税货物的综合处理。与其他普通物流中心相比，保税物流中心具有一系列的政策优势（见表 10-2）。

表 10-2　保税物流中心与普通物流中心比较

比 较 事 项	保税物流中心	其他物流中心
进口生产设备、零部件、模具、基建材料、办公用品等	免征关税	基建材料、零部件、模具、办公用品等要照章征税。符合国家产业导向鼓励类和限制乙类项目机器、设备等免税，其余征税
通关	口岸清关或转关	直通或转关。直通关点整箱可直进，散货由口岸海关报关
加工贸易生产用料件进口	料件保税，取消银行保证金台账，实行海关稽查制度	保税料件使用手册和银行保证金台账管理，实行进出口报关制度，逐项审批、电子和人工审单，逐本手册核销
配额、许可证管理	进口不需要配额许可证	正常的配额、许可证管理
国内采购	视同出口，须待货物离境后方可办理退税	国内销售需要征收增值税
区内保税料件转让	区内半成品和原材料可自由转让、交易	保税料件转内销必须补税
加工复出口	免征增值税	增值税先征后退
料件核销	每本手册核销	每本手册核销
外汇核销	不办理外汇核销手续	出口核销单管理、进口付汇核销

总体来看，保税物流中心具有以下几个主要功能：

1. 出口退税

出口退税是保税物流中心区别于其他物流中心的一项重要优惠政策，有利于降低企业物流成本。具体体现为：

（1）国内货物进入保税物流中心，视同出口，享受出口退税政策，海关按规定签发出口退税报关单。企业凭报关单出口退税联向主管出口退税的税务部门申请办理出口退（免）税手续。

（2）保税物流中心内的货物进入内地的，视同进口，海关在货物出保税物流中心时，依据货物的实际状态，按照有关政策规定对视同进口的货物办理进口报关以及征、免税或保税等验放手续。

2. 保税存储

保税存储包括对进入保税物流中心的商品所进行的堆存、保管、保养、维护等一系列活动。保税存储的作用主要表现在两个方面：一是完好地保证货物的价值，二是为将货物配送给用户，在物流中心进行必要的流通加工活动。

物流中心需要有仓储设施，但客户需要的不是在物流中心储存商品，而是要通过仓储环节保证市场分销活动的开展，同时尽可能降低库存占压的资金，减少储存成本。利用保税仓库的功能，供应商可以在保留库存货物所有权的情况下根据买方的物料需求计划，以保税的形式将货物存放在用户周边，保持安全库存，支持客户方的连续生产，从而提升供应商的竞争力。

3. 流通加工

流通加工功能是在物品从生产领域向消费领域流动的过程中，为了促进产品销售、维护产品质量和实现物流效率化，对物品进行加工处理，使物品发生物理或化学性变化的功能。这种在流通过程中对商品进一步的辅助性加工，可以弥补企业、物资部门、商业部门在生产过程中加工程度的不足，更有效地满足用户的需求，更好地衔接生产和需求。它是物流活动中的一项重要增值服务，也是现代物流发展的一个重要趋势。

流通加工是保税物流中心的一个重要功能。流通加工的内容有包装、装袋、定量化小包装、拴牌子、贴标签、配货、挑选、混装、刷标记、条码印制等。流通加工的主要作用表现在：进行初级加工，方便用户；提高原材料利用率；提高加工效率及设备利用率；充分发挥各种运输手段的最高效率，提高收益。

4. 国际中转

国际中转是指对国际、国内货物进行分拆、集拼后，转运至境内外其他目的港。国际中转的主要业务包括：

（1）不同目的港的保税货物到达保税物流中心后进行快速集拼，同一目的港的货物进行拼箱重组。

（2）国际中转货物换装其他国际航线或运输工具运往第三国或地区的指运口岸。

（3）保税货物整箱堆存并根据货主的需要在保税物流中心进行综合处理或国际中转。

保税物流中心是国内、国际市场的过渡带，在保税物流中心设计国际中转功能，一是为了更好地结合港口地缘优势和保税区特殊的政策优势，改变目前我国保税物流中心区与港口在产业规划、产业布局和产业联动方面总体上不一致的局面；二是可以充分利用保税物流中心所具有"两头在外"的功能和港区的航运资源，为货物快速集拼、集散和通关等方面提供便利条件，开展货物进口、出口和中转的集运、多国多地区的快速集拼和国际联合快运等业务，加快货物在境内外的流动。

5. 国际配送分拨

国际配送分拨是指对进口货物进行分拣、分配或进行简单的临港增值加工后向国内外配送。其主要业务包括：

（1）保税货物进入保税物流中心按用户的订货要求在配送库场进行分拣、分配、分销和分送等高效配送分拣业务。

（2）保税货物进入保税物流中心可进行商业性简单加工、批量转换并向国内配送。

国际物流学

（3）保税货物进入保税物流中心进行商业性简单加工、批量转换，需要向国外配送必须进入中转区报备出口。

（4）进口保税货物经过拼箱重组，利用 GPS 监管完成国内各海关监管区之间的水陆运输，运往指定目的地（海关监管区）。

（5）国内出口货物进入保税物流中心进行重组拼箱向国外集运分拨。

（6）进出口保税货物进出保税物流中心只需办理简化的海关备案手续。

国际配送分拨功能要有利于在区内开展简单商业性加工和仓储自动化、包装标准化、配送高效化的业务，这对发展我国的进出口贸易将起到积极的推动作用。

6. 国际采购中心

国际采购中心的主要业务模式包括：对国际采购货物和出口货物进行综合处理和简单的临港增值加工后向国内外销售；对国内采购商品在采购中心进行分拣、重组或与进口商品进行流通性简单加工后向国外分销、集运。具体业务为：

（1）国内采购货物进入保税物流中心进行出口集运的综合处理。

（2）采购进保税物流中心的国内货物办理视同出口手续，办结海关手续后即可享受出口退税的政策，货物集中专门堆场处于待装船出境状态。若这些货物不能出境，则按一般贸易的规定办理进口手续。

（3）采购进保税物流中心的国内货物与保税货物进行商业性简单加工后向国外集运和分销，国内货物可办理退税手续，若返销国内市场则办理视同进口手续。

7. 国际转口贸易

国际转口贸易主要是指进口货物在保税物流中心内存储后不经加工即转口到其他目的国（地区）。商品从生产国运往保税物流中心进行中转，存储或进行简单加工和增值服务后再销往消费国、第三国（亦称中转国、中转地或中转商）。国际转口贸易服务于国际中转、国际分拨配送和国际采购中心三大功能，具体包括以下功能：

（1）国际转口贸易在保税物流中心具有服务于国际国内中转、国际配送分拨、国际采购中心三大功能的属性。

（2）以国际转口贸易为龙头，促进外贸进出口业务的持续发展和口岸功能的提升。

（3）集交易、展示、出样和订货于一体的国际转口贸易服务体系和环境，促进了集装箱中转量的迅速提高。

8. 信息服务

现代物流是需要依靠信息技术来保证物流体系正常运作的。保税物流中心的信息服务功能，包括与进入中心的商品流动有关的报关、航班查询、库存信息、统计信息服务等。保税物流中心的信息服务功能建立在计算机网络技术和国际通用的 EDI 信息技术基础之上，是保税物流中心物流活动的中枢神经，有着不可或缺的重要地位。

10.3.3 保税物流中心业务

保税物流中心和保税港区在地域形式上实施了相互延伸，在功能上实现了互补。建设好保税物流中心，将更有效地连接国内、国外两个市场，使保税物流中心逐步发展成为区域性的国际采购中心、国际配送中心和国际分销中心，为中心内及周边地区的制造产业提供世界一流水平的物流服务。基于目前的政策功能、法律框架，保税物流中心的业务范围主要分为以下四种情况：

1. 加工型企业出口转内销

保税物流中心根据国内客户的要求，将货物由企业运送到保税物流中心，以手册出口方式进入中心，实现退税（增值税、消费税），并进行进货验收和储存保管工作；然后向用户双方提供库存信息，根据用户提供的反馈信息制订配送计划，经过保税物流中心征税再运回国内。

2. 国内制造商保税料件

保税物流中心根据国内客户的要求制订进货计划，从国内外供应商处组织货源，并进行进货验收和储存保管工作，然后向制造商和供应商提供库存信息，根据双方提供的信息制订配送计划，将货物输送到分拣配货中心。在分拣配货中心，根据客户的订货要求将其所需要的商品尽可能迅速、准确地从其储位或其他区域拣取出来，需要简单流通加工的商品，拣出后集中加工，然后按一定方式进行分类集中并发送到配送中心送货。物流中心在完成了客户的订货要求后，再集中进行报关。

3. 出口制造商成品库存

保税物流中心根据国内制造商的订单，安排运输，将货物由企业运送到保税物流中心的保税仓库内，代为报关并办理出口退税手续，并运用保税物流中心的系统和数据支持服务，将货物信息反馈给制造商和供应商。如果国际、国内市场买家尚未确定，则对货物进行延迟增值处理，待国际、国内市场买家确定后，迅速运往国内外指定目的港。

4. 跨国公司国际采购

跨国采购中心根据订单从国内采购货物后，经过保税物流中心进行退税，进入保税物流中心的保税仓库。保税物流中心对货物进行分拣、重组和其他流通性简单加工，如果货物需要滞留，则对货物进行延迟增值处理。保税物流中心运用自身的系统和数据支持服务，与跨国采购中心进行实时的信息交换，并根据采购商的订单进行组合发货，迅速将货物运往国外指定目的港。

本章小结

随着世界经济向全球化、一体化方向发展，物流跨越国界的经济、贸易基础已经形成，而现代信息技术的提高、贸易管理政策的标准化等，又为物流业的延伸和跨国发展扫除了障碍。保税物流是国际贸易发展的必然产物，它对一个国家的经济，尤其是对开展对外贸易和促进经济技术交流，起着十分重要的作用。它有利于发展外向型经济，实行"两头在外""大进大出""快进快出"，缩短产品的生产周期，降低产品成本，提高经济效益；还有利于增强企业经济活力，提高竞争力，开拓国际市场；同时也便于海关加强对保税货物的监管。

我国的保税制度主要包括保税仓、保税港区、保税物流中心等形式。保税区是个大概念，出口加工区是保税状态下的加工区，区内相当于关外，加工和出口不收关税；保税物流中心是保税区的模式之一；保税仓库就是货物处于保税状态下的仓库，位于保税区内。本章首先介绍了保税仓的概念、类型及保税仓的业务，接着介绍了保税港区的概念、作用及意义，最后重点阐述了保税物流中心的功能和业务。

国际物流学

[案例讨论]

南沙保税港区

南沙保税港区于 2008 年 10 月获国务院批复，规划总面积 7.06km²（港口区 4.26km²，物流区 1.44km²，加工区 1.36km²），是我国第五个、广东省第一个通过国家正式验收的保税港区。

2009 年 7 月，首期 3.7km²（港口二期 2.33km²，物流区 0.54km²，加工区 0.83km²）通过了国家验收，2009 年底封关运作。

中国（广东）自由贸易试验区于 2014 年 12 月 31 日经国务院正式批准设立，包括广州南沙新区片区、深圳前海蛇口片区、珠海横琴新区片区等三个片区。其中，广州南沙新区片区面积 60km²，含 7 个功能区块，其中海港区块 15km²（含广州南沙保税港区 7.06km²），定位为国际航运发展合作区。该区重点发展航运物流、保税仓储、国际中转、国际贸易、大宗商品交易、冷链物流等航运服务业，在国际航运服务和通关模式改革领域先行先试，联手港澳打造泛珠三角地区的出海大通道。广州南沙保税港区是海港区块的重要功能区之一。

1. 港口区

南沙保税港区港口区位于珠江出海口的龙穴岛，是珠江西岸唯一一个专业化深水集装箱码头，是全球首批国际卫生港口，现拥有 4600m 可靠泊世界最大型集装箱船舶的 13 个 10 万~15 万 t 级泊位和 2100m 驳船岸线。码头配置先进的信息系统和机械设备，可满足集装箱船舶 24 小时通关作业。目前，中远、中海、马士基、地中海、达飞、长荣等世界前二十大集装箱班轮公司均已进驻港口区，航线覆盖欧洲、美洲、非洲、大洋洲、日韩、东南亚、中东等地区。

2. 物流区

南沙保税港区物流区规划面积 1.44km²，与港口区相邻。区内堆场面积 7.38 万 m²，仓库面积 36.7 万 m²，惠而浦、松下、欧司朗、沙比克等世界 500 强生产企业在区内操作物流业务，广东合捷供应链、日本日通、德国欧司朗等 30 多家大型物流企业进驻园区。

3. 加工区

南沙保税港区加工区位于南沙区万顷沙镇，距港口区 10km，规划面积 1.36km²。区内建有验货场、监管仓库和验货平台等设施，配有视频监控系统及电子地磅系统。目前，日本出光、日立工机、名仕宝、卓威脚轮等项目均陆续开工投产。海关、检验检疫已实现全业务现场办理。

港区现已吸引 200 多家港航物流企业，中东博禄、美国惠而浦、德国欧司朗、日本松下电器、日本大创等知名跨国公司分别在保税港区设立其全球塑料、家电、照明产品、日用百货的采购配送基地。下一步，南沙保税港区将大力发展大宗商品交易配送中心、进口商品的展示配送中心和跨境电子商务中心，同步发展港航金融、航运服务、结算、交易平台等高端生产性服务业。

2014 年，保税港区区内企业进出口总值 65.58 亿美元，同比增长 149.4%，在全国保税港区中排名第 4 名。

（资料来源：http：//www. gzns. gov. cn/nsbsgq/qygk/200911/t20091105_31628. htm。）

问题：

1. 结合南沙保税港区的案例材料，说明保税港区的功能。

2. 保税港区在国际贸易中所扮演的地位与作用是什么？

思考题

1. 试述保税区、保税港区、保税物流中心的区别和联系。

2. 试述我国保税仓库大体可分为哪几种？允许在保税仓库存放的货物有哪些？

3. 试述保税物流中心 A 型与 B 型的区别与联系。

练习题

一、选择题

1. 我国政府对物流保税中心规定的两种是(　　　)。

A. 物流保税中心（A 型）

B. 物流保税中心（B 型）

C. 物流保税中心（C 型）

2. 保税仓库的类型有(　　　)。

A. 专业型保税仓库　　　　　　　　　　　B. 保税工厂

C. 公用保税仓库　　　　　　　　　　　　D. 海关监管仓库

3. 保税港区的物流功能主要有(　　　)。

A. 国际配送功能　　　　　　　　　　　　B. 国际采购功能

C. 转口贸易功能　　　　　　　　　　　　D. 金融保险服务

二、名词解释

1. 专业型保税仓库

2. 保税工厂

3. 保税港区

4. A 型保税物流中心

5. B 型保税物流中心

三、简答题

1. 我国的保税仓库允许存放什么货物？

2. 我国的保税港区具有什么功能？

3. 我国的保税物流中心具有什么功能？

第11章 跨境电商及物流

[教学目标]

通过本章教学，使读者了解我国跨境电商的发展与趋势，熟悉我国跨境电商的关检税法及政策，掌握我国跨境电商与物流运作的基本情况。

[关键词]

跨境电商
跨境电商物流
跨境 B2B　跨境 B2C
邮政小包　专线物流　海外仓

◆ [引导案例]

环球易购——跨境电商的标杆企业

广东跨境电商成绩斐然。2016 年中国跨境电子商务交易规模 6.7 万亿元，同比增长 24%，其中广东省跨境电商进出口交易额为 228 亿元，同比增长 53.8%，规模居全国首位。作为我国跨境电商的"领头羊"，广东省的优异成绩得益于有一大批优秀的本土跨境电商和物流企业。

作为跨境电商示范性企业，深圳市环球易购电子商务有限公司专注于跨境外贸 B2C 电子商务，其业务已覆盖全球 200 多个国家和地区，是中国最大的跨境 B2C 电子商务公司之一。环球易购的业务体系主要包括五洲会海淘 O2O 业务、B2B 综合跨境电商服务业务、自营垂直 B2C 电商销售业务、国际仓储业务和配套金融服务等。

自成立以来，环球易购一直保持高速增长：2015 年营业收入达到 36.4 亿元，同比增长 165%，跃居出口自营 B2C 龙头；2016 年营业收入高达 71.63 亿元，同比增长 92.22%；近年来主要平台重复购买率为 33.23%，流量转化率为 1.48%。此外，环球易购凭借其跨境电商运营经验，借助网络技术、大数据技术、专业化电商平台体系和国际贸易规则，打造其基于"B2B + B2C""进口 + 出口""平台 + 自营""运营 + 服务"等领域战略布局的立体多元跨境电商综合生态圈，实现了制造商和消费者之间的最佳连接和互动。

广东省跨境电商的蓬勃发展离不开强大的国际物流体系的支撑。跨境电商国际物流模式主要有邮政包裹、国际快递、国内快递、专线物流和海外仓储等。出口易从 2003 年涉足跨境电商，用 11 年的时间成为中国首家专注于海外仓储及配送服务的物流提供商。

出口易的跨境电商物流供应链综合服务平台建立在跨境全程信息化技术支撑的基础上，为客户提供网上下单、结算、订单管理以及实时查询跟踪和退换货管理等综合服务，为跨境贸易 B2C 电商提供全程物流优化解决方案，包括以海外仓储为核心的邮政小包、出口易专线、国际快递等全球"门到门"物流配送服务。此外，出口易还始终专注于为客户降低物流成本、优化速度、提高销量和改善买家体验。

截至 2015 年年底，出口易在英国、美国、德国、澳大利亚、俄罗斯、加拿大六大主流外贸市场设置了海外自营仓储物流中心；在香港、广州、深圳、上海等国内多个城市设有处理中心；自主开通中英、中美、中德、中俄等多条国际专线服务；物流服务覆盖全球超过 200 多个国家和地区，也是亚马逊、阿里巴巴、京东等企业重要的物流服务供应商。

思考：

1. 什么是跨境电商？跨境电商有哪些物流需求？
2. 国际物流有哪些业务模块？
3. 跨境电商和国际物流的关系如何？

11.1　跨境电商的发展与趋势

随着互联网发展，我国电子商务迅速发展，伴着经济全球化的步伐和"一带一路"倡议的快速推进，我国跨境电商得到快速发展。

11.1.1　跨境电商概述

1. 跨境电商的概念和特点

跨境电商，又称为跨境贸易电子商务，是指不同国别或地区间的交易双方通过互联网及其相关信息平台实现交易，线下开展物流进出口业务操作的电子商务应用模式。从定义上看，跨境电商的交易主体分属不同关境，交易平台是互联网，需要通过跨境物流实现货品的运输，是一种国际商业活动形式。

相较于传统外贸，跨境电商具有商品信息海量、个性化广告推送、口碑聚焦消费需求、支付方式简便多样等优势，市场潜力巨大。对于消费者而言，基于电子信息技术和经济全球化的发展，坐在家里就可以通过跨境电子商务平台轻松地购买国外商品；对于企业而言，可以从全球供应链中获取新的利润空间。跨境电商是外贸发展的新模式，也是企业扩大海外营销渠道、实现外贸转型升级的有效途径。具体而言，跨境电子商务具有如下特点：

（1）多边性，网络化。传统的国际贸易主要表现为两国之间的双边贸易，即使有多边贸易，也是通过多个双边贸易实现的，呈线状结构。跨境电子商务可以通过一国的交易平台，实现其他国家间的直接贸易，贸易过程相关的信息流、商流、资金流由传统的双边逐步向多边的方向演进，呈现出网络化结构，重构了世界经济新秩序。

（2）直接性，效率化。传统的国际贸易主要由一国的进（出）口商通过另一国的出（进）口商集中进出口大批货物，然后通过境内流通企业经过多级分销，最后到达有进出口需求的企业或消费者，通常进出口环节多、时间长、成本高。而跨境电子商务可以通过电子商务与服务平台，实现多国之间、企业与最终消费者之间的直接交易，进

国际物流学

出口环节少、时间短、成本低、效率高。

（3）小批量，高频度。跨境电子商务通过电子商务交易与服务平台，实现多国企业之间、企业与最终消费者之间的直接交易。由于是单个企业之间或单个企业与单个消费者之间的交易，相对于传统贸易而言，交易的次数和频率高。

（4）数字化，监管难。随着信息网络技术的深化应用，数字化产品的品类和贸易量快速增长，且通过跨境电子商务进行销售或消费的趋势日趋明显，而传统应用于实物产品或服务的国际贸易监管模式已经不适用，尤其是数字化产品的跨境贸易，更是没有被纳入海关等政府相关部门的有效监管、统计和关税收缴范围。

2. 跨境电商的业务分类

（1）按商品的流向分类，跨境电商可分为出口跨境电子商务和进口跨境电子商务。出口跨境电子商务又称为出境电子商务，是指本国生产或加工的商品通过电子商务平台达成交易、进行支付结算，并通过跨境物流送达商品、输往国外市场销售的一种国际商业活动。

进口跨境电子商务又称入境电子商务，是指将外国商品通过电子商务平台达成交易、进行支付结算，并通过跨境物流送达商品、输入本国市场销售的一种国际商业活动。

（2）按交易模式，跨境电商可分为跨境 B2B 电商、跨境 B2C 电商。B2B 是 Business-to-Business 的简写，即商家（泛指企业）对商家的电子商务，是指进行电子商务交易的供需双方都是商家（企业）。跨境 B2B 是指分属不同关境的企业和企业，通过电商平台达成交易、进行支付结算，并通过跨境物流送达商品，完成交易的一种国际商业活动。

B2C 是 Business-to-Customer 的简写，是指企业通过互联网为消费者提供一个新型的购物环境——网上商店，消费者通过网络在网上购物、网上支付等消费行为，也就是通常说的直接面向消费者销售产品和服务的商业模式。跨境 B2C 是指分属不同关境的企业直接面向消费个人开展在线销售产品和服务，通过电商平台达成交易，进行支付结算，并通过跨境物流送达商品、完成交易的一种国际商业活动。

11.1.2 跨境电商的发展

2014 年世界互联网大会成功召开，标志着我国迎来了"互联网＋"的新时代，跨境电商成为资本市场中的新热点。2015 年 3 月 28 日，经我国国务院授权，国家发改委、外交部、商务部联合发布了《推动共建丝绸之路经济带和 21 世纪海上丝绸之路的愿景与行动》。这一政策规划的正式发布标志了"一带一路"真正进入了全面落实的阶段。"一带一路"与"互联网＋"的完美结合，为我国跨境电商提供了井喷式发展的宏观背景。

中国电子商务研究中心发布的统计数据显示，2011 年，我国跨境电商交易额达 1.6 万亿元；2012 年，跨境电商交易额达 2 万亿元；2013 年，跨境电商的交易额约 3.1 万亿元；2014 年，跨境电商的交易额达到 3.75 万亿元；2015 年上半年，跨境电商交易额就突破 2 万亿元。商务部统计数据显示，2008—2015 年，我国跨境电商交易额增长一直保持在 30% 左右。2016 年，随着消费升级和海淘电商平台的普及，我国跨境电商交易规模继续扩大，跨境电商交易规模达到 6.3 万亿元，仅海淘用户规模就已达到 4100 万人次。艾瑞咨询、中投顾问等第三方机构报告认为，借力"一带一路"，我国跨境电商仍将高速发展，并有望成为我国经济发展的新引擎和新动力。

　　借助于互联网科技的全球化普及和发展，电子商务行业迅猛发展，成为推进发展"一带一路"的重要力量。跨境电子商务作为"一带一路"中的"网上丝绸之路"，有效地帮助"一带一路"沿线国家和地区整合资源，加强经济贸易合作，实现互利共赢、共同发展。无论是国家层面还是企业层面，国家政策的保驾护航和大型电子商务公司平台的构建都很好地推动了我国跨境电子商务的发展。2018 年 8 月 31 日，第十三届全国人大常务委员会第五次会议通过了《中华人民共和国电子商务法》，2019 年 1 月 1 日正式实施，标志着我国电子商务和跨境电商进入了一个新的历史发展阶段。

1. 从国家层面看跨境电商发展

　　2010 年，我国政府正式把电子商务确定为战略新兴产业，足以表明国家对电子商务发展重要性的肯定。2012 年 3 月 12 日，商务部出台《关于电子商务平台开展对外贸易的若干意见》，表明充分认识到跨境电子商务对我国开展外贸的重要性。2012 年 5 月，我国启动了跨境电商服务试点。除了第一批跨境电商试点城市上海、重庆、杭州、宁波、郑州外，广州、深圳、苏州、青岛、长沙、平潭、银川、牡丹江、哈尔滨等共 13 个城市获批了跨境电子商务试点城市。国务院于 2015 年和 2016 年先后批准在杭州、广州、深圳、天津、上海、重庆、合肥、郑州、成都、大连、宁波、青岛、苏州等 13 个城市设立了跨境电子商务综合试验区。跨境电子商务试点城市和综合试验区的设立，能给其他城市跨境电商发展提供经验和技术支持，政府还将从中总结经验，制定通关、结汇、物流等方面的管理办法，更好地支持我国跨境电商的发展。

2. 从企业层面看跨境电商发展

　　现阶段，在我国为不同规模的企业提供出口业务跨境电子商务服务的平台有阿里巴巴国际、中国制造网、eBay、速卖通、敦煌网、兰亭集势、米兰网等。这些平台提供了跨境商品展示、物流服务、支付服务等一站式的全程服务。而天猫国际、京东国际、1号店、亚马逊中国等大的电子商务平台又为国内消费者带来了国外优质的商品。任何行业的发展都需要有龙头企业和标杆企业，这些大的电子商务平台的发展，不仅会为行业内其他企业树立榜样，也会推动整个中国跨境电子商务的发展。

　　跨境电子商务的商家和消费者遍布全球，拥有强大的市场潜力，而在中国政府和企业的大力推动下，跨境市场规模逐渐增加，围绕整个跨境贸易正在形成一条从营销到支付、物流和金融服务的清晰产业链。

11.1.3　跨境电商的发展趋势

　　随着"一带一路"倡议的持续落地，跨境电商正在进入新的发展时期。"一带一路"沿线 65 个国家总人口约 44 亿，经济总量约 21 万亿美元，分别占全球的 63% 和 29%。2016 年，我国对"一带一路"沿线国家进出口总额 6.25 万亿元，占我国当年进出口总额 24.33 万亿元的 25.69%，这意味着跨境电商业务在"一带一路"沿线国家仍有巨大的发展潜力。在国际跨境电子商务高速发展的大背景下，我国跨境电子商务会在商业模式和技术产品方面不断创新，会有更多的企业加入跨境电子商务的行列，我国跨境电子商务从规模到质量都有大幅度提高，在国际市场的地位、影响力和话语权进一步增强。跨境电商在未来的发展中将呈现出如下趋势：

国际物流学

1. 跨境电商交易市场扩大，跨境电商交易主体增多

网购观念普及、消费习惯成熟、物流配套设施完善等良好的市场氛围，将使我国跨境电商在以美国、英国、德国、澳大利亚为代表的成熟市场中保持旺盛的发展势头，与此同时，会向俄罗斯、印度、巴西、南非等"金砖国家"快速扩展。不断崛起的阿根廷、以色列、乌克兰等新兴市场也将成为我国跨境电商零售出口的新目标。

跨境电商出口不仅为诸多中、小、微企业提供了迅速把握全球商机的捷径，而且为许多大企业、传统外贸企业提供了拓展业务并提升服务水平的机会。愈加多元化的跨境电子商务主体将进一步改善买家购买体验，提升行业整体服务水准。阿里、京东、敦煌网等国内大型电子商务企业纷纷瞄准跨境电子商务市场，给原本以平台海外营销为主的跨境电子商务带来了坚实的业务基础和产品基础。我国的中小企业将作为跨境电子商务经营主体大量涌现，大批内贸企业和制造企业将进入跨境电商领域。

2. 跨境 B2C 加速增长，B2B 和 B2C 协同发展

跨境电商 B2C 模式可以跳过传统贸易的所有中间环节，打造从工厂到消费者的最短路径，赚取高额利润；可以直接面对终端消费者，更好地把握市场需求，为客户提供个性化的定制服务。跨境 B2C 对中国制造企业扩展出口新业务提供了新的可能性，愈发受到企业的重视，近年来呈现爆发式增长。但 B2B 作为全球贸易的主流，未来仍然会是中国企业开拓海外市场的最重要模式；而 B2C 作为拉近与消费者距离的有效手段，对中国企业打响品牌具有非常重要的地位。B2B 和 B2C 作为两种既区别又联系的业务模式，互补远远大于竞争，两者都能成为开拓海外市场的利器。

3. 移动技术推动跨境电商发展，传统外贸企业加入跨境电商

移动技术的进步使线上与线下商务之间的界限逐渐模糊，以互联、无缝、多屏为核心的全渠道购物方式将快速发展。从 B2C 方面看，移动购物使消费者能够随时、随地、随心购物，极大地拉动市场需求，增加跨境零售出口电子商务企业的机会；从 B2B 方面看，全球贸易小额化、碎片化发展的趋势明显，"移动"可以让跨国交易无缝完成。基于移动端做媒介，买卖双方沟通变得非常便捷。

跨境电子商务不同于一般贸易，小额度、高频度的特征造成与现有的通关、商检、结汇、退税等方式不匹配，随着监管体系的完善，跨境 B2C 将进一步发展，更多的传统外贸企业将加入平台从事跨境 B2C。同时，跨境 B2B 也将成为传统外贸企业的主要营销渠道。传统外贸企业与国外消费者直接面对，可以建立并提升品牌，提高核心竞争力。跨境电商将推动传统外贸企业的价值创造方式发生改变，使其从产品的交易者向生产的组织者转变，从消费的匹配者向消费的引导者转变，从价值的实现者向价值的创造者转变。

4. 跨境电商产业链将完善，跨境电商综合服务业会兴起

现阶段，我国跨境电商主要是以平台为主导，企业自建交易平台尚不普遍，未来随着环境和支撑体系的改善、新技术的不断运用，跨境电子商务的产业链将逐步完善。从电商产业链上游来看，产品方面，3C 电子产品、服装等传统优势品类借助自身标准化及便于运输等优势表现强劲，户外、健康美容和汽配等新品类随着消费者需求增长而快速增长；产业链中游则是平台电商与自建网站相互博弈，协同发展，跨境电子商务平台将进一步整合，逐步完善服务功能，更多的制造企业会入驻跨境电商平台；从产业链下游来看，成熟发达的经济体是中国出口电商的主要目的地市场，并将保持快速增长态势，不断崛起的新兴经济体，将为中国出口电商提供更多更新的市场机会。

推动外贸综合服务企业与跨境电子商务平台融合，形成跨境电子商务综合服务业，是跨境电子商务持续健康快速发展的现实途径。跨境电子商务综合服务业通过整合产业链、贸易链、监管链和数据链，在原有信息与交易服务的基础上向涵盖支付、信用、产品质量保险和金融等方向发展，为跨境全流程在线贸易提供全方位的集成服务，推动传统加工贸易与跨境电商的融合发展。

【知识链接】

杭州试水跨境电商 B2B

2015 年 7 月 23 日，一批由杭州环宇文化创意有限公司申报的，价值 3.4 万美元的"莱贝比"牌玩具、家具通过中国（杭州）跨境电子商务综合试验区"单一窗口"平台向杭州海关申报出口，成为全国首批通过跨境 B2B 模式出口的货物。这也意味着，杭州海关在全国率先启动了跨境电子商务 B2B 出口业务试点工作。

这一试点对外贸企业的跨境电子商务出口业务意义重大。以"环宇"为例，跨境电子商务出口是其重要业务，随着公司产品在亚马逊、eBay 等平台销量的增长，集团旗下浙江点库电子商务有限公司在美国、德国等地建立海外仓，从集团公司批量发货，再由海外仓寄给消费者。

这种模式的优点明显：本土批量发货，运费大大降低。海外仓的设立，还能提高产品的售后服务水平。但此前，由于跨境电子商务出口只有企业直接面向消费者的 B2C 模式，国内企业想把国外消费者喜欢的货物提前、大批量发往海外仓的 B2B 模式，还未开始试点。在试点前，公司的此类货物就是走传统 B2C 模式，必须拆分成一个个小邮包，要么就只能通过一般贸易出口，企业需要在线下重新签订传统的外贸销售合同，往来寄递纸质发票等单证，耗时费力。

试点为外贸企业开展跨境 B2B 业务开启了方便之门。杭州海关相关负责人表示，在新模式下，从事跨境 B2B 业务的企业只需在中国（杭州）跨境电子商务综合试验区"单一窗口"平台完成企业备案获取备案编号，同时通过"单一窗口"平台提交"电子报文"即可完成出口申报手续，真正实现了"一键申报、无纸通关"。

（资料来源：http：//news. xinhuanet. com/local/2015-07/23/c_128048772. htm。）

思考：跨境电商的优势是什么，能给企业带来什么好处？

11.2　跨境电商的关检税法及政策

我国立法机关和政府相关部门高度重视电子商务立法工作，政府有关部门正在着手研究、修改和制定相关法律。从 2000 年开始，电子商务立法就成为很多人关注的焦点。其后，相关的一些法律、法规、部门规章和地方法规陆续出台，如《电子签名法》《中国互联网络域名管理办法》《非经营性互联网信息服务备案管理办法》《互联网 IP 地址备案管理办法》《电子认证服务管理办法》《公用电信间接通及质量监督管理办法》《计算机信息网络国际联网管理暂行规定》《中国公众多媒体通信管理办法》《计算机信息

国际物流学

系统安全保护条例》等。

商务部与有关部门协调配合，在促进电子商务法制建设、完善电子商务发展环境、促进电子商务应用发展以及加强电子商务国际交流合作等方面做出了积极努力，并取得了一定成效。商务部择优认定了多家第三方电子商务平台，作为商务部的重点推荐开展对外贸易，并出台了专门文件，明确了电子商务平台的服务外贸功能，提升企业利用电子商务平台开展外贸的水平，加大利用电子商务平台开展外贸的支持政策。同时，商务部、海关总署、质检总局、邮政局等部门共同研究，制定促进跨境贸易电子商务通关服务的管理制度和标准规范，以及相关的邮件检验、检疫监督模式，确定产品质量安全监管、溯源机制。发展改革委也与多部门联手，着力研究有关电子商务信用、支付、物流、发票管理、会计信息等方面的政策、法规，争取出台多项支持跨境电子商务促进出口的具体政策，以促进跨境电子商务的健康发展。这些政策措施包括规范通关监管制度、制定贸易标准、强化支付、完善跨境物流、出口退税等方面。相关部门正在落实跨境电子商务关检税法及政策，力争推进跨境电子商务更快发展。

11.2.1　总体政策

国务院于 2013 年 7 月下发《国务院办公厅关于促进进出口稳增长、调结构的若干意见》，将发展跨境电子商务作为当前外贸稳增长、调结构的重要手段之一，要求积极研究跨境电子商务方式出口（B2C、B2B 等方式）所遇到的海关监管、退税、检验、外汇收支、统计等问题，完善相关政策。同年 9 月，国务院下发《国务院办公厅转发商务部等部门关于实施支持跨境电子商务零售出口有关政策意见的通知》，专门就在跨境电子商务的快速发展中，因现行管理体制、政策、法规等原因造成企业在海关、检验、收付汇、税收等方面遇到的问题，提出六项措施。国务院在 2014 年 5 月发布的《关于支持外贸稳定增长若干意见》中，着重提到为增强外贸企业竞争力，需加快国际展会、电子商务、内外贸结合商品市场等贸易平台建设。2015 年以来，《国务院关于大力发展电子商务加快培育经济新动力的意见》《关于促进跨境电子商务健康快速发展的指导意见》等重磅政策文件接连出台。其中《"互联网 + 流通"行动计划》提出，推动建设 100 个电子商务"海外仓"。显然，我国政府已经开始高度重视跨境电子商务，将其视为调整产业结构、实现传统外贸转型、促进贸易持续增长的重要手段。

11.2.2　海关政策

为了促进跨境贸易电子商务，方便企业通关，规范海关管理，实现贸易统计，海关总署自 2014 年 2 月 10 日起增列海关监管方式代码"9610"，全称"跨境贸易电子商务"，简称"电子商务"。此海关监管方式代码适用于境内个人或电子商务企业通过电子商务平台实现交易，并采用"清单核放、汇总申报"模式办理通关手续的电子商务零售进出口商品，通过海关特殊监管区域或保税监管场所一线的电子商务零售进出口商品除外。海关总署于 2014 年 3 月发布《跨境电子商务服务试点网购保税进口模式问题通知》文件，同年 7 月发布《关于跨境贸易电子商务进出境货物、物品有关监管事宜的公告》，2016 年 4 月发布《关于跨境电子商务零售进出口商品有关监管事宜的公告》，同年 7 月发布《关于跨境电子商务进口统一版信息化系统企业接入事宜的公告》。针对跨境电商零售进出口，中国海关探索了一系列新理念、新模式，新手段，充分利用跨境电子商务全程数据流程可追溯的方式，创新理念方法，改变通关监管模式，做好风险防控，通过电子口岸连通海关监管平台与电商平台。

11.2.3　检验政策

国家质量监督检验检疫总局 2015 年 5 月发布《质检总局关于进一步发挥检验检疫作用促进跨境电子商务发展的意见》，同年 7 月发布《质检总局关于加强跨境电子商务进出口消费品检验监督工作的指导意见》，同年 11 月发布《跨境电子商务经营主体和商品备案管理工作规范的公告》，明确跨境电商企业的质量安全主体责任，构建以风险管理为核心，以事前备案、事中检测、事后追溯为主线的跨境电商进出口消费品质量安全监管模式。为促进跨境电子商务发展，提供便利通关服务，质检总局 2017 年 8 月发布了《关于跨境电商零售进出口检验检疫信息化管理系统数据接入规范的公告》。

11.2.4　财税政策

财务部、国家税务总局 2014 年发布《关于跨境电子商务零售出口税收政策的通知》，规定：自 2014 年 1 月 1 日起，对符合条件的跨境电子商务零售出口企业执行增值税、消费税退（免）税和免税政策，预示我国跨境电商将跨入新纪元。跨境电子商务出口退税政策可以归纳为两个方面：一方面是对于能提供增值税专用发票的一般纳税人实行增值税和消费税退（免）税政策，另一方面是对于不能提供增值税专用发票的小规模纳税人实行增值税和消费税免税政策。2016 年 4 月 8 日，财政部、发改委等 11 个部门制定的《关于跨境电子商务零售进口税收政策的通知》正式实施，除将行邮税改为综合税外，还对进口货物实施一般贸易监管模式。不过一个多月后，相关部门对《关于跨境电子商务零售进口税收政策的通知》中有关监管要求给予一年过渡期。2016 年 11 月，过渡期进一步延长至 2017 年底。2017 年 9 月的国务院常务会议决定过渡期再次延长一年至 2018 年年底。按规定，现阶段，保持跨境电商零售进口监管模式总体稳定，对跨境电商零售进口商品暂按照个人物品监管。2018 年 12 月，海关总署发布了《关于跨境电子商务零售进出口商品有关监管事宜》的公告。

国家政策的大力支持会降低电子商务进出口企业的成本，推动传统外贸企业转型，让更多企业借助跨境电子商务平台走出去，推动我国跨境电子商务的发展。跨境电子商务无论是进口还是出口，都需要国家政策的大力支持，跨境电商的兴起也客观要求监管方与时俱进，未来政府会搭建跨境电商一体化监管平台，对接电商、贸易服务、物流、金融等各方，通过货流、信息流和资金流的"三单合一"，实现网上一站式监管、审批；同时线下通过设立跨境电子商务试验区，要求平台企业注册入驻，从源头管控每笔交易，实现 O2O 一站式监管。

11.3　跨境电商与物流运作

11.3.1　跨境电商物流的运作模式

伴随着我国跨境电商市场的发展和各项政策出台，我国跨境电商领域呈现出繁荣景

国际物流学

象。跨境电商的快速发展给物流带来了巨大市场。现阶段，我国跨境电商物流主要有五种模式。

1. 邮政小包模式

邮政网络基本覆盖全球，范围比其他物流渠道都要广。这也主要得益于万国邮政联盟和卡哈拉邮政组织（KPG）。由于邮政一般为国营，有国家税收补贴，价格也较便宜。不过，邮政的渠道虽然比较多，但也很杂。在选择邮政包裹发货的同时，必须注意出货口岸、时效、稳定性等。例如，从中国发往美国的邮政包裹，一般15天以内可以到达，eBay上的国际e邮宝美国全境妥投时间甚至能达到7～12天。

邮政小包模式的优点在于运费便宜，能邮寄的物品比较多（如化妆品、包、服装鞋子、各种礼品及许多特殊商品等），服务覆盖网络广；缺点在于重量和尺寸有限制，运送时间比较长，到达许多国家的货物无法在网站上实时跟踪查询状态。另外，电池、粉末、液体等特殊产品较难清关，被检出就要整包退回或直接扣下，对跨境电商来说损失很大。

2. 国际快递模式

国际快递模式，指的是四大国际商业快递巨头——敦豪（DHL）、天地（TNT）、联合包裹（UPS）和联邦快递（FedEx）。这些国际快递商通过自建的全球网络，利用强大的IT系统和遍布世界各地的本地化服务，为网购中国产品的海外用户带来极好的物流体验。例如通过UPS寄送到美国的包裹，最快可在48小时内到达。然而，优质的服务往往伴随着昂贵的价格。

国际快递模式的优点在于速度快、服务好，货物可送达全球200多个国家和地区，查询网站信息更新快，遇到问题解决及时，可以在线发货，全国大部分城市提供上门取货服务；缺点在于运费较贵，要计算产品包装后的体积重，对托运物品的限制比较严格。

3. 国内快递的国际化服务模式

国内快递主要是指中国邮政EMS、顺丰和"四通一达"。在跨境物流方面，"四通一达"中的申通和圆通布局较早，但也是近期才发力拓展。美国申通在2014年3月上线，圆通也是2014年4月才与CJ大韩通运合作。顺丰的国际化业务则要成熟些，已经开通到美国、澳大利亚、韩国、日本、新加坡、马来西亚、泰国、越南等国家，发往亚洲国家的快件一般2～3天可以送达。在国内快递中，EMS的国际化业务是最完善的。依托邮政渠道，EMS可以直达全球60多个国家，费用相对四大快递巨头要低。此外，中国境内的出关能力很强，到达亚洲国家是2～3天，到欧美则要5～7天左右。

国内快递的国际化服务模式的优点在于速度较快，费用低于四大国际快递巨头，在中国境内的出关能力强；缺点是由于并非专注跨境物流业务，缺乏国际物流运作经验，对市场的把控能力不强，覆盖的海外市场比较有限。

4. 专线物流模式

跨境专线物流一般是通过航空包舱方式运输到国外，再通过合作公司进行目的国的派送。专线物流的优势在于其能够集中大批量到某一国家或地区的货物，通过规模效应降低成本。因此，其价格一般比商业快递低。在时效上，专线物流稍慢于商业快递，但比邮政包裹快很多。市面上最普遍的专线物流产品是美国专线、欧洲专线、澳洲专线、俄罗斯专线等。也有不少物流公司推出了中东专线、南美专线、南非专线等。目前提供专线物流的公司很多，专线物流往往会推出特定的产品，如"俄邮包""澳邮包"；有的物流公司则在形式上大胆创新，中外运跨境电商物流有限公司推出中国城市到国外城市的专线物流团购业务。

专线物流模式的优点在于价格比商业快递低，速度快于邮政小包，丢包率也比较低。专线物流清关较快，如果跨境电商只做某地市场，清关方面也有一定要求的话，专线物流是不错的选择。其缺点是在国内的揽收范围相对有限，覆盖地区有待扩大。而且一些专线物流企业所能控制的物流区域也相对有限，通常只能负责国内，国外部分则由当地的邮政公司负责，这样就容易出现由于双方工作交接不畅而导致的运送延误。专线物流一般不受理退货事务。

5. 海外仓模式

海外仓是指为卖家在销售目的地进行货物仓储、分拣、包装和派送的一站式控制与管理服务。确切来说，海外仓储应该包括头程运输、仓储管理和本地配送三个部分。头程运输，即中国商家通过海运、空运、陆运或者联运将商品运送至海外仓库；仓储管理，即中国商家通过物流信息系统，远程操作海外仓储货物，实时管理库存；本地配送，即海外仓储中心根据订单信息，通过当地邮政或快递将商品配送给客户。

海外仓模式的优点在于运输成本低、效率高。它简化了物流业务流程，将原本复杂的流程简化为"分拣—投递"两个环节，大大减少了包裹破损和丢失率，同时也解决了小包时代成本高昂、配送周期漫长的问题。除了能降低物流成本，还有灵活可靠的退换货方案，海外客户的购买信心高。采用海外仓这种物流模式大大扩大了跨境零售出口商品的范围，不再限于快消品、小件商品等，可以使买家消费更多海外商品品类；缺点是具有一定的成本劣势，也就是其运费的高低主要取决于储备仓的建设成本，这其中还需要储备仓人为管理与维护等的费用支出，而且在订购的前期很难对商品库存量做出准确的预测，对于库存的控制很难有效掌握。

以上五大模式基本涵盖了当前跨境电商的物流模式和特征。但也有一些"另类"。比如，比利时邮政虽然属于邮政包裹模式，但其却定位于高质量卖家，提供的产品服务远比其他邮政产品优质；再如，针对俄罗斯市场，黑龙江俄速通物流有限公司在哈尔滨推出"边境仓"，具有类似海外仓的功能，但比在俄海外仓的运作成本低。

11.3.2　跨境电商物流运作的痛点

1. 跨境物流成本高，政策支持不充分

由于涉及跨境贸易和跨境物流，物流的产业链和环节更长，包括国内物流、国内海关、国际运输、国外海关、国外物流等，尤其是海关和商检，操作难度和风险更高，无形中增加了跨境电商的物流成本。在出口跨境电商中，物流的关键在于目的国海关，经常出现海关扣货查验的情况，处理的结果有三种，分别是直接没收、货件退回发件地或要求补充文件资料再放行。从国内政策角度看，跨境电商物流风险主要体现在海关政策不确定。从国外政策角度看，许多国家的海关政策变化频繁，我国跨境电商往往面临产品质检及产品版权保护问题。虽然国家在积极建立跨境电商基础信息标准和接口的规范

国际物流学

准则，现阶段有一小部分地区实现了海关、出入境检验检疫、税务、外汇管理等部门与电子商务企业、物流配套企业之间的标准化信息流通，但物流政策仍不足，这在某种程度上阻碍了跨境电子商务企业及物流企业的快速发展。

2. 跨境基础设施不完善，物流运输配送周期长

由于跨境电子商务涉及跨境仓储、配送、运输、报关、核税等一系列问题，为了使运输过程损耗尽量减少，且速度更快、成本更低，需要建立合理高效的物流体系，需要更先进和完备的物流设施。而跨境贸易自身的特点使得物流的产业链和环节更长，加上清关和商检的周期，导致跨境电商物流周期要远远长于国内电商物流。在跨境物流上，运输与配送时间问题突出，短则半个月、一个月，长则数个月，遇到购物旺季，如圣诞节，物流时间会更长，加上清关和商检的时间，跨境物流的周期则更久。跨境物流的运输时间长、手续多、成本高，违背了电子商务快捷和便利的特点，严重制约了跨境电子商务的进一步发展。

3. 跨境物流信息化不足，难以实现退换货物流

跨境物流采用较多的邮政小包模式存在着物流信息无法及时跟踪的情况。在包裹运输的过程中，货物所处的环节、所在地点、是否入舱等都是顾客无法及时得知的。这种"不透明"的跨境物流主要是由于交易双方的信息不对称而造成的，这就使得顾客对于跨境电商的满意度和忠诚度不高。跨境物流涉及多个国家，物流运输也分为国内和国外。由于国家与国家之间的信息化发展水平并不相同，导致物流信息系统之间的衔接产生问题，而跨境物流环节多、涉及面广，整个物流链条的各节点都会产生退换货物流。电子商务自身特点导致退换货比例高、物流周期长、商品有质量问题、货品丢失、海关和商检风险、配送地址错误等原因，都可能导致退换货。尤其在欧美国家，当地"无理由"退货的消费习惯和文化，使得退换货率呈现持续增长趋势。退换货使各种相关成本的增加，甚至出现退换货导致的费用严重超出货品的价值，这是跨境电商企业无法接受的，从而出现难以实现退换货的现象。

4. 跨境贸易风险大，比较缺乏专业的第三方物流服务

跨境电商涉及跨国交易，无法回避当地的政治、知识产权、区域习惯、政策变化等风险因素。这些因素，对中国跨境电商物流都会产生影响。而且跨境电商贸易涉及汇率问题，风险也很大。现阶段我国第三方物流企业数量较多，但是大型、专业化程度较高的第三方物流企业较少。大多数物流企业提供的是国内物流服务。对于国际快递服务，主要是以普通快递的形式存在，而没有专门为跨境电子商务企业提供全方位的专业物流服务。能为跨境电子商务提供国际快递服务的也只有少数几家。专业化的第三方物流服务十分必要，有利于推动我国跨境电子商务更好地发展，并在国际市场竞争中处于有利地位。

11.3.3　跨境电商物流的运作策略

跨境电商物流的运作策略应是在现有运作难题解决方案上的改进和创新，可以归纳为以下几点：

1. 合理选择模式

跨境电商物流有五种主流的跨境电商物流解决方案，分别是邮政小包、国际快递、专线物流、海外仓和国内快递的国际化服务。这些物流模式各有利弊，跨境电商在选择合适的物流模式时要结合物品的种类、进出口国家的关税政策、顾客对购买商品的要求、运输安全等多方面进行综合考虑，以达到降低物流成本的目的。对于跨境电商而言，选择何种物流模式，首先，是考虑所售产品的特点，比如大件产品（如家具）就不适合走邮政包裹渠道，而更适合海外仓模式；其次，在淡旺季要灵活使用不同物流模式，如在淡季时使用邮政小包降低物流成本，在旺季或者大型促销活动时期采用其他速度更快的模式来保证时效性；最后，售前可以明确向买家列明不同物流方式的特点，向买家提供多样化的物流选择，让买家根据实际需求来选择物流方式。

2. 海关政策的支持

当前影响跨境物流速度的一个重要原因是海关的通关速度。跨境物流需要通过两道海关关卡：出口国海关和目的国海关。跨境电商物流在通关时较多采用传统的保管方式，这样由于报关手续和检验检疫等手续的烦琐而难以提高跨境电商物流的时效。在这种情况下，需要海关政策的支持，从而提高跨境电商物流的效率。首先，海关总署应构建电商企业通关服务平台，实现海关电子口岸平台与国内外电商平台和物流公司系统直接的对接，使跨境电商物流可以全程跟踪；其次，与其他国家合作，共同建设和完善跨境电商物流的检验检疫和通过模式、商品的标准，以及相应的管理制度。

3. 构建信息平台

就当前跨境电商物流的发展而言，建立跨境物流信息平台解决跨境物流中的信息不对称问题显得极为迫切。随着"互联网＋"时代的到来，跨境物流也应与时俱进。伴随着大数据、物联网、智能物流等相关技术的成熟，应引进先进物流信息技术，搭建一个比较全面的跨境物流信息平台，以实现对物流全程的管理和资源的整合。跨境电子商务企业、国际物流公司、海关等相关各方可共同构建跨境物流信息平台。

4. 加快海外设仓

将海外仓作为当前跨境电商物流发展的主要策略有以下优点。首先，海外仓将商品大批量运至目标市场国家，使得物流成本大幅降低。其次，海外仓将跨境物流转变为国内物流，使得跨境电子商务的交易周期得以大大缩短，商品可以被快速、安全地送达顾客，使得消费者的满意度和忠诚度得以提高。另外，海外仓可以有效地处理消费者的退货问题。海外仓的建设使得退换货可以在国内迅速完成，避免新一轮的跨境物流，节省成本的同时也让消费者更加放心；最后，海外仓有利于应对因购物旺季而导致的物流短板，使得跨境电商的竞争力得以提高。值得注意的是，海外仓虽有众多优势但其成本往往较高，对于部分没有足够经济能力的企业，不应盲目建设海外仓，可以使用第三方海外仓。除此之外，也可以与其他企业合作建立海外联盟仓，以分担风险、降低成本。

本章小结

本章介绍了跨境电商的概念及特征，说明了我国跨境电商的发展与趋势，阐述了我国跨境电商的关检税法及政策，探讨了我国跨境电商的物流运作模式，介绍了跨境物流发展的运作难题，并在此基础上说明了跨境电商物流的运作策略。

[案例讨论]

出口易跨境电商物流之道

作为国际物流企业中的佼佼者，广州市贝法易商贸有限公司旗下的出口易是中国首家专注于海外仓储及配送服务的专业国际物流服务提供商。出口易跨境电商物流供应链综合服务平台以全球仓储为核心，整合全球物流网络系统，自 2008 年投入建设以来，已在英、美、德、澳、加等国家和地区设立自营物流处理中心，为跨境贸易 B2C 电商提供全程物流优化解决方案，包括海外仓储、国际专线、国际小包、国际快递和 FBA 头程等物流服务及本地化售前售后服务。

出口易拥有超过十年自营海外仓储的经验，为客户提供仓储与配送服务，配送范围覆盖北美、欧洲、澳大利亚全境，不受重量、体积的限制，以及旺季航路不畅的影响。它不仅能够帮助中国卖家实现海外本土化销售，降低物流运营成本，还能进行实时的库存管理与检测，缩短到货时间，提高买家满意度。国际专线服务是出口易基于强大的供应商管控能力，自主开发的自有物流服务方式。出口易首创"头程＋二程"组合方式，头程使用空运运输，可控性强，二程与当地的邮政或者快递企业合作，极大缩短了整体物流时间。在国际快递业务方面，出口易整合了 EMS、DHL、TNT 等各大商业快递的优势资源，为跨境电商卖家提供多元个性化快递服务，全程可上网跟踪，速度快且安全稳定。出口易国际小包则汇集了中国邮政及外国邮政的优势资源，包括中国邮政、香港邮政、荷兰邮政和新加坡邮政等，提供邮政航空小包服务，是一项经济实惠的国际快件服务。

截至 2016 年年底，出口易已在英国、美国、德国、澳大利亚、俄罗斯、加拿大六大主流外贸市场设置海外自营仓储物流中心；在香港、广州、深圳、上海等 8 个国内城市设有处理中心；自主开通中英、中美、中德、中俄等多条国际专线服务。出口易物流服务覆盖全球，是 eBay、Paypal、Amazon、Wish、BellaBuy 与速卖通重点推荐的物流服务供应商。出口易跨境电商物流供应链综合服务平台强大的服务实力得益于其商业模式的创新。创新亮点有以下两点：

一是整合了国内外海空运、邮政快递等第三方物流企业资源，境内资源包括顺丰、德邦、邮政等国家 5A 级物流企业，境外资源包括英、美、德、澳等国家的国家邮政，跨境服务则包括 DHL、UPS、EMS 等知名物流企业。同时，他们根据跨境 B2C 电商的需求设计出独特的物流服务产品。其服务区域已经覆盖了 80% 的电子商务发达的国家和地区，共超过 200 多个国家和地区。

二是首创海外仓全程物流解决方案，极大地促进了国际电子商务发展。这一模式解决了商品的重量和大小对跨境电商的限制问题，任何重量和大小的商品，只要存在市场需求，就可以通过电商平台进行销售，同时也大大降低了物流成本。除此之外，由于商品发货是从海外仓直接发出，变成了目的国本地配送，有效提升了流量和交易量，解决了阻碍国际 B2C 电子商务的瓶颈问题。

问题：

1. 跨境电商与传统外贸相比，有哪些特征？

2. 跨境电商物流有哪些模式？它们的特征有什么不同？

3. 我国促进跨境电商发展的政策主要有哪些？

练习题

一、名词解释

1. 进口跨境电子商务

2. 出口跨境电子商务

3. 跨境 B2B

4. 跨境 B2C

二、简答题

1. 跨境电子商务具有什么特点？

2. 我国的跨境电商发展趋势是什么？

3. 我国的跨境电商物流有哪几种模式？

第 12 章　全球供应链物流管理

[教学目标]

通过教学使学生了解全球供应链物流管理的概念、理论和技术，了解跨国企业物流的管理方法和经验，掌握全球供应链物流的服务体系，了解全球供应链物流运作的流程规划及实施，掌握全球供应链物流的绩效评价指标及方法，了解我国全球供应链物流的发展历程及未来发展趋势，把握我国全球供应链物流的发展动态和我国的企业物流发展方向。

[关键词]

全球供应链　跨国企业物流
物流联盟
国际物流体系
物流组织网络
网络组织
物流服务体系
全球供应链物流成本率
排队评价法
等级评价法

◆ **[引导案例]**

JC 国际物流的全程供应链模式

1. 推行"嵌入式"全程供应链一体化服务模式

JC 国际物流推行全程供应链一体化管理的物流运营模式，将物流服务嵌入制造类企业原材料采购、产品生产、配送、销售及售后服务各个环节，与制造企业达成深度联动，通过合理的全程供应链一体化物流流程设计，集成供应链的各个环节，提供"嵌入式"全程供应链一体化管理服务，实现原材料物流、成品物流及逆向物流的循环对流运输。在原材料采购阶段提供采购物流服务，在生产物料调达过程中提供及时配送的生产物流服务，在产品销售环节提供成品物流服务，在产品售后环节及生产环节提供逆物流服务。

2. 创新型物流通关模式——"超级中国干线"

"超级中国干线"是指实现香港与南沙自贸片区一站式空、陆、海多式联运的一种新型物流经营模式。利用粤、港、澳快速通关优势，将香港空运、海运货站货物的收发点延伸至天运南沙多功能物流中心，凭香港货运仓单入园区，出园区凭进口报关单对碰核销仓单，让客户凭一张全程空运提单便可轻松伸延货物网络，接通全球市场。

3. 建设全程供应链一体化信息平台

JC 国际物流结合国内车辆及运输现状的特点，凭借多年的运输经验和自身精细化管理要求，将运输需求与现代信息技术结合，开发了一套运输管理系统，提供上下游的各种管理接口，构建多功能的运输平台；另外，在途货物全天候可视化状态跟踪环节中集成了定位技术、自动计费系统、运输指标分析及关键绩效指标管理，提高货物在运输环节的可控性、安全性和满载率，让客户随时随地掌握货物状况。及时有效的信息沟通保证了货物的准点、安全到达。

思考： 你如何理解把握 JC 国际物流的供应链模式？

当今，随着企业经营规模的不断扩大，国际化经营的不断延伸，出现了一大批立足于全球生产、全球经营和全球销售的大型跨国企业。这些企业的出现不仅使全世界都在经营、消费相同品牌的产品，而且产品的核心部件和主体部分也在逐渐趋于标准化。全球供应链及跨国企业物流管理研究的必要性日益凸显出来。

12.1　全球供应链与跨国企业物流

12.1.1　供应链的概念和结构模型

1. 供应链的产生

鉴于"纵向一体化"管理模式的种种弊端，从 20 世纪 80 年代后期开始，国际上越来越多的企业放弃了这种经营管理模式，随之而起的是"横向一体化"管理模式的兴起，即本企业只抓核心业务，形成在横向上的企业竞争优势，通过外包，快速响应市场，充分利用企业外部资源。企业管理的范围，从企业内部扩展到企业外部，从单个企业向社会扩展，以共同利益为目标，企业间进行结盟。"横向一体化"形成了一条从供应商到制造商再到分销商的贯穿所有企业的"链"。由于相邻节点企业表现出一种需求与供应的关系，当把所有相邻企业依次连接起来，便形成了供应链（Supply Chain）。这条链上的节点企业必须达到同步、协调运行，才有可能使链上的所有企业都受益。这就产生了供应链管理（Supply Chain Management，SCM）这一新的经营与运作模式。

2. 供应链的概念

所谓供应链，是指围绕核心企业，通过对信息流、物流、资金流的控制，从采购原材料开始，到制成中间产品以及最终产品，最后由销售网络把产品送到消费者手中的将供应商、制造商、分销商、零售商、直到最终用户连成一个整体的功能网链结构模式。

供应链是一个动态系统，它包括不同环节之间持续不断的信息流、物料流和资金流。供应链的每个环节都执行不同的程序，并与其他环节相互作用和影响，使信息流、货物流和资金流发生在供应链的全过程。

供应链涵盖了从"供应商的供应商"到"客户的客户"中含最终产品或服务的形成和支付的一切业务活动，是社会化大生产的产物，是重要的流通组织形式和市场营销方式。它以市场组织化程度高、规模化经营的优势，有机地连接生产和消费，对生产和流通有着直接的导向作用。

3. 供应链的结构模型

供应链一般可分为企业内部供应链和外部供应链。

国际物流学

在企业内部，不同的部门都通过供应链参与增值活动，如采购部门是资源的来源部门，生产部门则直接增加产品价值，管理客户订单和配送的仓库服务部门从流通意义上实现产品的价值，而产品的创新和个性化产品的设计是由设计开发等部门来完成的，营销部门则直接参与了增值活动。此外，生产部门内部的上下工序或班组之间也存在供应链关系。企业内部供应链的结构如图 12-1 所示。

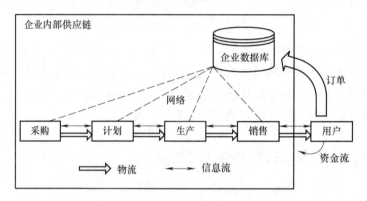

图 12-1　企业内部供应链结构图

随着越来越多的企业参与国际市场竞争，企业通过业务拓展、调整产品结构，在全球范围内组织生产和流通活动，企业间的分工细化，协作增强，上下游企业间组成供应链参与市场竞争，即由内部供应链向外部供应链扩展。根据前述供应链的概念，可简单归纳其结构为如图 12-2 所示的模型。

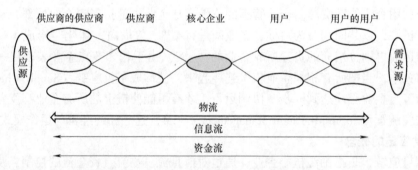

图 12-2　企业外部供应链结构图

从图 12-2 可以看出，供应链由所有加盟节点企业组成，其中一般有一个核心企业（可以是制造企业，也可以是零售企业），节点企业在需求信息的驱动下，通过供应链的职能分工与合作（生产、分销、零售等），以资金流、物流为媒介实现整个供应链的不断增值。

真正有效的供应链管理应当是在企业内部各业务流程有机统一的前提下，再与其他企业进行融合或协同，以发挥出整个产业链的整体效率、效能和效果。

4. 供应链的特征

供应链的概念和结构模型反映出它具有以下几个特征：①横向一体化的管理模式；②核心业务为主的经营模式；③核心企业引领的抱团模式；④外包为主的资源利用模式；⑤内外融合的共同利益模式；⑥企业结盟的系统组织模式；⑦供、产、销关联的产业链模式；⑧上下协作的协同运行模式。

12.1.2 全球供应链管理

在全球经济一体化的经济形势下，跨国企业要想争取竞争优势，获取超额利润，就必须在全球范围内分配和利用资源，通过采购、生产、营销等方面的全球化，实现资源的最佳利用和规模效益最大化。全球供应链由此应运而生。

同时，互联网及电子商务的发展，也改变了全球供应链的层次结构。多层的全球供应链结构开始转变为基于互联网的开放式的全球网络供应链。全球供应链管理要特别注意以下几个方面：

（1）在全球供应链管理上，大量的信息要快速地传递，企业和供应商的运作及业务流程就必须集成，以利于企业降低采购成本，增加效益。另外，在此供应链中，企业都具有双重身份，既是客户，又是供应商。因为它不仅通过网络实现交易，同时也是构成该供应链的一个元素，这使得所有的企业都面临严峻的挑战。它们必须在提高客户服务水平的同时努力降低营运成本，必须在提高市场响应速度的同时给予客户更多的选择，特别是要满足客户的个性化定制需要，巩固与客户的关系。

（2）在全球供应链管理上，企业的形态与边界发生了根本性的改变，链上企业实现交互式、透明的协同工作。在经济全球化趋势进一步加强的社会里，供应链管理也必须是全球化的，趋向于无国界。如能及时开展全球供应链管理，如采用国外廉价的配件或成熟的分销渠道，就将获取更大的利益，同样也能使企业降低成本与提高业绩。

（3）在全球供应链管理上，企业必须对全球供应链管理作业的复杂性做出评估，并把注意力集中于国内作业与国际作业的区别上。与国内供应链管理相比，全球供应链管理应尤其注意以下两点：一是全球市场的异质性或多样性，决定了企业“从外到内”的思维方式，即在充分了解不同国家市场需求差异性的基础上，通过差别化的产品和服务来满足不同群体的顾客需求，而成本的控制也必须建立在这种前提之上；二是当一个企业服务全球市场时，物流系统会变得更昂贵、更复杂，结果导致前置时间延长和库存水平上升。因此，综合上述两个问题，企业在开展国际物流活动时必须处理好集中化与分散化物流的关系，否则，将无以确立起全球化的竞争优势。

（4）在全球供应链管理上，要大力促进物流供应链的创新发展。要充分发挥物流供应链系统化组织、专业化分工、协同化合作和敏捷化调整的优势。物流企业要做大做强，大力发展基于核心企业的“链主型”供应链，将上下游小微企业整合嵌入生产经营过程，强化资源系统整合与优化能力；大力发展基于现代信息技术的“平台型”供应链，重点解决信息不对称问题，提高资源整体配置效率；大力发展依托专业化分工的“互补型”供应链，实现资源和渠道的优势互补，提高企业协同发展水平；大力发展基于区域内分工协作的“区块型”供应链，促进区域内企业高效协同和集聚化发展，提升区域整体竞争优势；大力发展基于存货控制的“共享型”供应链，打通与整合生产、分销等各环节的库存管理，促进供应商与零售商之间的统仓共配。

12.1.3 跨国企业物流

由于自身业务的不同性质，各类跨国公司涉及全球物流管理的程度也不尽相同。许

国际物流学

多跨国公司仅仅把物流管理作为经营管理过程中的一个子功能，用来管理自身产品与服务的流程；而一部分跨国公司则将物流服务作为其主营业务，通常称为第三方物流。

跨国公司可以分别采取以下几种不同的策略：

1. 自营物流业务

如果顾客服务标准要求很高，物流成本占总成本比重极大，同时自身物流管理能力也较强，跨国公司可采用自营物流业务的策略。这类企业以跨国零售业为代表，其中沃尔玛是最典型的例子。作为世界上最大的连锁零售商，沃尔玛被誉为商品物流现代化与合理化的典范。

2. 物流服务外包

世界范围内的竞争，要求跨国公司必须在全球范围内寻求业务外包。跨国公司首先要确定企业的核心竞争力，并把企业内部的优势资源集中在那些具有核心竞争力优势的业务上，而将剩余的其他业务外包给最好的专业公司。在供应链的增值决策中，企业如能以更低的成本获取比自己制造价值更高的资源，当然应该选择外包。通过外包非核心业务，公司进行资源的外向配置，与合作伙伴共担风险，避免了设备、技术、研发上的大额投资，实现了规模效益，从而控制和降低了成本，提高了生产率和利润率。

3. 寻找伙伴关系结成物流联盟

物流在企业战略中起关键作用，但自身管理水平较低的跨国公司，一般会选择自身物流管理水平较高而物流在企业战略中不起关键作用的企业来组成物流联盟。一方面，物流管理所处的关键性地位使公司不可能将其以第三方物流的形式外包出去；另一方面，自身能力的不足又难以满足运营的要求。因此，选择具有过剩物流管理能力的企业对于公司来说是最优的选择。物流联盟的结果可以使公司借用他人的物流设备、运输能力来降低物流管理成本。

12.2　全球供应链物流体系

全球供应链物流体系是由全球供应链的商品包装、储存、运输、装卸搬运、流通加工及国际配送等诸多子系统构成。其中，储存和运输子系统是物流的两大支柱。全球供应链物流通过商品的储存和运输实现其自身的时空效益，满足国际贸易的基本需要。

12.2.1　国际货物运输体系

国际货物运输是全球供应链物流体系的核心，有时就用运输代表物流全体。通过国际货物运输作业，商品在交易前提下由卖方转移给买方。在非贸易物流过程中，则是由发货人转移给收货人。这种国际货物运输具有路线长、环节多、涉及面广、手续繁杂、风险性大、时效性强、内外运两段性和联合运输等特点。

运输设备的现代化发展对国际物流和国际贸易的发展起着重大的推进作用，是两者发展的前提。运输设施必须超前发展才能适应国际物流的发展。发达国家在国际贸易中处于有利的和领先的地位，这与其物流运输业的现代化条件和水平是分不开的。

12.2.2　国际商品储存体系

国际商品的储存、保管使商品在其流通过程中处于一种或长或短的相对停滞状态，这种停滞是完全必要的。这是因为，外贸商品流通是一个由分散到集中，再由集中到分散的源源不断的流通过程，为了保持不间断的商品往来，必然要有一定量的周转储存；有些出口商品需要在流通领域内进行贸易前的整理、组装、再加工、再包装或换装等，或者形成一定的贸易前的准备储存和季节储备，实现国际贸易系统的良性循环。

12.2.3　国际商品装卸与搬运体系

装卸与搬运作业相对于运输来讲是短距离的位移，是仓库作业和运输作业的纽带和桥梁，实现的也是物流的空间效益。它是保证商品运输和保管连续性的一种物流活动。搞好商品的装船、卸船，商品进库、出库，以及在库内的搬倒清点、查库、转运转装等，对加速国际物流十分重要。节省装卸搬运费用也是降低物流成本的重要环节。有效地搞好装卸搬运作业，可以减少运输和保管之间的摩擦，充分发挥商品的储运效率。

12.2.4　国际商品的流通加工体系

流通加工是随着科技进步特别是物流业的发展而不断发展的。它是具有一定特殊意义的物流形式。流通加工是为了促进销售、提高物流效率和物资利用率，以及提高产品质量，使物资或商品发生一定的物理和化学变化，并保证进出口商品质量达到要求。出口商品加工业的重要性在于使商品更好地满足消费者的需要，扩大出口。

12.2.5　国际商品包装体系

美国杜邦化学公司提出的"杜邦定律"认为：63% 的消费者是根据商品的包装装潢进行购买的，国际市场和消费者是通过商品来认识企业的，而商品的商标和包装就是企业的面孔，它反映了一个国家的综合科技文化水平。

国际进出口商品商标的设计，要求有标识力；要求表现一个企业（或一个国家）的特色产品的优点，简洁明晰并易看、易念、易听、易写、易记；要求有持久性，不违背目标市场当地的风俗习惯；出口商品商标翻译要求传神生动；商标不得与国旗、国徽、军旗、红十字会徽章等相同，不得与正宗标记或政府机关、展览性质集会的标记相同或相近。

12.2.6　国际配送体系

国际配送体系就是在国际合理的经济区域范围内，根据用户的要求，对到达的国际货物进行拣选、加工、包装、分割、组配等作业的系统，其任务是实现在确定的范围内将货物按时送达指定地点。

12.3　全球供应链物流运作

面对竞争日益加剧的全球市场环境，企业需要整合自身在全球供应链中的物流运作方式和方法，通过优化物流组织模式，达到提高全球物流效率的目的。实施全球供应链

国际物流学

物流有其深刻的必要性，也已经具备了一定的条件。企业需要的是按照其流程和指导原则，合理安排自身物流运作，使之成为全球供应链中有效率的一环。

12.3.1 全球供应链物流运作条件

（1）以全球市场需求为中心。全球供应链物流运作力求用定制化的设计、包装、服务满足全球消费者的需求。

（2）快速的产品导入与产品交付。在合适的时间内，将恰当的产品导入全球市场中，并配送足够量的产品且予以快速交付。

（3）不断扩展、创新服务领域。在交付产品的同时，提供创新、增值的服务。

（4）不断创新配送渠道。尽量使用层次最少的直接配送系统，将产品以较低的成本快速送达到客户手中。

12.3.2 全球供应链物流运作原则

（1）物流管理战略的制定必须纳入企业总体战略规划过程。

（2）物流部门必须有一个清晰的愿景目标。

（3）进出口管理必须有物流供应链各个环节实行集成管理的保证。在全球主要供应链结构和法规变化的情况下，这一点尤为重要。

（4）必须抓住整合国内和国际物流运作的机会，使得企业可以获得全球承运商的服务。这通常需要企业改变思维方式，但是只有那些朝这个方向努力的企业才能够抓住这样的大机会。

12.3.3 全球供应链物流运作目标

全球供应链物流运作的目标在于为每一个国际目标市场开发构建最优的物流系统。成本/服务权衡分析是全球物流管理不可或缺的一个部分。正确识别、评估和应用最优成本—服务组合对组织和客户都非常重要。国际市场的销售量和成本对较长的反应时间不敏感，但是新技术能够使企业和第三方有能力开发和拓展它们的全球物流能力。为了实现全球供应链物流的运作目标，特别需要做好环境分析、计划、组织构建、计划实施、物流控制等各项工作。

12.3.4 全球供应链物流规划

跨国企业倾向于在全球市场寻找原材料、零部件，建设适应全球分销的物流中心以及关键物资的集散仓库，在获得原材料以及分销新产品时能使用当地现有的物流网络，并推广其先进的物流技术和方法。典范如耐克公司，它通过全球招标采购，在东南亚生产，随后将产品分别运送到欧洲、亚洲的几个仓库，然后就近销售。从本质上说，跨国企业为了开发利用新的市场机会，以世界范围为基础，实施更有效的全球物流管理战略，以利于在各国、各地区同时达到商业目的。

在开始构建全球供应链物流系统之前，跨国企业首先需要有一个清晰明确而且协调一致的战略规划。这个战略规划需要包括以下几个方面：

（1）全球供应链物流结构策划。在策划全球供应链物流结构的时候必须充分考虑各部门所行使职能要开展的活动。这些活动关系到企业的整体规模和全球分布，要考虑各种活动的特性来，如配送时间、服务方式、劳动力密度和外购资源的比重等。

（2）全球供应链物流流程优化。整个物流涉及多个流程，各流程都有自己的计划，如生产计划、库存控制和运输管理，任何一个流程都会影响到其他流程的进行。优化整个流程比优化单个环节更重要。

（3）全球供应链物流组织网络构建。为了构建合理的组织网络，企业有必要分清楚自己的核心竞争力与非核心竞争力，并且对没有任何附加价值的工作进行外包。构建网络的另外一个因素是信息技术的广泛运用。企业应投资建立信息网络，以此来帮助管理物流流程中的各个环节和公司外部环节的合作。

（4）缔结全球合作伙伴关系。跨国企业不可避免地会有许多合作伙伴或盟友，只有这样企业才有可能在全球范围内开展商业活动。对于这些合作伙伴来说，在一定的工作原则和工作目标下，双赢并和谐发展是至关重要的。

12.4　全球供应链物流绩效评价

为了及时了解企业全球供应链物流系统的效益与业绩，应该定期、及时进行供应链物流绩效评价。开展供应链物流绩效评价能够正确判断企业的物流水平，提高物流效率，从而提升企业的整体效益。全球供应链物流绩效评价是全球供应链物流管理周期的终点，也是下一个供应链物流管理阶段的起点。

12.4.1　全球供应链物流绩效评价概述

所谓全球供应链物流绩效评价，是从全球供应链物流高度，在会计和财务管理的基础上，运用统计学、计量经济学和运筹学等方法，采用特定的科学的指标体系，根据统一的评价标准，按照一定的程序，通过定量和定性分析相结合的方法，对企业在一定经营期间内的物流服务水平、物流效率、物流效益等做出客观、公正和准确的综合评判，从而有效实施物流控制的手段或措施。

企业物流绩效评价可以较系统地剖析物流企业经营发展中的问题，全面分析企业的经营状况，促使企业克服短期行为，将近期利益与长期发展结合起来，使企业看到自身的实际水平及其在同行业中的位置，并引导企业按照市场需求确定自己的发展战略。

12.4.2　全球供应链物流绩效评价体系

评价指标是绩效评价的基础，任何绩效评价行为都要以一定的指标为基准。全球供应链物流绩效评价指标体系是指为实现全球供应链物流绩效评价宗旨而构思的，一系列反映全球物流业务水平的相关指标。这类指标有定性的，也有定量的，也有定性定量相结合的。一个优秀的全球供应链物流绩效评价指标体系可以使高层决策者判断全球供应链物流服务活动的获利性，及时发现尚未控制的领域，有效地配置物流资源和评价物流管理者的业绩。

1. 全球供应链物流成本率

考核全球供应链物流服务商或跨国企业内部单独核算的物流部门的成本，必须直接

国际物流学

与产品或销售部门挂钩，考核产品或销售部门所发生的物流成本。全球供应链物流成本率是评价全球供应链物流绩效最直接的衡量指标，其计算公式为

全球供应链物流成本率 = 年全球供应链物流成本总额 ÷ 年全球销售额

值得注意的是，科学合理的全球供应链物流成本应该以全球供应链物流活动为基础，所有与完成物流功能有关的成本都要囊括。但事实上，现行企业统计没有标准的物流成本统计和物流成本划分，主要考虑的是运输成本和配送成本，很多隐性的物流成本被不合理地划入生产成本和销售成本。

2. 库存周转率

库存周转率是评价物流企业购入存货、入库保管、销售发货等环节的管理状况的综合性指标，本指标的目的在于促使物流企业保证经营连续性，其计算公式为：

库存周转率 = 年销售量 ÷ 平均库存水平

式中，平均库存是指库存年初数与年末库存数的平均值，即

平均库存 = (库存年初数 + 库存年末数) ÷ 2

库存周转率在反映库存周转速度及库存占用水平的同时，也反映物流企业运营状况。一般情况下，该指标越高，表示物流企业运营状况良好，产品销售情况越好，库存占用水平低，有较高的流动性，库存转换为现金或应收账款的速度快，变现能力强。

3. 全球供应链物流客户服务水平

全球供应链物流客户服务水平是衡量全球供应链物流系统为客户创造的时间和空间效用能力的尺度。客户服务水平决定了企业能否留住现有客户及吸引新客户。全球客户服务水平直接影响着物流企业的全球供应链物流市场份额和物流总成本，并最终影响企业的盈利能力。因此，在全球供应链物流系统的设计和运作中，全球供应链物流客户服务是至关重要的环节。

4. 物流顾客投诉次数及对顾客投诉的处理能力

物流顾客投诉次数是衡量物流客户服务优劣的一个重要指标。成熟的物流企业一般都具备细致周到的服务和良好的顾客投诉协调与处理机制。对于物流企业而言，常见的顾客投诉原因是承运商在和顾客交接过程中服务不到位。

5. 无误交货率

物流企业发货前必须根据顾客的订单反复审核所发货物是否符合顾客的要求。能否保证正确按照客户的订单来交货是顾客最关心的问题之一，如果不能按照顾客的订单发货，企业物流服务形象将大打折扣。反映订单与交货一致性的主要作业指标是无误交货率，其计算公式为：

无误交货率 = 一年内准确按照顾客订单发货的次数 ÷ 一年内发货总次数

因此，全球供应链物流企业必须在各个配送中心设立订单管理员，专门从源头上跟踪和保证订单传输的准确性，降低订单的出错率，努力提高物流客户服务水平。

6. 交货及时率

交货及时率的计算公式为：

交货及时率 = 年准时送达货物的数量 ÷ 年送货总量

7. 货物破损率

货物的装卸过程中经常会发生货物破损。在出货高峰期，通常会由于装卸力量不足

而导致发货速度慢和破损率居高不下。一般用货物破损率来衡量在顾客配送货物过程中货物的破损情况，其计算公式为：

$$货物破损率 = 年破损货物价值 \div 年发送货物总价值$$

这个指标的最高限额一般是 5%。

12.5　全球供应链物流的发展趋势

目前，世界上跨国公司及其分支机构遍布全世界，跨国公司的产值已占到发达国家总产值的 40%，跨国公司正向围绕总体战略协同经营一体化的方向发展，从而对国际物流提出更高的要求。对跨国公司来讲，国际物流不仅由商贸活动决定，而且也是其本身生产活动的必然产物。因而，各国学者都非常关注并开始广泛、认真地系统研究国际物流问题。

12.5.1　全球供应链物流的发展历程

国际贸易是国际物流活动的前提，国际物流是随着国际贸易的发展而发展的。同时，国际物流的发展又促进了国际贸易的进行和全球供应链物流的发展。尤其是 20 世纪 80 年代以来，一些跨国大企业都在推行国际化战略和全球供应链战略，在全世界寻找贸易机会，寻找最理想的市场，寻找最好的生产基地，这就必然地将企业的经济活动领域由一个地区、一个国家扩展到国际。随着经济的全球化，大批跨国公司出现。而信息革命和电子商务的兴起，加快了世界经济全球化进程，促进了世界经济的发展，使全球供应链物流也得到极大的发展。

总体来说，全球供应链物流的发展经历了三个阶段。

1. 第一阶段：20 世纪 50 年代至 80 年代

第二次世界大战以前，国与国之间已经有了较多的贸易来往，但是由于运输的制约，贸易量不大，运输服务质量也不高。第二次世界大战以后，国际经济交往得到扩展且越来越活跃，尤其在 20 世纪 70 年代的石油危机以后，特别是由于集装箱运输的迅速发展，国际贸易从数量来讲已经非常巨大，交易水平和质量要求也越来越高。在这种情况下，原有为满足运送必要货物的运输观念已不能适应新的要求，系统物流就是在这个时期进入国际领域的。

这一阶段，物流设施和物流技术得到了极大的发展，建立了配送中心，广泛运用电子计算机进行管理、出现了立体无人仓库，一些国家建立了本国的物流标准化体系等。物流系统的改善促进了国际贸易的发展，物流活动已经超出了一国范围，但物流国际化的趋势还没有得到人们的重视。

20 世纪 60 年代开始形成了大规模国际物流，在物流技术上出现了大型物流工具，如 20 万 t 的油轮、10 万 t 的矿石船等。

20 世纪 70 年代，国际物流不仅在数量上进一步发展，船舶大型化趋势进一步加强，而且出现了提高国际物流服务水平的要求，大数量、高服务型物流从石油、矿石等物流领域向物流难度最大的中、小件杂货领域深入。其标志是国际集装箱及国际集装箱船的大发展，国际各主要航线的定期班轮都投入了集装箱船，一下子把散装货、件杂货的物流水平提了上去，使物流服务水平获得了很大提高。

20 世纪 70 年代中后期，国际物流的质量要求和速度要求进一步提高，出现了航空物流大幅度增加的新形势，同时出现了更高水平的国际联运。

2. 第二阶段：20 世纪 80 年代初至 20 世纪末

随着经济技术的发展和国际经济往来的日益扩大，物流国际化趋势开始成为世界性问题。进入 20 世纪 80 年代，美国经济陷入长期倒退的危机之中。许多美国公司认识到必须抢先改善国际物流管理、降低产品成本、改善服务、扩大销售，才能在激烈的国际竞争中获得胜利。与此同时，日本正处于成熟的经济发展期，以贸易立国，要实现与其对外贸易相适应的物流国际化，并采取了建立物流信息网络、加强物流全面质量管理等一系列措施，提高物流国际化的效率。这一阶段物流国际化的趋势主要在美、日和欧洲一些发达国家。

20 世纪 80 年代，国际物流的突出特点是在物流量基本不继续扩大情况下出现了"精益物流"，物流的机械化、自动化水平不断提高。同时，伴随新时代人们需求观念的变化，国际物流着力于解决"小批量、高频度、多品种"的物流，出现了不少新技术和新方法，这就使现代物流不仅覆盖了大量货物、集装杂货，而且也覆盖了多品种的货物，基本覆盖了所有物流对象，解决了所有物流对象的现代物流问题。

20 世纪 90 年代后，在国际物流领域的另一大发展是伴随国际物流，尤其是伴随国际联运式物流出现的物流信息系统和首先在国防物流领域出现的电子数据交换（EDI）系统。信息的作用使物流向更低成本、更高水平服务、更大量化、更精细化方向发展，许多重要的物流技术都是依靠信息才得以实现的。这个问题在国际物流中比国内物流中表现得更为突出。几乎每一项物流活动都有信息支撑，物流质量取决于信息，物流服务依靠信息。可以说，20 世纪八九十年代国际物流已进入了物流信息时代。

3. 第三阶段：21 世纪开始至今

这一阶段，国际物流的概念和重要性已为各国政府和外贸部门所普遍接受，并开始采取措施努力促进全球供应链物流的顺利运行。全球供应链竞争更加激烈，必然要求物流国际化，实施全球供应链物流战略，实现物流设施国际化、物流技术国际化、物流服务国际化、货物运输国际化、包装国际化和流通加工国际化等，广泛开展全球供应链物流的大胆探索。

在国际物流和全球供应链发展的今天，网络技术、条码技术及卫星定位系统得到了普遍应用，大数据、云计算、人工智能开始兴起，而且越来越受到人们的重视。新技术革命带来的这些高科技手段，在国际物流中的应用，极大地提高了全球供应链物流的信息化、网络化和国际化服务水平。各大物流企业纷纷投入巨资于物流信息系统、网络化、智慧化中建设。随着大数据、云计算、人工智能的进一步发展，21 世纪将成为全球供应链物流信息化、网络化、智能化高度发展的全新时代。

12.5.2 全球供应链物流发展的新趋势

随着经济全球化可持续发展的深入推进，全球供应链物流出现了国际绿色物流、国际逆向物流、国际低碳物流三大新趋势。

1. 国际绿色物流

人类社会正面临人口膨胀、环境恶化、资源短缺的三大危机，环境资源恶化程度的加深，对人类生存和发展的威胁越来越大，人们对环境的利用和保护越来越重视，现代物流的发展必须优先考虑环境问题，需要从环境角度对物流体系进行改进，即需要形成一个环境共生型的物流管理系统，形成一种能促进经济与消费健康发展的物流系统，即向绿色物流转变。绿色物流是指为了实现顾客满意，连接绿色商品和服务流动的绿色经济管理活动。绿色物流从环境的角度对国际物流体系进行了改进，形成了与环境共生型的国际物流管理系统。这种国际物流管理系统在维护地球环境和可持续发展的基础上，改变原来经济发展与物流、消费生活与物流的单向作用关系，在抑制传统直线型的物流对环境造成危害的同时，采取与环境和谐相处的全新理念，设计和建立一个循环的国际物流系统，达到降低环境污染、减少资源消耗的目的。现代的国际绿色物流强调全局和长远的利益，成为一种全新的国际物流形态。

2. 国际逆向物流

在全球一体化时代，国际逆向物流理应成为跨国企业物流战略乃至整个企业发展战略的一部分，为了在未来的竞争中取得优势地位，建立一个快速、高效和低成本的逆向物流系统是必须和必要的。许多跨国企业已经开始在这方面进行投资，目的是发现能够加强逆向物流系统能力的机会。在跨国企业构筑自身物流战略的过程中，将会出现一些令人关注的新现象与新趋势。对这些新趋势的把握和理解有利于跨国企业自身的逆向物流体系的建设。

目前，逆向物流的发展还处于初期阶段。但是有迹象已经表明，尽快开始对逆向物流进行投资的跨国企业比那些滞后者更容易主导发展潮流。国际逆向物流的市场是巨大的，同时更是开放的。我国国内对这一领域的专业开发无论是服务或软件系统，都还存在着大量的潜在空间。对于产品而言，拥有良好的国际逆向物流系统将帮助它们提高资源利用率，增加客户价值，提高国际竞争优势；对于第三方物流、软件开发商等服务提供商而言，国际逆向物流这桌丰盛和美味的大餐可以说还只是刚刚开席。

3. 国际低碳物流

一些专家学者建议把节能减排作为物流规划的一个影响因素，把低碳经济的概念引入物流领域，这成为低碳物流概念的雏形。此后，低碳物流的概念从运输扩展到包装、仓储等物流各项活动中，逐渐形成了比较完整的低碳物流的概念及体系。低碳物流从诞生到现在，只有短短几年的历史。与绿色物流相比，低碳物流更"年轻"。在低碳经济浪潮一浪高于一浪的今天，为了实现节能减排、节约资源、保护环境的可持续发展目标，适应东道国政府的低碳化要求，跨国企业的全球供应链物流必须建立起一整套国际低碳物流的管理模式。

全球供应链物流管理现在特别强调，必须适应国际低碳物流的发展趋势。例如，全球零售巨头沃尔玛曾在 2010 年宣布，到 2015 年年底，将从全球供应链中减少 2 000 万 t 的温室气体排放量，这相当于一年从公路上减少 380 万辆以上汽车的尾气排放。沃尔玛中国这种低碳物流的可持续发展计划与中国政府在环境、社会及能源方面的目标十分契合，也和沃尔玛全球的可持续发展目标保持着同步。沃尔玛中国的具体措施和目标包括：建设环保节能商场，销售环保商品，建立世界领先的高价值可持续发展供应链。通过采用 LED 节能灯作普通照明、安装节能冷冻柜、余热回收装置、关闭非高峰时期部分照明等措施，普通店节水达到 50%，节能提高能效 40%。

国际绿色物流、国际逆向物流和国际低碳物流三大新趋势，使全球供应链物流发展在大数据、云计算、人工智能新技术革命手段的支撑下，正在形成21世纪信息化、网络化、智能化的全球供应链物流生态大系统、大平台。这也是笔者所说的未来数十年"全球供应链物流钻石模型"：

全球供应链物流(国际绿色物流＋国际逆向物流＋国际低碳物流＋大数据＋云计算＋人工智能)＝全球供应链物流生态大系统(信息化、网络化、智能化)

本章小结

本章介绍了全球供应链管理的概念，分析了跨国企业物流的特殊性；在此基础上详细介绍了全球供应链物流的六大服务体系，以及全球供应链物流运作的流程规划及实施，并总结了全球供应链物流的评价指标及评价方法；最后，在回顾了全球供应链物流发展历程的基础上分析其未来发展新趋势，介绍了国际绿色物流、国际逆向物流、国际低碳物流的发展动态和方向，给出了未来数十年的全球供应链物流钻石模型。

[案例讨论]

嘉诚国际物流的全程供应链特色剖析

在本章引导案例所介绍内容的基础上，嘉诚国际物流丰富了其全程供应链模式，具体包括：

1. 应用甩挂运输、多式联运等现代集约化运输方式

公司率先应用甩挂运输、多式联运等现代化、集约化物流运输方式，构建了信息化、标准化、集约化的高效运输服务体系，帮助制造企业提高物流效率、降低物流成本，促进货运物流业规模化、网络化发展。发展甩挂运输，可以大幅度提升车辆使用效率，使单位运输成本和能耗下降，推动全社会物流成本降低，推动行业节能减排。

2. 研发个性化物流方案与标准化物流装备

一方面，公司根据不同制造类企业的生产特性，通过对企业物流调研了解制造业全程物流的总体目标，设计个性化的全程物流一体化方案，在方案中明确对客户进行流程再造后的物流费用节约效果。另一方面，公司对供应链上不同的物流环节设计标准化的物流器具，以托盘标准化为切入点，带动仓储设施和运输设施的标准化，提升备货效率、装货效率，提高车辆周转效率，降低库存周转成本。

3. 实施标准化流程与精细化管理

公司将精细化管理贯彻到公司运营的每一环节，将全程供应链的每一操作环节进行动作分解，整理出标准化流程，并在实践中不断完善，形成标准的作业指导书，明确岗位职责和操作规范，并通过对组织内部流程输入端、输出端的关键参数进行设置、计算、分析，衡量流程绩效，进行绩效管理；把企业的战略目标分解为可操作的工作目标，提高精细化管理水平，使每一员工的操作规范化、岗位职责明晰化、业务流程标准化。精细化管理使得物流操作规范、严谨，大大降低了物流操作产生的物料损耗，从而可以相应减少产品包装物的规格要求，直接节省客户经营成本。

嘉诚国际物流作为一家与制造业企业和商贸企业实现深度三业联动的国内物流企

业，将继续坚持为国内领先制造企业和商贸企业提供全程供应链一体化管理为业务，以丰富和健全物流服务产品为经营导向，通过技术创新，以更为先进的物流设施和信息化管理系统不断提升物流服务品质和业务管理水平，力争近年内与多家大型制造企业和知名电子商务平台建立全程供应链战略合作伙伴关系，进一步稳固公司与制造企业深度两业联动业务模式中的领先地位，创新与制造业和商贸业三业联动的新模式，增强公司品牌影响力。

公司紧密结合 21 世纪国家"一带一路"倡议，不断创新发展，开发新型的高端物流模式，利用"互联网＋"的思维进一步深度整合商流、物流、资金流、信息流，将金融与资本的杠杆导入全程供应链一体化管理，真正意义上全面覆盖制造业、商贸业与物流业"三业"联动发展，扩大园区功能，强化园区的软实力，打造全国性的示范基地标杆。

嘉诚国际物流正在南沙鱼窝头工业区投资建设嘉诚国际无水港，项目总占地面积约为 12.8 万 m^2，总建筑面积约 50 万 m^2，仓库面积 41 万 m^2。公司计划将嘉诚国际无水港打造成基于三业联动模式的通用集散型货运枢纽，建设成全球无缝衔接创新性跨境多式联运中心，同时具备报关报检等公共服务功能，与天运南沙多功能国际物流中心形成联动，开展更大范围的多式联运和甩挂运输等先进物流组织方式，继续深化供应链一体化服务改革和创新，适应"互联网＋物流"发展趋势，继续引进"超级中国干线"快速通关模式，将货物通关范围从香港至南沙港拓展到南沙区内，推动园区从生产服务型向综合型转型升级，起到更大的全国物流园区示范作用，为广州市加快建设国际航运中心做贡献。

问题：

你对嘉诚国际物流的全程供应链特色是怎么认识的？你对它做何评价？对嘉诚国际物流全供应链体系的优化有何建议？

思考题

1. 什么是全球供应链管理？跨国企业物流有什么特殊性？
2. 简述全球供应链物流的六大服务体系。
3. 分析全球供应链物流的运作流程规划及实施方法。
4. 什么是国际绿色物流？我国的国际绿色物流发展现状如何？
5. 什么是国际低碳物流？你怎么看待我国国际低碳物流的发展现状及动态？

练习题

1. 论述全球供应链物流的发展历程及未来发展新趋势。
2. 全球供应链物流的评价指标有哪些？常用的评价方法是什么？
3. 在认真做好前期准备的基础上，试以某一具体行业为例，就我国该行业一家核心企业的全球供应链物流体系应该怎么建设展开分析、讨论和研究。
4. 试分析研究我国应对国际低碳物流发展趋势的现状和发展战略及政策措施。
5. 你认为绿色物流与低碳物流有没有区别？为什么？从国际的角度来看呢？

第 13 章　国际物流金融与风险管理

[教学目标]

通过本章学习，使学生掌握国际物流金融
与风险，国际物流中海运、陆运、空运及
邮包货物运输的风险、损失与费用，以及
CIC 保险条款和 ICC 保险条款相应的保险
险别等；掌握国际物流风险管理与投保方
法，了解国际物流保险的索赔办理程序等
内容。

[关键词]

物流金融　仓单质押　海上风险
海上损失　海上费用　全部损失
部分损失　单独海损　共同海损
施救费用　救助费用　平安险
水渍险　一切险　战争险　罢工险
陆运险　空运险　索赔　理赔
物流投融资　保兑仓融资　买方信贷融资

◆ [引导案例]

从国际物流风险看风险管理的意义

　　我国 A 公司与某国 B 公司于 2015 年 10 月 20 日签订购买 52 500t 化肥的 CFR 合同。A 公司开出信用证规定，装船期限为 2016 年 1 月 1 日至 1 月 10 日。由于 B 公司租来运货的"顺庆号"在开往某外国港口途中遇到飓风，结果装船至 2016 年 1 月 20 日才完成。承运人在取得 B 公司出具的保函的情况下签发了与信用证一致的提单。"顺庆号"轮船于 1 月 21 日驶离装运港。A 公司为这批货物投保了水渍险。2016 年 1 月 30 日，"顺庆号"轮船途经巴拿马运河时起火，造成部分化肥烧毁，救火过程中又造成部分化肥湿毁。由于船在装货港口的延迟，使该船到达目的地时正遇上了化肥价格下跌，A 公司在出售余下的化肥时价格不得不大幅度下降，给 A 公司造成很大的经济损失。

　　思考：

1. 途中烧毁的化肥损失属于什么损失？责任应由谁承担？为什么？
2. 途中湿毁的化肥损失属于什么损失？责任应由谁承担？为什么？
3. A 公司可否向承运人追偿由于化肥价格下跌造成的损失？为什么？
4. 题 3 中的这种损失可否获得保险公司的赔偿？为什么？

　　国际物流的风险主要是国际物流货物在仓储与运输过程中面临的风险。本章主要讨论国际物流金融与风险管理及保险问题，包括国际海运、国际陆运、国际航空运输、国际邮包运输、国际多式联运及管道运输中的风险与保险，国际仓储物流的风险与保险，以及物流金融等内容。

13.1　国际物流金融与风险

13.1.1　物流金融概述

1. 物流金融的产生

物流金融是金融机构为了减少自身的业务风险和业务成本，在运作的过程中引入第三方物流企业的新型金融业务。

因物流金融业务包含贷款业务、投资主体和业务等，企业之间的物流业务交流和抵押等部分也都包含在内。如果物流体系中的各项信息不能保持一致，不但会造成物流资源的浪费，而且还会导致资源积压，从而降低整个系统的经济效益。所以需要有一个完整的物流金融体系来解决这些问题，物流金融应运而生。

2. 物流金融的概念

从供应链的角度，物流金融的概念可以分为广义和狭义两种。

广义的物流金融是指在整个供应链管理过程中，通过应用和开发各种金融产品，有效地组织和调剂物流领域中货币资金的运动，实现商品流、实物流、资金流和信息流的有机统一，提高供应链运作效率的融资经营活动，最终实现物流业和金融业融合化发展的状态。

狭义的物流金融是指在供应链管理过程中，第三方物流供应商与金融机构向客户提供商品和货币，完成结算和实现融资的活动，实现同生共长的一种状态。

物流金融是物流企业与金融机构合作的一种创新模式。在供应链运作过程中，物流公司在原有业务的基础上，与金融机构联合起来共同为资金需求方提供融资、结算和保险等相关服务的业务，其核心在于物流融资。

3. 物流投融资的概念

物流投融资是指物流发展过程中的物流投资和融资等物流金融活动。国家强调要加强物流发展中的投融资，支持方式创新。发改委［2019］352 号文指出，要按照"扶优做强"原则，研究设立国家物流枢纽中央预算内投资专项，支持国家物流枢纽的物流基础设施建设；鼓励符合条件的金融机构或大型物流企业集团等发起物流产业发展投资基金，按照市场化原则运作，加强重要节点物流设施建设；支持符合条件的物流企业发行各类债务融资工具，拓展市场化主动融资渠道，稳定企业融资链条；鼓励持牌金融机构在相应的金融业务资质范围内开发基于供应链的金融产品，引导和支持资金流向实体企业，加大对小微企业融资的支持力度。

对于国外物流企业的投融资问题《中华人民共和国外商投资法》已于 2019 年 3 月 15 日第十三届全国人民代表大会第二次会议通过，2020 年 1 月 1 日起施行。《中华人民共和国中外合资经营企业法》《中华人民共和国外资企业法》《中华人民共和国中外合作经营企业法》同时废止。国家对外商投资实行"准入前国民待遇 + 负面清单管理制度"。准入前国民待遇，是指在投资准入阶段给予外国投资者及其投资不低于本国投资者及其投资的待遇；所称负面清单，是指国家规定在特定领域对外商投资实施的准入特别管理措施。国家对负面清单之外的外商投资，给予国民待遇。负面清单由国务院发布

国际物流学

或者批准发布。

13.1.2 物流金融参与主体、种类和实施方式

1. 参与主体

物流金融的参与主体包括物流企业、金融机构和融资企业三方。

2. 业务种类

作为一个新的金融创新平台，物流金融主要是面对物流业的运营过程，同时通过应用和开发各类金融产品，有效地调剂和组织物流领域中货币资金的运作。其业务包括发生在物流过程中的各种存款、贷款、投资、信托、租赁、抵押、贴现、保险、有价证券发行与交易，以及金融机构所办理的各类涉及物流业的中间业务等。

3. 实施方式

实施方式包括仓单质押、动产质押、保兑仓、开证监管等。

13.1.3 国际物流金融服务运作模式

1. 仓单质押模式

仓单质押是指融资企业将其拥有完全所有权的货物存放于金融机构指定的物流公司，并以物流公司出具的仓单在金融机构进行质押，金融机构依据质押仓单向融资企业提供的短期融资业务。仓单质押模式适用于流通性好、易变现的大宗商品，特别是具有一定国际市场规模的初级产品，如有色金属及原料、黑色金属及原料、煤炭、焦炭、橡胶、纸浆，以及大豆、玉米、高粱、药材等农产品。

2. 保兑仓融资模式

保兑仓融资是指承兑金融机构与经销商承兑申请人，即买方、供货商，通过三方合作协议参照保全仓库方式，即在卖方承诺回购的前提下，以贸易中的物权控制包括货物监管、回购担保等作为保证措施，而开展的特定票据业务服务模式。

保兑仓融资模式主要适用于品牌知名度高、市场占有率高、经营规模大的产品生产厂家与其下游主要经销商的批量供货所形成的商品交易关系或债权债务关系。换言之，实体产品市场认可度高，是保兑仓融资模式的根基。

3. 垫付货款融资模式

垫付货款融资是指发货人（生产企业）将货权转移给金融机构，金融机构根据市场情况按一定比例提供融资，当提货人（经销商）向银行偿还贷款后，金融机构向第三方物流企业发出放货指示，将货权还给提货人（经销商），如果提货人（经销商）不能在规定的期间内向金融机构偿还货款，金融机构可以在国际、国内市场上拍卖掌握在其手中的货物或者要求供应商承担回购义务。

垫付货款融资要求金融机构与物流企业结成战略合作关系，物流企业应具备完善的信息系统，能即时向金融机构提供相关货物的动态信息。对供应商而言，垫付货款融资有利于供应商提前获得货款，将主营业务集中在产品研发和生产环节；对经销商而言，垫付货款融资有利于经销商将主要精力集中在销售环节，最终有利于供应链效率的提高。

4. 买方信贷融资模式

买方信贷融资是指供应商、经销商、物流公司、金融机构四方签署"保兑仓"业务合作协议书，经销商根据与供应商签订的购销合同，向银行交纳一定比率的保证金，该款项不少于经销商计划向供应商在此次提货的价款，申请开立银行承兑汇票，专项用于向供应商支付货款，物流公司提供承兑担保，经销商以货物对物流公司进行反担保。

买方信贷融资模式要求物流公司提供承兑担保，物流公司面临潜在风险，因此要求物流企业具备较强的经济实力。经销商以货物向物流公司提供反担保在一定程度上减轻了物流公司压力，但货物在不同时期价格涨跌不一，故买方信贷融资模式应选择价格相对稳定、流通性较好的交易标的。

5. 供应链核心企业信用融资模式

供应链核心企业信用融资模式涉及核心企业、物流企业、金融机构、上游供应商、下游经销商等五方企业，在核心企业（通常是知名制造企业）、物流企业和金融机构的相互配合下，供应链上游供应商和下游经销商基于核心企业的信用可实现订单融资、存货融资、应收款融资和应付款融资。供应链核心企业信用融资模式要求核心企业具备强大的物流管理和工业品物流操作能力。

面向供应链的核心企业信用融资模式通过将核心企业、物流企业、金融机构和上下游企业联系在一起提供金融产品和服务，把资金作为供应链的溶剂，增加了资金的流动性。供应链核心企业信用融资依托核心企业（知名制造企业）产品优势，借助物流企业信息和业务控制能力，有助于核心企业上游供应商和下游经销商实现信用融资。

6. 信息共享平台信用融资模式

政府采购和市场物流公共信息两大资源共享平台的整合可有效衔接政府采购信息和物流运输信息，促进政府采购活动中商流、信息流、资金流、物流等四流合一，以创造更好的经济效益。

在信息共享平台信用融资模式下，采购人和政府公共资源交易中心依据供应商和物流企业在政府采购活动中的具体表现给予相应评级，并在政府公共信息平台发布相关评级数据，金融机构依据评级数据为供应商和物流公司提供小额短贷。

13.1.4　国际物流金融的风险与管理

1. 信用风险与管理

物流金融主要是基于信用基础上的一种金融业务表现形式，其中必定存在一定的信用风险。针对物流金融业务中的信用风险，应根据第三方物流企业的金融信用度实施信用分析评价管理。同时，融资企业、物流企业及金融企业需要共同建立防范措施，适当选择物流金融产品，对市场进行适当的规范授信以及统计分析，并建立健全制度、培养管理者能力和理念，加强质押评估控制制度，进而有效地构建其风险预警机制。

2. 环境风险

所谓环境风险，其实质是指经济环境和政策制度所带来的风险，主要包含新政策的出台、相关政策的实用性及经济的稳定性等。目前，银行贷款是现阶段我国物流金融的主要业务，其单一融资方式极其容易受到政策环境的影响，一旦国家银根收缩，金融机构也必定会缩小对物流企业的授信额度，融资门槛将会进一步提高，融资期限也将会随

国际物流学

之缩短，非常容易导致物流企业出现违约的情况，从而引起供应链上的经营风险。

3. 担保物风险与管理

作为新型的金融形式，物流金融业务不仅关注企业的盈利能力、资产负债等财务表面上的状况，同时还承载着各类抵押担保物的细化信息，如价值、规格、型号、市场供求情况、交易双方实力及价格走势等。控制好担保物风险对于物流金融来说具有至关重要的价值意义。担保物风险体现在质押物变现风险、所有权的法律风险、产品市场风险、监管风险等几个方面。具体来说可细分为仓单风险、担保物自身的风险，以及仓单质押技术风险。在规避手段上，要确保仓单内容的唯一性和真实性，以及货物质押率和货物存放地的合法、合理、有效，还有货物的保值率和它的真实存在性。

13.2 国际海运风险与保险

13.2.1 海运风险、损失与费用

在海运货物保险中，保险人的承保范围包括可保障的风险、可补偿的损失及可承担的费用三个方面。

1. 海运风险

海上货物运输保险中的风险，也即海运风险，可按图 13-1 进行分类。

图 13-1　海运风险分类

（1）海上风险。海上风险又称海难，是指船舶或货物在海上运输过程中所遇到的自然灾害和意外事故。

自然灾害是指不以人的意志为转移的自然界的力量所引起的灾害，如恶劣气候、雷电、地震、海啸、火山爆发、洪水等。

意外事故是指人或物体遭受到外来的突然的、非意料中的事故，如船舶搁浅、触礁、沉没、碰撞，以及火灾、爆炸等。

（2）外来风险。外来风险可分为一般外来风险和特殊外来风险两类。

一般外来风险是指由于一般外来原因所造成的风险，主要包括破损、丢失、短少、渗漏、短量、碰损、钩损、生锈、雨淋、受热、受潮等。

特殊外来风险主要是指由于军事、政治及行政法令等原因造成的风险，如战争、罢工、交货不到、拒收等。

2. 海上损失

海上货物运输保险中的损失，也即海上损失，可按图 13-2 分类。

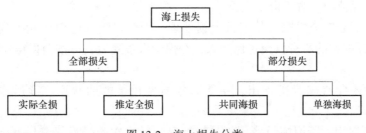

图 13-2　海上损失分类

海上损失又简称海损（Average），是指货物在海运过程中由于海运风险而造成的损失。海损包括与海运相连的陆运和内河运输过程中的货物损失。

海上损失按损失的程度可以分为全部损失和部分损失。

（1）全部损失。全部损失又称全损，是指被保险货物的全部遭受损失。全损有实际全损和推定全损之分。

实际全损是指货物全部灭失或全部变质而不再有任何商业价值。

推定全损是指货物遭受风险后受损，尽管未达实际全损的程度，但实际全损已不可避免，或者为避免实际全损所支付的费用和继续将货物运抵目的地的费用之和超过了保险价值。推定全损需经保险人核查后认定。

（2）部分损失。不属于实际全损和推定全损的损失，为部分损失。它按照造成损失的原因可分为共同海损和单独海损。

1）共同海损是指载货船舶在运输途中遇到危及船货共同危险，船方为了维护船舶和货物的共同安全或使航程得以继续完成，有意并且合理地做出某种特殊牺牲或支出的特殊费用。

在船舶发生共同海损后，凡属共同海损范围内的牺牲和费用，均可通过共同海损清算，由有关获救受益方（即船方、货方和运费收入方）根据获救价值按比例分摊，然后再向各自的保险人索赔。共同海损分摊涉及的因素比较复杂，一般均由专门的海损理算机构进行理算（Adjustment）。

构成共同海损的条件有：

- 导致共同海损的危险必须是真实存在的、危及船货共同安全的危险。
- 共同海损的措施必须是为了解除船货的共同危险，船方人为地、有意识地采取的合理措施。
- 共同海损的牺牲必须是特殊性质的，费用损失必须是额外支付的。
- 共同海损的损失和费用必须是共同海损措施下的、直接的、合理的后果。
- 船方所采取的抢救措施最终必须有效果。

2）单独海损是指由承保风险直接导致的船舶或货物本身的部分损失，即货物受损后未达到全损程度，而且是船舶或货物所有人单方面的利益受损，并只能由该利益所有者单独负担的一种部分损失。由此可见：

单独海损是一种特定利益方的单方面的部分损失，不涉及其他货主或船方；单独海损仅指保险标的本身的损失，并不涉及由此所引起的费用损失。

按照保险条例，不论担保何种险种，由于海上风险而造成的全部损失和共同海损均

国际物流学

属保险人的承保范围。对于推定全损的情况，由于货物并未全部灭失，被保险人可以选择按全损或按部分损失索赔。倘若按全损处理，则被保险人应向保险人提交"委付通知"，把残余标的物的所有权交付保险人，经保险人接受后，可按全损得到赔偿。

3. 费用

海上风险还会造成费用支出，主要有施救费用、救助费用、续运费用、额外费用等。

（1）施救费用。所谓施救费用，是指被保险货物在遭受承保责任范围内的灾害事故时，被保险人或其代理人或保险单受让人，为了避免或减少损失采取各种措施而支出的费用。

（2）救助费用。所谓救助费用，是指保险人或被保险人以外的第三者采取了有效的救助措施之后，由被救方付给的报酬。

保险人对上述费用都负责赔偿，但以总和不超过保险金额为限。

（3）续运费用。这是指运输工具遭遇海难后，为防止或减轻货物的损失，在中途港或避难港卸货、储存及运送货物所产生的费用。

（4）额外费用。这是指为了证明货损索赔成立而支付的费用，包括被保险货物受损后，对其进行检验、查勘、公证、理算或拍卖受损货物等支付的费用。

国际货运保险同其他保险一样，被保险人必须对保险标的具有保险利益。这个保险利益，在国际货运中，体现在对保险标的的所有权和所承担的风险责任上。以 FOB、CFR 方式达成的交易，货物在越过船舷后风险由买方承担。一旦货物发生损失，买方的利益受到损失，所以买方具有保险利益。因此，以买方作为被保险人向保险公司投保，保险合同只在货物越过船舷后才生效。货物越过船舷以前，买方不具有保险利益，因此不属于保险人对买方所投保险的承保范围。以 CIF 和 CIP 方式达成的交易，投保是卖方的合同义务，卖方拥有货物所有权，当然具有保险利益。卖方向保险公司投保，保险合同在货物启运地启运后即生效。

13.2.2 中国的《海洋运输货物保险条款》

在国际货物运输业务中，保险是一个不可缺少的条件和环节。其中业务量大、涉及面广的是海运货物保险。中国人民财产保险股份有限公司制定的《海洋运输货物保险条款》（简称中国保险条款，CIC）所承保的险别，分为基本险和附加险两类。

1. 基本险

海运货物保险的基本险分为平安险、水渍险和一切险三种。

（1）平安险。平安险的责任范围主要包括：

① 被保货物在运输过程中，由于自然灾害造成整批货物的全部损失或推定全损。被保货物用驳船运往或远离海轮的，每一驳船所装货物可视为一整批。

② 由于运输工具遭受意外事故造成货物全部或部分损失。

③ 在运输工具已经发生搁浅、触礁、沉没、焚毁等意外事故的情况下，货物在此前后又在海上遭受自然灾害落海造成的部分损失。

④ 在装卸或转运时，由于一件或数件货物落海造成的全部或部分损失。

⑤ 被保人对遭受承保范围内的货物采取抢救，防止或减少货损的措施而支付的合

理费用，但以不超过该批被救货物的保险金额为限。

⑥ 运输工具遭难后，在避难港由于卸货所引起的损失，以及在中途港、避难港由于卸货、存仓及运送货物所产生的特别费用。

⑦ 共同海损的牺牲、分摊和救助费用。

⑧ 运输合同订有"船舶互撞责任条款"，根据该条款规定应由货方偿还船方的损失。

以上八条属于"平安险"的范围。由平安险责任范围有限，一般多适用于大宗、低值、粗装货物，如废钢铁、木材、矿石等的投保。

（2）水渍险。水渍险的责任范围除平安险的各项责任外，还负责被保货物由于自然灾害造成的部分损失。水渍险扩大了平安险的责任范围。包括：被保险货物在运输途中，由于恶劣气候、雷电、海啸、地震、洪水等自发灾害所造成的部分损失。

（3）一切险。一切险的责任范围除平安险和水渍险的各项责任，还负责被保货物在运输途中由于一般外来原因所造成的全部或部分损失，但并不包括特别外来风险造成的损失。因此，一切险是平安险、水渍险和一般附加险的总和。

上述三种险别都有货物运输的基本险别，被保险人可以从中选择一种投保。

同时，上述三种基本险别中，明确规定了除外责任，即保险公司明确规定不予承保的损失或费用。

2. 附加险

附加险是基本险责任的扩大和补充，它不能单独投保，附加险别有一般附加险和特别附加险。

（1）一般附加险。共有 11 种：①偷窃提货不着险（Theft, Pilferage and Non-delivery-T. P. N. D）；②淡水雨淋险（Fresh Water and/or Rain Damage）；③短量险（Risk of Shortage in Weight）；④混杂、沾污险（Risk of Intermixture and Contamination）；⑤渗漏险（Risk of Leakage）；⑥碰损、破碎险（Risk of Clash and Breakage）；⑦串味险（Risk of Odour）；⑧受潮受热险（Sweating and Heating Risk）；⑨钩损险（Hook Damage Risk）；⑩包装破裂险（Breakage of Packing Risk）；⑪锈损险（Risk of Rust）。

（2）特别附加险。附加险除上述一般附加险 11 类险别外，还包括特别附加险和特殊附加险。特别附加险所承保的风险，同政治、国家行政管理、政策措施、航运贸易惯例等因素相关。而特殊附加险主要承保战争、罢工等。具体条款限于篇幅不具体罗列。

3. 海运货物保险的除外责任

除外责任是指保险人列明不负赔偿责任的风险范围。"责任范围""除外责任"分别列明了保险人、被保险人、发货人和承运人等有关方面损失或费用应负的责任，以便保险人的赔偿责任更加明确。海洋运输货物保险主要除外责任有五项：

（1）被保险人的故意行为或过失所造成的损失。"故意行为"是指明知自己的行为可能造成损害结果，却仍然希望其结果发生或任由这种结果发生。例如，海运欺诈和故意走私。"过失"是指应当预见自己的行为可能发生损害结果，却因为疏忽大意而没有预见或者已经预见但轻信能够避免，以致发生这种损害结果。

（2）属于发货人责任所引起的损失。发货人责任是指由于发货人的故意行为或过失而引起的货物损失。如，发货人准备的货物不足或不当、发错货物、标志不清等。

国际物流学

（3）在保险责任开始前，被保险货物已存在品质不良或数量短缺所造成的损失。

（4）被保险货物的自发损耗、本质缺陷、特性及市价跌落、运输延迟所造成的损失或费用。

（5）海洋运输货物战争险条款和罢工险条款规定的责任范围和除外责任。战争风险和罢工风险属于特殊风险，不在基本的责任范围之内，须另行附加投保，若没有投保此类特殊附加险则不予赔偿。

4. 责任起讫条款

保险的责任起讫，又称保险期间或保险期限，是指保险人承担责任的起讫时限，海洋货物运输保险是对特定航程的货物保险，因而保险责任的起讫除了指具体的开始与终止日期外，还指保险责任在什么情况下可以开始或终止。

我国海运货物保险责任遵循了国际习惯行为，起讫以运输过程为限，采取"仓至仓"原则。具体而言，保险人承担责任的起讫地点，以保险单载明发货人仓库或储存处所开始运输时生效，在正常运输过程中继续有效，包括正常运输过程中的海上、陆上、内河和驳船运输在内，直到保险单载明的目的地收货人最后的仓库或储存处所或保险人用作分配、分摊或非正常运输的其他储存处所为止，货物进入仓库或储存处所后保险责任即行终止。

正常运输是指保险货物自保险单载明起运地发货人仓库或储存处所首次运输时开始，不论是先使用何种运输工具运输货物，只要属于航程需要都属于正常运输范围。非正常运输是指被保险货物在运输中，由于被保险人无法控制的运输延迟、船舶绕道、被迫卸货、重新装卸或承运人行使运输合同赋予的权限所做的任何航海上的变更，或终止运输合同，致使被保险货物抵运非保险单所载明的目的地等非正常情况。

5. 海洋运输货物被保险人的义务

投保后，被保险人为了获得保险赔偿，必须履行保险合同中规定的有关义务和支付保险费，如被保险人未恪尽职守履行其义务影响了保险人的利益，对保险货物的有关损失，保险人将有权拒绝赔偿。我国《海洋运输货物保险条款》中，被保险人应承担的义务主要有：

（1）及时提货义务。当货物运抵保险单所载明的目的地后，被保险人有义务及时提货。

（2）采取合理的措施施救的义务。在保险货物遭受责任内的损失时，被保险人有义务迅速采取合理的抢救措施，防止或减少货物损失的进一步扩大。

（3）维护保险单的效力。如遇航程变更或发现载明的货物、船名或航程等内容有遗漏或错误时，被保险人有义务在获悉这种情况后立即通知保险人进行更正，如有必要须追加一定的保险费，以维护保险单证的效力，保险则继续有效。

（4）提供索赔单证义务。如果货物遭受损失，被保险人向保险人索赔时，必须提供下列单证：保险单正本、提单、发票、装箱单、磅码单、货损货差证明、检验报告及索赔清单。如涉及第三者责任，被保险人还必须提供向责任方追偿的有关函电及其他必要的单证或文件。

（5）保险人在获悉有关运输合同中"船舶互撞责任"条款的实际责任时，须及时通知保险人。

6. 海运货物保险的索赔期限

保险索赔期限又称保险索赔时效，它是被保险货物发生责任范围内风险造成损失时，被保险人向保险人提出索赔的有效期限。

我国《海洋运输货物保险条款》与《海商法》在索赔期限上规定有一定差别。它们都规定时效期为两年，但《海洋运输货物保险条款》规定的起始时间为被保险货物在最后卸载港全部卸离海轮后起算，而《海商法》以保险事故发生之日起算。实务中，以《海商法》规定为准。

13.2.3　伦敦保险协会货物保险条款

由于英国在 17 世纪成为世界贸易、船运、保险事业中心，伦敦保险协会所制定的各种保险规章制度对世界各地有着深远的影响。目前世界范围内约 2/3 的国家都采用伦敦保险协会制定的《协会货物保险条款》（ICC）。

1. ICC（A）条款的主要内容

（1）承保风险。该部分的内容包括三个条款，即风险条款、共同海损条款和"船舶互撞责任"条款。

1）在风险条款中，A 条款改变了以往"列明风险"的方式，采取"一切险减去除外责任"方式，声明承保一切风险造成的损失，对约定和法定的除外项，在"除外责任"部分全部予以列明，对于未列入除外责任的损失，保险人均予负责。

2）共同海损条款，明确共同海损推算或救助费用确定应适用法律。条款规定，保险人不仅赔偿保险货物本身遭受的共同海损牺牲，还包括保险货物应承担的共同海损分摊或救助费用分摊。

3）"船舶互撞责任"条款。凡是承运人根据"双方有责"条款索赔时，被保险人有义务立即通知保险人，使得保险人能够自担费用以被保险人的名义对承运人的索赔进行抗辩。

总的看来，A 条款责任范围广泛，承保海上风险和一般外来风险。

（2）除外责任。协会条款除外责任采用列明的方法进行列举。主要有四个条款：一般除外责任；不适航、不适货除外责任；战争除外责任和罢工除外责任。所有的除外责任不仅适用于保险标的的损失和损害，还适用于有关的费用。

1）一般除外责任。共列举七种除外责任：①保险人故意行为造成的损失、损害或费用；②保险标的的自渗漏、自损耗或自磨损造成的损失、损害或费用；③保险标的的包装或准备不足或不当造成的损失、损害或费用；④保险标的的固有缺陷及特性所引起的损失、损害或费用；⑤直接由于延迟所造成的损失、损害或费用；⑥由于船舶所有人、经理人、承租人或经营人破产或经济困难产生的损失、损害或费用；⑦由于使用任何原子核裂变或聚变或其他类似反应、放射性作用或放射性物质的战争武器产生的损失、损害或费用。

2）不适航、不适货除外责任（Unseaworthiness and Unfitness Exclusion Clause）。这一除外责任有两类：①船舶、驳船、运输工具、集装箱或大型船运箱对保险标的的安全运输不适合，而且保险标的装于其上时，被保险人或其雇员对此种不适航或不适货有私谋所造成的损失、损害或费用，保险人不予负责。②保险人放弃载运保险标的到目的港

国际物流学

的船舶不得违反默示适航或适货保证，除非被保险人或其雇员对此种不适航或不适货有私谋。

3）战争除外责任。对以下原因造成的损失、损害或费用，保险人不予负责：①战争、内战、革命、造反、叛乱或由此引起的内乱或交战方之间的任何敌对行为；②捕获、拘留、扣留、禁运、扣押（海盗除外）以及这种行动的后果或这方面的企图；③被遗弃的水雷、鱼雷、炸弹或其他被废弃的战争武器。

4）罢工除外责任。对下列原因造成的损失、损害和费用，保险人不予负责：①罢工者、被迫停工工人或参加工潮、暴动或民变人员造成；②罢工、被迫停工、工潮、暴动或民变引起；③任何恐怖分子或任何由于政治动机采取行动的人员造成。

（3）保险期限（Duration）。保险期限的规定体现在以下三个条款之中：

1）运输条款。该条款规定保险责任的起、始、持续和终止的条件。和我国《海洋货物运输保险条款》基本一致，均以"仓至仓"为限。

2）运输合同终止条款。该条款规定和我国《海洋货物运输保险条款》基本一致。

3）航程变更条款。该条款规定，保险开始生效后，如被保险人事后变更其目的地，在被保险人及时通知保险人并另行缴费的条件下，保险继续有效。

但是，在保险责任开始前，如果发生被保险人航程叙述错误，导致承保航程从未开始，或保险责任从未开始，就不存在航程变更问题。

（4）索赔。被保险人在保险标的发生事故而向保险人索赔时，适用以下四个条款：

1）保险利益条款：①发生损失时，被保险人对保险标的必须具备保险利益，否则不能获得保险赔偿。②除非另有规定，被保险人有权获得在保险期间发生的承保损失的赔偿，尽管该损失发生在本保险合同订立之前，除非当时被保险人知道该损失而保险人不知道。

2）续运费用条款：该条款规定，由于承保责任范围内的风险导致运输在非保险单载明的港口或处所终止时，保险人应赔偿由此产生的卸货、存仓及续运保险标的至保险单载明目的地而产生的合理的额外费用，但不包括被保险人或其雇佣人员的过错、疏忽、破产或经济困难引起的费用。

3）推定全损条款：该条款规定，如果由于实际全损看来不可避免，或因为恢复、整理和续运保险标的到保险目的地的费用会超过其抵达目的地的价值，经过委付，被保险人可得到推定全部赔偿。

4）增值条款：由于投保货物因市价上涨而增值，买方按增值后价值与原投保金额之差，另行投保增值保险。如果被保险人在本项保险项下的保险投保了增值保险，则该货物的约定价值将被视为增至本保险与增值保险金额的总和。

（5）不得受益条款。该条款规定，本保险的利益，承运人或其他受托人不得享受。

（6）减少损失。被保险人及其雇员和代理人对于保险项下的索赔，负有以下义务：①为避免或减少损失而采取合理措施。②保证适当地保留和行使使对承运人、受托人或其他第三者的权利，即保证保险人的代位追偿权。

（7）避免迟延。被保险人在其所能控制的一切情况下，应合理迅速处置。

（8）法律与惯例。该款规定保险适用英国法律和惯例，明确 ICC 受英国法律和惯例管辖。

第 13 章　国际物流金融与风险管理

2. ICC（B）条款主要内容

（1）承保风险。B 条款承保责任范围比 A 条款小，它采用列明风险方式将承保风险——列举。主要有：①火灾或爆炸；②船舶或驳船搁浅、触礁、沉没或倾覆；③陆上运输工具倾覆或出轨；④船舶、驳船或运输工具与水以外的任何外界物碰撞或接触；⑤在避滩港卸货；⑥地震、火山爆发或闪电；⑦共同海损牺牲；⑧抛弃或浪击落海；⑨海水、湖水或河水进入船舶、驳船、运输工具、集装箱、吊装车厢或储存处所；⑩货物在装卸时落水或坠落造成的整件货物的全部损失。另外，由于以上原因造成的共同海损分摊和救助费用也属于承保风险。

（2）除外责任。B 条款的除外责任和 A 条款的除外责任大致相同，但有两点区别：①保险人对被保险人故意非法行为所致损失也不负责任；②战争除外责任包括了海盗行为。可以看出，B 条款除外责任多于 A 条款。

（3）其他内容。保险期限、索赔、被保险人义务的约定等与 A 条款相同。

3. ICC（C）条款主要内容

C 条款是 A、B、C 三种条款中保险人责任范围最小的条款。C 条款承保风险列举如下：

（1）承保风险。C 条款仅对以下原因造成的保险标的的损失负责：①火灾或爆炸；②船舶或驳船遭受搁浅、触礁、沉没或倾覆；③陆上运输工具倾覆或出轨；④船舶、驳船或其他运输工具与水以外的任何外界物体碰撞或接触；⑤在避难港卸货；⑥共同海损牺牲；⑦抛弃；另外，保险对以上原因所致的共同海损的分摊和救助费用负责赔偿。

可见，C 条款仅对意外事故所致损失承保，对自发灾害造成的损失不予负责。

（2）其他内容。其他方面，C 条款与 B 条款一致。

除以上 A、B、C 条款外，其他保险条款还有战争险条款、罢工险条款、附加险条款、特种货物保险条款。以下给予简单介绍。

4. 战争险条款

战争险可以单独投保。它承保以下原因造成保险标的损失：①战争、内战、革命、叛乱、造反或由此引起的内乱，交战国或针对交战国的任何敌对行为；②由上述原因引起的捕获、拘留、扣留、禁止或扣押及其后后果，或任何进行这种行为的有关企图；③遗弃的水雷、鱼雷、炸弹或其他遗留的战争武器。

由以上风险引起的共同海损及救助费用也在承保范围内。

5. 罢工险条款

罢工险仅负责由于罢工等风险所直接造成的保险标的物的物质损失，而不负责罢工等风险所产生的费用或间接损失，但还包括恐怖行为引起的风险。具体有：①罢工者、被迫停工工人或参与工潮、暴动或民变人员所造成的损失；②任何恐怖分子或出于政治目的行为人造成的灭失或损害。

6. 附加险条款

附加险不能单独投保，仅供双方当事人在基本条款基础上加投。

7. 协会特种货物保险条款

伦敦保险协会在上述条款的基础上，对特种货物的海上运输制定了相应的保险条款。主要有：①冷冻食品保险条款；②散装油类条款；③木材货物联合会条款。

13. 3 国际陆、空运输风险与保险

13. 3. 1 国际陆运风险与保险

国际货物陆上运输，主要有经铁路的火车运输和经公路的汽车运输两种方式。这种运输方式适用于陆路相通的毗邻国家之间的贸易。

国际陆上货物运输的风险、损失和费用，与海上货物运输一样，也包括有相应的陆运风险、陆运损失和陆运费用。对于国际陆上货物运输的风险、损失和费用，物流公司可以投保相应的陆运保险。

1. 陆上货物运输保险险种

陆上运输主要包括铁路运输和公路运输两种，其运输工具主要是火车和汽车，对采用人口和牲口驮运的运输不属于保险范围。

陆上运输保险的基本险别分为陆运险、陆运一切险以及陆运冷藏货物险。在附加险种中，陆运险与海运险基本一致。

（1）陆运险与陆运一切险。

1）陆运险与陆运一切险的责任范围。陆运险的承保责任范围与《海洋运输货物保险条款》中的"水渍险"相似。保险人负责赔偿被保险货物在运输途中受暴风、雷电、洪水、地震等自发灾害，或由于运输工具遭受碰撞、倾覆、出轨或在驳运过程中因驳运工具遭受搁浅、触礁、沉没、碰撞，或由于遭受隧道坍塌、崖崩或失火、爆炸等意外事故所造成的全部或部分损失。此外，对遭受承保范围内危险的货物采取抢救、防止或减少货损的措施而支付的合理费用，保险人也负责赔偿，但以不超过该批被救货物的保险金额为限。

陆运一切险的承保责任范围与《海洋运输货物保险条款》中的"一切险"或 ICC（A）条款相似。

陆运险与陆运一切险的除外责任与海洋运输货物的除外责任基本相同。

2）陆运险与陆运一切险的保险期限。陆上运输货物保险的责任起讫也采用"仓至仓"原则，与海运货物一致。

陆上运输货物的索赔时效为：从被保险货物在最后目的地车站全部卸离车辆后起算，不超过两年。

（2）陆运冷藏货物险。

1）承保责任范围。陆运冷藏货物险是陆上运输货物险中的一种专门保险。其主要责任范围除负责陆运险所列举的自发灾害和意外事故所造成的全部或部分损失外，还负责赔偿由于冷藏机器或隔离设备在运输途中损坏所造成的被保险货物解冻、融化而腐烂、刷白的损失。

2）保险期限。陆运冷藏货物险的责任自被保险货物离开保险单所载启运地点的冷藏仓库，装入运送工具开始运输时生效，包括正常陆运和其有关的水上驳运在内，直至货物到达目的地收货人仓库为止。

3）陆运货物战争险。陆运货物战争险是陆上运输保险的一种附加险，只有投保了

陆运险或陆运一切险，经过投保人与保险人协商后方可加保。这种加保只针对火车运输方式。

13.3.2　国际空运货物风险与保险

航空运输发展较快，空运险业务历史也不长，迄今尚未形成完整独立的体系。

国际空运货物保险，与海上货物运输一样，也包括有相应的空运风险、空运损失和空运费用，物流公司可以投保相应的航空运输险。

我国空运货物险主要有航空运输险和航空运输一切险。

（1）责任范围。航空运输险的承保责任范围与《海洋运输货物保险条款》中的"水渍险"大致相同。

航空运输一切险的责任范围除航空运输险的全部责任外，保险公司还负责赔偿被保险货物由于被偷窃、短量等外来原因所造成的全部或部分损失。

航空运输险和航空运输一切险的除外责任与《海洋运输货物保险条款》的除外责任基本相同。

（2）保险期限。空运货物的两种基本险的保险责任也采用"仓至仓"条款，但与海洋运输的"仓至仓"责任条款有不同之处：①如果货物运达保险单所载明目的地而未运抵保险单所载明的收货人仓库或储存处所，则以被保险货物在最后卸载离飞机后满30天为止。②由于被保险人无法控制的运输延迟、绕道、被迫卸货、重新装卸、转运或承运人运用运输合同所赋予的权限所做的任何航行上的变更或终止运输契约，致使被保险人货物运到非保险单所载目的地时，在被保险人及时将获知的情况通知保险人并在必要时加缴保险费的情况下，保险仍继续有效。

13.4　其他国际货运风险与保险

13.4.1　国际邮包货运风险与保险

邮包运输货物保险是保险人承保邮政包裹在运输途中因自发灾害、意外事故或外来风险所造成的对包裹里物体的损失。由于邮包运送可能会同时涉及海陆空三种运输方式，因此保险人在确定承保责任范围时，必须考虑这三种运输风险。我国邮包运输货物保险可分为基本险和附加险，前者是以邮包保险为主，后者包括邮包战争险。

1. 邮包保险

邮包保险属于邮政包裹保险中的基本险。包括邮包险和邮包一切险。

（1）邮包险的责任范围。邮包险的承保责任范围是承保被保险邮包在运输途中由于恶劣气候、雷电、海啸、地震、洪水、自发灾害，或由于运输工具搁浅、触礁、沉没、碰撞、出轨、倾覆、坠落、失踪，或由于失火和爆炸等意外事故造成的全部或部分损失。另外，还负责被保险人对采取抢救货物，防止、减少货损的措施而支付的合理费用。

（2）邮包一切险的责任范围。邮包一切险的承保责任范围除包括上述邮包险的全部责任外，还负责被保险邮包在运输途中由于一切险外来原因所致的全部或部分损失。

国际物流学

2. 邮包战争险

邮包战争险是邮政包裹险的一种附加险，只有在投保了邮包险或邮包一切险的基础上，经过投保人与保险人协商，方可加保。

13.4.2　管道运输保险

管道运输是使用管道运输液体物质的一种运输方式。现今管道运输已形成独立的技术门类和工业体系。管道运输所输送的货物主要是油品（原油和成品油）、天然油（包括油田）、天然气、煤浆及其他矿浆。这些货物的管道运输保险，需要投保相应货物的管道运输险，如投保油气管道运输综合保险、扩展油气盗抢保险或扩展污染责任保险等附加险。

13.5　国际物流风险管理与投保

13.5.1　国际物流风险投保

在国际物流中，由于运输与仓储的风险，货物无论是进口还是出口都有风险管理与投保的问题，并且主要是评估风险及投保人、被保险人及保险人对货物运输保险的具体操作方法。一般而言，国际物流风险管理过程包括风险评估、险别选择、投保人投保、保险人承保签发保单、保险索赔和理赔六个环节。对投保人和被保险人来说，需要评估风险，选择投保什么险别，掌握投保技术，熟悉承保手续和保单种类，知道发生损失时如何索赔。

1. 投保实务

（1）选择投保险别。在不同险别下，保险人承保责任范围各不相同，保险费率也不相同。如我国《海洋运输货物保险条款》中，平安险的责任最小，水渍险次之，一切险最大，与之对应，保险费率也相应增加。ICC A、B、C 条款中，A 条款责任最大，B 条款次之，C 条款最小，费率也逐渐降低。另外也可以根据货物特点投保其他附加险和特殊险。

投保人在选择险别时应根据货物特点，在险种和投险费率之间进行权衡，既要使货物得到充分保障，又要尽量节约保险费的支出，降低成本。

（2）选择合适的保险人。保险人的资信直接影响到损失发生时被保险人能否及时足额得到补偿。选择保险人时应主要考虑：①保险人的经济实力和经营的稳定性；②保险商品的价格是否合理；③保险公司的理赔情况；④保险公司提供的服务。保险公司处理索赔是否公平、及时，是选择保险人的一个重要条件。有的保险公司在展业时承诺和理赔时处理存在很大差异。这需要投保人在投保时进行多方比较，了解保险公司的理赔情况，选择资信较好的保险公司。

投保人需了解保险公司保前、保中、保后服务状况，看保险人能否在保前提供全面、客观的有关保单的咨询；投保后，投保人的合理要求能否得到满足；保险标的受损后，保险理赔是否迅速、合理等。应选择服务水平高、态度好的保险公司。

（3）保险金额的确定。保险金额是被保险人对保险标的的实际投保金额，是保险人承担保险责任的标准和计收保险费的基础。在货物发生保险责任内的损失时，保险金额就是保险人赔偿的最高限额。因此，投保人投保运输货物保险时，一般应按保险价值向保险人申报保险金额。

海运货物保险一般是按 CIF 或 CIP 发票金额加一成（即加成 10%）计算的。这主要是为了使被保险人在货物发生损失时，不仅货物的损失可获得补偿，对已经支出的运费和保险费也能获得补偿。

保险金额的计算有两种情形：

① 已知 CIF 价格和加成率，计算保险金额：

$$保险金额 = CIF 价格 \times (1 + 加成率)$$

② 如果已知 CFP 价格，则应把 CFP 价格按成本 CIF 价格，再加成计算保险金额。换算公式如下：

$$CIF 价格 = CFR 价格 \div [1 - 保险费率 \times (1 + 保险加成率)]$$

（4）投保手续。我国投保海运货物险应以书面方式订立合同关系，即投保单。

从保险合同的成立来看，投保人填写的投保单是合同成立的要约，是投保人与保险人权利义务确定的依据。投保人必须准确、真实地填写保单下列项目：被保险人名称、标记、包装数量、货物名称、保险价值、保险金额、船名或装运工具、开船日期、提单或运单号码、航程或路程、航次、航班、发票号码和合同号码、承保险别、赔付地点、投保日期，以及投保签章企业的名称、电话等。

（5）投保方式。分进口和出口两种情况讨论。

1）进口货物的投保方式。按 FOB、FCA 或 CFR、CPT 价格成交的进口货物，货物的运输保险由国内买方办理投保，投保的方式有两种：

① 订立预约保险合同。保险人填写"国际运输预约保险起运通知书"，保险公司依据此通知书作为投保人投保依据，代替保险单。

② 逐笔办理保险。这种方式适用于不经常有货物进口的单位。

进口方在接到国外出口方的装船通知或发货通知后，应立即填写"装货通知"或投保单，注明有关保险标的物的内容、装运情况、保险金额和险别等，交保险公司，保险公司接受投保后签发保险单。

2）出口货物投保方式。按 CIF 和 CIP 条件成交的出口货物，由出口企业向当地保险公司逐笔办理投保手续。应根据合同或信用证规定，在备妥货物，并确定装运日期和运输工具后，按约定的保险险别和保险金额，向保险公司投保。投保时应填制投保单并支付保险费，保险公司凭以出具保险单或保险凭证。

投保的日期应不迟于货物装船的日期。投保金额若合同没有明示规定，应按 CIF 或 CIP 价格加成 10%。如买方要求提高加成率，一般情况下可以接受，但增加的保险费应由买方负担。

保险单证是主要的出口单据之一。保险单证所代表的保险权益经背书后可以转让。卖方在向买方（或银行）交单前，应先行背书。

13.5.2 国际物流风险承保

承保业务中，保险人必须对投保人及相关因素进行充分评估，确定相应风险、成本与收益。一般来讲，承保工作包括风险因素的评估，保险单的编制，费率的确定，危险的控制与分散等。

1. 风险因素的分析评估

保险公司接到投保人的货运保险投保申请后要进行选择评估，以使保险费收入和承担的风险达到平衡。在评估中，保险公司要考虑的风险因素主要有货物的性质和特点、货物的包装、运输工具、运输路线及停滞港、运输季节、投保险别及投保人资信等。

2. 保险单的编制、批改和转让

1）保险单的编制。保险单是保险公司根据投保人提供的投保单的内容而制作的，与投保人对保险的要求一致。保险单的构成要件包括以下内容：保险公司名称、保险单名称、保险单号次、被保险人的名称、发票号、包装及数量、保险货物项目、保险金额、保费、装载运输工具、开航日期、运输起讫地、承保险别，以及保险公司在目的地的检验、理赔代理人名称及详细地址、电话号码，赔款偿付地点、保单签发日期及保险公司代表签名。

2）保险单的批改。在保单签发后，有可能发现原来投保人申请陈述时的错误或遗漏，货物运输过程中，可能遇到某些意外情况，如承运人根据运输合同赋予的权力改变航行路线、变更目的地、临时挂靠非预定港口或转船等，这些新的变化需要对保险单的内容进行变更或修改。

投保人或被保险人如果需要对保险单进行变更和修改，应提出书面申请。在保险条款规定范围内，保险人一般会予以批准。若扩大了保险范围，在追加保险条件下，保险人也可能予以批准。保险人批改保险单一般采用签发批单的方式进行。

3）保险单的转让。保险单的转让是指保单持有人将保险单所赋予的要求损失赔偿的权利及相应的诉讼权转让给受让人，也即保险单权利的转让。转让保险单一般采用空白背书的方式办理。

3. 保险费的计算

投保人以支付保险费为代价换取受保险的权利。保险费是保险公司经营业务的基本收入，也是保险公司用以支付保险赔偿的保险基金的主要来源。

货物运输险的保险费是以货物的保险金额和保险费率为基础计算的，计算公式为：

$$保险费 = 保险金额 \times 保险费率$$

保险金额是根据保险价值确定的，一般包括货价、运费、保险费、经营管理费和预期利润。然而，保险金额一般以超过保险价值为前提。

4. 货运保险的承保方式

我国货物运输保险业务的承保方式分为直接业务、代理业务和预约统保业务三种。

直接业务是由保险公司业务员直接接受投保人的投保申请，并签发保险单的业务。

代理业务是由保险代理人接受投保人的申请、并签发保单的业务。

预约统保业务是保险公司和保户预先签订保险合同，根据此合同，保险公司对保户所有运输货物负有自动承保责任的业务。

13.6 国际物流保险索赔与理赔

国际物流货物在运输途中或仓储过程中遭受损失，被保险人（投保人或保险单受让人）可向保险公司提出索赔。保险公司按保险条款所承担的责任进行理赔。

13.6.1　保险索赔

索赔主要程序如下：

1. 损失通知

被保险人获悉货损后，应立即通知保险公司或保险单上指明的代理人。后者接到损失通知后应立即采取相应的措施，如检验损失、提出施救意见、确定保险责任和签发检验报告等。

2. 向有关方面提出索赔

被保险人除向保险公司报损外，还应向承运人及有关责任方（如海关、理货公司等）索取货损货差证明，如属承运人等方面责任的，应及时以"索赔函"形式提出索赔。

3. 采取合理施救措施

被保险人应采取必要的措施以防止损失的扩大，保险公司对此提出处理意见的，应按保险公司的要求办理。所支出的费用可由保险公司负责，但以与理赔金额之和不超过该批货物的保险金额为限。

4. 备妥索赔单证，提出索赔要求

索赔单证除正式的索赔函以外，应包括保险单证、运输单据、发票，以及检验报告、货损货差证明等。保险索赔的时效一般为 2 年。

5. 代位求偿

有时保险标的所遭受的损失是由第三人的行为引起的，被保险人当然有权利向肇事者就其侵权行为进行索赔。由于海事诉讼往往牵涉许多方面，诉讼过程旷日持久，保险人为方便被保险人，就按照保险合同的约定先行赔付，同时取得被保险人在标的物上的相关权利，代被保险人向第三人进行索赔。这种在国际海运保险业务中普遍存在的行为称为代位求偿。

例如，同属于被保险人的两艘船相撞，即使全部责任应由另一艘船舶承担，保险人也无权起诉。只有被保险人最了解自己对于标的物的所有权利，掌握拥有这些权利的最充分证据。为保证代位求偿的真正实现，被保险人应当向保险人提供必要的文件和其所知道的情况，并尽力协助保险人向第三人追偿。

我国《海商法》《合同法》和《保险法》等均规定了保险人的代位求偿权。世界各国的海上保险合同立法和海上保险条款亦有类似规定。

13.6.2　保险理赔

索赔与理赔是保险事故发生时一个问题两个角度的法律用语。

索赔是被保险人依据保险合同所享有的重要权利，当保险标的发生保险合同项下的保险事故造成损失或对此损失负有责任时，被保险人有权向保险人要求赔偿或追偿。

理赔是保险人在知悉发生保险事故并调查确认法律责任归属后，审查索赔材料，做出赔付、部分赔付或拒赔等决定的法律行为。理赔是保险人应尽的保险义务，也是保险人完善经营管理的重要措施。

国际物流学

有关保险人理赔的程序和时限及拒绝理赔通知、说明义务，《中华人民共和国保险法》第二十三条规定：保险人收到被保险人或者受益人的赔偿或者给付保险金的请求后，应当及时做出核定；情形复杂的，应当在三十日内做出核定，但合同另有约定的除外。保险人应当将核定结果通知被保险人或者受益人。第二十四条还进一步规定，保险人依照本法第二十三条的规定做出核定后，对不属于保险责任的，应当自做出核定之日起三日内向被保险人或者受益人发出拒绝赔偿或者拒绝给付保险金通知书，并说明理由。

一般来说，理赔的主要程序包括：①损失通知。②查勘检验。③核实保险案情。④分析理赔案情，确定责任。⑤计算赔偿金额，支付保险赔偿。

本章小结

本章主要介绍了国际物流金融与风险，国际海运的风险、损失及其费用，我国《海洋货物运输保险条款》中的平安险、水渍险和一切险及其附加险，伦敦保险协会的 ICC（A）、ICC（B）、ICC（C）及战争险、罢工险和恶意损害险，还介绍了陆运保险、空空保险、邮包保险、管道运输保险等；最后介绍了我国进出口货物保险的投保方法，以及国际物流保险的索赔和理赔等内容。

[案例讨论]

已售出但尚未运走的货物损失，保险人是否应予赔偿

某棉织厂 A 于 2008 年 11 月投保了仓储货物保险，保险期限一年。同年 12 月，该厂与一家国外的制衣厂 B 签订了 10 000m 涤纶棉布的 EXW 进出口购销合同。按照合同规定，该制衣厂于次年 1 月 10 日派人送来了购货款，并进行了所属 10 000m 涤纶棉布货物的验收，准备装车运走。当制衣厂的负责人将涤纶棉布验收并装车 6100m 时，天色已晚，为保证质量，该负责人决定第二天（11 日）上午再验收并装载余下的货物，已验收并装上车的货物暂交棉织厂代为看管，并存于棉织厂的仓库中。棉织厂说，你的货已经交验，什么时间来装走你自己负责。不料，在这天夜里该棉织厂发生了火灾，涤纶棉属易燃物，库内存放的 35 000m 涤纶棉皆烧毁，由于已验收的 6100m 涤纶棉随车停放在仓库内，这些布匹也未能幸免于难。

事故发生后，保险公司 K 立即赶往现场进行查勘，确认了事故是由于线路短路造成的，决定对损失予以赔偿，但当了解到被保险人与制衣人的购销合同时，对该合同相关的涤纶棉的损失是否赔偿、如何赔偿，K 公司内部产生了意见分歧。

分歧意见如下：

第一种意见认为，库内车上的 6100m 涤纶棉不应赔偿，库内 35 000m 涤纶棉中有 3900m 不应赔偿，因这两部分总计 10 000m 涤纶棉布已经售出，被保险人对其已丧失保险利益。

第二种意见认为，库内车上的 6100m 涤纶棉因已出库不再属于保险财产，而库内的受损涤纶棉均为保险财产，所以库内车内上的涤纶棉不应赔偿，其他都应赔偿。

第三种意见认为，所有涤纶棉都未运出厂，虽然车上的涤纶棉已经验收出库，但仍

由被保险人看管，因此所有涤纶棉的损失都应赔偿。

问题：

1. 请你根据案例中的材料，结合有关理论分析保险人 K 应如何赔偿。

2. 被保险人 A 公司哪些损失可以获得赔偿？哪些损失不能够获得赔偿？为什么？

3. B 公司损失的 10 000m 涤纶棉布向 A 公司要求赔偿，A 公司称货物已售出交完货不予赔偿，让 B 公司自己找保险公司看能不能够获赔。试问 B 公司是否能够获得 A 公司或保险公司的赔偿？为什么？

思考题

1. 什么是物流金融？它有哪些服务运作模式？如何进行风险管理？

2. 什么是国际海运的风险与损失？它们包括哪些内容？海上费用又是什么？你如何理解？

3. 什么是平安险？它与水渍险比较，有什么不同？要投保海上一切风险，应该投保什么险别？

4. 我国海运保险的除外责任包括哪些内容？

5. 国际空运保险有哪些险别？

6. 如何防范国际物流仓储货物风险？

7. 试比较 ICC 条款与我国《海洋运输货物保险条款》各险别的承保范围，它们的战争险、罢工险又有什么区别？

练习题

一、单项选择题

1. 平安险的英文原意为"单独海损不赔"，所以其承保范围为(　　)。

A. 不包括单独海损造成的损失　　　　B. 不包括推定全损

C. 包括任何意外事故导致的部分损失　D. 包括任何自然灾害导致的部分损失

2. 下列损失不在中国人民保险公司海运平安险承保范围之内的是(　　)。

A. 海啸致使货物全部灭失　　　　　　B. 共同海损分摊额

C. 因货物受潮霉变而遭受的损失　　　D. 因船舶互撞致使货物部分损失

3. 下列说法正确的是(　　)。

A. 水渍险的英文全称是 Water Average，简称 W. A.

B. 货物投保一切险之后可以再投保一种或几种一般附加险险别

C. 我国出口货物可以向中国人民保险公司同时投保平安险和水渍险

D. 货物如果投保了水渍险，保险人对自然灾害导致的全部或部分损失都负责赔偿

4. 海运过程中，被保险物茶叶被涌入船舱的海水浸湿，致使部分茶叶发霉变质，这种损失属于(　　)。

A. 推定全损　　　B. 共同海损　　　C. 实际全损　　　D. 单独海损

5. 我国某公司与外商按 CIF 条件签约成交出口茶叶一批，双方约定由我国公司投保一切险。在装运港装船过程中，因船上的吊杆脱钩，造成数箱茶叶在被吊到船和岸之间时落海，从而失去了使用价值。这一损失应由(　　)。

国际物流学

A. 外商向船方索赔　　　　　　　　　　B. 外商持保险单向保险公司索赔

C. 我国公司向船方索赔　　　　　　　　D. 我国公司持保险单向保险公司索赔

6. 国际物流金融的服务运行模式中，适合仓单质押模式的是(　　)类型的产品。

A. 大宗货物产品　　　　　　　　　　　B. 品牌货物产品

C. 服务类型产品　　　　　　　　　　　D. 加工类产品

二、多项选择题

1. 在海洋运输货物保险中，共同海损(　　)。

A. 是部分损失的一种　　　　　　　　　B. 是风险直接导致的损失

C. 是非常情况下的损失　　　　　　　　D. 由各个受益方按比例分摊

2. 向中国人民保险公司投保平安险后，如被保险货物发生(　　)，保险公司不负责赔偿。

A. 自然损耗　　　　　　　　　　　　　B. 发货人责任引起的损失

C. 由于战争引起的损失　　　　　　　　D. 共同海损的牺牲、分摊和救助费用

3. 共同海损分摊涉及的受益方包括(　　)。

A. 船方　　　　　　B. 货方　　　　　　C. 付运费方　　　　　D. 救助方

4. 我国某公司按 FOB 术语进口玻璃一批，在办理货运保险时，可以投保(　　)。

A. 破碎险　　　　　　　　　　　　　　B. 一切险

C. 平安险加破碎险　　　　　　　　　　D. 一切险加破碎险

三、判断题

1. 内地某公司向香港售卖一批货物，货物经铁路运输，保有陆运险。车到深圳后，发现车上货物部分被窃，因该货物保有陆运险，该公司可向保险公司索赔。　(　　)

2. 在已投保一切险的基础上，可以再加保交货不到险。　　　　　　　　(　　)

3. 船舶航行中遇暴风雨搁浅，为使船舶起浮，船长命令将舱面上整批钢板抛入海中，该批钢板损失属于部分损失。　　　　　　　　　　　　　　　　　　(　　)

4. 货物投保一切险以后，在运输途中由于任何外来原因所造成的一切货损，均可向保险公司索赔。　　　　　　　　　　　　　　　　　　　　　　　　　　(　　)

四、计算题

1. 一批出口货物做 CFR 价为 250 000 美元，现客户要求该报 CIF 价加 20% 投保海运一切险，我方同意照办，如保险费率为 0.6% 时，我方应向客户报价多少？

2. 我国某公司进口一批机械，FOB 价人民币 995 000 元。已知该批货物的平均运费率为 6%，投保水渍险和战争险，平均保险费率为 0.5%。试计算该批货物的投保金额及保险费。

第14章 国际物流绿色革命

[教学目标]

了解国际物流绿色革命的宗旨，熟悉绿色物流的概念和特征，掌握绿色物流产生的背景和理论基础，了解国际绿色物流的发展趋势；了解逆向物流的概念、分类与特点，掌握逆向物流的系统结构及企业构建逆向物流系统所需要把握的方面；了解低碳物流的概念及其对国际物流发展的影响。

[关键词]

绿色物流
生态经济学
逆向物流
循环经济
牛鞭效应
低碳物流

◆ [引导案例]

海运绿色物流案例

国际海运承担了80%左右的国际贸易货运量，因此与海运相关的活动成为国际物流绿色战略的重要组成部分。如国际海事组织（IMO）海上环境保护委员会（MEPC）颁布的公约规定，2020年1月1日及以后，船上使用的任何燃油硫含量不应超过0.5%，从燃油使用方面推进国际物流海上运输绿色化进程。此外，承接海陆中转活动的港口积极寻求国际物流节点的绿色化、低碳化，以节能减排增效为目的的港口作业活动优化理论与实践不断出现，如靠港船舶使用岸电、集装箱码头RTG"油改电"，以及通过对码头运营过程海量数据分析，优化码头操作流程、建立协同管控机制，培育智慧化、绿色化集装箱码头作业模式。

图14-1显示了集装箱码头作业的基本情况，主要包括海侧作业（桥吊）、水平作业（集装箱货车）、堆场作业。港口的每项生产活动都消耗相应的资源并由此产生污染排放，如桥吊装卸作业消耗电力排放的污染物、堆场轮胎吊装卸作业消耗柴

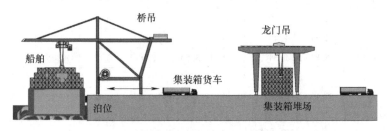

图 14-1　集装箱码头作业简要示意图

国际物流学

油或/与电力排放的 CO_2，集装箱卡车在水平搬运环节消耗柴油所排放的 CO_2。表 14-1 显示 S 港某年部分主要设备作业油电消耗总量，表 14-2 则进一步解析了桥吊、轮胎吊、堆高机、正面吊作业能效情况，更为精细地描述了港口装卸设备作业情况。图 14-2 显示连接桥边作业与堆场作业中，集装箱卡车的作业效率，其时间粒度更为精细。

表 14-1　S 港某年吞吐量与油电消耗构成一览表

项目 月份	吞吐量 （万 TEU）	电力消耗（单位：万 kW·h）		油耗（单位：万 L）		
		电驱动轮胎吊	桥吊	轮胎吊	堆高机	正面吊
1 月	6.2	7.89	19.70	8.4	0.9	0.42
2 月	4.4	5.47	32.56	4.2	0.7	0.33
3 月	6.3	8.24	32.27	5.5	0.8	0.37
4 月	7.3	9.42	31.79	6.6	0.6	0.41
5 月	7.8	9.73	26.29	8.5	0.7	0.68
6 月	8.8	10.23	48.54	8.4	1.1	0.78
7 月	11.4	14.31	59.10	9.3	1.7	0.70
8 月	12.3	15.68	43.69	8.2	2.0	0.10
9 月	10.3	10.32	37.51	8.0	1.9	0.04
10 月	9.0	9.53	34.53	7.9	1.5	0.06
11 月	9.2	11.72	38.41	6.7	1.5	0.04
12 月	10.1	12.21	34.97	7.7	1.8	0.13

表 14-2　装卸设备作业能效一览表

项目 月份	桥吊能效		轮胎吊能效				堆高机能效		正面吊能效	
			RTG		ERTG					
	kW·h/ MOVE	MOVES/ h	L/ MOVE	MOVES/ h	kW·h/ MOVE	MOVES/ h	L/ MOVE	MOVES/ h	L/ MOVE	MOVES/ h
1 月	5.74	28.42	1.92	9.04	3.78	7.66	0.30	13.44	0.67	6.04
2 月	4.27	28.83	1.45	9.09	3.43	7.92	0.25	12.33	0.74	6.17
3 月	8.23	26.01	1.08	10.64	3.46	8.58	0.38	12.19	0.42	10.58
4 月	6.70	26.60	1.22	11.20	3.36	9.45	0.27	12.19	0.49	10.23
5 月	6.62	24.89	1.49	10.68	3.26	9.89	0.30	13.88	0.74	10.04
6 月	9.66	23.36	1.37	11.31	3.10	10.43	0.39	14.79	0.80	10.29
7 月	7.62	22.76	1.33	13.06	3.23	12.16	0.42	18.26	0.78	9.48
8 月	6.39	22.60	1.39	13.42	3.20	12.56	0.38	20.13	0.61	6.96
9 月	6.57	22.37	1.49	11.53	3.20	10.77	0.40	19.08	1.32	6.18
10 月	6.98	25.81	1.64	10.03	3.53	8.93	0.44	17.19	1.41	7.22
11 月	7.57	27.03	1.46	10.28	3.42	10.27	0.40	18.77	1.22	8.00
12 月	6.44	28.16	1.62	10.14	3.34	10.09	0.43	19.78	0.96	6.78

　　注：MOVE 是指一个自然箱；MOVES/h 是指每小时装卸自然箱的个数；kW·h/MOVE 是指装卸一个自然箱的电力消耗；L/MOVE 是指装卸一个自然箱的燃油消耗。

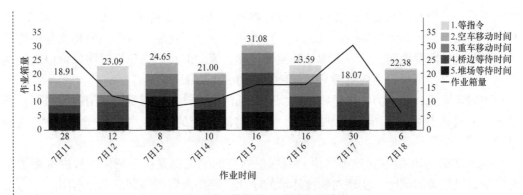

图 14-2　集装箱卡车的作业效率

思考：请根据以上集装箱码头作业信息，结合不断出现的新技术，尝试了解采用哪些途径能够有效提升港口作业的效率，达到港口节能、减排、增效的目的，实现港口绿色化可持续运营。

国际物流绿色革命强调了物流发展的全局和长远利益，强调全方位对环境的关注，反映了世界和我国国际物流发展的新趋势。

14.1　绿色物流

随着世界经济和科学技术的发展，人类的生存环境在不断地恶化，主要表现为能源危机、资源枯竭、臭氧层空洞扩大、环境污染、生态失衡。以环境污染为例，全球 20 多个特大城市的空气污染超过世界卫生组织规定的标准，越来越多的人深受其害。随着环境资源恶化程度的加深，人们对环境的利用和环境的保护越来越重视。任何行业的发展必须优先考虑环境问题，现代物流的发展也不例外，需要从环境角度对物流体系进行改进，即需要形成一个环境共生型的物流管理系统。这种物流管理系统建立在维护全球环境和可持续发展的基础上，改变原来发展与物流、消费生活与物流的单向作用关系，在抑制物流对环境造成危害的同时，形成一种能促进经济与消费健康发展的物流系统，即向绿色物流转变。因此，现代绿色物流强调全局和长远的利益，强调全方位对环境的关注，是一种新的物流发展趋势。

14.1.1　绿色物流的概念

1. 绿色物流定义

绿色物流（Environmental Logistics）是 20 世纪 90 年代中期提出的一个概念，目前没有统一的定义。不同的学者与机构对绿色物流的概念有不同的描述。

H. J. Wu 和 S. Dunn 认为绿色物流就是对环境负责的物流系统，既包括从原材料的获取、产品生产、包装、运输、仓储，直到送达最终用户的前向物流过程的绿色化，还包括废弃物回收与处置的逆向物流。

美国逆向物流执行委员会（Reverse Logistics Executive Council，RLEC）对绿色物流

国际物流学

的定义是：一种对物流过程产生生态环境影响进行认识并使其最小化的过程。RLEC 还对绿色物流与逆向物流（Reverse Logistics）的概念进行了比较，认为逆向物流是指物品及包装材料从消费地向上一级来源地的流动过程，流动的目的在于恢复物品价值或使其得到正确处置。可见，逆向物流只是绿色物流的一个方面。

中国学者王长琼认为，绿色物流是指以降低污染物排放、减少资源消耗为目标，通过先进的物流技术和面向环境的理念，进行物流系统的规划、控制、管理和实施的过程。

我国 2001 年出版的《物流术语》对绿色物流的定义则是：在物流过程中抑制物流对环境造成危害的同时，实现对物流环境的净化，使物流资源得到最充分利用。

2. 绿色物流的内涵

虽然上述对绿色物流的概念有不同的认识，但绿色物流的内涵是基本一致的，可以从以下几个方面进行理解：

（1）绿色物流是共生型物流。传统物流往往是以对环境与生态的破坏为代价，实现物流的效率；而绿色物流则注重从环境保护与可持续发展的角度，求得环境与经济发展共存，通过物流革新与进步减少和消除物流对环境的负面影响。

（2）绿色物流是资源节约型物流。绿色物流不仅注重物流过程对环境的影响，而且强调对资源的节约。在实际工作中，资源浪费现象是普遍存在的，它不仅存在于生产领域、消费领域，也存在于流通领域。例如，过量储存产品会造成产品陈旧、老化、变质；运输过程会造成商品破损，流通加工过程会造成余料浪费等。

（3）绿色物流是循环经济型物流。传统物流只重视从资源开采到生产、消费的正向物流，而忽视废旧物品、可再生资源的回收利用所形成的逆向物流。循环经济型物流包括原材料副产品再循环、包装废弃物再循环、废旧物品再循环、资源垃圾的收集和再资源化等。

14.1.2 绿色物流的产生背景

1. 企业物流成本中包含巨大的环境污染成本

日本物流成本计算的权威西泽修先生曾提出了"物流成本冰山"说，其含义是说人们对物流费用的总体内容并不掌握，提起物流费用大家只看到露出海水上面的冰山的一角，而潜藏在海水里的整个冰山却看不见。

物流成本"冰山"理论也同样揭示企业物流结构的不合理对社会造成的成本，这个成本就是环境污染。任何形式的环境污染都根源于物质的不适当流动，流动量达到了一定规模就超过了环境的负载能力。因此，企业在进行物流管理时不能不考虑由此产生的环境污染而形成的巨大的社会成本。

2. 企业物流活动中存在的非绿色因素

现代物流活动中的各个元素都在不同程度上因存在非绿色因素而对环境造成污染：

运输过程中的非绿色因素主要表现为两个方面：一方面，交通工具本身产生了较为严重的环境污染；另一方面，运输的商品也有可能对环境造成损害。如石油在海运过程中发生泄漏而造成大片海域污染，这样的污染常常是致命的，并且海域在很长时期内都无法恢复正常。

仓储过程中的非绿色因素主要有两个方面：一是商品保管仓库必须用一些化学方法对之进行养护，如喷洒杀虫菌剂，对周边生态环境会造成污染；另一方面，一些商品，如易燃、易爆、化学危险品，由于保管不当，爆炸或泄漏也对周边环境造成污染和破坏。

流通加工中的非绿色影响因素表现为加工中资源的浪费或过度消耗，加工产生的废气、废水和废物对环境和人体的危害。

包装过程中的非绿色因素主要表现在两个方面：一方面是包装材料的环境污染；另一方面是过度的包装或重复的包装，造成资源的浪费，不利于可持续发展，同时也无益于生态经济效益。

装卸过程中的非绿色因素有：装卸不当引起的商品损坏，造成资源浪费和产生废弃物，废弃物还有可能对环境造成污染。

14.1.3　绿色物流的理论基础

1. 可持续发展理论

可持续发展是指既满足当代人的需要，又不对后代人满足其需要的能力构成威胁。1987 年国际环境与开发委员会发表的《我们共有的未来》的研究报告提出，当代对资源的开发和利用必须有利于下一代环境的维护及其资源的持续利用，因此，为了实现长期、持续发展，就必须采取各种措施来维护我们的自然环境。这种经济上的可持续发展政策同样适用于物流管理活动。由于物流过程中不可避免地要消耗能源和资源，产生环境污染，因而为了实现长期、持续发展，必须采取各种措施来维护自然环境。现代绿色物流管理正是依据可持续发展理论，研究物流与环境之间相辅相成的推动和制约关系，促进现代物流的发展，达到环境与物流的共生。

2. 生态经济学理论

生态经济学是研究再生产过程中经济系统与生态系统之间的物质循环、能量转化和价值增值规律及其应用的科学。物流是社会再生产过程的重要环节，它既包括物质循环利用、能量转化，又包括价值转化与价值实现。因此，物流涉及经济与生态环境两大系统，理所当然地架起了经济效益与生态效益联系的桥梁。经济效益主要涉及目前和局部利益，而环境效益则关系到长远与宏观利益。现代绿色物流的出现，较好地解决了这一问题。绿色物流以经济学的一般原理为指导，以生态学为基础，对物流的经济行为、经济关系和规律与生态系统之间的相互关系进行研究，以谋求在生态平衡、经济合理、技术先进条件下的生态与环境的最佳结合及协调发展。

14.1.4　国际绿色物流战略的实施

国际绿色物流是一项涉及全球各个国家、各个地区、所有企业的系统工程，需要世界人民长期不懈的共同努力，尤其需要企业物流和物流企业制定和实施绿色物流战略规划。

1. 实施绿色物流经营

物流业要在物流活动的各个环节推行绿色物流经营，以形成国际绿色物流功能的有机统一。运输方面，通过选择合理运输路线，有效利用车辆，进行科学配装，提高运输效率，降低物流成本和资源消耗，并降低尾气排放。仓储方面，从系统观出发，合理设置仓储网络及各种设施，对仓储物资进行科学保管和养护，提高仓容利用率，加速货物周转，杜绝危险品及易燃、易爆、易腐物品的事故危害。包装方面，设计制造包装时，既要考虑保护商品、方便储运、促进销售的功能，又要符合4R要求，即少耗材（Reduction）、可再用（Reuse）、可回收（Reclaim）、可再循环（Recycle）。流通加工方面，由分散生产、分散流通加工向专业化集中转变，集中处理生产制造和流通加工中的三废（废气、废水、废料），通过技术创新和技术改造，发展循环经济，实施三废的闭环利用，形成节能降耗和减污增效的有机统一。此外，还要关注绿色逆向物流。

2. 采用绿色物流技术

物流技术是实现物流过程中采用的技术装备和现代化管理方式的总称。现代物流技术是国际物流的重要支撑，先进的绿色物流技术也是国际绿色物流的重要支柱。有专家认为，物流领域曾出现三次"物流技术革命"：第一次输送革命以铁路和动力船舶为代表，第二次输送革命以汽车和飞机为代表，第三次以系统化物流为代表，产生了"第三利润源"。绿色物流可称为第四次物流技术革命，主要表现就是在物流领域全面开发绿色物流技术，在物流节能降耗提效的同时，减少直至避免环境污染，变废为宝，形成国际物流经济的良性循环。

3. 完善绿色物流法规

国际绿色物流的推行不仅是企业的事情，更要求各国各地政府强力助推。许多发达国家政府对绿色物流法规的制定和执行非常重视，在宏观上管理和控制绿色物流，积极开展绿色物流的专项技术研究，尤其重视管控物流活动的污染发生源，如运输工具的废气排放、生产和流通加工的三废排放、进口产品的污染、废旧物和生活垃圾的污染等。欧盟、美国、日本等出台了一系列诸如严管污染发生源、限制交通量、严禁污染产品进口、输出三高（高投资、高能耗、高污染）产业等相关法规和政策。我国政府现在积极努力制定和完善绿色物流的政策和法规。

发改经贸〔2019〕352号文指出，要加快绿色物流发展，持续推进柴油货车污染治理力度；研究推广清洁能源（LNG）、无轨双源电动货车、新能源（纯电动）车辆和船舶，加快岸电设施建设，推进靠港船舶使用岸电；加快车用LNG加气站、内河船舶LNG加注站、充电桩布局，在批发市场、快递转运中心、物流园区等建设充电基础设施；鼓励企业使用符合标准的低碳环保配送车型；落实新能源货车差别化通行管理政策，提供通行便利，扩大通行范围，对纯电动轻型货车少限行甚至不限行；发展绿色仓储，鼓励和支持在物流园区、大型仓储设施应用绿色建筑材料、节能技术与装备，采用能源合同管理等节能管理模式；以绿色物流为突破口，带动上下游企业发展绿色供应链，使用绿色包材，推广循环包装，减少过度包装和二次包装，推行实施货物包装和物流器具绿色化。

14.2　逆向物流

随着人们环保意识的增强，环保法规约束力度的加大，企业必须承担起更多回收产品的责任。同时，全球资源枯竭的威胁加剧，使得企业开始意识到对使用过的产品及材料的再生恢复，会逐渐成为企业满足消费市场需求的关键力量。一些国际知名企业，如通用汽车、IBM、惠普、西门子、飞利浦、西尔斯等，先行一步进入逆向物流领域，把逆向物流战略作为强化竞争优势、增加顾客价值、提高供应链整体绩效的重要手段，并且已经取得了良好的效益。

14.2.1 逆向物流的概念

1. 逆向物流的定义

目前，国内外上关于逆向物流没有统一的定义。

逆向物流（Reverse Logistics）这个名词最早是由 Stock 在 1992 年给美国物流管理协会（Council of Logistics Management，CLM）的一份研究报告中正式提出的。在报告中，Stock 将逆向物流定义为：通常用来指物流在循环利用、废物处理和管理危险物质中的作用；广泛存在于原料缩减、循环利用、替代、材料再利用和处理等过程中所有与物流相关的活动中。

Steve Butler 指出：逆向物流包括计划、执行和控制材料的流动，以及管理通过供应链反馈回来的和以获取价值为主要目的的相关信息。其服务包括转移、回收以翻新或循环利用，从而安全处理产品。

美国物流管理协会对逆向物流的定义是：计划、实施和控制原料、半成品、制成品及其相关信息，高效和经济地完成从消费点到起点的过程，从而达到回收价值和适当处置的目的。

本书认为，在企业物流过程中，由于某些物品失去了特定使用价值（如加工过程中的边角料、消费后的产品、包装材料等）或消费者期望产品所具有的某项功能失去了效用或已被淘汰，将作为废弃物抛弃，但在这些物品中还有可以再利用的使用价值，企业为这类物品设计一个回收系统，使具有再利用价值的物品回到企业生产和物流活动中。这个回收系统就是逆向物流系统，而系统中的物流就是逆向物流。

我国国家标准《物流术语》中，将逆向物流分为两大类，即回收物流和废弃物物流。回收物流（Returned Logistics）是指不合格物品的返修、退货及周转使用的包装仪器，从需求方返回供应方所形成的物品实体流动；废弃物物流（Waste Material Logistics）是指将经济活动中失去原有使用价值的物品，根据实际需要进行收集、分类、加工、包装、搬运、储存，并分送到专门处理场所所形成的物品实体流动。

2. 逆向物流的内涵

上述定义虽然对逆向物流有不同的阐述，但它们关于逆向物流的内涵是基本一致的。综上所述，可以从以下几个方面来理解其内涵。

① 逆向物流是从消费地到供应链上游某阶段的物品实体流动过程。

② 逆向物流与正向物流共同组成完整的供应链，即闭环供应链。

③ 逆向物流的目的主要在于两个方面，一是再生恢复，提高资源的重复利用率；二是废弃物的妥善处理，减少对环境的影响。

14.2.2 逆向物流的分类及其特点

作为企业价值链活动的一个特殊组成部分，逆向物流按其成因，途径和处置方式的

国际物流学

不同在各种产业形态下归纳为如下几类：

1. 投诉退货

这是指由于商品在运输、装卸搬运或仓储的过程中发生毁坏或生产过程中的质量问题导致顾客的退货，通常发生在商品出售后的短期内。针对这种情况，企业的客户服务部门一般会首先进行受理，确认退货原因，进行检查并最终处理。处理的方法包括退货、补货或换货。

2. 终端使用退回

这是指产品在售出较长时间后，产品完成使用价值被消费者丢弃或淘汰，这些物品还具有一定的残余价值，可以被回收、再利用，从而形成终端退货的逆向物流。终端退货的成因一是产品残余价值的再次利用，为企业带来一定的经济价值，如废旧电子产品、报废汽车的零部件利用；二是法律法规的约束，通过立法强制企业对该类产品的回收处理。

3. 包装回收

包装逆向物流的对象包括托盘、包装袋、包装器皿及板箱等，回收的原因一是法律法规的约束，二是经济方面的考虑。将可以重复使用的包装容器经过检验、清洗和修复后再次利用，可以降低包装制造费用和使用成本。包装逆向物流涉及鲜奶行业、啤酒行业、家具行业等。

4. 商业退回

这是指由于库存积压，供应链的下游成员如批发商、零售商、最终顾客等，将未使用过的商品退回上游企业而产生的逆向物流。这些商品如食品、药品、时装等通过快速回收、正确处理，多数可以再次进入销售渠道或再生产过程，其中过期商品需要特殊处理。

5. 维修退回

这是指有缺陷或损坏的产品在销售之后，根据售后服务条款要求，退回给制造商或指定维修点，通常发生在产品生命周期的中期。产品维修好之后，再由原来的销售渠道返回客户。这类典型产品包括家用电器、手机等。

6. 生产报废和副品回收

生产过程中出现的废品和副产品，由于经济原因和环保法规的限制，一般在生产企业内部形成逆向物流。通过再循环、再生产，生产过程中出现的废品和副产品重新回到生产制造环节，得到再利用。这类逆向物流在汽车制造业、药品业、钢铁行业较为普遍。

与正向物流相比，逆向物流有着明显不同的特点。首先，其产生的地点、时间和数量是难以预见的；其次，其发生地点较为分散、无序，不可能集中一次向接受点转移；再次，发生的原因通常与质量或数量异常有关；最后，处理的系统和方式比较复杂多样，不同的处理手段对资源价值的贡献有显著差异。

14.2.3 逆向物流的驱动因素

从企业的角度看，逆向物流形成的驱动因素主要有四个方面：

1. 法规强制

许多发达国家已经强制立法，责令生产商对产品的整个生命周期负责，要求他们回收处理所生产的产品或包装物品等。如德国1991年颁布的关于包装材料的条例中，要求厂商回收所有销售物品的包装材料；荷兰则要求汽车制造商对所有旧汽车实行再生。

2. 经济效益

企业通过废旧物品回收再利用，一方面可以减少生产成本、减少物料的消耗、挖掘废旧物品中残留的价值，直接增加经济效益；另一方面，可以在激烈的竞争环境中提升企业的"环保"形象，改善企业与消费者的关系，间接地提高企业的经济效益。出于经济效益考虑的物品重新利用主要以美国为代表，机器零部件的再制（Remanufacturing）就是典型的例子，检修后的废旧产品可当成备件或卖给二手市场，而检修费用只是原先产品制造成本的一小部分。

3. 生态效益

垃圾填埋和焚化不但会造成资源损耗，而且还会造成环境污染，不利于生产活动的健康持续发展，故要求生产商对产品的整个生命周期负责，以节约资源、保护生态环境。出于生态效益考虑的物料重新利用主要以欧洲为代表。

4. 社会效益

生产企业回收利用所生产的产品，符合社会发展的"绿色"思路，从而有利于企业在社会上树立良好的公众形象，产生巨大的社会效益。

以上几种驱动因素在实际生产实践中往往是互相交织在一起的。例如，若增加废物的处理成本，则会使得废物减少更多，产生生态效益和社会效益；而消费者的环保意识又表现出另一种新的市场机会，导致经济效益提高。

14.2.4　企业物流流程与逆向物流系统结构

逆向物流在物流中担负产品退回、产源减量、再生、物料替代、物品再利用、废弃清理、再处理、维修与再制等责任；从物流工程的观点，逆向物流管理是一种系统性的商业模式，在整个企业中采用最佳的物流工程及管理方法，与正向物流共同完成供应链的循环。由于逆向物流活动的产生主要是从正向物流活动的延续而来，故欲探讨逆向物流程序的全流程，必须先充分了解逆向物流的系统结构，同时考察正向物流与逆向物流的关联性。图14-3所示的企业物流系统架构包含正向与逆向物流的全流程，也展示了企业物流流程逆向物流系统结构。

1. 原料供应商

原料除了制程需求必须使用原物料外，也可采用再生物料、初级或次级再生物料，如再生的纸浆、金属等。

2. 生产厂商

生产商品的厂商可合理利用原物料、再生物料，或运用物料替代的方式，以达到产源减量甚至减废的目的；制程中采用可再用的工具或器械（如托盘）；生产过程剩余的废弃品或物料可以进行适当的资源回收；制造过程可以考虑资源复生的方式。

3. 物流中心

凡以供应各市场日常所需物品而设立的仓储设施，通常称为物流中心。物流中心可

国际物流学

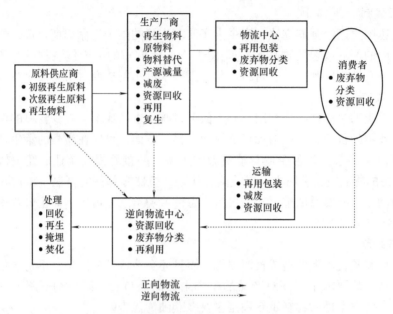

图 14-3　企业物流流程及逆向物流系统结构

以采用再用包装废弃物分类处理等方式取得资源回收的效益。

4. 消费者

商品消费大众在日常生活中，可以进行正确的废弃物分类，甚至进行资源回收活动。这一方面可增加资源的再生效率，另一方面可以减少废弃物对环境的影响。

5. 逆向物流中心

这是指为处理逆向物流活动（包括退货处理、维修等）所设置的仓储设施。逆向物流中心可运用再用策略（如再用包装）、废弃物分类等方式来实现资源回收。

6. 运输

运输在物流作业中发挥物品的移动及存储两项职能。在移动及存储的过程中，可以采用再用包装、减废等策略，并配合资源回收以兼顾环保与经济。

7. 处理

在废弃物处理的方式上，其中某部分品种可以通过回收或再生的方式来实现新的经济价值或效益；无价值的部分，可采用掩埋或焚化的方式来处理。

企业应结合其所处产业的特性，从逆向物流系统结构的各个阶段中寻找逆向物流现代化的发展机会。

14.2.5　企业逆向物流系统的构建

对企业来说，要构建逆向物流系统，实施和管理逆向物流，首先要认识到逆向物流的重要性，其次要加强对供应链流程的控制，最后需要根据企业自身的情况选择适当的运作模式。

1. 管理层对逆向物流要有足够的重视

管理者必须充分认识到逆向物流的重要性和价值，在逆向物流系统构建和实际运作过程中给予充分的资源和支持，这是逆向物流发挥作用的关键。企业对逆向物流的管理主要侧重于四个方面：退回检验控制，恢复链流程确立，管理信息系统整合，集中退货中心管理。这四个方面在实际运作中往往是相互关联的，任何一个因素出现异常，都会影响到其他因素，进而影响到整个逆向物流系统的绩效。因此，各部门需要充分协作，使流程通畅，从而提高逆向物流效率，为管理者做出快速反应争取更多时间。

2. 加强对供应链流程的控制，减少逆向物流流量

（1）努力提高产品质量，从供应链源头减少逆向物流流量。越来越多的厂商承诺无条件退货，会在一定程度上提高退货率。这要求从供应链源头减少逆向物流的发生率，在生产环节保证产品质量，减少逆向物流发生的可能，进而降低供应链的成本。

（2）采取适当措施，有效缓解"牛鞭效应"，减少逆向物流流量。供应链上的信息失真造成"牛鞭效应"，最终表现为需求信息和实际的消费需求发生巨大偏差。由于这种需求放大效应的影响，供应方往往维持更高的库存水平或者说生产准备计划，从而造成逆向物流商品量的增多。研究与实证表明，采用以下措施能够有效缓解"牛鞭效应"，减少逆向物流。

1）实现信息共享。这是缓解牛鞭效应最有效的措施之一。供应链成员间通 Internet/EDI 来实现实时交流和共享信息，防止信息在传递过程当中过多地被人为扭曲。

2）合理分担库存。供应商、分销商和零售商可采用联合库存的方式合理地分担库存，一旦某处出现库存短缺，可立即从其他地点调拨转运来保证供货。这既防止了需求变异的放大，又实现了风险共担，降低了整体库存，有效地抑制了牛鞭效应。

3）建立伙伴关系。建立供应链战略伙伴关系可以消除一部分"牛鞭效应"。供需双方在战略联盟中相互信任，公开业务数据，共享信息和业务集成，了解对方的供需情况和能力，避免了短缺情况下的博弈行为，从而减少了产生"牛鞭效应"的机会。

3. 选择适当的逆向物流运作模式

企业要根据自身的情况选择适当的运作模式。除了可能选择逆向物流的公益模式外，可以选择的运作模式主要还有：自营模式、外包模式、联盟模式等。

（1）逆向物流的自营模式。逆向物流的自营模式就是指生产企业建立独立的逆向物流体系，自己管理退货和废旧物品的回收处理业务。企业自建逆向物流的模式可以适应比较广泛的回流物品，包括产品退货、维修和召回、报废品的回收处理、包装材料的循环使用等。一般来讲，需要建立独立逆向物流系统的企业，其回流产品的数量较大，回收价值较高，对环境的潜在危害也比较严重。通用、奔驰、三菱等世界著名的汽车厂商都曾有过召回汽车的记录。实施逆向物流的自营模式，可以降低原材料的成本，节约资源；可以了解本企业产品的缺陷，不断提高产品质量；可以解除顾客的后顾之忧，增加顾客忠诚度；还可以塑造良好的企业形象，增强企业的竞争优势。

（2）逆向物流的外包模式。逆向物流的外包模式是生产企业通过协议形式将其回流产品回收处理中的部分或者全部业务，以支付费用等方式，交由专门从事逆向物流服务的企业负责实施。企业将逆向物流外包，可以减少企业在逆向物流设施和人力资源方面的投资，将巨大的固定成本转变为可变成本，降低逆向物流管理的成本；外包服务的专业化运作，可以提供更高的服务质量；此外，逆向物流外包之后，企业可以将精力集中在自己的核心业务上，更利于提高企业的竞争实力。

（3）逆向物流的联盟模式。这种模式就是与其他厂商建立逆向物流联盟，联合经营。各联合主体使用共同或相近的运输路线、仓储设施和技术平台，充分利用运输和仓储的规模经济。应注意，所选择的联盟厂商应该是与本厂商目的相同或相似，且在运输的产品、路线等方面比较接近的。对潜在的联盟伙伴的成本状况、长期发展的能力、信誉等要进行充分的评估，看其是否能够帮助企业提高灵活性，降低成本。

14.3　低碳物流

低碳物流的兴起，归功于低碳革命和哥本哈根世界气候大会（后面简称哥本哈根大会）对绿色环保的广泛倡导。随着气候问题日益严重，全球化的"低碳革命"逐渐兴起，人类也将因此进入低碳新纪元，即以"低能耗、低污染、低排放"为基础的全新时代。而物流作为高端服务业的发展，也必须走低碳化道路。国家公布了《能源生产和消费革命战略（2016—2030）》，把握世界能源发展的大势，将有力推动我国经济发展方式向绿色低碳转型，促进生态文明建设和可持续发展。

14.3.1　《联合国气候变化框架公约》《京都议定书》及《巴黎协定》

1.《联合国气候变化框架公约》

20 世纪 80 年代以来，人类逐渐认识并日益重视气候变化问题。为应对气候变化，在联合国主持下，世界大多数国家共同签署了一项《联合国气候变化框架公约》（以下简称《公约》）。它是联合国大会于 1992 年 5 月 9 日通过的一项公约，并于同年 6 月，在巴西里约热内卢召开的有世界各国政府首脑参加的联合国环境与发展会议期间开放签署。《公约》自 1994 年 3 月 21 日起对中国生效。

《公约》的终极目标是将大气温室气体浓度维持在一个稳定的水平，在该水平上人类活动对气候系统的危险干扰不会发生。根据"共同但有区别的责任"原则，公约对发达国家和发展中国家规定的义务以及履行义务的程序有所区别，要求发达国家作为温室气体的排放大户，采取具体措施限制温室气体的排放，并向发展中国家提供资金以支付它们履行《公约》义务所需的费用。而发展中国家只承担提供温室气体源与温室气体汇的国家清单的义务，制订并执行含有关于温室气体源与汇方面措施的方案，不承担有法律约束力的限控义务。《公约》建立了一个向发展中国家提供资金和技术，使其能够履行《公约》义务的机制。截至 2016 年 6 月底，加入《公约》的缔约国共有 197 个。

2.《京都议定书》

为加强《公约》实施，1997 年第三次缔约方会议通过了《京都议定书》（以下简称《议定书》）。《议定书》于 2005 年 2 月 16 日生效，截至 2016 年 6 月底，共有 192 个缔约方。我国于 1998 年 5 月 29 日签署并于 2002 年 8 月 30 日核准《议定书》，《议定书》于 2005 年 2 月 16 日起对我国生效，2005 年 2 月 16 日起适用于我国香港，2008 年 1 月 14 日起适用于我国澳门。2012 年多哈会议通过包含部分发达国家第二承诺期量化减限排指标的《〈京都议定书〉多哈修正案》。第二承诺期为期 8 年，即 2013—2020 年。

《议定书》内容主要包括：①其附件一所列国家整体在 2008 年至 2012 年间应将其年均温室气体排放总量在 1990 年的基础上至少减少 5%。②减排多种温室气体，《议定书》规定的有二氧化碳、甲烷、氧化亚氮、氢氟碳化物、全氟化碳和六氟化硫。修正案将三氟化氮纳入管控范围，使受管控的温室气体达到七种。③发达国家可采取"排放贸易""共同履行""清洁发展机制"三种"灵活履约机制"作为完成减排义务的补充手段。

3. 《巴黎协定》

2011 年，气候变化德班会议设立"加强行动德班平台特设工作组"，即"德班平台"，负责在《公约》下制定适用于所有缔约方的议定书、其他法律文书或具有法律约束力的成果。德班会议同时决定，相关谈判需于 2015 年结束，谈判成果将自 2020 年起开始实施。2015 年 11 月 30 日至 12 月 12 日，《公约》第 21 次缔约方大会暨《议定书》第 11 次缔约方大会（气候变化巴黎大会）在法国巴黎举行。包括中国国家主席习近平在内的 150 多个国家领导人出席大会开幕活动。巴黎大会最终达成《巴黎协定》，对 2020 年后应对气候变化的国际机制做出安排，标志着全球应对气候变化进入新阶段。截至 2016 年 6 月底，签署和批准《巴黎协定》的《公约》缔约方分别达到 178 个和 18 个。2016 年 9 月，中国向联合国交存了参加《巴黎协定》的法律文书，是率先批准《巴黎协定》的国家。这向世界传递了我国坚持长期低碳转型的信号。

《巴黎协定》的主要内容包括：①长期目标。重申 2℃ 的全球温升控制目标，同时提出要努力实现 1.5℃ 的目标，并且提出在 21 世纪下半叶实现温室气体人为排放与清除之间的平衡。②国家自主贡献。各国应制定、通报并保持其"国家自主贡献"，通报频率是每五年一次。新的贡献应比上一次贡献有所加强，并反映该国可实现的最大力度。③减缓。要求发达国家继续提出全经济范围绝对量减排目标，鼓励发展中国家根据自身国情逐步向全经济范围绝对量减排或限排目标迈进。④资金。明确发达国家要继续向发展中国家提供资金支持，鼓励其他国家在自愿基础上出资。⑤透明度。建立"强化"的透明度框架，重申遵循非侵入性、非惩罚性的原则，并为发展中国家提供灵活性。透明度的具体模式、程序和指南将由后续谈判制订。⑥全球盘点。每五年进行定期盘点，推动各方不断提高行动力度，并于 2023 年进行首次全球盘点。

2018 年 12 月 15 日，在波兰的联合国卡托维兹气候大会上，《巴黎协定》实施细则正式获得通过。《巴黎协定》实施细则是气候行动取得新进展的基石，彰显了全球绿色低碳转型不可逆转的大势。中国在本届气候大会上就《巴黎协定》实施细则涉及的重点、难点、焦点问题贡献了"中国方案"和"中国智慧"，起到了建设性的关键作用，搭建了发达国家和发展中国家之间的桥梁。2018 年第十四届世界低碳城市联盟大会暨低碳城市发展论坛在中国腾冲召开，会议主题是"一带一路与绿色低碳循环发展"。

14.3.2　发展低碳物流的重要性

发展低碳物流，已经成为促进绿色物流发展的根本任务和基本途径。

哥本哈根大会后，世界各国纷纷提出环保、绿色、低碳的概念，中国政府更是承诺将碳排放量减少 1/3。这使我国物流业必须做出相应的调整和改进。近年来，全球性能源紧张及气候变化受到了国际社会的普遍关注，节能减排正日益成为国际社会的共同责任。中国作为世界上最大的发展中国家，已经成为全球关注的对象。一般认为，产品从投产到销出，制造加工时间仅占 10%，而几乎 90% 的时间为仓储、运输、装卸、分装、

国际物流学

流通加工、信息处理等物流过程，因此物流成本在产品的整个生产流通过程和环节中占据了较大的比例和范围。所以发展绿色物流不仅有利于降低成本，更重要的是物流的节能高效、减少污染。我国粗放和低效率的物流运作模式，造成了能耗的增加和能源的浪费。在这方面，我国物流业存在的问题主要表现为空驶率高、重复运输、交错运输、无效运输等不合理运输现象较为普遍，各种运输方式衔接不畅，库存积压过大，仓储利用率低，物流设施重复建设现象严重，物流信息化程度低等。为应对气候变化，我国政府承诺到 2020 年单位国内生产总值二氧化碳排放比 2005 年下降 40% ~ 45%。在这种形势下，发展低碳经济势在必行。

我国各级地方政府已经纷纷提出并实施了绿色工程，促进企业绿色管理策略的实施，积极发展低碳物流。尤其是《中共中央制定国民经济和社会发展第十三个五年规划的建议》提出了创新、协调、绿色、开放、共享的五大发展理念，绿色发展成为我国"十三五"发展规划的重头戏。

14.3.3　发展低碳物流的政策

低碳物流政策的贯彻实施，不仅依赖于低碳物流理念的建立和政策的贯彻，还离不开低碳技术的支撑。在 21 世纪，物流业必将把有效利用资源和维护地球环境放在发展的首位，建立信息流与物质流循环化的绿色物流系统。与发达国家相比，我国制造行业的物流技术离低碳化要求有的还有较大差距。我国低碳物流的发展主要应考虑以下几方面的政策：

1. 完善低碳物流发展的保障政策

建立一套完善的法律法规和政策体系来有效地规范、监督和激励物流企业的行为。通过环境立法、排污收费制度、许可证制度和建立绿色物流标准来约束、干预物流活动的外部不经济性。日本在《新综合物流施策大纲》中明确提出"解决环境问题"的对策。欧洲的运输与物流业组织——欧洲货代组织（FFE）对运输、装卸、管理过程制定出相应的绿色标准，加强政府和企业协会对绿色物流的引导和规划作用。

2. 建立低碳物流激励政策及补偿机制

可通过经济杠杆来激励和引导物流主体，使其在经营活动中向低碳化方向发展。对积极采用先进环保设备、清洁生产以及积极实施资源循环利用的企业实施"低碳补贴"政策。补贴的方式包括物价补贴、企业亏损补贴、财政贴息、税收补贴、贷款优惠政策、对无污染或减少污染的设备实行加速折旧等。针对物流系统的资源能源消耗、各种污染、交通拥挤等负的外部性，可以制定相应的征税或税收优惠政策消除或减少其负面影响。

3. 低碳物流技术的推广和应用政策

我们的物流技术与低碳化要求还有较大差距。低碳物流被称为一次新的物流技术革命，这主要表现在物流领域正全面开发低碳物流技术，在物流节能降耗提效的同时，减少环境污染，变废为宝，形成物流经济的良性循环。应加强标准化的组织协调工作，积极申请 ISO 14000 环境管理体系系列标准认证，以标准化促进低碳化。此外，还应加强对物流运输、配送、包装等方面先进技术的应用，如合理配送、绿色包装等，为物流活动的低碳化提供强有力的技术支撑和保障。

14.3.4　低碳物流发展的行业要求

低碳物流将成为未来的行业热点，然而如何结合企业现实问题实现低碳物流的行业要求，怎样让企业能够正确意识到低碳物流的作用及低碳物流未来的发展前景，将是物流业界所面临及需要思考解决的问题，也是低碳物流发展中的重要问题。近年来，物流业内采取了各种措施推动低碳物流的发展。

目前，我国的物流业内部的无序发展状况和无序竞争状态，使我国的物流社会化水平和专业化程度还较差，物流社会成本较高，对环保造成了很大的压力。

近年来，中国物流与采购联合会作为一个行业性组织，进一步明确了"低碳物流"发展的行业要求，为推动我国低碳物流的发展采取了积极的行业措施。首先，实施了物流企业综合评估，要求 A 级物流企业必须通过 ISO 9001—2000 质量管理体系认证。其次，推进了物流标准化工作，设立了专门的职能机构即标准化工作部，推行包括物流环保标准在内的各项标准。最后，促进了绿色物流理念的推广，通过提出行业发展规划、组织物流理论研究、推动物流教育、促进对外合作与交流等多种形式，在国内推广低碳物流。

物流业汇集了多种行业，目前一些行业物流污染的严重情况常有发生，对于这类行业，国家需要制定一些新的限制性措施。

在这个方面，国外绿色物流发展的实践很值得我们借鉴。在日本 2001 年出台的《新综合物流实施大纲》中，重点之一就是要减少大气污染排放，加强环境保护，对可利用的资源进行再生利用，实现资源、生态和社会经济良性循环，建立适应环保要求的新型物流体系。美国在其《国家运输科技发展战略》中，规定交通产业结构或交通科技进步的总目标是："建立安全、高效、充足和可靠的运输系统，其范围是国际性的，形式是综合性的，特点是智能性的，性质是环境友善的。"欧洲的运输与物流业组织——欧洲货代组织（FFE）也很重视绿色物流的推进和发展，对运输、装卸、管理过程制也都有相应的绿色标准。

随着我国经济的快速发展，单位 GDP 能耗不断降低，社会物流成本占 GDP 的比重不断缩小，物流业的发展也必将经历由传统的高投入大物流、低投入小物流的运作模式向低投入大物流的低碳物流方式转变。早在 1989 年，我国就出台了《中华人民共和国环境保护法》，2007 年又出台了《中华人民共和国节约能源法》，积极加大对超载运输车辆的治理，对减少污染起到了一定的作用。在 2009 年制定的《物流业调整和振兴规划》中，要求物流业发展要坚持最严格的节约用地制度，注重节约能源，保护环境，减少废气污染和交通拥堵，实现经济和社会可持续协调发展。

政府今后还需要加强在宏观上对低碳物流进行管理和控制，尤其是要控制物流活动的污染发生源。物流活动的污染发生源主要表现在：运输工具的废气排放污染空气，流通加工的废水排放污染水质，一次性包装的丢弃污染环境，等等。因此，应针对物流行业制定诸如污染发生源、限制交通量、控制交通流、控制港口排放等的相关政策和法规。立法和经济手段的结合能更好地促进绿色物流的实施，积极引导物流功能环节集约化，通过技术创新，又好又快地营造低碳物流的良好社会氛围。

低碳物流是绿色产品和绿色消费之间的低碳通道，必须让政府与企业有足够的重视

国际物流学

和实践。建立适应环保要求、低碳化的新型物流体系，也是我国现代物流发展的重要目标。

14.3.5　低碳物流发展的行业措施

低碳物流将是未来物流业发展中的重要方向，发展低碳物流的行业措施包括以下几个方面：

1. 大力发展绿色铁路货物运输

铁路运输是各种运输方式中最节能、最低碳的。应通过创新运输组织模式、发展多式联运、加快列车运行速度、提高信息化水平等途径，促进铁路运输发展，挖掘其节能降耗的巨大潜力。目前，在低碳物流的诉求下，国家发改委正在积极研究发展铁路物流的新政策，如未来500km以上的货物运输将尽可能使用铁路，促进实现低碳物流。我国大力发展铁路运输有雄厚的基础，2018年，我国铁路营业总里程达13.1万km，规模居世界第二；其中高速铁路近3万km，居世界第一。

2. 大力发展低碳汽车运输

汽车运输是低碳物流发展一个重要瓶颈。就汽车业而言，从《京都议定书》签订至今，在低碳物流经济的倡导下，电动车、燃料电池车、生物能源车已经大量出现。哥本哈根大会开启了低碳社会、低碳物流的新纪元，低碳物流、低碳汽车运输的发展势在必行。

3. 大力加强海运业的减排

大力加强海运业的减排对于发展低碳物流具有重要的意义。过去二三十年，90%的世界贸易运输都通过海运实现，海运业碳排放量是空运排放量的2倍，并且其排放量的增长速度与航空业相当，海运业碳排放量约占全球排放的4%。国际海事组织的研究显示，全球化导致对货船的需求大增，未来20年中海运业碳排放还将上涨72%。可见，大力加强海运业的减排可以说是任重道远。低碳船舶是未来发展趋势，造船领域必然要从传统技术向绿色造船技术和环保节能方面转型，要将创新与低碳、节能、减排相结合。我国在海运业中，努力发展海运科学技术，兴起绿色革命，发展低碳船舶，积极改善船舶动力，降低海运物资消耗，对于发展低碳物流可以说是大有可为。

4. 大力发挥低碳航空物流

如前所述，全球空运排放量约是海运排放量的1/2，约占全球排放的2%，并且其排放量的增长速度与海运业相当。大力发挥低碳航空物流的作用，对于促进低碳物流的发展，有着重要的意义。在全球气候变暖的背景下，欧美发达国家通过大力推进"低碳革命"和着力发展以"低碳"为核心的新能源技术，力图在全球相关产业、能源、技术、贸易等方面成为新规则的制定者和领跑者。从航空运输业来看，"低碳革命"的发展将极有可能为整个世界经济圈带来历史性的冲击和影响。因此，在低碳航空物流领域，我国既面临着巨大的历史性机遇，也面临着严峻的挑战，同样是大有可为。

5. 大力发展低碳管道物流

管道物流是物流的重要组成部分，主要包括油气管道物流、水运管道物流、污染物管道排放物流三大部分。大力发展管道物流对于降低油气消耗和运输排放具有重要的不可替代的作用，需要开展充分的可行性论证研究。大力探索、发展城市污染物管道排放大系统建设，积极开展大中城市污染物管道排放系统建设的科学论证，对于充分发挥低碳管道物流的作用和功能，具有重要的科学意义和实践作用。

6. 建设工业和生活废料处理物流系统

工业和生活会产生大量的废料需要处理，需要相应的低碳物流系统。它不仅要能够对工业和生活物流系统的污染进行控制，同时还要有与低碳经济相适应的工业和生活废料处理的物流系统。

本章小结

21 世纪的现代物流逐渐走向社会化、全球化，管理手段也向信息化和网络化发展。绿色物流、逆向物流、低碳物流成为国际物流发展的热点，本章分别介绍了三种物流发展的基本情况。

绿色物流强调全局和长远的发展，体现了对生态环境和可持续发展的关注；逆向物流的经济价值和社会价值使企业和社会都更加重视逆向物流活动。

绿色物流和逆向物流体现了物流发展的新方向，是现代物流管理的一种新思路和新理念。全球化的"低碳革命"正在兴起，人类也将因此进入低碳新纪元，大力发展低碳物流已经成为物流发展的前进方向。

[案例讨论]

海运绿色物流战略分析案例

本处以引导案例中所述的集装箱码头作业为研究对象，基于大数据技术的应用，讨论集装箱码头大数据规划与治理下的国际物流绿色战略。案例讨论分为三个层次：基础数据分析、关键问题解析、优化模型构建。

一、基础数据分析

以引例所提供数据为依据，对数据进行基本的统计分析。

（1）根据表 14-1 统计数据绘制单标箱能耗示意图（见图 14-4），并对结果加以描述说明。

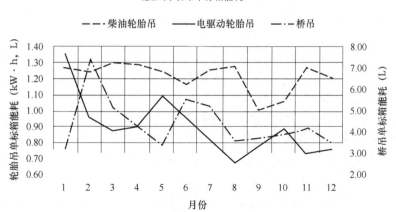

图 14-4　轮胎吊/桥吊单标箱能耗示意图

国际物流学

$$单标箱电耗 = 电力消耗总量(kW \cdot h)/吞吐量(TEU)$$
$$单标箱油耗 = 燃油消耗总量(L)/吞吐量(TEU)$$

由图 14-4 可知，桥吊每装卸一个 TEU 电力消耗约 0.8 ~ 1.32kW·h，电动轮胎吊（ERTG）装卸一个 TEU 电力消耗约 0.7 ~ 1.36kW·h，柴油轮胎吊（RTG）装卸一个 TEU 油耗约（1 ~ 1.3L），通过以上数据统计分析可以获悉集装箱码头年（或月）单箱作业平均能耗，该方法以事后方式实现了码头能耗效能的评判，然而这种评判方式缺乏对于码头作业流程绿色化的分析、监控与优化，即缺乏以绿色低碳化为准则的过程协同优化。

（2）为进一步解析集装箱码头作业流程绿色化，需将各设备具体作业流程分解，使其颗粒化。根据表 14-2 的数据分别绘制集装箱码头各设备能效分析图，并解释说明各装卸设备能效（kW·h/MOVE，L/MOVE）与效率（MOVES/h）之间的相关性，分析作业效率与能耗之间的内在关联。

由图 14-5 可以初步判定桥吊作业效率（MOVES/h）与作业能耗（kW·h/MOVE）有内在相关性。作业效率越高，单箱作业能耗越低，然而两者之间相关程度目前难以确定，即作业效率对于单位能效的影响程度需要进一步研究，不同设备作业效率与能效之间存在何种关系对于增效节能有着至关重要的意义。

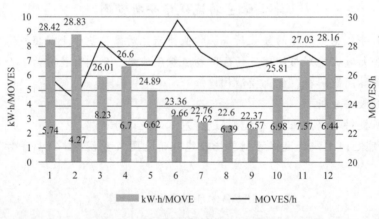

图 14-5　桥吊作业能效示意图

（3）根据图 14-2 简要分析集装箱卡车（通称集卡）桥边等待时间与堆场等待时间对作业箱量的影响，并根据集卡时间粒度分解法，尝试将轮胎吊、桥吊等作业时间分解，指出时间粒度下各设备作业协同的意义所在。

从图 14-2 可以看出：①内集卡桥边等待时间与堆场等待时间和占整个作业时间一半之多，这说明不论是在海侧还是在堆场，作业协同都存在较大问题，并由此导致集卡无效等待。②作业箱量与作业时间存在一定关联性，可以初步判定作业时间越短，作业箱量相对越高，其中 7 月 11 日与 7 月 17 日的数据尤其明显。

图 14-6 进一步解释了作业时间分解基础之上桥吊、集卡及轮胎吊等主要装卸搬运设备协同作业，以及由此对能耗与排放的影响。

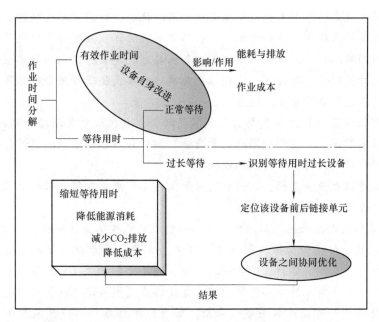

图 14-6　作业时间分解基础上的设备间协同作业影响分析

二、关键问题解析

1. 集装箱码头大数据规划与治理面临的主要问题

（1）数据获取与存储：采集哪些作业活动数据，数据的数量与质量如何把控，数据采用何种方式加以存储。码头作业活动数据通常包括岸边装卸船作业、堆场作业，以及内集卡转运作业，实时、高质、高效地获取以上作业数据对作业轨迹合理性分析有着重要影响。获取海量作业数据，要求清晰准确地记录下每项作业；获取有价值的数据信息，要求能够精准识别异常数据，及时发现问题。由于数据量巨大，数据的存储带来一定挑战，数据快速存取成为其有效应用的基本前提。

（2）数据标准化与数据整合：如何统一数据结构标准，构建企业数据字典和管理体系，并将其加以应用；不同系统下的数据如何整合到统一的数据仓库中。码头作业数据各部门由于其自身需要，在计量标准上有所不同，如表 14-1 统计作业分析单元以标准箱 TEU 为基准，而表 14-2 作业效率统计分析单元以自然箱 MOVE 为基准，这种差异化的数据为集成化数据管理与分析带来了困难。只有建立数据标准，才能实现不同系统下的数据有机整合。在集装箱码头运营，特别是自动化集装箱码头运营中，数据标准化确立尤为必要，数据标准化让数据在线化共享成为可能，这不但有利于单个港口分析，也有助于港口圈、港口群宏观分析，实现港口自身及港口之间的时空交叉比较分析。

（3）数据分析多维化：数据分析的维度有哪些，可以从哪些角度或层面对数据加以分析挖掘。当前集装箱码头作业数据分析主要包括作业效率与成本分析两大方面，基于能效分析，特别是作业绿色化、低碳化评价与分析尚不完善。建立多维度数据分析可以满足不同的需求，如对于轮胎吊作业能效，既可以采取 L/MOVE（kW·h/MOVE）来衡量，也可以采取每个 MOVE 消耗的时间或成本衡量。

（4）数据监测与可视化：如何通过数据监测识别、发现问题，优化作业活动；数

国际物流学

据分析结果的可视化，即图文并茂地呈现作业活动轨迹。数据监测包括两方面内容：第一，实时作业数据在线化，强调记录存储；第二，实时作业数据与基于统计分析建立起的作业基准数据对比分析，强调问题识别。数据监测既是数据记录的具体呈现，同时能提升数据分析的实效性。数据可视化则以更为直观的方式展现数据分析结果，便于管理部门对作业情况进行多时空维度的分析。

以上从大数据管控系统角度指出了集装箱码头大数据规划与治理面临的主要问题，该部分侧重技术层面，考虑到该问题的复杂性，该部分内容暂不做深度讨论，有兴趣的读者可以根据自身情况对上述内容加以探究。

以下重点着眼于业务层面，讨论如何基于大数据技术实现集装箱码头作业活动的绿色低碳化，打造可持续发展绿色港口。

2. 集装箱码头大数据规划与治理下的国际物流绿色战略关注重点

（1）作业效率对能耗和排放影响程度分析。通过采集港口装卸搬运设备作业活动数据，初步分析各设备单标箱作业能耗及其排放；在此基础上，采用单箱作业用时分析设备作业效率，尝试建立时间—能耗模型，探究作业效率与能耗和排放的关系。

（2）能耗排放与作业成本关联性分析。融合经济效益和环境效益两方面因素，综合考量集装箱码头作业的效率。将"排放成本"纳入整个成本体系，并采用时间驱动作业成本法，分析环境效益对总体成本的影响。

（3）资源策划下的绿色物流战略。基于以上两个方面的分析，利用集装箱码头大数据管控系统进行资源策划。资源策划由粗到细，包括从24小时泊位策划到6~12小时的堆场计划、配载计划，以达到港口绿色低碳运营的目标。

三、优化模型构建

基于大数据的集装箱码头运营绿色战略是国际物流绿色战略的重要组成部分，码头作业效能的提升将有效助推节能、减排、降耗的实现。

集装箱码头大数据规划与治理下的国际物流绿色战略的解决方案可以通过如下途径实施。

1. 构建时间—能耗分析模型

时间—能耗分析模型中各因素及其相互关系如图14-7所示。

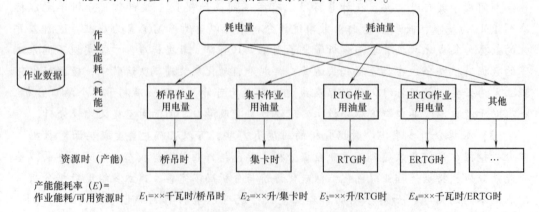

图14-7 时间—能耗分析框架

注：E_1、E_2、E_3、E_4分别代表桥吊、集卡、RTG、ERTG单位时间能耗，后同。

根据图14-7分析框架，绘制各设备作业用时及耗能，并建立时间方程。如图14-8所示为集卡单位作业用时与能耗。

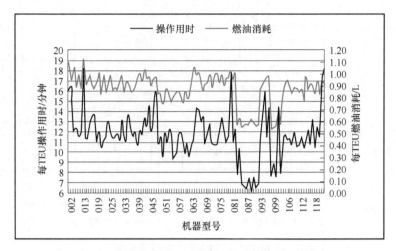

图14-8 各类集卡搬运一个TEU操作用时与燃油消耗

现假定单位能耗为被解释变量Y，作业时间为解释变量T，采用最小二乘拟合得到如下关系：

$$Y = 0.0146483069538 \times T + 0.692076143107$$

上式表明了集卡作业用时与能耗的相关性，而作业时间T可以进一步细分，以实现作业活动时间精细化管理。图14-9将作业进一步分解为堆场装卸、岸边装卸、水平运输三部分，并采用T_j细化集卡作业时间构成。

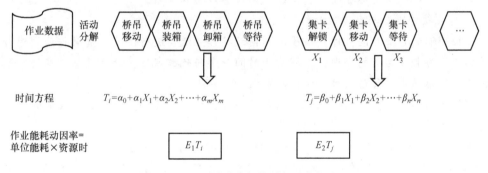

图14-9 基于活动分解的时间—能耗方程

注：图中T_i（$i=1, 2, 3$）表示桥吊在堆场、岸边和水平运输的作业时间；X_m（$m=1, 2, 3, 4$）表示桥吊在某一场景（堆场、岸边或水平运输）作业分解的移动、装箱、卸箱和等待环节消耗的时间；类似地，T_j和X_n则代表集卡在上述情况下的参数；α、β为系数。

于是可以得到集卡作业时间—能耗方程：

$$Y = \varphi \times (\beta_0 + \beta_1 X_1 + \beta_2 X_2 + \cdots + \beta_n X_n) + \varphi_0$$

式中，Y为能耗，φ为单位时间能耗系数，φ_0为误差项。

同样，通过上述方式得到轮胎吊、桥吊等设备的作业时间—能耗方程，采用该方式有效地实现了以时间为尺度的能耗与排放预估，有利于绿色监控和作业优化。

国际物流学

2. 构建时间—成本分析模型

时间—成本分析框架如图 14-10 所示。

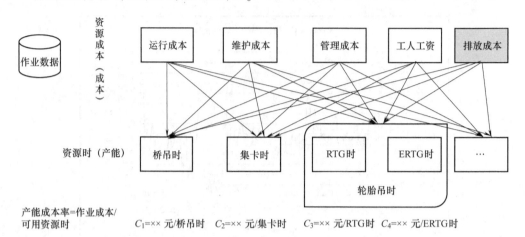

图 14-10　时间—成本分析示意图

注：C_1、C_2、C_3、C_4 分别代表桥吊、集卡、RTG 和 ERTG 单位时间作业成本。

图 14-10 中的排放成本基于图 14-7 作业能耗，即根据燃油及电力消耗量乘以对应碳排放系数，通常柴油 CO_2 排放系数采用 2.68kg/L，电力 CO_2 排放系数 0.6807kg/kW·h，单位排放成本暂可依据姜庆国等[⊖]减排成本测算，即若实现 2020 年中国单位 GDP 的排放比 2005 年下降 40%~50%，减排成本为 28.08 元/t，由此得到各设备产能成本率。

时间—成本分析模型重要的一点在于引入"排放成本"，突破传统以"财务"计量的方式，将经济效益与环境效益要素统一纳入港口核算体系。

3. 作业轨迹跟踪与合理性分析

依据获取的作业时间，评判一段时间内设备作业活动运行情况，借助作业用时分解有效分析设备作业运行的合理性，即基于时间分解与轨迹定位，绘制设备作业运行轨迹分析图。凭借该图，管理层可以优化作业活动。

以轮胎吊为例分析说明作业轨迹跟踪及合理性分析，已知编号为×××的轮胎吊在两时段内的作业运行轨迹如图 14-11 所示。

由图 14-11 的左图可知，在 7 日 12：02：24 时刻前后，轮胎吊发生长距离移动，从 1C10 滑动至 2C60，即从堆场一端移至另一端，至 12：34：13 又移动至 1C06。在灰色椭圆区域可以观察到较短时间内位置点很分散，这说明可能是轮胎吊移动距离过长，即在有效时间内轮胎吊在场站有许多无效活动，轮胎吊作业存在不合理性；右图表明随着时间推移，该轮胎吊按照场箱位逐步推进作业，即从 2C56 依次移动至 2C57、2C38、2C06 等，该作业进程基本不存在轮胎吊无效移动，换言之，轮胎吊作业优化策略合理有效。左右两图对比分析可知，7 日时间段内轮胎吊作业出现来回无效移动的情况，该现象可能进一步导致与其衔接作业的集卡在堆场等待时间过长；8 日时间段内作业轨迹

⊖　姜庆国，穆东. 到 2020 年中国实现减排目标的减排成本测算 [J]. 北京交通大学学报：社会科学版. 2013，(1)：72-77.

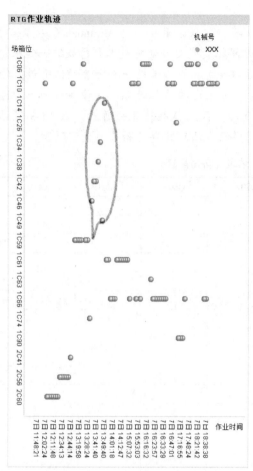 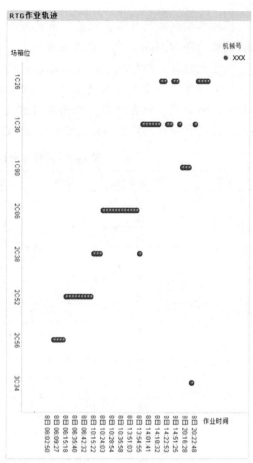

图 14-11　作业轨迹对比分析图

良好，轮胎吊未曾短时间在不同箱位频繁移动，从而初步推断与其衔接作业的集卡在堆场没有过久等待。所有这些情况，应结合集卡作业用时情况做进一步分析。

根据以上轮胎吊两个作业时段分析可知，设备作业运行轨迹合理性分析与作业时间分解紧密联系，作业轨迹合理与否直接影响作业用时，而作业时间分解基础上的作业优化则能有效推进作业轨迹合理化，二者相辅相成共同推动港口装卸搬运设备作业低碳技术优化改进。

4. 建立资源策划决策模型

在数据获取与分析基础上，从战略层构建对整个集装箱码头作业进行宏观管控的决策模型。

决策模型的目标与约束条件通常表示为如下形式：

$$\max(\min)\left[f_1(x), f_2(x), \cdots, f_n(x)\right]$$
$$\text{s. t. } x \in X$$

式中，$x = (x_1, x_2, \cdots, x_n)^T$，$X = \{x \mid g_k(x) \leq 0, k = 1, 2, \cdots, m\}$，$x$ 为资源配置；X 为集装箱码头装卸搬运设备，包括桥吊、集卡、RTG、ERTG 等；k 为作业资源和/或时间等

国际物流学

约束。

根据本案例决策目标，从两个角度入手：其一，成本最小，即 Minimize C_T；其二，排放最低，即 Minimize E_T。本决策模型基于时间粒度能更好地将成本和排放统一起来。

基于大数据分析挖掘，以及相应分析模型的确立，能够根据任务场景预估桥吊、轮胎吊、集卡等作业资源的时间需求，如由 24 小时之内的泊位计划，逐步细化到 6 ~ 12 小时之内的配载、堆存计划，从而有效配置资源，高效低耗地完成作业。表 14-3 显示某期间泊位作业计划所需桥吊的配置。按照同样的方法可获得轮胎吊、集卡配置。

表 14-3　泊位作业计划表（桥吊配置）

班组	时间/桥吊	Q801	Q802	Q803	Q804	Q805
三班	19	A 航运				
	20					
	21					
	22					
	23					
	0					
	1				B 航运	
	2					
	3					
	4					
	5					
	6					
	7					
四班	8	D 航运				C 航运
	9					
	10					
	11					
	12					

问题：

1. 根据你的了解，谈一谈大数据技术可以在哪些方面推进绿色物流的实现。

2. 谈一谈你对国际物流绿色战略的认识，你认为哪些方法、方式、手段可以推动国际物流绿色战略。

3. 你认为习近平总书记提出的 21 世纪海上丝绸之路战略构想对国际物流的影响有哪些？对国际物流绿色战略有什么推动？

4. 你认为推出"碳排治理成本""碳税"是否可行？"碳排治理成本"对集装箱码头作业的潜在影响有哪些？

思考题

1. 阐述绿色物流的内涵与特点，绿色物流产生的背景是什么？

2. 对于我国的绿色物流的发展状况，你怎么看？

3. 我国国家物流术语把逆向物流分为哪两类？

4. 阐述逆向物流形成的驱动因素。

5. 对于我国低碳物流的发展现状，你是怎么认识的？

练习题

1. 企业建设逆向物流系统要关注什么？

2. 什么是低碳物流？你对发展低碳物流是怎么认识的？

3. 对于我国的低碳物流发展状况，你怎么看？你有什么政策建议？

4. 在物流发展的历史进程中，绿色物流和低碳物流有什么区别？如何处理发展我国绿色物流和低碳物流的关系？你有什么政策建议？

5. 在我国进入工业化中后期发展阶段的进程中，如何建设我国的绿色产业物流体系？你有什么政策建议？

6. 在我国进入工业化中后期发展阶段的进程中，如何发展我国的循环经济、构建我国的逆向物流体系？你有什么政策建议？

第15章 国际物流标准化管理

[教学目标]

了解标准化对国际物流的意义，掌握国际标准化的分类及体系，掌握国际物流标准化的方法与技术，熟悉和掌握我国物流标准化体系。

[关键词]

标准化
国际标准化组织
物流模数
作业标准

◆ [引导案例]

华新商贸物流标准化建设案例

广州华新商贸有限公司以商贸分销模式下的全供应链体系标准化建设项目为基础，以标准化托盘循环共用体系建设为核心，与快速消费品厂商间展开全供应链体系标准化试点，全面推进从生产端到城市配送标准化末端车型的带板运输，实施供应链全过程的托盘一体化作业，大大降低了运营和人力成本。

一、企业介绍

广州华新商贸有限公司始建于1990年，注册资金为人民币6666万元，现已发展成为一家多元化的供应链管理、物流配送企业。公司与300余家国内外知名品牌长期合作，商品SKU数量超过35 000个，服务客户超过20万家，服务网络覆盖珠三角地区各类零售网点；自有城市配送车辆1162台，仓储面积超过96万 m²，同时为众多社会分销企业提供公共仓储及第三方物流配送服务；在全广东省建设有51个交通便利、布局合理的区域物流基地。

近年来，华新商贸在物流分销行业丰富的行业经验、雄厚的发展实力、创新的发展模式使其在业内斩获多项殊荣，2014—2015年被国家商务部列为首批物流标准化试点企业，被国家发改委列为共同配送试点企业，被国家交通部列为城市配送试点企业，被国家商务部列入《商贸物流标准化专项行动计划》第一批重点推进企业等。它在整个华南及周边地区构建起了华新商贸物流网络，见图15-1。

华新商贸覆盖全广东省的共同配送网络见图15-2。

华新商贸构建了现代渠道、流通渠道、餐饮渠道、特殊渠道和电商渠道等五大分销渠道，见图15-3。代理了包括饮料、食品、日用品、酒类等全系列快速消费品（见图15-4）的物流，主要服务于珠江三角洲知名的制造业企业，如珠江啤酒、百事可乐、怡宝、红牛、娃哈哈、联合利华、冰泉、箭牌、格力高、汉高、利洁时、强生等，同时也为超过30 000家的餐饮企业服务。在服务过程中，华新商贸通过成

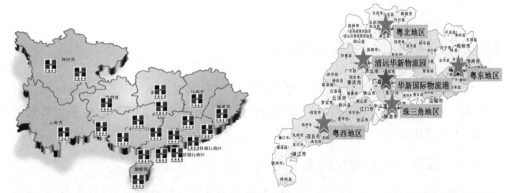

图 15-1　华新商贸在整个华南及周边地区的物流网络　图 15-2　华新商贸在广东省的共同配送网络

图 15-3　华新商贸五大分销渠道

图 15-4　华新商贸主要代理品牌

功开发物流信息系统，不断优化物流供应链管理流程，持续深化与制造业企业的联动合作，为需求方提供了及时、准确、高效的物流配送全程信息化管理服务。2015年，其货运总量突破 760 万 t，华南地区订单实现 24 小时 100% 妥投。

思考：

1. 结合华新商贸物流的发展，如何理解物流标准化建设的意义？

2. 在物流运作中，还存在哪些标准化问题？它们是如何影响物流的运作效率和效益的？

15.1 国际物流标准化概述

中国古代实际很早就开始有了标准化，如"书同文，车同轨"，秦朝时期就已开启了运输工具标准化。"车同轨"成为中国古代物流标准化的里程碑，也是世界最早的物流标准化思想理念。

15.1.1 国际物流标准化的概念

标准化是对产品、工作、工程、服务等规定统一的标准，并且对这个标准进行贯彻实施的过程。标准化的内容，实际上就是经过优选之后的共同规则。为了推行这种共同的规则，世界上大多数国家都有标准化组织，例如英国的标准化协会（BSI）等。在国际上，日内瓦的国际标准化组织（ISO）负责协调世界范围内的问题。

ISO（International Organization for Standardization），即国际标准化组织。该组织由非政府机构发起，其宗旨是在世界上促进标准化及其相关活动的开展，便于商品和服务的国际交换。ISO 制定的标准很多，其中 ISO 9000 系列标准已成为世界认可的重要国际标准。ISO 9000 系列是 1987 年国际标准化组织制定颁布的国际通用的"质量管理和质量保证"系列标准，是企业质量保证体系发展与成长之根本。多数上下游企业取得 ISO 9000 质量认证后，必然要求包装、保管、运输、配送等物流活动也达到相应的质量标准和要求，从而对物流企业提出了要求。ISO 系列标准具有系统性、实用性和规范性，能指导企业提供满意的商品和服务，给企业带来信誉和更大的利润，故物流及其相关的流通企业应在充分考虑顾客需要、风险、费用、利益和适用范围的基础上取得 ISO 标准质量体系的认证。

而国际物流标准化，是指以国际物流为一个大体系，制定系统内部设施、机械装备、专用工具等各个子系统的技术标准；制定系统内各分领域如包装、装卸、运输、仓储等方面的工作标准；以国际物流大系统为出发点，研究各分系统与分领域中技术标准与工作标准的配合性，按照配合性要求，统一整个国际物流系统的标准，研究国际物流系统与其他相关系统的配合性，进一步谋求国际物流大系统的标准统一。

15.1.2 物流标准化的特点

与一般标准相比，物流标准化的主要特点有以下几方面：

（1）物流系统的标准化涉及面广，对象也不像一般标准化系统那样单一，而是涉及机电设备、建筑、工具、工作方法等许多领域。这些对象虽然处于一个大系统中，但缺乏统一，从而存在标准种类繁多、标准内容复杂等问题，给物流标准的统一性及配合性带来很大的困难。

（2）物流标准化系统属于二次系统，这是由于物流及物流管理思想诞生较晚，组成物流大系统的各个分系统，在过去没有归入物流系统之前早已分别实现了本系统的标准化，并且经过多年的应用，不断发展和巩固，很难再做出改动。在建立大物流系统的标准时，又必须要以这些分系统标准为依据。个别情况下固然可将有关旧标准推翻，按物流系统所提出的要求重新建立标准化体系，但通常还是在各个分系统标准化的基础上建立物流标准化系统。这就要求从适应及协调的角度对原有标准进行二次标准化，而不可能全部创新重建，这也给建立物流标准化造成阻碍。

（3）物流标准化更要求体现科学性、民主性和经济性。科学性、民主性和经济性，是标准的"三性"。科学性是要体现现代科技成果，以科学试验为基础，在物流中还要求与物流的现代化（包括物流技术与物流管理）相适应，将现代科技成果融入物流大系统；这种科学性不但反映在其本身的科学技术水平上，还包含协调与适应能力的要求，使综合的科技水平最优。

民主性要求是指制定标准时采用协商一致的方法，要广泛考虑各种现实条件，广泛听取意见，而不能过分倚重某一国家或企业，这样才能使标准更权威、阻力较少，易于贯彻执行。物流标准化涉及面广，因此民主性非常重要。

经济性是标准化的主要目的之一，它是标准生命力的决定因素。物流过程不能像深加工那样带来产品的大幅度增值，即使通过流通加工等方式，增值也是有限的。所以物流费用多开支一分，就要影响到一分的效益。但是，物流过程又必须投入大量的消耗，因此如果不注重标准的经济性，必然会引起物流成本的增加，使标准失去生命力。

（4）物流标准化有非常强的国际性。经济全球化的趋势带来了国际交往的大幅度增加，而所有的国际贸易最终都靠国际物流来完成。各个国家都很重视本国物流和国际物流的衔接，在本国物流发展初期就力求使本国物流标准与国际物流标准体系一致。若不如此，不但会加大国际交往的技术难度，而且会在关税及运费的基础上增加因标准化系统不统一造成的效益损失，致使外贸成本增加。例如，"一带一路"涉及多个国家和地区，国情不同，交通基础设施标准也不统一。就拿铁路来说，中国和大部分国家的铁轨采用标准轨，而与中国国境相接的蒙古国和俄罗斯是宽轨，另外一些沿线国家如马来西亚又是窄轨。在"一带一路"建设推进过程中，必须要解决这个问题，统一标准，才能够真正实现车行其道、货畅其流。因此，物流标准化的国际性也是物流标准与一般产品标准的重要区别。

15.1.3　物流标准化的意义

"一带一路"建设秉承共商、共享、共建原则，其中基础设施互联互通是"一带一路"建设的优先领域，而基础设施互联互通的基础是标准化。现代物流业是支撑现代制造、商贸流通和服务于人民生活的战略性服务行业，现代物流的标准化是"一带一路"标准化的核心，涉及铁路、港口、集装箱、仓储、货架、车辆、物流设备的标准化，直接对接"一带一路"沿线各国生产制造和消费终端，战略地位十分重要。

标准化是物流管理的重要手段，物流标准化对物流成本、效益有重大决定作用。托盘标准化、集装箱标准化、运输工具标准化等手段对生产、流通都起到了很大作用。它能加快流通速度，保证物流质量，减少物流环节，降低物流成本。在物流技术发展和实施物流管理工作中，物流标准化是有效的保证，其意义主要体现在以下几个方面：

（1）物流标准化是物流管理，尤其是大系统物流管理的重要手段。在进行系统管理时，系统的统一性、一致性，系统内部各环节的有机联系是系统能否生存的首要条件。保证统一性、一致性和各环节的有机联系，除了需要有一个适合的体制形式和有效的指挥、决策及协调的机构领导体制外，还需要许多方法手段，标准化就是手段之一。方法、手段又会反过来影响指挥能力和决策水平。

国际物流学

（2）物流标准化对物流成本、效益有重大决定作用。标准化可以带来效益，这在技术领域是早已被公认的，在物流领域也是如此。标准化实行后，物流标准贯穿于全系统，可以提高物流速度降低中转费用，降低装卸作业费用，降低中间损失。

（3）物流标准化是加快物流系统建设、迅速推行物流管理的捷径。物流系统涉及面广，难度非常大，推行标准化会少走弯路，加快我国物流管理的发展。

（4）物流标准化也给物流系统与物流以外系统的连接创造了条件。物流本身不是孤立存在，从流通领域，上接生产系统，下连消费系统。从生产物流来看，物流和相关工序相连接，彼此有很多交叉点。要使本系统与外系统衔接，通过标准简化和统一衔接点是非常重要的。

由于国际物流涉及的范围广、国家多，因此国际物流的标准化要求较高。要使国际物流畅通起来，统一标准是非常重要的。可以说，如果没有统一的标准，国际物流水平是提不高的。物流标准化已是全球物流企业提高国际竞争力的有力武器，是我国物流企业进军国际物流市场的"通行证"。

15.1.4 物流标准化的措施

我国正在大力加快推进物流标准化建设。国家发改委《关于推动物流高质量发展促进形成强大国内市场的意见》（2019 年）中强调，要促进标准化、单元化物流设施设备的应用；精简货运车型规格数量，严查严处货车非法改装企业；研究制定常压液体危险货物罐车专项治理工作方案，稳步开展超长平板半挂车、超长集装箱半挂车等非标货运车辆治理工作；合理设置过渡期，通过既有政策措施加快淘汰存量非标货运车辆和鼓励应用中置轴厢式货车等标准厢式货运车辆，推动货运车辆市场平稳过渡和转型升级；推动城市配送车辆结构升级，逐步建立以新能源配送车辆为主体、小型末端配送车辆为补充的配送车辆体系；支持集装箱、托盘、笼车、周转箱等单元化装载器具循环共用，以及托盘服务运营体系建设，推动二手集装箱交易流转；鼓励和支持公共"挂车池""运力池""托盘池"等共享模式和甩挂运输等新型运输模式的发展；鼓励企业使用智能化托盘等集装单元化技术，研发使用适应生鲜农产品网络销售的可重复使用的冷藏箱或保冷袋，提升配送效率；鼓励企业使用标准托盘；加快物流信息、物流设施、物流装备等标准对接。

15.2 国际物流标准化分类及体系

具体来说，物流标准大致可以分为四大类：一是物流大系统的基础统一性标准；二是物流分系统的技术标准；三是物流作业与规范标准；四是物流信息化标准。

15.2.1 物流大系统的基础统一性标准

物流作为一个整体系统，其间的配合应有统一的标准。这类标准主要有：专业计量单位标准、物流基础模数尺寸标准、物流建筑基础模数尺寸标准、集装模数尺寸标准、包装的识别与标志标准、物流专业名词标准、物流核算与统计标准等。

1. 专业计量单位标准

由于物流的国际性很突出，物流系统的计量标准必须考虑国际习惯用法，以及国际计量方式的不一致，且不能完全以国家统一的计量标准作为唯一依据。这就是说，除国家公布的统一计量标准外，物流系统还有许多专业的计量问题，必须在国家及国际标准的基础上，确定本身专门的标准。

2. 物流基础模数尺寸标准

基础模数尺寸是指标准化的共同单位尺寸，或系统各标准尺寸的最小公约尺寸。物流基础模数尺寸的确定不但要考虑国内物流系统，而且要考虑与国际物流系统的衔接，这具有一定难度和复杂性。在基础模数尺寸确定之后，各个具体的尺寸标准都要以基础模数尺寸为依据，选取其整数倍数为规定的尺寸标准。基础模数尺寸确定后，只需按其倍数系列来确定其他相关的尺寸标准，这就大大减少了复杂性。

3. 物流建筑基础模数尺寸标准

物流建筑基础模数尺寸主要是指物流系统中各种建筑物所使用的基础模数，它是以物流基础模数尺寸为依据确定的，也可选择共同的模数尺寸。物流建筑基础模数尺寸是设计建筑物的长、宽、高尺寸，门窗尺寸，建筑物的间距、跨度及进深等尺寸的标准。

4. 集装模数尺寸标准

集装模数尺寸是在物流基础模数尺寸的基础上，推导出的各种集装设备的基础尺寸，以此尺寸作为设计集装设备三向尺寸的依据。在物流系统中，由于集装是起贯穿作用的，集装尺寸必须与各环节物流设施、设备、机具相配合。因此，整个物流系统设计时，往往以集装尺寸为核心，然后，在满足其他要求的前提下决定各设计尺寸。因此，集装模数尺寸影响和决定着与其有关的各环节的标准化。

5. 包装的识别与标志标准

物流中的物品、工具、机具都在不断运动中，因此，识别和区分十分重要。对于物流中的物流对象，需要有易于识别而且又易于区分的标识，有时还需要自动识别，解决的办法是用规范的条码来代替用肉眼识别的标识。标识、条码的标准化便成为物流系统中重要的标准化内容。

6. 物流专业名词标准

为了使大系统有效地配合和统一，尤其在建立了系统的信息网络之后，要求信息传递异常准确，这首先要求专用语言及所代表的含义实现标准化。如果同一个指令，不同环节有不同的理解，则不仅会造成工作的混乱，而且容易出现大的损失。物流专业名词标准包括物流用语的统一及定义的统一解释，还包括专业名词的统一编码。

7. 物流核算与统计标准

物流核算与统计的规范化是建立系统情报网、对系统进行统一管理的重要前提条件，也是对系统进行宏观控制与微观监测的必备前提。这一标准化的内容包括：确定共同的、能反映系统及各环节状况的最少核算项目；确定能用以对系统进行分析并可为情报系统收集储存的最少的统计项目；制定核算、统计的具体方法，确定共同的核算统计计量单位；确定核算、统计的管理、发布及储存规范等。

15.2.2　物流分系统的技术标准

物流分系统的技术标准主要有：运输车船标准，作业车辆标准，传输机具标准，仓库技术标准，站台技术标准包装、托盘、集装箱标准，货架、储罐标准等。

国际物流学

运输车船标准的对象是物流系统中从事物品空间位置转移的各种运输设备，如火车、货船、拖挂车、货车等。运输车船标准不仅要从各种设备有效衔接、货物及集装的装运、与固定设施的衔接等角度来制定车厢、船舱尺寸标准，载重能力标准，运输环境标准等，还要从物流系统与社会关系角度出发，制定噪声等级标准、废气排放标准等。

作业车辆标准的对象是物流设施内部使用的各种作业车辆，如叉车、台车、手车等，包括尺寸、运行方式、作业范围、作业重量、作业速度等方面的技术标准。

传输机具标准包括水平、垂直输送的各种机械式、气动式起重机，以及传送机、提升机的尺寸、传输能力等技术标准。

仓库技术标准包括仓库尺寸、建筑面积、有效面积、通道比例、单位储存能力、总吞吐能力、温湿度等技术标准。2007 年 9 月国家标准委员会发布了通用仓库等级 GB/T 21072—2007 国家标准。

站台技术标准包括站台高度、作业能力等标准。

托盘、包装、集装箱标准包括托盘、包装、集装系列尺寸标准，包装物强度标准，包装、托盘、集装箱荷重标准，以及各种集装、包装材料、材质标准等。我国两次修订了我国托盘联运通用平托盘的主要尺寸与公差的国家标准，最终选定 1200mm × 1000mm 和 1100mm × 1100mm 两种规格作为我国托盘国家标准，并优先推荐使用 1200mm × 1000mm 规格，以提高我国物流系统的整体运作效率。

货架、储罐标准包括货架净空间、载重能力、储罐容积尺寸标准等。

15.2.3 物流作业与规范性标准

物流作业与规范性标准涉及对各项工作制定的统一要求及规范化规定。物流作业与规范性标准明确划定各种岗位的职责范围、权利与义务、工作方法、监察监督方法、奖罚办法等。主要的作业与规范性标准包括：岗位责任及权限范围；岗位交接程序及工作执行程序；物流设施、建筑的检查验收规范；货车、配送车辆运行时刻表、运行速度限制等的运输作业规范；司机顶岗时间、配送车辆日配送次数或日配送数量的配送作业规范；规定吊钩、索具使用、放置的设备工具管理规范；信息资料收集、处理、使用、更新规定；异常情况的处置办法等。

15.2.4 物流信息化标准

现代物流与传统物流的最大区别之一，就是有了计算机网络和信息技术的支撑，将原本分离的商流、物流、信息流和采购、运输、仓储、代理、配送等环节紧密联系起来，形成了一条完整的供应链。供应链管理就是对供应链中的物流、信息流、资金流、商流及贸易伙伴关系等进行的计划、组织、协调和控制。信息技术可使企业实现内部资源配置的优化，又可使供应链上的贸易伙伴实现物流信息的共享，从而对物流各环节进行实时跟踪、有效控制与全程管理，并最终实现一体化物流。

信息技术推动了人类从工业社会过渡到信息社会。随着信息社会的到来，与信息产业不可分割的信息技术标准化，尤其是作为信息处理之基础的信息分类编码标准化工作，越来越受到人们的重视。物流信息分类编码标准化是信息分类标准化工作的一个专业领域和分支，其核心是将信息分类编码标准化技术应用到现代物流信息系统中，实现物流信息系统的自动数据采集和系统间数据交换与资源共享，促进物流活动的社会化、现代化和合理化。所谓信息分类编码，就是对大量信息进行合理分类，然后用代码加以表示。将信息分类编码以标准的形式发布，就构成了标准信息分类编码。人们通常借助代码进行手工方式或计算机方式的信息检索和查询，特别是在用计算机进行信息处理时，标准信息分类编码显得尤为重要。统一的信息分类编码是信息系统正常运转的前提。物流信息化标准主要包括：EDI/XML 标准电子报文标准；物流单元编码标准；物流节点编码标准；物流单证编码标准；物流设施与装备编码标准；物流作业编码标准等。

15.3　国际物流标准化的方法与技术

15.3.1　国际物流标准化的方法

从世界范围来看，各国物流体系的标准化处于发展阶段，标准化的重点在于通过制定标准规格尺寸等来实现全物流系统的贯通，取得提高物流效率的初步成果。所以，这里介绍的物流标准化的一些方法，主要是指初步的规格化的方法及做法。

1. 确定物流的基础模数

物流模数（Logistics Modulus）是指物流设施与设备的尺寸基准，是为了物流的合理化和标准化，以数值关系表示的物流系统各种因素尺寸的标准。物流基础模数的作用和建筑模数的作用大体相同。基础模数一旦确定，设备的制造、设施的建设、物流系统中各环节的配合协调、物流系统与其他系统的配合就有了依据。国际标准化组织 ISO 中央秘书处及欧洲各国基本认定 600mm×400mm 为基础模数尺寸。

以该标准作为基础模数的原因可以归结如下：由于物流标准化系统比其他标准系统建立较晚，所以确定基础模数尺寸主要考虑了目前对物流系统影响最大而又最难改变的事物，即输送设备，采取"逆推法"，由输送设备的尺寸来推算最佳的基础模数。当然，在确定基础模数尺寸时也考虑到了现在已通行的包装模数和已使用的集装设备，并从行为科学的角度研究了对人和社会的影响，如人体操作的高限尺寸。图 15-5 展示了利用卡车车厢外壁宽 2500mm 来推导物流模数的过程。

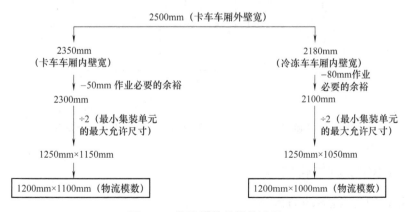

图 15-5　物流模数的推导过程

国际物流学

2. 确定物流模数

物流模数作为物流系统各环节的标准化环节的核心，是形成系列化的基础，依据物流模数进一步确定有关系列的大小及尺寸，再从中选择全部或部分，确定为定型的生产制造尺寸，这就完成了某一环节的标准系列。

由物流模数体系，可以确定各环节系列尺寸。各环节系列尺寸的推导过程如图 15-6 所示。

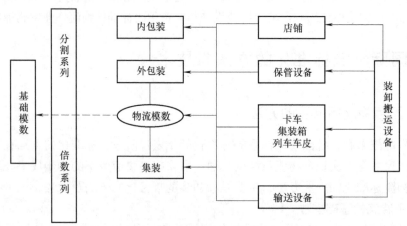

图 15-6　各环节系列尺寸的推导过程

国际标准化组织 ISO 对于物流标准化的重要模数尺寸取得了一致意见，其中几个基础模数尺寸是物流标准化的基础，具体内容如下：

（1）物流基础模数尺寸：600mm×400mm。

（2）物流模数尺寸（集装基础模数尺寸）：以 1200mm×1000mm 为主，允许使用 1200mm×800mm 及 1100mm×1100mm。

（3）物流基础模数尺寸与集装基础模数尺寸的配合关系如图 15-7 所示。

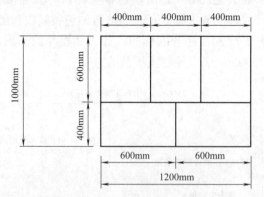

图 15-7　物流基础模数尺寸与集装基础模数尺寸的配合关系

15.3.2　国际物流标准化技术

1. 传统识别与标志标准技术

在物流系统中，识别系统是必要的组成部分之一，同时，识别系统也是最早实现标准化的系统之一。在物流领域，识别标记主要用于货物的运输包装上。传统包装标记分为三类，即识别标记、储运指示标记和危险货物标记。

（1）识别标记。识别标记包括主要标记、批数和件数号码标记、目的地标记、体积重量标记、输出地标记、附加标记和运输号码标记。

（2）储运指示标记。储运指示标记包括向上标记、防湿防水标记、小心轻放标记、由此起吊标记、由此开启标记、重心点标记、防热标记、防冻标记及其他如"切勿用钩""勿近锅炉""请勿斜放、倒置"等标记。

（3）危险货物标记。危险货物标记包括爆炸品标记、氧化剂标记、无毒不燃压缩气体标记、易燃压缩气体标记、有毒压缩气体标记、易燃物品标记、自燃物品标记、遇水燃烧物品标记、有毒品标记、剧毒品标记、腐蚀性物品标记、放射性物品标记等。

在实际工作中遇到这类问题时，可以按我国国家标准《危险货物包装标志》《包装储运指示标志》等为依据。如果是进行进出口的国际海运，可依据 ISO 发布的《国际海运危险品标记》等。

采用标记的识别方法，最重要的是引起人们的注意，对物品操作的处理起着简明扼要的提示作用，因此标记必须牢固、明显、醒目、简要、方便阅视和标记正确，便于一阅即掌握要领或易于发现错误从而及时纠正。

传统标记方法简单、直观，这是很大的优点。但是，正因为如此，就限制了标志的内容，有许多应标记的项目不能被标记上。标记过于简单，也往往使人难以掌握得很清楚透彻。此外，由人来识别标记，往往是出现识别错误造成处置失当的原因。由于人的识别反应速度所限，难以对大量、快速、连续运动中的货物做出准确识别。

2. 自动识别与条码标志

"自动识别＋条码"是基于"人工识别＋标志"的一大进步，这种技术使识别速度提高几十倍甚至上百倍，准确率几乎达到 100%，是提高效率的重要进步。

"自动识别＋条码"之所以能广泛实施，关键在于条码的标准化，使自动识别的电子数据可以成为共享的数据。

和一般的图记标志不同的是，条码有大得多的数据存储量，可以将许多与物流有关的信息包含在内，这是图记标志所不可比拟的。条码的重大缺陷是缺乏直观性，只能和自动识别系统配套使用，而无法由人工识别。

3. 自动化仓库标准技术

自动化仓库标准技术的主要内容有以下几部分。

（1）名词术语的统一解释。名词术语的统一解释是自动化仓库的基础标准，统一使用词汇之后，可以避免设计、建造和使用时的混乱。一般而言，名词术语大体应由以下几部分语言组成：

① 自动化仓库的设施、建筑、设备的统一名称，包括种类、形式、构造、规格、尺寸、性能等。

② 自动化仓库内部定位名称，例如日本工业标准用以下语言定位：W 方向：与巷道及运行方向垂直的方向；L 方向：与巷道及运行方向平行的方向；排：沿 W 方向货位数量定位；列：沿 L 方向货位数量定位；层：沿货架高度方向货位数量定位。

③ 操作、运行指令、术语等。

国际物流学

（2）立体自动化仓库设计通用规则。立体自动化仓库设计通用规则包括适用范围、用语含义解释，以及货架、堆垛起降机、安全装置的尺寸、性能、表示方法等。

（3）立体自动化仓库安全标准。立体自动化仓库安全标准规定了安全设施、措施、表示符号等，如防护棚网标准、作业人员安全规则、操作室安全规则、设备自动停止装置、设备异常时的保险措施、紧急停止装置、禁止入内等表示符号等。

（4）立体自动化仓库建设设计标准。立体自动化仓库建设设计标准和一般建筑设计标准的区别在于，要根据物流器具特点确定模数尺寸，标准还包括面积、高度、层数的确定，建筑安全、防火、防震规定，仓库门、窗尺寸及高度确定等。

15.4 我国物流标准化体系

15.4.1 物流国家标准体系

经济活动中，采购、包装、运输、仓储、装卸、流通加工、配送构成物流的各个环节。现代物流进行物流组织、运营和管理创新，应用信息技术对传统物流各环节进行系统性的整合，使物流活动具有集成化、系统化和网络化的特征，而不再是传统模式下分离的运输、仓储、装卸等物流环节或物流作业的简单组合。所以，现代物流是一项跨行业、跨部门、跨地区甚至跨国界的系统工程，只有在规范的市场秩序、完善的物流管理及技术标准指导、畅通的信息交换与共享机制的条件下，才有可能提高物流效率，增强企业竞争力。因此，物流标准化体系的建设就一定要体现现代物流的结构特点。物流国家标准体系大体分为物流通用基础标准、物流作业标准、物流管理标准、物流信息技术标准、物流服务标准、物流设施和技术装备标准，以及相应的门类和个性化标准体系。

1. 物流通用基础标准

在现代物流标准化体系中，对需要协调统一的基础性物流事项所制定的标准称为通用基础标准，主要由物流术语标准、物流计量标准和物流模数标准等组成。我国《物流术语》国家标准已经明确了物流活动中的基本概念术语、物流作业术语、物流技术设备与设施术语和物流管理术语。它的出台对规范我国物流业发展中的基本概念、促进物流业的迅速发展并与国际接轨起到了重要作用。

2. 物流设施和技术装备标准

物流设施标准由运输器械设施标准、仓储设施标准、装卸搬运设施标准和包装器械标准组成。运输是物流的中心环节之一，它包括从生产地到消费地的运输，也包含消费地向消费者配送时的运输，可分为长途货运、配送链和末端配送三种类型。长途货运工具以飞机、船舶和铁路货车为主；配送链运输则以大型或中型卡车、平板车、可脱卸卡车为主；而末端配送则以厢式货车、小型货车为主。运输器械标准包括上述货运车、船、飞机的内部尺寸和外部尺寸标准。仓储在物流中起着缓冲、调节和平衡的作用，仓储设施标准包括固定设备标准、仓库建筑技术标准、管道技术标准、线路技术标准、货架和储罐标准等。装卸搬运包括装上、卸下、移送、拣选、分类、堆垛、入库、出库等活动，与之有关的装卸搬运标准包括站台技术标准、港口技术标准、机场技术标准、搬运车技术标准、起重机械标准和传输机具标准。物流的包装作业的目的不是要改变商品的销售包装，而是通过对销售包装进行组合、拼配、加固，形成适于物流和配送的组合包装单元。包装的方法主要是由物流的方式和运输范围所决定的，长途货运的载货单元通常为海运或陆运集装箱、可脱卸车厢、与铁路运输配套的大箱，配送链的卸货单元为可脱卸车厢、中等箱、物流箱，末端配送以托盘和小箱为主。因此，包装器械标准包括上述包装、托盘、集装箱的标准，以及专业化的物流中心为制造商或分销商完成一定的加工作业设施的标准，比如贴标签、制作并粘贴条码等设施的标准。

3. 物流管理标准

物流管理是指为了以最低的物流成本达到客户所满意的服务水平，对物流活动所进行的计划、组织、协调与控制。在物流标准化领域中，对需要协调统一的通用管理事项所制定的标准称为物流管理标准。管理标准是管理机构为行使其管理职能而制定的具有特定管理功能的标准，如物流主管部门对物流相关业务行使其计划、组织、监督、调节、控制等管理职能而制定的管理功能的标准。物流管理标准的制定有利于物流系统、物流作业、物流信息技术、物流服务等标准的执行。物流管理标准可以划分为六大部分：物流成本管理标准、物流质量管理标准、物流业务管理标准、供应链管理标准、电子商务物流管理标准和国际物流管理标准，基本上涵盖了传统和先进的物流管理的思想和方法。物流管理的相关标准对指导我国现代物流的发展起着重要作用，在现代物流标准体系中占据着很重要的地位。

4. 物流作业标准

物流活动各环节的作业标准，包括运输作业标准、仓储作业标准、装卸作业标准、配送作业标准、检验作业标准、流通加工作业标准。物流作业标准是标准体系中不可或缺的一部分，因为物流的这些传统要素是物流实务的重要组成部分，构成了物流服务的各项内容。只有这些流程都实现了标准化，形成物流质量保证体系并且严格执行这些标准，才能保证物品从生产者到消费者手中的物流过程的顺畅、高效。

5. 物流信息技术标准

现代物流只有通过信息技术和网络平台才能将制造商、供应商、用户连接起来，实现对物流各环节的适时跟踪、有效控制和全程管理，达到资源共享。物流信息技术的标准化对推动整个物流行业的发展起着至关重要的作用。物流信息标准体系的建立可以使供应链上的所有企业充分共享物流信息，提高物流运作效率。物流信息技术标准包括物流单证标准、物流代码标准、物流标识标准、自动识别与自动采集技术标准、自动传输技术标准、数据储存技术标准、自动跟踪技术标准和物流信息系统等门类标准。

6. 物流服务标准

物流企业生存和发展的基础是向顾客提供服务并尽力满足顾客的需要。加强物流管理、改进物流服务，是物流企业创造并保持竞争优势的重要手段。物流服务水平直接影响着企业的市场份额和物流总成本，并最终影响其盈利能力。对于物流服务提供的内容，如存货服务、订货服务、送货服务和信息服务，都要制定标准化的工作规范。同时，物流服务标准还包括物流增值服务标准、物流服务营销标准、物流服务管理标准、物流服务考核指标体系标准、物流服务评价方法标准等。

15.4.2　我国物流标准化现状

物流标准化是物流运作的关键技术领域，对提高物流运作效率与效益、降低物流运

国际物流学

作成本和提升顾客服务水平都具有战略性的意义。由于我国的物流行业起步较慢，物流标准化程度在很多方面与一些发达国家相比较落后。但是，如今的我国的物流业务正处于蓬勃发展的阶段，而物流行业标准化步伐也在紧跟而上。

1. 物流标准化的组织管理现状

在组织方面，经国家标准化管理委员会批准，我国已经成立了"物流标准化技术委员会"和"全国物流信息管理标准化技术委员会"两个标准化技术委员会。"全国物流信息管理标准化技术委员会"主要负责物流信息基础、物流信息系统、物流信息安全、物流信息管理、物流信息运用等领域的标准化工作。"物流标准化技术委员会"主要负责物流信息以外的物流基础、物流技术、物流管理和物流服务等标准化工作。这两个组织的建立为我国标准化物流的发展奠定了组织基础，但未能根本解决我国物流标准化中部门分割严重、标准难以协调的问题。例如，标准的归口管理大多数设在各个管理部门的标准化技术委员会，这便造成了物流标准化管理工作的落后，也使得各类运输方式设备标准不统一和物流器具标准不配套。

2. 物流标准的制定现状

据中国物流与采购联合会2015年6月发布的《物流标准目录手册》统计，我国已颁布的现行物流国家标准、行业标准和地方标准共计835项，按其内容涉及基础性标准、物流设施设备标准、物流技术标准、物流作业与管理标准、物流信息标准及行业物流专业类标准等。从标准层次性的角度来看，制定的与物流有关的标准不只有企业标准和地方、行业标准，也有不少的国家标准，其中有一部分标准还采用了国际标准或国外先进标准。但是，我国物流标准化的制定在总体上仍表现出滞后性，标准化物流的发展仍缺少一个宏观的标准管理协调机制。

3. 物流标准化法规制定现状

由于历史原因，物流各项作业分属于不同的部门管理，各部门制定的众多法规，如运输方面的《公路货物运输合同实施细则》《水路货物运输合同实施细则》等，包装、仓储方面的《包装术语》《粮油名词术语粮油仓储设备与设施》等，以及涉及物流企业工商、税务、海关、检验的企业登记规则及单证的有关法规和规定。这些标准和法规虽然对规范作业和行业发展起了积极的作用，但很难适应新形势下的现代物流实践的发展趋势。

4. 物流标准化的企业推广现状

从标准化企业的推广方面，随着人们对标准化认识的提高，物流企业参与物流标准化的积极性明显提高，有更多的企业在物流管理过程中积极采用物流标准，提高物流效率。但是，标准化的普及还是要依赖于产业自身的发育程度。在很多从传统行业转型的中小企业中推行物流标准化显然还是有很大的难度。部分中小企业缺乏动力，实施相应标准后，相关企业在短期内不但难以见到成效，反而额外增加了成本。以托盘标准化为例，现阶段大部分使用托盘的企业都是自行购置，托盘是企业的固定资产，如果要更换成标准化的托盘，一些企业甚至整个行业就必须重新购置或租赁新的托盘，除此之外，由于配套的仓库、货架、叉车甚至流水线等可能都与托盘相互关联，这就要求企业必须更新所有相关配套设施，其成本巨大，大多数企业不愿接受，也难以承受。

本章小结

本章首先通过国际物流标准化概述，使读者对物流标准化有一个初步认识；其次通过介绍国际物流标准化分类及体系、方法与技术，系统地了解国际物流标准化的内容；最后介绍我国物流标准化体系，使读者对我国物流标准化现状有一个基本的把握。

[案例讨论]

广州华新商贸有限公司物流标准化项目建设

一、项目介绍

广州华新商贸有限公司全供应链体系标准化建设项目从 2014 年 6 月开展以来，以 1200mm×1000mm 的标准化托盘循环共用体系建设及开展为核心，全面推进从生产到销售终端的全供应链体系标准化建设。该项目体现了以下几个特点：

（1）以单元化托盘作业为手段，以机械化物流装备为支撑，实施物流设施设备标准化。从生产环节的包装如瓶形设计、生产线调整、自动立体库堆码机械手自动堆码参数设定到标准化仓库，以及货架的仓储改造、机动叉车等举升设备，再到城市配送标准化车型的带板运输到销售渠道终端，实施供应链全过程的托盘一体化作业。相关工作见图 15-8 ~ 图 15-10。

图 15-8　1200mm×1000mm 华新商贸自有标准化托盘

图 15-9　已报废的非标准货架

（2）联动上下游企业开展供应链体系标准化试点，与华润怡宝（自建）、珠江啤酒（合作）、红牛饮料、娃哈哈等快速消费品厂商展开供应链体系标准化试点。

（3）建设托盘循环共用信息系统平台。华新商贸托盘循环共用系统以旗下 51 个物流基地为依托，基于射频识别、二维码、物联网等技术，满足华新商贸的上下游关联企业，并面向珠三角及华南地区，向社会快速消费品流通企业推广标准化托盘的循环共用（见图 15-11）。

图 15-10　配套建设的标准化仓库和货架

国际物流学

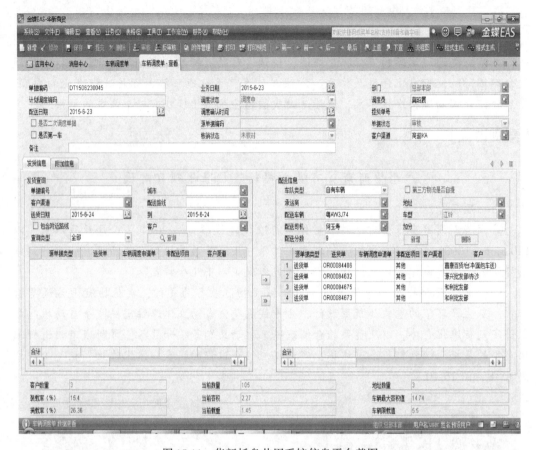

图 15-11　华新托盘共用系统信息平台截图

二、项目推进情况

（1）完成标准托盘的采购，并将所有标准化托盘进行编码，并植入射频识别无源标签。

（2）推进标准化托盘与仓库、叉车、配送车辆、货架等物流设备设施的衔接与匹配，并推进物流设备设施的标准化投资与改造。

（3）搭建华新托盘共用系统信息平台，在上下游合作企业中宣传推广托盘的标准化应用。①以华新旗下45家分公司、51个物流基地、1个中心仓为基础服务网点，为华新的上下游联动企业提供资源共享，实现托盘流转服务智能化操作。②在华润怡宝、珠江啤酒等标准化托盘应用业务较稳定的企业内部专门设立网点，方便托盘资源共享。③在广州市主要港口、码头、机场、公铁路货运站、大型零售批发中心设置网点，方便客户进行共用和退还托盘。

三、项目成效

1．提升物流作业效率

项目实施后，带板运输量大幅提高至60%以上，标准托盘使用量超过10万片，装卸效率提升35%，周转效率提升25%，极大提高了运营效率。

2．降低运营成本

（1）周转费用减少。从生产环节的包装到仓储、配送、装卸等整个供应链流程实施标准化之后，每万吨货物的运输周转费用减少近万元，按华新商贸年货物吞吐600万 t 测算，每年可节约成本600万元。

以"华润怡宝项目"为例（自建，见图15-12），从生产环节的包装及瓶形改进、自动堆码机械手技术参数调整，到干线运输的标准化单元运输，再到分销环节仓储设备改造以适应标准化托盘堆码，再到城市配送专用车型的试制以加快最后一公里的作业效率，整个项目效果良好，作业效率提升50%以上，运营成本下降超过20%。

图 15-12　自建"华润怡宝项目"实现全产业链标准化运输

（2）人力成本下降。实施标准化之后，华新商贸可以减少人工装卸车、人工堆码等一线搬运人员50%以上，可节省人力成本超120万元/年。

以珠江啤酒项目为例（合作，见图15-13），从2014年开始，珠江啤酒和华新商贸即展开物流标准作业试点，从生产到厂区自动立体库自动堆码，再到干线运输，目前已实现标准化带板运输全方位覆盖，整个项目经测算作业效率提升50%以上，运营成本下降超过32%，一线搬运人员减少超过50%。在珠三角多年来"用工荒"的困境下，华新物流摸索出了一条"从产地到餐桌"的全产业链标准化物流标准和模式，较好地改善了物流企业运营成本居高不下的不良局面，提高了企业的经济效益，并取得了良好的社会效益。

图 15-13　共建"珠江啤酒项目"带板配送标准化作业

国际物流学

四、经验做法

1. 通过机械化自动化物流设施设备的更新，对物流园区进行升级改造，构建布局合理、运营高效的智慧物流园区

华新商贸按市场需求，遵循科学规划、有序建设的原则开展智慧物流园区的规划建设，通过信息平台的更新，实现数据监控和物流流程监控，形成园区内部各个功能区之间的互联互通，实现园区智能化、可视化、透明化、数据化管理；同时，积极引进业内先进的物流设施设备，加快机械化、自动化物流装备的投入应用，提高园区物流服务整体水平。通过信息化手段，统一园区内部管理和对外合作，建设服务于园区内外的电子商务平台和信息管理系统，实现公共管理和服务智能化。

2. 以信息技术为核心，建立智能化仓储系统、智慧化物流配送系统

一方面，加强人员、货源、车源和物流服务信息的有效匹配，优化配送路线，利用大数据技术采集路况信息，建立交通状况模型，与智能交通系统对接，依据实时路况动态调整配送路线，实现自动调配；运用北斗等导航定位技术，实时记录配送车辆位置及状态信息，利用云计算技术，做好供应商、配送车辆、门店、用户等各环节的精准对接。加强流程控制，运用信息技术，加强对物流配送车辆、人员、环境及安全、温控等要素的实时监控和反馈。

另一方面，支持通过物流信息服务平台，集聚整合物流供需资源，为用户提供采购、交易、运作、跟踪、管理和结算等全流程服务，加强平台间互联互通，实现联网调度，线下线上同步整合。通过物流信息服务平台，对物流业务分布热点、货源结构、流向分布以及车源结构等大数据进行挖掘分析，为客户提供个性化服务，提升客户管理、运作、决策和竞争能力，提高与物流业发展配套的金融、法律、咨询等服务的信息化水平。通过物流信息服务平台，提高企业的及时响应能力，促进精益生产和服务，推动与上下游企业信息互通、联动发展，带动产业链上下游协同联动。

3. 提高物流配送标准化、单元化水平

加快推广物流信息技术、编码、安全、管理和服务等方面标准的应用，推动物流信息化标准体系建设，深入开展物流标准化专项行动，支持行业协会、高等院校、科研机构参与物流信息标准的制定和宣贯工作。同时，以物流标准化为支撑，不断探索供应链物流标准化的运营模式，一方面进一步深入参与物流标准化试点，协助政府部门推广试点成效；另一方面加快华新商贸物流节点的标准化改造建设步伐，加快与上下游企业的互联互通，与上下游企业联动，推进全供应链物流标准化建设。

五、创新特色

1. 智能分销与智慧物流协同发展

智能分销系统与智慧物流系统一体化发展，是突破物流、信息流的瓶颈，人才、意识的短板，推动分销物流业实现由劳动密集型、资源密集型向技术型、资本性转变的必由之路。华新商贸积极引领行业发展趋势，开展了"电商物流配送服务标准体系"建设，以智能分销与智慧物流为核心，以物流标准化建设为支撑，通过信息平台引导、带动企业发展，并实现分销、物流信息的协调发展，并注重设施设备智能化，包括货物自动分拣系统、FRID无线射频识别设备、城市配送监管调度系统，能跟踪设备和通信设备，实行配送车辆的专业化、统一化管理，实时记录配送车辆位置及状态信息，对运输

车辆进行科学排序、合理调度使用，减少空载率、降低物流成本，实现物流配送的"智慧化"。

2. 物流"智慧化"与物流"标准化"一体化推进

配送只是物流的一个环节，是整个物流可视化的最末端，必须使整个物流环节都实现"智慧化"才能与之匹配。作为国家物流标准化试点企业，华新商贸率先在行业内实行智慧物流标准化，以物流标准化为支撑，以智能仓储系统和智慧化物流配送信息平台为核心，对仓储中心、分拣中心、配送中心等各物流服务建立标准，使仓储、物流设施设备、跨境物流、园区管理方面也都实现了"智慧化"，通过智能化管理理念与智能化服务体系的创新，为客户提供更加智能化、专业化、多元化的服务。

　　问题：

1. 华新商贸的物流标准化项目建设对你有什么经验和启发？

2. 你认为我国如何从根本上解决物流标准化的难题？其发展趋势如何？

思考题

1. 国际物流标准化的特点有哪些？有何意义？

2. 国际物流标准化是如何分类的？

3. 国际物流标准化有哪些方法？

4. 我国物流标准化体系包括哪些方面？

练习题

一、名词解释

1. 物流模数

2. 物流建筑基础模数

3. 作业车辆标准

4. 仓库技术标准

5. 储运指示标记

二、简答题

1. 与一般标准相比，物流标准化具有什么特点？

2. 物流标准化有什么意义？

3. 国际物流标准化分类体系包括哪些方面？

第16章 国际物流信息化

[教学目标]

了解我国国际物流企业提升核心竞争力的要求；了解我国国际物流企业信息化战略以及平台建设；掌握"互联网＋"和"互联网＋物流"的理念。

[关键词]

核心竞争力
物流信息化
虚拟经营
管理流程

◆ [引导案例]

林安物流集团信息化建设

林安物流集团是一家以现代智慧物流园区运营和管理，搭建现代物流信息化平台、物流金融平台及第四方物流服务平台为主的综合性平台企业。集团在行业处于全国领先水平，是国家多部委重点扶持的龙头企业，是广东省直通车服务重点企业。

林安物流集团创新"互联网＋物流＋金融＋产业"的运营模式，构建物流供应链上中下游一站式的O2O物流新生态圈，打造智慧物流、电商物流、金融物流、产业物流、绿色物流的标杆和名片。林安模式得到了各级政府和行业的高度认可。领导对林安模式给予了肯定和赞扬。

"十二五"时期以来，物流业的产业结构发生深刻调整，伴随着"互联网＋""智慧物流""物联网""大数据"等战略新兴产业快速发展，生产方式加快向智能化方向转变，这些为物流技术革新和拓展供应链管理服务空间带来了契机。同时，随着我国服务业进一步扩大开放，一些新的业态，包括大数据服务、电子商务、商贸物流、融资租赁等，对内对外开放的力度进一步加大，服务业引进来和走出去步伐加快，既给林安物流集团带来发展机遇，也带来竞争的压力。

目前，中国物流并没有走出小散乱的现状，存在诸多问题，仍有待于进一步整合发展，最突出的痛点还是以下三个方面：

（1）成本居高不下。物流成本占了生产总值的18%，而国外很多国家的物流成本只占生产总值的8%～11%，所以怎样降低物流成本是一个国家关注的问题，是一个城市关注的问题，也是一个企业关注的问题。

（2）信息不对称。例如，车源和货源存在信息不对称、无法有效匹配的问题，服务效率低下，间接增加了物流成本。

（3）诚信缺失。解决诚信缺失问题是企业所期望的，也是政府所期望的。诚信问题关系到交易的健康有序发展，也关系到物流市场环境的净化，甚至关系到国家和谐社会的构建。

为了进一步推动林安物流集团的快速发展，集团最先在行业内开展物流信息化建设，迎接新时代物流的发展契机，从而进一步推动企业发展迈上新的台阶。

思考：林安物流集团为什么要进行物流信息化建设？

16.1　信息化与核心竞争力

16.1.1　信息化概述

在国际物流中，信息具有重要地位，高效的物流与供应链管理离不开信息的支持。物流信息指的是在物流活动过程中产生的情报、数据和知识的集合，是反映物流各种活动内容的知识、资料、图像、数据和文件的总和。

围绕供应链上的企业来讲，国际物流信息具有以下一些特征：

（1）来源的广泛性、多样性。国际物流信息不仅包括企业内部的物流信息，如采购信息、库存信息等，还包括全球供应链各参与企业之间的物流信息和与物流活动有关的基础运作信息。

（2）数量庞大。国际物流信息随着物流活动及商品交易活动的展开而大量发生。随着国际贸易企业间合作倾向的增强和信息技术的发展，国际物流信息量在今后将会越来越大。

（3）处理复杂。国际物流信息来源的多样化，通常需要经过反复的研究和多种技术的处理，才能成为有实用价值的信息。而在大量的信息面前，分析其与物流活动的相关程度，再把处理后的信息拿去指导物流活动，也是一个复杂的过程。

（4）关联紧密。来自国际物流过程的各种信息之间存在着十分密切的联系。物流信息与商流信息、生产信息等同样存在密切的联系。物流信息的这种关联性特征是研究物流与商流的关系、物流与生产的关系以及物流各系统之间关系的基础，是建立物流信息化的基础。

物流信息化是企业信息化的重要组成部分。它利用计算机软硬件、网络通信设备等结合 IT 技术、机械化、自动化技术物流工具，进行物流信息的收集、传递、加工、储存、更新和维护，实现对实体物流综合管理的数字化、智能化、标准化和一体化，以及物流业务处理指挥的信息化与网络化，以提高整体物流活动的效率和效益，降低整体物流成本，从而支持企业的现代管理并取得竞争优势。

16.1.2　核心竞争力概述

国际物流业务之间的竞争说到底是物流综合实力的竞争。国际物流企业必须充分重视核心竞争力，深化对核心竞争力的认识，打造企业自身的核心竞争力。

核心竞争力的理念可追溯至 1990 年美国著名战略学家普拉哈拉德（C. K. Prahalad）和哈默（Gary Hamel）在《哈佛商业评论》上发表的《公司竞争力》一文。核心竞争

国际物流学

力可以定义为"企业组织内部一系列知识技能和资源的结合，它具有使一项或多项业务达到竞争领域一流水平、具有明显优势的能力"。

核心竞争力的最大特点是价值优越性和资源集中性。要求企业特别关注和培养价值链关键环节上的核心竞争力，实际上就是在价值链某些特定环节上建立核心竞争优势，以形成和巩固企业在行业内的优势。企业核心竞争力是企业所独有的，它与市场需求和潜在商机相适应，能为消费者带来特殊效用，有助于提高客户满意度和忠诚度，从而为企业形成长期的持续竞争优势提供了可能。

国际物流企业核心竞争力的提升尤其要注意以下几个方面：

（1）以人为本，实施人才战略。国际物流企业的竞争最终体现在人才的竞争上。国际物流企业要想拥有自己的核心竞争力，必须重视以人为本的理念。以人为本就是要尊重人，关心人，培养人，激发人的主动性，开发人的潜力，这已日益成为国际物流企业管理的关键与核心内容。人力资本已成为我国国际物流企业战略竞争的核心，是获取企业持续发展动力的关键。

（2）提升核心竞争力的关键是国际物流从业人员的培训。我国国际物流企业，尤其是中小企业，要获得持续的竞争优势，就必须特别注重各项培训。培训的目的就是打造高素质的员工，使其实现知识更新化、技能多样化、能力综合化，增强其团队凝聚力和协同意识。员工培训应该成为企业战略发展的重要组成部分，成为提升企业核心竞争力的重要手段。

（3）以国际物流消费者满意为核心，加强和维护好国际物流服务者与客户的关系。满足物流消费者需要一套全面的服务体系和其他部门的配合做支撑，而这一切协调配合的背后是追求国际物流消费者满意的企业文化在起作用。实施高效的客户关系管理，追求客户的全面满意，才能在世界范围内保持自身的持久竞争优势。

（4）不断创新是核心竞争力的不竭源泉。国际物流企业的核心竞争力是长期积累的结果，需要长期维护和提升，否则，核心竞争力也会老化。创新正是使国际物流企业核心竞争力"永葆青春"的重要手段，核心竞争力的不断积累过程也是国际物流企业持续创新的过程。国际物流企业只有不断学习和创新，不断强化自己的独特本领，才能争取到最大的发展空间。国际物流企业的创新包括物流技术创新、物流服务创新、物流组织创新和物流管理创新，这样才能为持续提高我国国际物流企业的核心竞争力提供广阔的空间和平台，从而能够更及时、更全面、更高效地为客户提供满意的服务。

（5）整合资源，建立战略联盟。随着经济全球化进程的不断深化，我国国际物流企业经营环境正发生着前所未有的变化，要想在竞争中立于不败之地，必须通过联合或联盟形式，实现资源集中整合，使业务范围涵盖国际仓储管理、国际供应链管理、国际运输、电子商务、国际贸易等，为客户提供全面的、一站式物流管理服务。这种整合将极大地完善企业的国际物流服务体系，提高国际物流的服务效率，降低国际物流成本，实现国际物流资源配置的最优化，从而更好地为客户提供优质、高效、柔性、个性化的国际物流服务。

16.1.3　信息化与企业核心竞争力构建

国际物流企业信息化是国际物流企业快速扩张和转型、提升核心竞争力，实现可持续发展的关键。

长期以来，我国的国际物流企业，尤其是中小国际物流企业盈利模式单一，核心竞争能力比较弱。针对我国国际物流中小企业小、少、弱、散的现状，相应的策略应该是规模化、专业化、网络化。但对于中小货代企业而言，由于资金和能力的限制，无法向顾客提供诸如货物实施监控和门到门等附加值较高的服务。另外，国际物流行业是典型的规模化经营行业，中小企业因为自身的业务量少，议价能力差，因此单位成本较高。面对规模大、资金雄厚的综合性国际物流企业的价格战，它们常常陷入困境，跟风则损失惨重，不跟则会失去原有的市场。所以如何在资金有限的情况下，扩大规模、降低单位成本，是中小货代企业亟须解决的问题。而以物流的电子化、网络化、自动化和集成化为特点的虚拟经营往往成为必然的选择。

事实上，在新形势下，如何用最低的成本、最快的方式来实现企业的快速扩张战略与转型，提高企业的国际物流竞争力，是我国众多国际物流企业面临的现实问题。

现阶段，国际物流企业采用较多的是以联合的办法来实现扩张，具体的联合方式有以品牌或市场资源优势为主导的加盟连锁方式、以资本为纽带的相互持股方式，以及以共同商业利益为目的的协作或合作方式。通过这些联合方式，国际物流企业实现实体网络的扩张或服务的纵向延伸。

就现实的情况来看，这几种联合方式在很多国际物流企业中取得了一定的成效。但这些方式也都不同程度地存在很多难以解决的问题。

由横向联合方式实现的网络扩张，形成的联合体是松散的。如何对这种联合体进行有效的管理和协调，从而实现服务的标准化和业务数据的共享，最终达到由松散联合体走向"网络联合体"或"集约联合体"的目标，对于国际物流企业是一个重要问题。而纵向服务的扩张，运作环节多，如何让各环节高效运作，同时又保障操作和服务标准化，从而有效降低各环节运作成本，实现商业利益最大化，对于国际物流企业同样是一个重要的问题。

要解决横向联合扩张和纵向服务扩张等上述问题，除了利益主体之间的利益一致之外，主要取决于联合的组织成员对实现组织目标和自身利益的认同程度。最基本的办法就是提高信息共享程度，加大组织成员之间的信息交流，通过畅通的信息来实现目标一致、行动一致。也就是说，加快组织融合的关键因素是建立速度最快、成本最低的信息共享系统。

加快企业信息化建设，是国际物流企业培育核心竞争力的重要战略选择。而一个合适的国际物流业务信息化建设，必须具备这样几种能力：

（1）制定科学管理流程的能力。管理流程是企业为了规范管理业务而制定一个标准的操作流程。国际物流管理信息化，必须能够支持企业按照规范流程进行管理和业务处理，而且企业能够通过该信息化的应用加强科学管理，促进管理水平和效率的提高。

（2）跨地域的管理能力。首先是跨地域的集团化管理。物流信息化必须支持国际物流企业总公司作为信息中心来进行数据集中和数据分析，以支持总公司成为商务处理中心和决策中心，实现监控管理，保证企业的扩张在可以控制的范围之内，同时实现规模经营。其次是跨地域的数据交换。物流信息化必须支持全网络内部的数据交换和信息

国际物流学

共享，以便确保系统内部的数据共享，从而达到降低业务处理成本和提高效率的目的。

（3）电子商务服务能力。高速的跨地域扩张要求企业具有为客户提供远程服务的能力，应该有一套良好的电子商务平台，客户可以通过平台查询所有货运信息，实现客户货物跟踪、费用跟踪和单据跟踪，以及零距离的业务咨询、询价、网上业务委托等。

（4）服务延伸能力。物流信息化应具有接口扩展能力，例如能从简单的进出口货运代理管理，延伸到其他各种物流环节的操作。如果不能做到这一点，这个信息化迟早会滞后于企业发展而被淘汰出局，最终的结果是所有前期信息化建设投资失败。

现阶段已有不少国际物流企业拥有一定网络或正在组建自己的网络，但大多数企业内部信息化建设非常落后，这就从根本上制约了企业的发展和转型。国际物流企业必须建立一个适合自己公司业务操作和快速发展模式的信息系统。只有这样，国际物流企业才能在激烈竞争的市场中立于不败之地。

16.2 信息化平台建设与技术

信息化建设特别要注重平台建设。国家发改委在［2019］352号文件中特别指出，要建立资源共享的物流公共信息平台。要推进国家交通运输物流公共信息平台完善工作，鼓励和引导城市共同配送公共信息平台，加强与国家交通运输物流公共信息平台的有效衔接，促进相关部门、大型市场主体的物流公共数据互联互通和开放共享。在保障信息安全的情况下，扩大物流相关信息公开的范围和内容，为物流企业和制造业企业提供查询便利。依托骨干物流信息平台试点单位，探索市场化机制下物流信息资源整合利用的新模式，推动建立国家骨干物流信息网络，畅通物流信息链，加强社会物流活动全程监测预警、实时跟踪查询。依托行业协会实施全国百家骨干物流园区"互联互通"工程，促进信息匹配、交易撮合、资源协同。

16.2.1 信息化平台建设

物流信息化平台是为物流信息化服务的。表16-1给出了一般物流信息化平台的层次结构，它分为社会环境平台、计算机硬件及网络基础设施平台、计算机软件及开发环境平台、物流信息化技术应用平台等。

表16-1 物流信息化平台的层次结构

层 次 结 构	信息化技术
物流信息化技术应用平台 （办公事务、物流订单、运输跟踪、仓储配送、包装加工等）	条码技术 射频识别技术 地理信息技术 全球定位技术 电子数据交换 Web技术
计算机软件及开发环境平台 （操作系统、编程语言、交互界面等）	
计算机硬件及网络基础设施平台 （主机、通信设备、局域网、广域网等）	
社会环境平台 （法律法规、政策、道德等）	

物流信息化平台层次结构图包含两方面的含义：从广义角度说，它受社会环境的约束和影响（如法律、道德等），也受国家网络基础设施，如广域网的建设等和互联互通程度的影响；从企业局部说，它又需要企业的网络基础设施（局域网、互联网）、计算机硬件、软件设施及其开发环境平台的支撑，才能建立适应企业运作的物流信息化的应用功能。

在物流信息化平台中，由于物流应用的需要，各个层次都有一些特定的物流信息技术的应用，主要包括两方面：物流设施自动化和物流经营网络化。

物流设施自动化是指货物的接收、分拣、装卸、运送、监控等环节以自动化的方式来完成。物流设施自动化涉及的技术非常多，如条码技术、射频识别技术、全球定位技术、地理信息技术等，这些自动化的技术设施可以帮助企业实现货物的自动识别、自动分拣、自动装卸、自动存取，从而提高物流的作业效率。

物流经营网络化是指将网络技术运用到企业物流运行的各个方面，包括企业内部管理上的网络化和对外联系上的网络化。只有拥有了完善的企业内联网（Intranet）和外联网（Extranet），货物运行的各种信息才能及时反馈给相关部门，才可以对数据进行自动分析并据此安排调度，自动排定货物的分拣、装卸以及运送车辆、线路的选择等。企业的外联网一般都与 Internet 对接，外部用户在互联网上就可以下订单、进行网上支付，并且对自己的货物随时查找跟踪。这部分常采用的技术是电子数据交换和 Web 技术。

因此，物流信息化平台是物流企业利用各种物流信息技术和计算机软硬件技术实现物流过程自动化和物流信息资源的采集、加工处理、使用和传递的大平台。

16.2.2 信息化平台建设的作用

企业通过物流信息化平台建设，可以把物流活动中的信息进行收集、传递、存储、处理、输出，使之成为决策的依据，对整个物流活动能起到指挥、协调、支持和保障的作用。具体表现在以下几个方面：

（1）沟通联系。物流信息化平台会涉及很多部门以及企业群体，通过各种指令、计划、文件、数据、报表、凭证、广告、商情等物流信息，建立起各种纵向和横向的联系，沟通供应商、生产商、批发商、零售商、物流服务商和消费者，满足各方面的需要。

（2）引导协调。在国际物流运作中，物流信息随着物资、货币及物流当事人行为活动的发生而更新。采集生成所有物流信息，经过网络快速把信息反馈到全球供应链上的各个环节，依靠这些物流信息及其反馈来引导物流结构的变动和物流布局的优化，协调物资流动，使供需实现平衡；协调人、财、物等物流资源的配置，促进物流资源的整合和合理使用。

（3）管理控制。通过移动通信、计算机信息网络、电子数据交换、全球定位系统、物联网技术等信息技术实现物流活动的电子化，如货物实时跟踪、车辆实时跟踪、库存自动补货等，用信息化平台代替传统的手工作业，实现物流运行、服务质量和成本等的管理控制。

（4）辅助决策。物流信息是制定决策方案的重要基础和关键依据，物流管理决策

国际物流学

过程的本身就是对物流信息进行深加工的过程，是对物流活动的发展变化规律性认识的过程。物流信息化平台通过对信息的处理、建模和分析比较，协助物流管理者评估物流可选方案，做出科学决策。

（5）支持战略。物流战略涉及企业的长期发展方向和经营方针的制定，但物流信息化平台能够快速地提供来自企业内部、外部的各种信息，并能根据要求做出各种图表，这些对高层决策者进行战略决策有很大的支持作用。

（6）价值增值。物流信息化平台建设成功后带来的显性价值（如成本降低）和隐性价值（管理规范化）都是增长性的，实践物流信息化的时间越长，它体现出来的价值就越大。

16.2.3　信息化技术

常用的物流信息化技术有如下几种。

1. 条码技术和射频识别技术

条码（Barcode）技术是在计算机的应用实践中产生和发展起来的一种自动识别技术，是为实现对信息的自动扫描而设计的，是实现快速、准确而可靠地采集数据的有效手段。射频识别技术（Radio Frequency Identification，RFID）是一种非接触式自动识别技术，利用无线电波对记录媒体进行读写，拥有超越条码技术的优势。

条码技术和射频识别技术都属于数据自动采集和自动识别技术，它们都具有易操作、输入速度快、准确度高、可靠性强、信息量大等优点。它们在国际物流中不但可为商品提供一套完整的代码标识体系，而且可为国际物流管理的各个环节提供一种通用的语言符号。

2. 地理信息技术

地理信息技术（Geographic Information System，GIS）以地理空间为基础，利用地理模型的分析方法及时提供多种空间动态的地理信息，为有关决策服务。地理信息技术在物流领域中的应用主要是利用其强大的地理数据功能来完善物流分析技术，合理调整物流路线和流量，合理设置仓储设施，科学调配运力，提高物流业的效率。地理信息技术在国际物流领域的应用，可以使得国际物流企业合理调配和使用各种资源，提高运营效率和经济效益。

3. 全球定位技术

全球定位系统（Global Positioning System，GPS）是具有全球性、全能性（陆海空）、全天候优势的导航、定位、定时、测速系统。全球定位技术在物流领域的应用主要体现在货物跟踪调度与车辆定位。全球定位技术可以和地理信息技术相结合，大大提高物流运营的精确性和透明度，实现物流动态监控和调配，建立面向全过程的物流管理服务体系，为客户提供高质量的服务。

4. 电子数据交换技术

电子数据交换技术（Electronic Data Interchange，EDI）是指商业贸易伙伴之间，将按标准、协议规范化和格式化的信息通过电子数据网络，在组织的计算机系统之间进行自动交换和处理，俗称"无纸交易"。电子数据交换技术的主要功能表现在电子数据传输和交换、传输数据的存证、文本数据标准格式的转换、安全保密、提供技术咨询服务、提供信息增值服务等。

5. Web 技术

Web 是基于互联网、采用互联网协议的一种体系结构，通过它可以访问遍布于互联网主机上的链接文档。它的内容保存在 Web 服务器中，用户通过浏览器来访问。Web 技术使得许多企业突破了传统的业务流程和运作模式，使厂家、商家和消费者通过互联网实现了开放式连接，不但使企业内部的各个环节，包括制造商、物流企业、顾客和银行等上下游合作伙伴，在业务上都能通过网络相互协调，直接沟通，共同转向以服务增值为中心的流通过程管理，而且也促进了以物流服务为核心的运输、配送、包装、加工等业务的发展。

16.3　互联网 + 国际物流

16.3.1　"互联网 +" 物流

2015 年，"互联网 +" 一词被写入政府工作报告，由此正式上升到国家战略层面。关于"互联网 +"的概念，政府工作报告解释道：推动移动互联网、云计算、大数据、物联网等与现代制造业结合，促进电子商务、工业互联网和互联网金融健康发展，引导互联网企业拓展国际市场。

从历史上看，互联网行业的出现晚于物流行业，但是其发展却非常快。互联网的产生和使用，不仅能对物流业的资源进行高效整合，减少交易双方信息不对称、中间过程冗余，弥补标准化程度低等方面的缺陷，而且，互联网与物流的联合，能使移动互联网、云计算、大数据、物联网等元素融入物流行业中，提高物流行业的附加价值。

也就是说，"互联网 +" 物流的对象是传统物流行业，其内涵是传统物流行业充分挖掘并利用与互联网相关的移动互联网、云计算、大数据、物联网等技术，实现自身与互联网的深度融合，塑造全新的、更具有发展活力的生态体系。

下面结合物流行业，简要阐述"互联网 +" 理念中应用的信息化技术。

（1）移动互联网。移动互联网是指互联网的技术、平台、商业模式和应用与移动通信技术结合并实践的活动的总称。基于移动互联网的物流实时通信系统，提高了物流业务实时性，让车源和货源匹配更加精确，加快了物流行业信息的流通速度。同时，移动互联网方便通过第三方接口验证托运人和承运人的资料准确性和真实性，从而保证两端的交易安全，完善信用评价体系。

（2）云计算。云计算是一种基于互联网的计算方式，通过这种方式，共享的软硬件资源和信息可以按需提供给计算机和其他设备。云计算在物流领域中的应用主要是利用云计算的强大通信能力、运算能力和匹配能力，集成众多的物流用户的需求，形成物流需求信息平台。用户利用这一平台，可以最大限度地简化应用过程，实现所有信息的交换、处理、传递，使用户可以专心管理物流业务。同时，云计算还可以整合零散的物流资源，实现物流效益最大化。

（3）大数据。大数据是指可承受的时间范围内无法用常规软件工具进行捕捉、管

国际物流学

理和处理的数据集合。从技术上看，大数据与云计算的关系就像一枚硬币的正反面一样密不可分。大数据的特色在于对海量数据的挖掘，但它必须依托云计算的分布式处理、分布式数据库、云存储和/或虚拟化技术。云计算的发展，让大数据受到更多的关注，物流在大数据的影响下经历着新变革，主要表现在利用大数据变革车货匹配、运输线路的分析和优化、设备修理预测、供应链协调管理、库存和销售预测等方面。

（4）物联网。物联网是物物相连的互联网。物联网的核心和基础仍然是互联网，是在互联网基础上的延伸和扩展的网络，其用户端延伸和扩展到了任何物品与物品之间，进行信息交换和通信。物联网在物流领域中的主要应用，是通过基于物联网感知的货物数据建立全球范围内货物状态监控系统，提供全面的跨境贸易信息、货物信息和物流信息跟踪，从而帮助制造商、进出口商、货代等贸易参与方随时随地掌握货物及航运信息，提高国际物流风险的控制能力。

16.3.2 "互联网＋"下的国际物流

"互联网＋"有利于贸易双方更好地实现信息透明化，了解彼此需求，突破传统贸易中信息不对称的窘境。"一带一路"连接起东亚经济圈与欧洲经济圈，与其他经济体、经济圈互联互通，为"互联网＋物流"的运用提供了广阔的空间。

"互联网＋"与"一带一路"相结合，是"一带一路"信息化合作的升级版。这意味着在建设方式上发挥"互联网＋"的叠加效应、扩展效应、提升效应、催化效应，使"一带一路"建设更加高效；在发展重点上选择关键线路的节点城市、港口、车站、园区，建设信息化水平高的信息高地；在资源配置上重点支持新亚欧大陆桥、中巴、孟中印缅、中新走廊、中蒙俄及海上丝绸之路，改善信息化基础设施，促进产业的信息化改造。

"互联网＋"中的移动互联网、云计算、大数据、物联网等新一代信息技术的蓬勃发展，正推动着智能物流的变革，对国际物流业的转型升级带来了促进作用，创新出现代化、信息化、智能化的物流产业。互联网与物流在零担物流平台、公路港平台、快递平台、最后一公里平台、物流园区平台等领域的结合正在体现，越来越多的企业推出的互联网车队、互联网整合物流园区、互联网的物流交易平台，成为互联网模式融入传统物流的商业模式。

"互联网＋物流"依托互联网信息技术实现互联网与物流业的联合，以优化生产要素、更新业务体系、重构商业模式等途径完成经济转型和升级，代表着一种新的经济形态。在"互联网＋物流"的新形态下，对于国际物流企业而言，面对互联网涌流下的新资源、新模式和新客户，需要进行新的变革。

（1）资源整合升级，实现物流跨界。随着信息技术在物流业的扩散，在物流相关行业如金融服务业、IT服务业、设备制造业、咨询业等的边界和交叉处形成了技术融合。资本渗透为物流业的跨界融合提供了重要催化剂和媒介。不同企业组织之间以资本为纽带相互渗透，业务边界和市场空间不断拓展。与此同时，国际贸易逐渐一体化，政策性贸易壁垒降低，生产要素可以在国际范围内自由重组与流动，从而形成跨行业跨地域的并购或联盟。作为服务性产业，物流业必须和制造业、商贸业和农业等相关产业实现有效对接，做到联动发展。因此，国际物流企业应与制造业、商贸业、金融业等多业联动，使产业合作层次向更高附加价值业务延伸拓展，实现物流的跨界发展。

（2）运营模式升级，实现物流智能。"互联网＋物流"可以全面推行物流的信息化，从而推动新运营模式的产生，如 C2B、O2O 等跨界商业模式兴起。传统的物流业与互联网相融合，能够实现精细、科学的管理和物流的可控化、智能化和网络化。"互联网＋物流"模式不是简单地通过计算机技术建立网站，发布信息，而是用智能化的手段全程监控物流，实现信息化和资源共享。与互联网融合后，客户可以通过移动互联网技术选购、下单、支付，而物流企业可在产品和原材料仓储环节使用条码和射频识别技术，在物流运输过程中应用地理信息技术和全球定位技术，实现实时跟踪与调度，在产品销售环节应用电子数据交换和 Web 技术，在多企业系统工作中应用云计算和大数据技术，实现物流的智能化管理。

（3）客户体验升级，实现物流定制。由于跨界物流思维的启发，智能物流效率的提高，互联网技术的发展，组织及个人之间的信息交换越来越容易。企业借助云计算、大数据进行订单预测和策略优化，能够较为准确地预测订单生产规模、地点、物流路径，指导企业库存前置和优化经营策略。同时，企业可通过社交媒体、移动端等线上渠道体验的营造，提供人性化、优质、便捷的定制服务，实现线上线下一致、优质的服务体验，形成"粉丝"经济。

本章小结

本章介绍了信息化与核心竞争力的理念，阐述了我国国际物流企业提升核心竞争力的关键是企业信息化建设，介绍了信息化技术和信息化平台的建设，并在此基础上介绍了"互联网＋物流"，使读者展望"一带一路"物流前景及国际物流的新变革，了解物流信息化建设标杆企业及其建设。

［案例讨论］

案例 1　林安物流集团的信息化建设

本章引导案例对林安物流集团信息化建设的背景环境前面已经做了描述。这里介绍林安物流集团的信息化建设的详情。

一、开发建设

2008 年，林安物流集团以全新的"互联网＋物流＋金融＋产业"的运营模式，构建物流信息交易平台、物流金融平台和第四方服务平台，打造中小物流企业集群和创新发展基地，构建物流供应链上中下游一站式的 O2O 物流新生态圈。通过林安物流建设"线下＋线上"相结合的物流信息交易中心和网上信息化交易平台，解决物流行业信息平台不能落地的问题。

林安物流集团开发了现代物流信息化交易平台，把厂家、第三方、专线、司机、设备制造商、保险、油卡等资源整合在一起，打造了一个网上的物流生态圈。该平台验证整合了约 250 万的诚信司机，作为运力，提供给不同的物流公司、厂家使用，大大降低了物流成本，满足了各阶层货主对物流的需求；同时，也为司机提供了货源。

国际物流学

同时，平台为司机引入了设备制造商，解放、东方、陕汽直接在平台销售车辆；引入了浦发银行、农商行等金融机构帮助司机购买车辆，或为日常业务活动提供融资服务，解决了资金短缺的问题。林安的信息化建设主要分为以下几个方向：

1. 线下物流信息化平台——林安物流信息交易中心

近年来，林安物流集团旗下的线下股票式的物流信息交易中心正在逐步向新的智慧物流园区铺网建设。林安旗下已有20多个物流园区，极大促进了社会闲散车辆的有效整合，成为信息化建设的强有力保证。林安总部园区已有成熟的信息化建设经验，目前总部信息交易中心有1500个席位，每天有3万~5万名司机就在现场进行交易。这种线下的交易平台主要实现货源信息和车源信息的无缝对接，激发了物流行业内供给需求两端的活力，降低了物流成本，推进了行业内供给侧改革，提高了服务效率，初步打造了诚信体系。

2. 线上物流信息化平台——"我要56"App、林安物流网

2013年，林安物流在行业率先打造"互联网＋干支衔接"垂直运力解决平台——"我要56"App。2017年，"我要56"App用四年的时间实现了质的飞越，线上司机货主极为活跃，线上下单交易快速增加，信息化推进成效显著。"我要56"App上线了多个功能，包括"我要投标""油卡充值""掌上门卡"等，极大地方便了司机和货主。目前，"我要56"App、林安物联网及线下物流交易中心平台拥有全国两百多万名司机会员和50万家物流企业、厂家、商家、第三方物流企业、专线物流等，整合社会车辆，打造网上有形的物流新生态圈。

3. 林安支付

2014年7月，林安物流获得中国人民银行颁发的"支付牌照"，公司正致力于开展物流金融业务。林安支付是物流行业的第三方支付平台，物流人的"支付宝"，主要提供的服务包括第三方担保交易，物业缴费交易，代扣代付交易，扫码支付，充值、转账、提现交易等。林安支付可有效解决物流行业回单结算、代收货款等社会难题，提高了服务效率，降低了结算成本。

4. 中国公路物流运价指数

林安物流集团联合中国物流与采购联合会（简称中物联）共同打造旨在反映当前货运价格的中国公路运价指数。该指数每周更新一次，每月在央视财经频道定时播报。该指数主要基于林安物流信息化平台交易数据及中物联在各地监测点的数据，通过云计算的方法，宏观反映当前公路运输的价格。运价指数一定程度上反映当前中国宏观经济的走向，是物流运输经济的"晴雨表"，运输价格的"风向标"。

5. 林安征信

它是物流行业首个征信平台。征信平台依靠独立的身份标识、可靠的信用凭证，提高物流信息透明度，营造诚信物流交易环境，让物流看得见、摸得着、抓得住。入驻林安征信平台的用户已达250万名之多，其中司机约220万名，企业约30万家。

二、成效显著

林安物流园依托"线上＋线下"信息化平台，每天发布上千万条货运交易信息，货车空载率降低10%~30%。园区发展智慧物流，将互联网、金融等现代化工具和手段更好地运用到物流运作中，并影响相关环节和领域，物流成本降低20%以上。

第16章 国际物流信息化

林安物流集团的信息化建设将物流链上的每个环节所需要的数据进行分类、整理和挖掘，将物流上的地理位置信息、数据图示化和可视化呈现与感应传输相结合，提供实时数据信息，如实时追踪服务、实时风险管理，实时库存服务等；利用大数据技术，可以设计出园区之间的最佳班线网络与班次，帮助货主选择最佳物流路线，客户可以得到更加灵活、迅速、高效的个性化解决方案和配送服务。

目前，通过林安物流平台实现的年货运量达6000万t，年货运价值达9000亿元。针对传统物流高污染、高能耗、高交通压力的特点，林安集团打造"绿色货运"，从供给侧结构性改革角度出发，不断提高供给质量，根据物流行业发展的新要求，通过信息化平台建设降低物流发展的社会成本。2013年世界银行把林安集团的信息化平台列为"绿色货运试点"项目，这在亚洲是首家。平台通过化解信息不对称，解决了车辆的迂回、闲置、空载，以及交通拥堵、资源浪费、不诚信等诸多问题。

林安集团信息化平台高效的交易，可以帮助制造业实现零库存，厂家和商家不需要再建仓库，他们可以将生产的产品直接拉到物流园区，直接实现货物和车辆的对接，再由物流园区直接配送到全国各地，从而实现零库存。这样就实现了土地的集约利用，提升了社会效益。

林安支付为林安旗下物流园区提供第三方担保、物业缴费、代扣代付、扫码支付、充值、转账、提现等服务，让司机和货主享受到一站式的服务，省时、省力、省钱、省心。林安支付有效解决了物流行业回单结算、代收货款、因双方不见面而互不信任造成物流业务难以开展的诚信难题，也解决了远程调车、货物交收的资金保证等社会难题，提高了服务效率，降低了结算成本。

林安物流集团通过信息发布、交易的透明化，实现全国最大范围的资源整合，从而为客户提供最佳服务，有效解决了信息不对称和诚信缺失的问题，促进了社会和谐，增加了当地政府税收，在行业内发挥着重大的示范和带动作用。林安物流集团目前已经在广东、北京、湖北、河南、安徽、江西、吉林等省市建立了16个自己的物流节点和物流网络，并继续在全国拓展，逐步实现全国范围内的物流骨干网布局。

思考： 林安物流集团信息化建设有什么特点？它给我们的启示是什么？

案例2 阿里巴巴的菜鸟网络

2015年5月28日，阿里巴巴举行首届菜鸟江湖大会。在这个每年"双十一"搞直播的大厅，500个位子坐得满满当当，一些人还坐在了地上。他们是民营快递公司、仓配服务商、落地配送企业等菜鸟合作伙伴，都想知道菜鸟肚里卖的到底是什么药。

菜鸟网络于2013年5月28日含着金汤勺出生，股东除了阿里巴巴、银泰、复星，还包括富春投资、顺丰和三通一达（申通、圆通、中通、韵达）等。马云当时给菜鸟定了两个要求：一是国内快递24小时之内送货可达，"可达"意味着不仅能到，还可以按照用户约定的时间送到；二是菜鸟员工数不能超过5000人。

菜鸟首先是一个数据驱动的平台，已经有了几个大数据产品，如菜鸟联合高德地图及大数据处理产生的4级地址库，可以匹配消费者的配送地址到具体的乡镇；菜鸟的电子面单，把传统手写的面单数据化，物流预警系统，把所有的快递路由数据化。菜鸟也是一项系统化的工程，仓配网络、快递网络、末端服务网络要一起做，同时配合农村战

国际物流学

略和全球化战略。

（1）仓配网络：通过社会化协同的方式形成一张覆盖全国的仓配智能骨干网，也就是所谓的"地网"。菜鸟目前已在北京、上海、广州、成都、武汉五地自建一级仓储中心，分别覆盖华北、华东、华南、西南和华中地区，总面积达 100 万 m^2。菜鸟还收购了亚马逊位于上海的号称亚洲最先进的仓储中心（面积 2 万 m^2），包括后者先进的分拣设备，会根据阿里平台上的品类对仓储做调整改进。

（2）快递网络：推动快递业务的数据化、产品分层、服务分层。另外要关注几个点：快递公司的发展理念；建立良好的市场秩序，打击炒信（与各大快递公司签署反炒信协议、下线不合格快递公司）；帮助脱离价格战，寻求网点健康发展。

（3）末端服务网络：主要在城市的学校、连锁店、物业及社区小店，与合作伙伴共建菜鸟城市驿站。未来，末端物流网络将是一张遍布全国的最后一公里物流快递网络，提供末端的综合物流生活服务，更多 O2O 服务也将基于此实现。

（4）配合农村战略：关键是农村订单的聚集问题，采用农村代购员的模式，同时与上海万象等数十家落地配公司、中国邮政等开展社会化协同，提升全国的县到村二段物流的服务能力。

（5）配合全球化战略：菜鸟要通过全球网络（目前货通 217 个国家）的搭建，降低跨境电商物流的门槛。在出口方面，实现各国邮政信息直连，与国外合作伙伴共同设立海外仓（目前有七个国家十几个城市）；在进口方面，菜鸟主要有"保税进、行邮出""集货进口""直邮线路"三种方式。目前，菜鸟通过同圆通、DHL 和俄罗斯邮政等合作伙伴合作，开通了中美、中澳和中韩等进口专线；在杭州、广州、宁波等多个跨境电商试点开展保税备货模式；与海外数十个物流合作伙伴进行数据对接和业务合作，在直邮线路上合作。

五大重点战略中，不管是最后一公里的布局，还是对物流产品以及服务的分层，菜鸟都需要离消费者更近，所以 2015 年 6 月，菜鸟推出了新的物流 App "裹裹"，主打物流可追踪，让小件员跟消费者更紧密地联系在一起。

阿里巴巴 CEO 张勇表示："物流公司其实是一个高科技公司，最后的决胜在于怎么样利用好互联网技术，能够形成一种崭新的服务标准和工作流程，能够让整个服务完成过程更有效率。在过去的 IT 时代，整个管理是一个树状结构，从顶层开始分权，但是今天有了移动互联网，进入了智能时代，人和人的连接、人和工作单元的连接，可以变成一个立体网状结构，在这个过程中，可以重新构架整个管理模式，能够给整个行业带来转型升级的机会。"

问题：

1. 从菜鸟网络的发展历程来看，你如何理解信息化与企业核心竞争力的构建？
2. 菜鸟网络的信息化技术和平台建设，对你有何启示？
3. 对菜鸟、林安物流集团等中国物流企业巨头的信息化发展模式你做何评价？
4. 对林安物流集团的信息化平台与阿里巴巴的菜鸟网络进行比较，它们的区别主要是什么，你怎么看？

思考题

什么是"互联网＋物流"？

练习题

一、名词解释

1. 核心竞争力
2. 射频识别技术
3. 地理信息技术
4. 全球定位技术
5. 电子数据交换

二、简答题

1. 国际物流信息具有哪些特征？
2. 提升国际物流企业的核心竞争力应注意什么？
3. "互联网＋"理念中涉及哪些信息化技术？

参 考 文 献

[1] 谢康. 世界信息经济与国家知识优势 [M]. 广州：广东人民出版社，2001.

[2] 骆温平. 第三方物流理论、操作与案例 [M]. 上海：上海社会科学院出版社，2001.

[3] 张良卫. 全球供应链管理 [M]. 北京：中国物资出版社，2008.

[4] 张良卫. 国际物流 [M]. 北京：高等教育出版社，2011.

[5] 张良卫，等. 进出口贸易实务 [M]. 北京：中国人民大学出版社，2013.

[6] 陈振明. 政策科学 [M]. 北京：中国人民大学出版社，1999.

[7] 张金马. 政策科学导论 [M]. 北京：中国人民大学出版社，1998.

[8] 安德森. 公共决策 [M]. 唐亮，译. 北京：华夏出版社，1990.

[9] Simchi-Levi David, Kaminsky Philip, Simchi-Levi Edith. Designing and Managing the Supply Chain Concepts, Strategies and Case Studies [M]. New York：McGraw-Hill, 2001.

[10] 夏春玉. 现代物流概论 [M]. 北京：首都经济贸易大学出版社，2004.

[11] 杨长春，顾永才. 国际物流 [M]. 北京：首都经济贸易大学出版社，2003.

[12] 彭福永. 国际贸易 [M]. 上海：上海财经大学出版社，2002.

[13] 张良卫，国际物流实务 [M]. 3 版. 北京：电子工业出版社，2017.

[14] 逯宇铎，侯铁珊，邢金有. 国际物流管理 [M]. 北京：机械工业出版社，2006.

[15] 张良卫. 国际海上运输 [M]. 北京：北京大学出版社，2014.

[16] 毕功兵，王慧玲. 国际物流 [M]. 北京：中国物资出版社，2006.

[17] 刘北林. 国际物流实务 [M]. 北京：中国物资出版社，2006.

[18] 林正章. 国际物流 [M]. 北京：机械工业出版社，2006.

[19] 王学锋. 国际物流运输 [M]. 北京：化学工业出版社，2004.

[20] 姚新超. 国际贸易运输 [M]. 北京：对外经济贸易大学出版社，2000.

[21] 刘庆林，孙中伟. 国际贸易理论与实务 [M]. 北京：人民邮电出版社，2004.

[22] 冯世崇. 国际贸易实务 [M]. 广州：华南理工大学出版社，2006.

[23] 吴国新. 国际贸易理论、政策、实务 [M]. 上海：上海交通大学出版社，2004.

[24] 杨明. 国际物流管理 [M]. 北京：高等教育出版社，2005.

[25] 丁立言，张铎. 国际物流学 [M]. 北京：清华大学出版社，2003.

[26] 邵作仁. 国际物流 [M]. 大连：东北财经大学出版社，2005.

[27] 周哲，申雅君. 国际物流 [M]. 北京：清华大学出版社，2006.

[28] 吕军伟. 国际物流业务管理模板与岗位操作流程 [M]. 北京：中国经济出版社，2005.

[29] 杨霞芳. 国际物流管理 [M]. 上海：同济大学出版社，2004.

[30] 王长琼. 绿色物流 [M]. 北京：化学工业出版社，2004.

[31] 苏雄义. 企业物流总论——新竞争力源泉 [M]. 北京：高等教育出版社，2003.

[32] 牛鱼龙. 需求链物流：成本与利润 [M]. 深圳：海天出版社，2004.

[33] 王之泰. 现代物流学 [M]. 北京：中国物资出版社，1995.

[34] 吴清一. 物流基础 [M]. 北京：清华大学出版社，2000.

[35] 梅绍祖，等. 电子商务与物流 [M]. 北京：人民邮电出版社，2001.

[36] 倪志伟. 现代物流技术 [M]. 北京：中国物资出版社，2006.

[37] 林正章. 国际物流与供应链 [M]. 北京：清华大学出版社，2006.

[38] 王昭凤. 国际物流组织与管理 [M]. 北京：电子工业出版社，2007.

[39] 张念. 现代物流学 [M]. 长沙：湖南人民出版社，2006.

[40] 达庆利, 黄祖庆, 张钦. 逆向物流系统结构研究的现状及展望 [J]. 中国管理科学, 2004, 12 (1): 131-138.

[41] Carter C R, Ellram L M. Reverse Logistics: A Review of the Literature and Framework for Future Investigation [J]. Journal of Business Logistics, 1998, 19 (1): 85-102.

[42] 刘兆, 马翊华. 探讨国际绿色物流的全球化发展 [J]. 商业时代, 2005, 30: 66-67.

[43] 李波, 王谦. 物流信息系统 [M]. 北京: 清华大学出版社, 2008.

[44] 王先庆, 等. 互联网 + 物流 [M]. 北京: 人民邮电出版社, 2015.

[45] 马化腾, 张晓峰, 杜军. 互联网 + 国家战略行动路线图 [M]. 北京: 中信出版社, 2015.

[46] 厉以宁. 读懂一带一路 [M]. 北京: 中信出版社, 2015.

[47] 罗纳德. 企业物流与供应链管理 [M]. 宋华, 改编. 5 版. 北京: 中国人民大学出版社, 2008.

[48] 戴维. 国际物流——国际贸易中的运作管理 (影印版) [M]. 4 版. 北京: 清华大学出版社, 2014.

[49] 郭靖宇. "互联网 +" 开启物流新变革 [J]. 金融世界, 2015 (5): 96-97.

[50] 张晶. "互联网 +" 为物流创新提供更多可能 [J]. 物流技术, 2015 (4): 19-22.

[51] 刘敬严, 赵莉琴, 李占平. 新常态下 "互联网 +" 物流业发展转型分析 [J]. 物流技术, 2015, 34 (11): 41-43.

[52] 王学锋. 国际物流 [M]. 北京: 高等教育出版社, 2009.

[53] 孙家庆, 靳志宏. 国际物流 [M]. 北京: 科学出版社, 2018.

[54] 武亮, 王跃进. 一本书搞懂跨境电商 [M]. 北京: 化学工业出版社, 2015.

[55] 何传添. 跨境电子商务 [M]. 北京: 经济科学出版社, 2016.

[56] 周嘉娣. 我国跨境电子商务的现状分析及建议 [J]. 电子商务, 2013, 12: 102-103.

[57] 郭亚飞. 我国跨境电商物流困境及对策建议解析 [J]. 物流工程与管理, 2015 (9): 153-154.

[58] 张夏恒, 马天山. 中国跨境电商物流困境及对策建议 [J]. 当代经济管理, 2015, 5: 51-54.

[59] 曹旭光, 王金光, 刘希金. 跨境电子商务的物流商业模式及其创新途径 [J]. 对外经贸实务, 2015 (10): 93-96.

[60] 张红英. 中国 B2C 跨境电子商务的发展问题研究——以兰亭集势和全球速卖通为例 [D]. 济南: 山东大学, 2014.

[61] 沈丹阳, 黄金利, 何仕奇. 我国跨境电商物流模式研究 [J]. 价格月刊, 2015, 8: 39-42.

[62] 窦粲灿, 吴会芳. 跨境电商物流存在的问题与对策研究 [J]. 物流工程与管理, 2015 (9): 155-156.

[63] 彭龙. 中国电商市场发展报告——2014, 电商都在做什么 [M]. 北京: 人民邮电出版社, 2015.

[64] 马朝阳. 国际贸易实务 [M]. 北京: 中国商务出版社, 2014.

[65] 刘卫东. "一带一路" 战略研究 [M]. 北京: 商务印书馆, 2017.

[66] 金立群, 林毅夫. "一带一路" 引领中国 [M]. 北京: 中国文史出版社, 2015.

[67] 马士华, 林勇. 供应链管理 [M]. 5 版. 北京: 机械工业出版社, 2016.